수험어휘, 영작, 말하기를 한 번에 잡는

통문장으로
꼬리 물고 외우는
영어명언

저자 | **최용섭**

고려대학교 서양사학과를 졸업한 후 연세대 국제학대학원에서 국제안보를, 북한대학원대학교에서 북한정치를 공부했다. 영국외무성장학금을 받고 영국에서 박사과정에 재학 중이며 워릭대학교에서 국제정치경제를 전공하고 있다. 학업과 병행해 국제기구 및 국내외 NGO, 정부기관 등에서 다양한 영어관련 업무를 수행했다.

저서 | 〈브레인 보카 33000〉

통문장으로 꼬리 물고 외우는 영어명언 ·30일 완성·

초판 2쇄 발행 2015년 5월 18일

지은이	최용섭
펴낸이	신성현, 오상욱
영업관리	허윤정
펴낸곳	도서출판 피그북스
	153-802 서울시 금천구 가산디지털2로 14 1116호 (대륭테크노타운 12차)
대표전화	02-6343-0997~9
팩스	02-6343-0995~6
출판등록	2010년 7월 15일
	제 315-2010-000035호
ISBN	978-89-964933-8-9 13740

저자와의 협의에 따라 인지는 붙이지 않습니다. 잘못된 책은 구입하신 곳에서 교환해 드립니다.
이 책에 게재된 내용의 일부 또는 전체를 무단으로 복제 및 발췌하는 것을 금합니다.

피그북스는 iam books의 단행본 브랜드입니다.
www.iambooks.co.kr

　　　　　　　　　　필자는 초등학교 때 명심보감을 통문장으로 외우면서 한자 공부를 했었는데 한자 능력뿐만 아니라 다양한 측면에서 많은 도움을 얻었던 기억이 납니다. 이에 이 책에서는 최고의 영어 학습방법이지만 지루하고 어렵다는 이유로, 기피해왔던 통문장 외우기를 본격적으로 다뤄볼까 합니다. 통문장 외우기에 대한 학습 효과는 널리 알려져 있어서 기존의 많은 학습서들도 이 방식을 소개해왔습니다. 그러나 단어나 용법을 인위적으로 넣다 보니 문장이 장황해질 뿐만 아니라 세련되지도 못했었습니다. 또한 문장 암기를 위한 어떠한 장치도 없었기 때문에 학습자는 억지로 머리 속에 쑤셔 넣어야만 했었습니다.

　　　　　　　　　　이런 문제점을 해결하고자 이 책에서는 쉽고 재미있게 학습할 수 있는 다양한 장치를 마련해 넣었습니다. 무엇보다 명언을 꼬리에 꼬리를 무는 방식으로 배열함으로써 하나의 문장을 알면 그 다음 문장이 자연스럽게 연상되도록 하여 하루 30개의 문장을 학습할 수 있도록 구성하였습니다. 명언 선정 역시 간결하여 내용이 명확히 들어오는 것으로 골랐습니다. 특히 보다 나은 명언을 넣는다는 일념 하에, 하나의 명언을 찾기 위해 100개 이상의 명언을 검토하였습니다. 즉 여기에 소개된 888개의 명언은 대략 10만 개의 명언들 중에서 선별된 것입니다. 또한 보다 좋은 교재를 만들어 학생과 직장인들이 마음도 살찌우고 긍정적으로 삶을 살아가는 데에 조금이나마 도움이 되고자 하는 바람에서 이 책을 쓰게 되었습니다.

　　　　　　　　　　끝으로, 통문장 암기 방식을 알려주신 돌아가신 아버님과 아낌없는 사랑을 주시는 어머님을 비롯한 가족 모두에게 감사드리며, 이 원고가 세상의 빛을 볼 수 있도록 해주신 아이엠북스 관계자 여러분의 노고에 깊은 감사를 드립니다.

　　　　　　　　　　　　　　　　　　　　　　　　　　　　　　　　최용섭

통문장 외우기란?

트로이 유적을 발견한 독일의 고고학자 슐리만 하인리히(Schliemann Heinrich)는 총 15개의 언어를 구사할 수 있었다고 합니다. 그는 외국어로 된 책 몇 권을 선정하여 거기에 나온 문장을 모두 외움으로써 영어를 비롯한 외국어를 비교적 짧은 시간에 터득했다고 합니다. 그가 외국어 학습에 사용했던 방법은 통문장 외우기로, 말 그대로 문장 전체를 통째로 외우는 것이었습니다.

언어학 전문가들이 강조하는 4 skills(읽기, 듣기, 쓰기, 말하기) 역시 통문장 외우기 학습에 모두 녹아있다고 해도 과언이 아닙니다. 단어를 아무리 많이 외워도 문장을 정확히 만들어 낼 수 없으면 의사소통을 제대로 할 수 없는 데서 알 수 있듯이, 단어의 단순 암기는 언어학습에 별 효과가 없습니다. 통문장 암기를 통해 각 단어들이 문장에서 어떻게 쓰이는지 통째로 학습해야 우리의 뇌 속에 영어 구조가 형성될 수 있고, 일단 영어 구조가 형성되고 나면 하나하나의 단어로 영어를 인식하는 것이 아니라 의미 구조를 통으로 받아들여 인식하게 됩니다. 따라서 영어 능력이 급격히 향상되는 것입니다.

하지만 실천에 옮기기는 쉽지 않습니다. 슐리만처럼 긴 소설을 통째로 외우기가 쉽지 않을 뿐더러, 짧은 동화나 우화를 외우는 경우엔 학습에 필요한 단어와 용법들이 많이 포함되어 있지 않아 학습 효율이 높지 않은 단점도 있습니다. 그렇다고 억지로 문장 안에 설명하고자 하는 단어나 용법을 넣다 보면 문장이 난해해지고 장황해지기 쉬워 통문장 암기에 대한 부담만 가중되게 됩니다.

이 책에서는 이러한 문제점들을 해결하기 위해 각 문장들이 꼬리에 꼬리를 물고 이어지는 방식을 택하게 되었습니다.

통문장 꼬리 물고 외우기

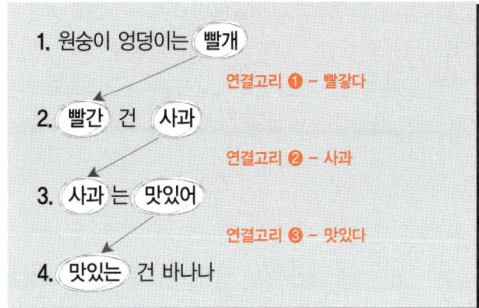

1. 원숭이 엉덩이는 (빨개)
   연결고리 ❶ – 빨갛다
2. (빨간) 건 (사과)
   연결고리 ❷ – 사과
3. (사과) 는 (맛있어)
   연결고리 ❸ – 맛있다
4. (맛있는) 건 바나나

연결고리 〈❶ 빨갛다, ❷ 사과, ❸ 맛있다〉를 매개로 문장과 문장이 꼬리에 꼬리를 물고 유기적으로 이어집니다.

위의 방식을 영어 문장에 아래와 같이 적용할 수 있습니다.

1. Deliberate slowly, (execute) quickly.
   천천히 숙고하고, 빠르게 실행하라.
   　　　　　execute의 명사형인 execution
2. A really great talent finds its happiness in (execution).
   정말 위대한 재능은 그 행복을 실행에서 찾는다.
   　　　　　execution과 action은 유의어
3. Goals help you channel your energy into (action).
   목표들은 당신의 정력을 행동으로 돌리는 데 도움을 준다.
   　　　　　동일어
4. Thoughts are the seed of (action).
   생각은 행동의 씨앗이다.

연결고리 〈execute → execution → action〉을 매개로 문장과 문장이 유기적으로 이어집니다.

1. 꼬리에 꼬리를 무는 통문장

하루 30개 명언을 꼬리에 꼬리를 물고 외울 수 있도록 구성했습니다. 각 문장은 동일어(동일어지만 다른 의미로 쓰이는 경우도 포함), 유의어, 반의어, 파생어, 형태가 비슷해 헷갈리기 쉬운 단어, 의미상 연결되는 명언, 같은 주제의 명언 등으로 구성하여 유기적으로 연결하였습니다. 이런 연결고리 단어들을 반복적으로 접하게 되면서, 해당 단어의 의미나 용법을 자연스럽게 반복 학습하게 됩니다.

2. 엄선된 명언

좋은 문장 중 짧고 간결한 것을 골라 정치, 경제, 문화 등 다양한 내용을 포함하였습니다. 간결하여 외우기 쉬운 명언을 택하는 동시에, 서양의 보편적인 교양 및 지식이 녹아 있는 유명한 명언들을 포함하여 고급 영어를 접할 수 있도록 하였습니다. 또한 명언을 선정함에 있어 출제 비중이 높은 단어를 중심으로 구성하였기 때문에 학습 시간 대비 최대의 효과를 얻을 수 있을 거라 생각되며, 여러 시험을 대비해 공부하더라도 부족함이 없을 거라 생각됩니다.

3. 영작 및 소리 내어 말하기 훈련

각 unit이 끝난 후 checkup 항목을 마련하여 영작과 소리 내어 말하기 연습을 병행할 수 있도록 하였습니다. 키워드를 참조하면서 특히 한국인들이 어려워하는 관사, 전치사 등을 독자 스스로 떠올려 보거나 명사와 동사의 성(gender), 수(number), 격(case)에 따라 형태를 학습자 스스로 바꿔 보도록 구성하였습니다. 이런 방법으로 문장을 연습하다 보면 자신도 모르는 사이 문법은 물론, 쓰기와 말하기 실력이 부쩍 향상되어 있음을 느끼게 될 것입니다. 또한 듣기 실력 향상을 위해 등하굣길이나 출퇴근길에 명언을 듣고 공부할 수 있도록 MP3도 함께 제공하고 있습니다. (www.iambooks.co.kr MP3 자료실)

4. 원문에 충실한 직역

가능한 직역 위주로 해석하여 전치사 하나하나의 의미까지 살리고자 노력하였습니다. 의역을 하게 되면 우리말 전달력은 뛰어나지만 영어의 미묘한 뉘앙스를 그대로 전달하기는 어렵게 됩니다. 영어 원문의 의미를 그대로 전달하자는 의도와 함께, 한글을 영어로 바꿔 보거나 소리 내어 말하는 훈련을 할 때 직역이 보다 효과적일 거라 생각했습니다.

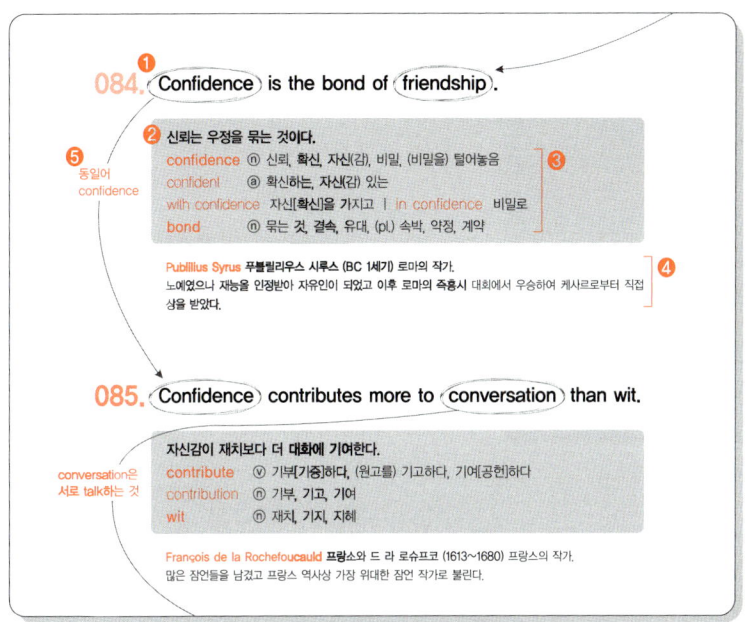

❶ 명언
하루 30여 개의 명언을 하나의 unit으로 구성하여 통문장으로 암기할 수 있도록 하였습니다.

❷ 한글 해석
가능한 직역 위주로 해석하여 전치사 하나하나까지 그대로 영어로 바꿀 수 있도록 하였습니다.

❸ 단어 뜻
기본적으로 영영사전을 참조하여 표제어, 관련어, 용법을 함께 수록하였습니다.

❹ 저자 설명
명언을 말한 이의 업적이나 행적이 잘 드러나도록 기술했습니다.

❺ 연결고리
동일어, 유의어, 반의어, 파생어, 형태가 비슷하여 헷갈리기 쉬운 단어를 연결고리로 각 문장들을 연결하였습니다.

통문장으로 꼬리 물고
외우는 **영어명언**
30일 완성

- **Unit** 001 / 12
  - UPGrade Check Up 20
  영작 및 말하기 연습
- **Unit** 002 / 24
  - UPGrade Check Up 32
  영작 및 말하기 연습
- **Unit** 003 / 36
  - UPGrade Check Up 44
  영작 및 말하기 연습
- **Unit** 004 / 48
  - UPGrade Check Up 56
  영작 및 말하기 연습
- **Unit** 005 / 60
  - UPGrade Check Up 68
  영작 및 말하기 연습
- **Unit** 006 / 72
  - UPGrade Check Up 82
  영작 및 말하기 연습
- **Unit** 007 / 86
  - UPGrade Check Up 96
  영작 및 말하기 연습
- **Unit** 008 / 100
  - UPGrade Check Up 110
  영작 및 말하기 연습
- **Unit** 009 / 114
  - UPGrade Check Up 124
  영작 및 말하기 연습
- **Unit** 010 / 128
  - UPGrade Check Up 138
  영작 및 말하기 연습

• **Unit** 011 /	**142**		• **Unit** 021 /	**282**
▪ **UPGrade** Check Up ▪ 영작 및 말하기 연습	152		▪ **UPGrade** Check Up ▪ 영작 및 말하기 연습	292
• **Unit** 012 /	**156**		• **Unit** 022 /	**296**
▪ **UPGrade** Check Up ▪ 영작 및 말하기 연습	166		▪ **UPGrade** Check Up ▪ 영작 및 말하기 연습	306
• **Unit** 013 /	**170**		• **Unit** 023 /	**310**
▪ **UPGrade** Check Up ▪ 영작 및 말하기 연습	180		▪ **UPGrade** Check Up ▪ 영작 및 말하기 연습	320
• **Unit** 014 /	**184**		• **Unit** 024 /	**324**
▪ **UPGrade** Check Up ▪ 영작 및 말하기 연습	194		▪ **UPGrade** Check Up ▪ 영작 및 말하기 연습	334
• **Unit** 015 /	**198**		• **Unit** 025 /	**338**
▪ **UPGrade** Check Up ▪ 영작 및 말하기 연습	208		▪ **UPGrade** Check Up ▪ 영작 및 말하기 연습	348
• **Unit** 016 /	**212**		• **Unit** 026 /	**352**
▪ **UPGrade** Check Up ▪ 영작 및 말하기 연습	222		▪ **UPGrade** Check Up ▪ 영작 및 말하기 연습	362
• **Unit** 017 /	**226**		• **Unit** 027 /	**366**
▪ **UPGrade** Check Up ▪ 영작 및 말하기 연습	236		▪ **UPGrade** Check Up ▪ 영작 및 말하기 연습	376
• **Unit** 018 /	**240**		• **Unit** 028 /	**380**
▪ **UPGrade** Check Up ▪ 영작 및 말하기 연습	250		▪ **UPGrade** Check Up ▪ 영작 및 말하기 연습	390
• **Unit** 019 /	**254**		• **Unit** 029 /	**394**
▪ **UPGrade** Check Up ▪ 영작 및 말하기 연습	264		▪ **UPGrade** Check Up ▪ 영작 및 말하기 연습	404
• **Unit** 020 /	**268**		• **Unit** 030 /	**408**
▪ **UPGrade** Check Up ▪ 영작 및 말하기 연습	278		▪ **UPGrade** Check Up ▪ 영작 및 말하기 연습	418

30일 완성

수험어휘, 영작, 말하기를
한 번에 잡는

통문장으로
꼬리 물고 외우는
영어명언

Unit 001

Never **f**orget that **o**nly
dead **f**ish **s**wim with
the **s**tream.

– Malcolm Muggeridge

001. Deliberate slowly, (execute) quickly.

천천히 숙고하고, 빠르게 실행하라.
- **deliberate** ⓐ 사려 깊은, 신중한, 고의의, 계획적인
  ⓥ 숙고하다, 심의하다
- **deliberation** ⓝ 숙고, 신중함, (pl.) 심의
- **execute** ⓥ 실행하다, 집행하다, 사형에 처하다

execute의 명사형인 execution

Latin Proverb 라틴 속담

002. A really great talent finds its happiness in (execution).

정말 위대한 재능은 그 행복을 실행에서 찾는다.
- **talent** ⓝ (타고난) 재능, 재주, 인재, 재능 있는 사람
- **talented** ⓐ 재능 있는, 유능한
- **execution** ⓝ 실행, (강제) 집행, 사형 집행

execution과 action은 유의어

Johann Wolfgang von Goethe 요한 볼프강 폰 괴테 (1749~1832) 독일의 작가.
독일의 대문호로 독일문학을 세계적 수준으로 올렸다는 평가를 받는다. 대표작은 〈Die Leiden des jungen Werthers 젊은 베르테르의 슬픔〉, 〈Faust 파우스트〉 등이 있다.

003. Goals help you channel your energy into (action).

목표들은 당신의 정력을 행동으로 돌리는 데 도움을 준다.
- **goal** ⓝ 목표, 목적(지), 결승선, 골
- **channel** ⓝ 수로, 해협, (통신) 채널, 경로
  ⓥ (돈, 감정, 생각 등을) (~에(into)) 돌리다(쏟다), (물, 빛 등을) 나르다
- **action** ⓝ 행동, 활동, 동작, (법적) 조치, 소송

동일어 action

Les Brown 레스 브라운 (1945~) 미국의 작가, 동기부여 강사(motivational speaker).
빈민촌 입양아 출신으로 무급으로 방송국 일을 돕다가 어느 날 술에 취한 DJ의 대타로 마이크를 잡으면서 인기를 끌게 되었다.

004. Thoughts are the seed of action.

생각은 행동의 씨앗이다.
thought ⓝ (특정한) 생각, (pl.) (마음속의) 생각, 사고, 숙고, 사려, 사상
seed ⓝ 씨, 씨앗, 종자, 근원, 자손
ⓥ 씨를 뿌리다

동일어 thought

Ralph Waldo Emerson 랄프 왈도 에머슨 (1803~1882) 미국의 철학자, 작가.
초월주의 운동을 주도했으며 대표작은 〈Nature 자연론〉, 〈Essays 에세이집〉 등이 있다.

005. Think big thoughts but relish small pleasures.

큰 생각들을 하지만 작은 즐거움들을 즐겨라.
relish ⓥ 즐기다, 풍미를 더하다, 맛있게 먹다
ⓝ 재미, 풍미, 맛
pleasure ⓝ 즐거움, 기쁨, 쾌감, 쾌락

동일어 pleasure

H. Jackson Brown, Jr. H. 잭슨 브라운, 주니어 (1965~) 미국의 작가.
대표작은 〈Life's Little Instruction Book 삶의 작은 지침서〉 등이 있다.

006. How delicious is pleasure after torment!

고통 뒤의 즐거움은 얼마나 맛있는가!
delicious ⓐ (아주) 맛있는, 냄새가 좋은
torment ⓝ 고통, 고뇌, 고민거리
ⓥ 고통을 안겨 주다, 몹시 괴롭히다

torment가 반복되면 torture

Pierre Corneille 피에르 코르네유 (1606~1684) 프랑스의 작가.
프랑스 3대 극작가 중의 한 사람으로 대표작은 〈Le Cid 르 시드〉 등이 있다.

007. Love is a reciprocal torture.

사랑은 상호 간의 고문이다.
reciprocal ⓐ 상호 간의, 호혜적인
torture ⓝ 고문, 심한 고통
ⓥ 고문하다, 심하게 괴롭히다

사랑에 대한 반대 해석

Marcel Proust 마르셀 프루스트 (1871~1922) 프랑스의 작가.
어려서부터 병약했지만 문학 공부를 꾸준히 했고 마침내 20세기 최고의 소설 중 하나라고 평가받는
〈In Search of Lost Time 잃어버린 시간을 찾아서〉로 세계적 명성을 얻었다.

:: 13

008. Love is trembling happiness.

사랑은 떨리는 행복이다.
tremble ⓥ 떨다, 떨리다, 진동하다, 전전긍긍하다
　　　　 ⓝ 떨림, 진동, 전율

Kahlil Gibran 칼릴 지브란 (1883~1931) 레바논 출신의 미국 작가.
'영혼의 순례자'로 일컬어지며 대표작은 〈The Prophet 예언자〉 등이 있다.

이런 이유로 love는 서로를 끌어당긴다.

009. Love is metaphysical gravity.

사랑은 형이상학적인 인력이다. (사랑은 형이상학 차원의 서로를 끌어당기는 힘이다.)
metaphysical ⓐ 형이상학의, 형이상학적인
metaphysics ⓝ 형이상학, (현실과는 구별되는) 추상론
gravity 　　 ⓝ 중력, 인력, 무게, 중대함, 진지함

R. Buckminster Fuller R. 버크민스터 풀러 (1895~1983) 미국의 발명가, 건축가.
시너지(synergy) 등의 단어를 만들어 내고 대체 에너지원으로 바람, 파도, 태양열 등을 이용할 것을 제안한 최초의 사람이다.

동일어 love

010. Nature never did betray the heart that loved her.

자연은 결코 그녀를 사랑하는 마음을 배반한 적이 없다.
nature ⓝ 자연, 본성, 본질, 성질
betray ⓥ 배반[배신]하다, 밀고하다, (원칙 등을) 저버리다
betrayer ⓝ 배반[배신]자, 매국노 | betrayal ⓝ 배반, 배신, 밀고

William Wordsworth 윌리엄 워즈워스 (1770~1850) 영국의 시인.
영국 낭만주의 문학의 기수로 대표작은 〈Prelude 서곡〉 등이 있다.

동일어 nature

011. Nature abhors a vacuum.

자연은 진공을 몹시 싫어한다. (빈 공간은 무엇인가를 끌어당긴다.)
abhor 　　　ⓥ 혐오하다, 몹시 싫어하다
abhorrence ⓝ 혐오, 몹시 싫어함
vacuum 　　ⓝ 공백, 빈 공간, 진공(상태)

Aristotle 아리스토텔레스 (BC 384~322) 그리스의 철학자.
물리학, 생물학, 시학, 수사학, 논리학, 윤리학, 정치학 등의 다양한 분야에 명저를 남겨 서양 철학의 발전에 커다란 기여를 했다.

- 16~18세기 과학혁명을 거치면서 기계론적 자연론이 확립되기 전 사람들은 아리스토텔레스의 목적론적 자연관을 신봉하면서, 자연은 인간과 같이 무엇인가를 두려워한다고 생각했고 특히 자연은 진공을 몹시 싫어한다고 생각했다.

동일어 nature

012. I believe in (God), only I spell it (Nature).

나는 하나님의 존재를 믿으며, 단지 나는 이를 자연으로 쓴다.
believe in (~의 존재)를 믿다
god ⓝ 신, (the 없이 쓰이며 G-) (이슬람교·유대교·기독교의) 하나님, 하느님
spell ⓥ 철자를 말하다[쓰다], ~라고 읽다[쓰다]

동일어
God

Frank Lloyd Wright 프랭크 로이드 라이트 (1867~1959) 미국의 건축가.
자연과 조화되는 유기적인 건축이 그의 특징이며 대표작은 구겐하임 미술관(Guggenheim Museum) 등이 있다.

013. (God) has (entrusted) me with myself.

신은 나에게 나 자신을 맡겼다.
entrust ⓥ 맡기다, 위임[위탁]하다
entrust A with B = entrust B to A   A에게 B를 맡기다

entrust는 trust에 접두사 en-이 붙은 말

Epictetus 에픽테토스 (55~135) 로마의 스토아학파 철학자.
노예의 아들로 태어났고 절름발이였으나, 후에 황제인 마르쿠스 아우렐리우스의 스승이 되었다.

014. (Trust) (not) too much to an enchanting face.

매혹적인 얼굴을 지나치게 신뢰하지 말라.
trust   ⓝ 신뢰, 신임, 신용, 위탁
            ⓥ 신뢰[신임, 신용]하다, 믿고 맡기다
trustworthy ⓐ 신뢰[신용]할 수 있는, 믿을 수 있는
enchanting ⓐ 매혹적인, 황홀하게 하는
enchant   ⓥ 매혹하다, 황홀하게 하다, 마법을 걸다

trust not
(믿지 않다)
⇒ skeptical
(의심이 많은)

Virgil 버질 (BC 70~19 본명 Publius Vergilius Maro) 로마의 시인.
로마의 시성(詩聖)으로 추앙받으며 대표작은 〈로마 건국 신화가 담긴 서사시〉, 〈the Aeneid 아이네아드〉 등이 있다.

015. Great intellects are (skeptical).

뛰어난 지식인들은 의심이 많다.
intellect ⓝ 지성, 지식인
skeptical ⓐ 의심 많은, 믿지 않는, 회의적인
skeptic   ⓝ 회의론자

뛰어난 지식인의 예가 아인슈타인

Friedrich Nietzsche 프리드리히 니체 (1844~1900) 독일의 철학자, 작가.
'생의 철학'의 기수이며 실존주의와 포스트모더니즘의 발전에 커다란 영향을 끼쳤다. 대표작은 〈Also sprach Zarathustra 차라투스트라는 이렇게 말했다〉 등이 있다.

016. My (mind) is my laboratory.

동일어 mind

내(아인슈타인)의 머리가 나의 실험실이다.
mind ⓝ (body과 대비되는) 정신, 마음, (heart와 대비되는) 머리, 지성,
 (어떤 정신·지성을 지닌) 사람
 ⓥ 주의[유의]하다, 신경 쓰다, 싫어하다
laboratory ⓝ 실험실, 연구소

Albert Einstein 알버트 아인슈타인 (1879~1955) 독일 출신의 미국 물리학자, 평화운동가. 상대성이론, 광양자설 등의 이론을 발표하여 현대 과학을 급속도로 발전시켰다는 평가를 받고 있으며, 1921년 노벨물리학상을 수상했다.

017. Power is not alluring to (pure) (minds).

pure와 sly는 반의어

권력은 순수한 사람을 꾀지 않는다.
power ⓝ 힘, 능력, 권력, 권력자, 강국, 전기
empower ⓥ 힘[권력, 권한]을 부여하다
allure ⓥ (미끼로) 꾀다, 유혹하다
pure ⓐ 순수한, 순전한, 깨끗한, 결백한
purify ⓥ 깨끗이 하다, 정화하다, 추방하다 | purity ⓝ 순수성, 순도

Thomas Jefferson 토머스 제퍼슨 (1743~1826) 미국의 제3대 대통령. 미국 독립선언문의 기초자이며, 연방주의에 반대하고 공화주의를 주장했다.

018. A (sly) rogue is often in good dress.

sly와 cunning은 유의어

교활한 악당은 흔히 좋은 옷을 입는다.
sly ⓐ 교활한, 음흉한
rogue ⓝ 악한, 악당

Irish Proverb 아일랜드 속담

019. (Cunning) surpasses (strength).

동일어 strength

교활함은 힘을 능가한다.
cunning ⓝ 교활(함), 교묘(함)
 ⓐ 교활한, 간사한, 교묘한
surpass ⓥ ~보다 낫다, 능가하다
strength ⓝ 힘, 세기, 강함, 장점

German Proverb 독일 속담

020. True strength is delicate.

참된 힘은 섬세하다.
true ⓐ 정말의, 사실의, 진정한, 진실의, 정확한, 충실한
delicate ⓐ 섬세한, 예민한, 미묘한, 민감한

true의 명사형인 truth

Louise Nevelson 루이즈 네벨슨 (1899~1988) 우크라이나 출신의 미국 여류 조각가. 큐비즘풍의 조각, 어셈블리지 조각 등을 주로 제작했다.

021. It is the truth that irritates a person.

사람을 짜증나게 하는 것은 진실이다.
truth ⓝ 진실, 진리, 현실, 충실
irritate ⓥ 짜증나게 하다, 화나게 하다, 자극하다

동일어 truth

Spanish Proverb 스페인 속담

022. The first reaction to truth is hatred.

진실에 대한 첫 번째 반응은 반감이다.
reaction ⓝ 반응, 반작용, 반발, 반동
react ⓥ 반응하다, 반작용하다, 반발[반항]하다
hatred ⓝ 반감, 증오
hateful ⓐ 미운, 지긋지긋한

동일어 hatred

Tertullian 터툴리안 (160~220) 카르타고 출신의 로마 신학자. 삼위일체 교리를 발전시켜 라틴신학의 아버지로 불린다.

023. Hatred is the coward's revenge for being intimidated.

증오는 위협받는 것에 대한 겁쟁이의 복수이다.
coward ⓝ 겁쟁이, 비겁한 사람
revenge ⓝ 복수, 앙갚음, 보복
ⓥ 복수하다, 원한을 갚다, 보복하다
intimidate ⓥ 위협하다, 협박하다
intimidation ⓝ 위협, 협박

intimidate와 threat는 유의어

George Bernard Shaw 조지 버나드 쇼 (1856~1950) 아일랜드의 작가, 비평가. 작품을 통해 영국 사회를 신랄하게 비판했으며 당시의 예술적·지적 발전에 커다란 기여를 했다. 대표작은 〈Man and Superman 인간과 초인〉, 〈Pygmalion 피그말리온〉 등이 있다.

:: 17

024. Men don't (die) of (threats).

die의 형용사형인 dead

사람은 위협들로는 죽지 않는다.
- **man** ⓝ (성인) 남자 어른, (종종 복수형으로) 사람
- **threat** ⓝ 위협, 협박
- **threaten** ⓥ 위협하다, 협박하다

Dutch Proverb 네덜란드 속담

025. Never forget that only (dead) fish swim with the stream.

dead의 명사형인 death

단지 죽은 물고기들만이 물결을 따라 흘러간다는 것을 결코 잊지 말라.
- **dead** ⓐ 죽은, 죽은 듯한, 작동을 안 하는
  ⓐⓓ 딱, 완전히, 정확히, 몹시
- **stream** ⓝ 개울, 시내, 물결, 물줄기, 흐름, (수많은 일의) 연속
  ⓥ (계속) 흐르다[흘러 나오다], 줄줄이 이어지다[이동하다]

Malcolm Muggeridge 말콤 머거리지 (1903~1990) 영국의 언론인, 작가.
〈Something Beautiful for God 하나님을 위한 아름다운 어떤 것〉이란 책으로 테레사 수녀를 세계적으로 알렸다.

026. (Death), only, renders hope futile.

death와 life는 반의어

죽음만이 희망을 헛되게 한다. (죽기 전까지는 희망을 놓아서는 안 된다.)
- **render** ⓥ ~하게 하다(make), 주다, 표현하다
- **futile** ⓐ 헛된, 효과 없는, 시시한, 쓸데없는

Edgar Rice Burroughs 에드거 라이스 버로스 (1875~1950) 미국의 작가.
대표작은 〈Tarzan of the Apes 유인원 타잔〉 등이 있다.

027. (Life) is absurd.

동일어 life

삶은 부조리하다.
- **life** ⓝ 생명, 삶, 인생, 생활, 생물
- **absurd** ⓐ 불합리한, 부조리한, 터무니없는

Albert Camus 알베르 카뮈 (1913~1960) 프랑스의 작가.
'부조리'를 주제로 한 실존주의 작품을 남겼으며 1957년 노벨문학상을 수상했다. 대표작은 〈L'étranger 이방인〉, 〈Le mythe de Sisyphe 시지푸스의 신화〉 등이 있다.

028. Ethics is nothing else than (reverence) for (life).

윤리란 생명에 대한 경외일 따름이다.
ethics   ⓝ (단수 취급) 윤리학, 윤리
ethical   ⓐ 윤리적인, 도덕상의
nothing else than A = nothing but A   (다만) A일 따름, A에 지나지 않는
reverence   ⓝ 경외, 경의, 숭배, 존경
revere   ⓥ 경외하다, 숭배하다

Albert Schweitzer 알버트 슈바이처 (1875~1965) 독일의 의사, 종교학자.
'생명에 대한 경외'라는 그의 철학과 아프리카에서의 의료 봉사활동으로 1952년 노벨평화상을 수상했다.

reverence와 deference는 유의어

029. Great men always pay (deference) to greater.

위대한 사람들은 언제나 보다 위대한 사람들에게 경의를 표한다.
pay   ⓥ 지불[지급]하다, (빚 등을) 갚다, 벌을 받다
             ⓝ 지불[지급], 급료
payment   ⓝ 지불, 지급, 지불금, 보답
deference   ⓝ 경의, 존중, 복종
pay deference to A   A에게 경의를 표하다

Walter Savage Landor 월터 새비지 랜더 (1775~1864) 영국의 작가.
대표작은 〈Imaginary Conversations 상상적 대화〉 등이 있다.

deference와 homage는 유의어

030. The greatest (homage) we can pay to truth is to use it.

진실에 대해 우리가 표할 수 있는 가장 큰 경의는 그것을 이용하는 것이다.
homage   ⓝ 경의, 존경의 표시
pay homage to A   A에게 경의를 표하다

Ralph Waldo Emerson 랄프 왈도 에머슨 (1803~1882) 미국의 철학자, 작가.
초월주의 운동을 주도했으며 대표작은 〈Nature 자연론〉, 〈Essays 에세이집〉 등이 있다.

:: 19

UPGrade Check Up
영작 및 말하기 연습

001. 천천히 숙고하고, 빠르게 실행하라.

002. 정말 위대한 재능은 그 행복을 실행해서 찾는다.

003. 목표들은 당신의 정력을 행동으로 돌리는 데 도움을 준다.

004. 생각은 행동의 씨앗이다.

005. 큰 생각들을 하지만 작은 즐거움들을 즐겨라.

006. 고통 뒤의 즐거움은 얼마나 맛있는가!

007. 사랑은 상호 간의 고문이다.

008. 사랑은 떨리는 행복이다.

009. 사랑은 형이상학적인 인력이다.

Key Word
UpGrade Check - Up *Important Word*

001. deliberate, execute

002. talent, happiness, execution

003. goal, channel, energy, action

004. thought, seed, action

005. think, thought, relish, pleasure

006. delicious, pleasure, torment

007. love, reciprocal, torture

008. love, tremble, happiness

009. love, metaphysical, gravity

Answer
001. Deliberate slowly, execute quickly.
002. A really great talent finds its happiness in execution.
003. Goals help you channel your energy into action.
004. Thoughts are the seed of action.
005. Think big thoughts but relish small pleasures.
006. How delicious is pleasure after torment!
007. Love is a reciprocal torture.
008. Love is trembling happiness.
009. Love is metaphysical gravity.

먼저 오른쪽 박스 안의 키워드를 참고하여 왼쪽의 한글을 영작해 보세요. 이후 키워드를 가린 채 왼쪽의 한글만 보고 영어로 소리 내어 말해 보세요.

Key Word
UpGrade Check - Up
Important Word

010. 자연은 결코 그녀를 사랑하는 마음을 배반한 적이 없다.

011. 자연은 진공을 몹시 싫어한다.

012. 나는 하나님의 존재를 믿으며, 단지 나는 이를 자연으로 쓴다.

013. 신은 나에게 나 자신을 맡겼다.

014. 매혹적인 얼굴을 지나치게 신뢰하지 말라.

015. 뛰어난 지식인들은 의심이 많다.

016. 내(아인슈타인)의 머리가 나의 실험실이다.

017. 권력은 순수한 사람을 꾀지 않는다.

018. 교활한 악당은 흔히 좋은 옷을 입는다.

---

010. nature, betray, heart, love
011. nature, abhor, vacuum
012. believe in, God, spell, Nature
013. God, entrust, myself
014. trust not, enchanting, face
015. intellect, skeptical
016. mind, laboratory
017. power, allure, pure, mind
018. sly, rogue, dress

Answer
010. Nature never did betray the heart that loved her.
011. Nature abhors a vacuum.
012. I believe in God, only I spell it Nature.
013. God has entrusted me with myself.
014. Trust not too much to an enchanting face.
015. Great intellects are skeptical.
016. My mind is my laboratory.
017. Power is not alluring to pure minds.
018. A sly rogue is often in good dress.

UPGrade Check Up
영작 및 말하기 연습

019. 교활함은 힘을 능가한다.
_____.

020. 참된 힘은 섬세하다.
_____.

021. 사람을 짜증나게 하는 것은 진실이다.
_____.

022. 진실에 대한 첫 번째 반응은 반감이다.
_____.

023. 증오는 위협받는 것에 대한 겁쟁이의 복수이다.
_____.

024. 사람은 위협들로는 죽지 않는다.
_____.

025. 단지 죽은 물고기만이 물결을 따라 흘러간다는 것을 결코 잊지 말라.
_____.

026. 죽음만이 희망을 헛되게 한다.
_____.

027. 삶은 부조리하다.
_____.

Key Word
UpGrade Check - Up
Important Word

019. cunning, surpass, strength

020. true, strength, delicate

021. truth, irritate

022. reaction, truth, hatred

023. hatred, coward, revenge, intimidate

024. man, die, threat

025. dead, fish, swim, stream

026. death, render, futile

027. life, absurd

Answer

019. Cunning surpasses strength.
020. True strength is delicate.
021. It is the truth that irritates a person.
022. The first reaction to truth is hatred.
023. Hatred is the coward's revenge for being intimidated.
024. Men don't die of threats.
025. Never forget that only dead fish swim with the stream.
026. Death, only, renders hope futile.
027. Life is absurd.

028. 윤리란 생명에 대한 경외일 따름이다.

_____.

029. 위대한 사람들은 언제나 보다 위대한 사람들에게 경의를 표한다.

_____.

030. 진실에 대해 우리가 표할 수 있는 가장 큰 경의는 그것을 이용하는 것이다.

_____.

Key Word
UpGrade Check - Up
Important Word

028. ethics, nothing else than, reverence, life

029. pay, deference

030. homage, pay, truth, use

Answer

028. Ethics is nothing else than reverence for life.
029. Great men always pay deference to greater.
030. The greatest homage we can pay to truth is to use it.

Unit 002

All human power is a compound of time and patience.

— Honore de Balzac

031. Trade knows neither friends nor kindred.

friend에 –ship이 붙은 friendship

장사는 친구들도 친족도 알아보지 못한다.
trade ⓝ 장사, 거래, 교역, 교환, 무역 ⓥ 장사를 하다, 교역[교환], 무역]하다
know ⓥ 알다, 알고 있다, 알아보다
neither A nor B A도 B도 아니다[않다]
kindred ⓝ 친족(=kin), 친족 관계(=kinship), 혈연, 동종
ⓐ 친족(관계)의, 혈연의, 유사한, 같은 성질의

Proverb 속담

032. Love and friendship exclude each other.

동일어 love

사랑과 우정은 서로를 배제한다. (사랑과 우정은 한 곳에 머무르지 못한다.)
friendship ⓝ 우정, 우애, 우호, 친교, 친선
exclude ⓥ 배제[제외]하다, 거부[차단]하다, 쫓아내다
exclusion ⓝ 배제, 제외, 추방

Jean de la Bruyere 장 드 라 브뤼에르 (1645~1696) 프랑스의 작가, 윤리학자.
대표작은 〈The Caractéres 성격론〉 등이 있다.

033. Love prefers twilight to daylight.

twilight와 daylight는 둘 다 light

사랑은 밝은 햇빛보다 어스름한 빛을 선호한다. (사랑은 시작 무렵이 더 달콤하다.)
prefer ⓥ 선호하다, 더 좋아하다
prefer A to B B보다 A를 선호하다
preference ⓝ 선호, 우선권
twilight ⓝ 어스름한 빛, 여명, 황혼, 땅거미
daylight ⓝ (낮의) 밝은 햇빛, 일광, 대낮

Oliver Wendell Holmes, Sr. 올리버 웬델 홈스, 시니어 (1809~1894) 미국의 의학자, 작가.
대표작은 〈Poems 시집〉, 〈The Autocrat of the Breakfast-Table 아침 식탁의 독재자〉 등이 있다.

034. If God created (shadows), it was to better emphasize the (light).

만약 하나님이 그림자들을 창조했다면, 이는 빛을 더욱 강조하기 위해서였다.
- create ⓥ 창조하다, 창작하다, (문제 등을) 야기하다
- shadow ⓝ 그림자, (비치는) 영상
  - ⓥ 그늘지게 하다, 어둡게 하다
- emphasize ⓥ 강조하다, 역설하다
- emphasis ⓝ 강조, 중점, 중요성

동일어 shadow

Pope John XXIII 교황 요한 23세 (1881~1963)
이탈리아의 가난한 농부의 아들로 1958년에는 교황직에 올랐고, 5년도 채 안 된 재임 동안 많은 업적을 쌓아 Blessed John XXIII(축복받은 요한 23세)로 불린다.

035. (Shadow) owes its (birth) to light.

그림자는 그것의 탄생을 빛에 빚지고 있다. (그림자는 빛의 덕으로 탄생한다.)
- owe ⓥ 빚지고 있다, 은혜를 입고 있다, (지불할) 의무가 있다
- owe A to B A를 B에 빚지고 있다[은혜를 입고 있다]

birth의 동사형인 bear

John Gay 존 게이 (1685~1732) 영국의 작가.
대표작은 〈The Beggar's Opera 거지 오페라〉 등이 있다.

036. Love is what we were (born) with. Fear is what we learned here.

사랑은 우리가 가지고 태어난 것이다. 두려움은 우리가 여기서 배운 것이다.
- bear ⓥ (책임, 의무를) 지다, 지탱하다, 견디다, 낳다, (열매를) 맺다
  - ⓝ 곰
- fear ⓝ 두려움, 불안, 무서움, 공포
  - ⓥ 두려워하다, 무서워하다, 걱정하다

동일어 bear

Marianne Williamson 매리앤 윌리암슨 (1952~) 미국의 작가, 강연가.
대표작은 〈The Age of Miracles 기적의 시대〉 등이 있다.

037. I am a (bear) of very little brain, and long words bother me.

나는 아주 작은 뇌를 지닌 곰으로, 긴 말들은 나를 성가시게 한다.
- bother ⓥ 성가시게[귀찮게] 하다, 괴롭히다
  - ⓝ 성가심, 성가신 것

동일어 bear

Winnie the Pooh
1977년 월트 디즈니에서 밀른(A. A. Milne)의 동화를 원작으로 제작한 만화 영화 〈Winnie the Pooh 곰돌이 푸〉의 주인공

038. Bear and forbear.

견디고 또 참아라.
- **forbear** ⓥ 참다, (~하는 것을) 삼가다
- **forbearance** ⓝ 인내, 관용

forbear와 patience는 유의어 – 다른 품사

Ovid 오비디우스 (BC 43~AD 17 본명 Publius Ovidius Naso) 로마의 시인. 세련된 감각과 풍부한 수사(修辭)를 특징으로 하는 그의 작품은 특히 르네상스 작가들에게 큰 영향을 끼쳤다. 대표작은 〈Metamorphoses 변신이야기〉 등이 있다.

039. All human power is a compound of time and patience.

모든 인간의 능력은 시간과 인내의 복합체이다.
- **human** ⓝ 인간, 사람
  ⓐ 인간[사람]의, 인류의, 인간적인, 인정 어린
- **compound** ⓝ 복합체, 혼합물, 합성어, (건물의) 구내
  ⓐ 복합의, 합성의 ⓥ 혼합[구성]하다
- **patience** ⓝ 인내(심), 참을성
- **patient** ⓝ 환자 ⓐ 인내심[참을성] 있는

human의 형용사형인 humane

Honore de Balzac 오노레 드 발자크 (1799~1850) 프랑스의 작가. 사실주의의 선구자로 불리며 대표작은 〈La Comedie humaine 인간 희극〉, 〈Le Père Goriot 고리오 영감〉 등이 있다.

040. One cannot be just if one is not humane.

사람이 인간적이지 않다면 공정할 수 없다.
- **one** ⓐ 하나의, 어떤 ⓝ 하나 ⓟⓡ 하나, 사람, 누구든지
- **just** ⓐ 공정한, 올바른, 적절한
  ⓐⓓ 바로, 꼭[딱], 막, 방금, 이제 막, 간신히, 그저, 단지, 오직
- **humane** ⓐ 인간적인, 인도적인, 인정 있는, 자비로운

just와 injustice는 반의어 – 다른 품사

Luc de Clapiers de Vauvenargues 뤽 드 클라피에르 드 보브나르그 (1715~1747) 프랑스의 작가, 도덕주의자. 대표작은 〈Reflexions and Maximes 성찰과 잠언〉 등이 있다.

041. Strict law is often great injustice.

엄한 법은 종종 커다란 불의다.
- **strict** ⓐ 엄한, 엄격한, 엄밀한
- **injustice** ⓝ 불의, 부당함, 불법, 불공평

동일어 injustice

Proverb 속담

042. Rigid (justice) is the greatest (injustice).

경직된 정의는 가장 큰 불의다.
rigid   ⓐ 단단한, 뻣뻣한, 경직된, 완고한, 엄격한
justice ⓝ 정의, 공정(함), 정당(성), 사법, 재판(관)

동일어 justice

Thomas Fuller 토마스 풀러 (1608~1661) 영국의 성직자, 작가.
대표작은 사후 출판된 〈The History of the Worthies of England 잉글랜드 명사[名士]들의 역사〉 등이 있다.

043. (Favor) and gifts disturb (justice).

호의와 선물들은 공정함을 방해한다.
favor   ⓝ 호의, 친절(한 행위), 후원, 편애
         ⓥ 호의를 보이다, 찬성하다, 편애하다
gift   ⓝ 선물, 재능
gifted   ⓐ 타고난, 재능이 있는
disturb ⓥ 방해하다, 어지럽히다, 불안하게 하다

동일어 favor

Danish Proverb 덴마크 속담

044. Fortune and love (favor) the (brave).

행운과 사랑은 용감한 사람들을 편애한다.
fortune   ⓝ 부, (많은) 재산, 운, 행운
brave   ⓐ (특히 행동에 있어서의) 용감한, 용맹한
the brave 용감한 사람들 〈the+추상형용사=복수보통명사〉

brave와 stout는 유의어

Ovid 오비디우스 (BC 43~AD 17 본명 Publius Ovidius Naso) 로마의 시인.
세련된 감각과 풍부한 수사(修辭)를 특징으로 하는 그의 작품은 특히 르네상스 작가들에게 큰 영향을 끼쳤다. 대표작은 〈Metamorphoses 변신이야기〉 등이 있다.

045. A (stout) heart breaks bad luck.

용감한 마음은 불운을 끊어 버린다.
stout   ⓐ 용감한, 튼튼한, 뚱뚱한
stouthearted ⓐ 용감한, 대담한
break   ⓥ 깨다, 끊다, 쉬다, (뉴스가) 알려지다

stout와 fainthearted는 반의어

Miguel de Cervantes Saavedra 미구엘 드 세르반테스 (1547~1616) 스페인의 작가.
스페인이 낳은 가장 위대한 작가로 불리며 당시의 사회를 비판하기 위해 날카로운 풍자와 해학을 특징으로 하는 작품을 썼다. 대표작은 〈Don Quixote 돈 키호테〉 등이 있다.

046. The (search) for the truth is not for the (fainthearted).

search에 접두사 re-가 붙은 research

진리의 추구는 소심한 사람들에게는 적합하지 않다.
- **search** ⓝ 수색, 검색, 탐색, 탐구, 추구
  ⓥ 찾다, 수색[검색]하다, 탐색[탐구]하다, 추구하다
- **fainthearted** ⓐ 소심한, 용기 없는
- **faint** ⓐ 희미한, 연약한, (희망 등이) 실낱같은 ⓥ 실신[기절, 졸도]하다

Vincent D'Onofrio 빈센트 도노프리오 (1959~) 미국의 영화배우.
로버트 고렌형사로 출연한 드라마 Law & Order에서 한 대사.

047. Fools make (researches) and (wise) men exploit them.

wise의 명사형인 wisdom

바보들은 연구하고, 현명한 자들은 그것들을 활용한다.
- **fool** ⓝ 바보, 어릿광대 ⓥ 기만하다, 속이다
- **research** ⓝ 연구, (연구) 조사 ⓥ 연구[조사]하다
- **researcher** ⓝ 연구원, 조사원
- **exploit** ⓥ (자연자원을) 개발[개척]하다, 활용하다, (부당하게) 이용하다, 착취하다

H. G. Wells H. G. 웰즈 (1866~1946) 영국의 작가.
대표작은 〈The Time Machine 타임머신〉, 〈The War of the Worlds 우주전쟁〉, 〈The Invisible Man 투명인간〉 등이 있다.

048. The function of (wisdom) is to discriminate between (good) and evil.

현명함의 기능은 선과 악을 구별하는 것이다.
- **function** ⓝ 기능, (수학) 함수, 행사 ⓥ 기능하다, 작용하다
- **wisdom** ⓝ 현명함, 지혜
- **discriminate** ⓥ 구별[식별]하다, 차별하다
- **discrimination** ⓝ 구별, 차별
- **evil** ⓝ 악, 악행, 유해물 ⓐ 악의, 사악한, 유해한

동일어 good

Marcus Tullius Cicero 마르쿠스 툴리우스 키케로 (BC 106~43) 로마의 정치가, 웅변가, 철학자.
로마 제1의 웅변가로 불리었으며 그의 문체는 고전 라틴어의 표본이 되었다.

049. (Associate) with the (good) and you will be one of them.

associate 하면 friend를 얻는다

좋은 사람들과 교제하라, 그러면 당신도 그들 중 하나가 될 것이다.
- **associate** ⓥ 교제하다, 제휴하다, 연상하다 ⓐ 제휴한, 준(準) ⓝ 동료, 준회원
- **association** ⓝ 교제, 제휴, 연상, 연관(성), 협회

Spanish Proverb 스페인 속담

050. My (friends) are my estate.

나의 친구들이 나의 재산이다.
- estate ⓝ 재산, 소유지
- real estate 부동산

friend는 단점도 많이 알기 때문에..

Emily Dickinson 에밀리 디킨슨 (1830~1886) 미국의 여류시인.
사랑, 죽음, 이별, 영혼, 천국 등을 주제로 1,775편에 달하는 시를 썼지만 사후에야 그녀의 천재성이 널리 인정받았다.

051. (Familiarity) breeds contempt.

친밀함은 경멸을 낳는다.
- familiarity ⓝ 친밀(함), 친숙함, 잘 알고 있음, 정통
- familiar ⓐ 친밀한, 친숙한, 잘 알려진
- breed ⓥ 낳다, 번식하다, 사육하다 ⓝ (동물물의) 품종, 종류
- contempt ⓝ 경멸, 멸시, 업신여김

familiarity와 intimacy는 유의어

Aesop 이솝 (BC 620?~560?) 그리스의 우화 작가.
소아시아에서 태어나 노예로 팔려 그리스로 왔고, 뛰어난 이야기꾼으로 명성을 날렸다.

052. Interestingly, the best way to promote (intimacy) is to demand it.

흥미롭게도, 친밀함을 촉진하는 가장 좋은 방법은 그것을 요구하는 것이다.
- promote ⓥ 촉진하다, 홍보하다, 승진[진급]시키다
- promotion ⓝ 촉진, 홍보, 승진, 진급
- intimacy ⓝ 친밀, 친밀한 사이, 상세한 지식
- demand ⓥ 요구[청구]하다, 강요하다, 필요로 하다, 묻다
   ⓝ 요구, 강요, 수요

intimacy의 동사형인 intimate

George Weinberg 조지 와인버그 (?~) 미국의 심리학자, 작가.
대표작은 〈The Heart of Psychotherapy 심리요법의 핵심〉 등이 있다.

053. Be polite to all, but (intimate) with few.

모두에게 공손하지만, 소수와 친밀하라.
- intimate ⓐ 친밀한, 은밀한, 사적인, 관련성이 밀접한 ⓥ 암시하다, 넌지시 알리다
- few ⓝ 소수, 소수의 사람 ⓐ 거의 없는, 조금은 있는

같은 주제; 교제는 깊이가 중요하다

Thomas Jefferson 토머스 제퍼슨 (1743~1826) 미국의 제3대 대통령.
미국 독립선언문의 기초위원이며, 연방주의에 반대하고 공화주의를 주장했다.

054. Make new friends but cherish the (old) ones.

새로운 친구들을 사귀지만 오랜 친구들을 소중히 여겨라.
cherish ⓥ 소중히 여기다, 마음속에 간직하다

H. Jackson Brown, Jr. H. 잭슨 브라운, 주니어 (1965~) 미국의 작가.
대표작은 《Life's Little Instruction Book 삶의 작은 지침서》 등이 있다.

동일어
old

055. (Old) (oxen) have stiff horns.

늙은 황소는 뻣뻣한 뿔들을 가진다. (나이 들면 사고가 경직되기 쉽다.)
ox ⓝ 황소
oxen ⓝ ox의 불규칙 복수
stiff ⓐ 뻣뻣한, 경직된, (동작, 태도 등이) 딱딱한, 엄한
horn ⓝ 뿔, 뿔나팔, 경적

Danish Proverb 덴마크 속담

oxen의 단수형인 ox

056. Providence provides but short horns for the fierce (ox).

신의 섭리는 사나운 황소에게 단지 짧은 뿔들을 주었다.
providence ⓝ (종종 P-) (신의) 섭리, (P-) 신, 선견지명
provide ⓥ 주다[지급]하다, 공급[제공]하다, (법률, 규칙 등이) 규정하다
provide A with B=provide B for[to] A A에게 B를 주다[공급하다]
fierce ⓐ 사나운, 험악한, 맹렬한, 격렬한

Latin Proverb 라틴 속담

ox의 여성형인 cow

057. The (cow) must graze where she is tied.

암소는 틀림없이 묶여 있는 곳에서 풀을 뜯어먹을 것이다.
cow ⓝ 암소, 젖소
graze ⓥ 풀을 뜯어먹다, 방목하다
 ⓝ 풀을 먹기[먹이기], 방목(지)
tie ⓥ 묶다, 매다, 속박[구속]하다
 ⓝ 동점, 넥타이, 매듭, 끈, 속박, 구속, (pl.) 인연[유대]

Sierra Leonean Proverb 시에라리온 속담

동물과 같이 사람도 각자 독특한 습관이 있다

058. Every man has his peculiar habit.

누구나 그의 독특한 습관이 있다.
- peculiar ⓐ 독특한, 특유한, 특이한, 기묘한
- habit ⓝ 습관, 버릇, 습관성 중독
- habitual ⓐ 습관적인

Latin Proverb 라틴 속담

왜냐하면

059. All men are not cast in the same mold.

모든 사람이 같은 틀에서 주조되지는 않는다.
- cast ⓥ (물건을) 던지다, (눈·시선을) 던지다, (금속을) 주조하다, (역을) 배정하다
  ⓝ 던지기, 거푸집[주형], 출연자들[배역진]
- mold ⓝ 거푸집[주형], 틀, 성격
  ⓥ 거푸집[틀]에 넣어 만들다, (성격을) 형성하다
- in a mold 틀에 넣어서

Proverb 속담

동일어 cast

060. My life has a superb cast but I can't figure out the plot.

내 인생은 최고의 출연자들을 가지지만 나는 그 줄거리를 알아내지 못하겠다.
- superb ⓐ 최고의, 최상의
- figure ⓥ 계산하다, (~라고) 생각하다
  ⓝ 숫자, 계산, 형태, (사람의) 모습, 인물(상), 도형
- figure out 계산하여 ~이 되다, (생각한 끝에) ~을 알아내다
- plot ⓝ 음모, (소설, 각본 등의) 줄거리[구성, 플롯]
  ⓥ 몰래 꾸미다

Ashleigh Brilliant 에슐리 브릴리언트 (1933~) 영국 출신의 미국 작가.
월스트리트저널지는 1992년 그를 역사상 유일한 전임(full-time) 경구 작가로 묘사했다.

UPGrade Check Up
영작 및 말하기 연습

031. 장사는 친구들도 친족도 알아보지 못한다.

032. 사랑과 우정은 서로를 배제한다.

033. 사랑은 밝은 햇빛보다 어스름한 빛을 선호한다.

034. 만약 하나님이 그림자들을 창조했다면, 이는 빛을 더욱 강조하기 위해서였다.

035. 그림자는 그것의 탄생을 빛에 빚지고 있다.

036. 사랑은 우리가 가지고 태어난 것이다. 두려움은 우리가 여기서 배운 것이다.

037. 나는 아주 작은 뇌를 지닌 곰으로, 긴 말들은 나를 성가시게 한다.

038. 견디고 또 참아라.

039. 모든 인간의 능력은 시간과 인내의 복합체이다.

Key Word
UpGrade Check - Up
Important Word

031. trade, friend, kindred

032. love, friendship, exclude

033. love, prefer, twilight, daylight

034. God, create, shadow, emphasize, light

035. shadow, owe, birth, light

036. love, bear, fear, learn

037. bear, brain, word, bother

038. bear, forbear

039. human, power, compound, time, patience

Answer
031. Trade knows neither friends nor kindred.
032. Love and friendship exclude each other.
033. Love prefers twilight to daylight.
034. If God created shadows, it was to better emphasize the light.
035. Shadow owes its birth to light.
036. Love is what we were born with. Fear is what we learned here.
037. I am a bear of very little brain, and long words bother me.
038. Bear and forbear.
039. All human power is a compound of time and patience.

먼저 오른쪽 박스 안의 키워드를 참고하여 왼쪽의 한글을 영작해 보세요. 이후 키워드를 가린 채 왼쪽의 한글만 보고 영어로 소리 내어 말해 보세요.

040. 사람이 인간적이지 않다면 공정할 수 없다.

041. 엄한 법은 종종 커다란 불의다.

042. 경직된 정의는 가장 큰 불의다.

043. 호의와 선물들은 공정함을 방해한다.

044. 행운과 사랑은 용감한 사람들을 편애한다.

045. 용감한 마음은 불운을 끊어 버린다.

046. 진리의 추구는 소심한 사람들에게는 적합하지 않다.

047. 바보들은 연구하고, 현명한 자들은 그것들을 활용한다.

048. 현명함의 기능은 선과 악을 구별하는 것이다.

Key Word
UpGrade Check - Up
Important Word

040. one, just, humane

041. strict, law, injustice

042. rigid, justice, injustice

043. favor, gift, disturb, justice

044. fortune, love, favor, brave

045. stout, heart, break, luck

046. search, truth, fainthearted

047. fool, research, wise, exploit

048. function, wisdom, discriminate, good, evil

Answer

040. One cannot be just if one is not humane.
041. Strict law is often great injustice.
042. Rigid justice is the greatest injustice.
043. Favor and gifts disturb justice.
044. Fortune and love favor the brave.
045. A stout heart breaks bad luck.
046. The search for the truth is not for the fainthearted.
047. Fools make researches and wise men exploit them.
048. The function of wisdom is to discriminate between good and evil.

UPGrade Check Up
영작 및 말하기 연습

049. 좋은 사람들과 교제하라. 그러면 당신도 그들 중 하나가 될 것이다.

_____.

050. 나의 친구들이 나의 재산이다.

_____.

051. 친밀함은 경멸을 낳는다.

_____.

052. 흥미롭게도, 친밀함을 촉진하는 가장 좋은 방법은 그것을 요구하는 것이다.

_____.

053. 모두에게 공손하지만, 소수와 친밀하라.

_____.

054. 새로운 친구들을 사귀지만 오랜 친구들을 소중히 여겨라.

_____.

055. 늙은 황소는 뻣뻣한 뿔들을 가진다.

_____.

056. 신의 섭리는 사나운 황소에게 단지 짧은 뿔들을 주었다.

_____.

057. 암소는 틀림없이 묶여 있는 곳에서 풀을 뜯어먹을 것이다.

_____.

Key Word
UpGrade Check - Up
Important Word

049. associate, good

050. friend, estate

051. familiarity, breed, contempt

052. interestingly, promote, intimacy, demand

053. polite, all, intimate, few

054. make, friend, cherish, old

055. old, oxen, stiff, horn

056. providence, provide, horn, fierce, ox

057. cow, graze, where, tie

Answer

049. Associate with the good and you will be one of them.
050. My friends are my estate.
051. Familiarity breeds contempt.
052. Interestingly, the best way to promote intimacy is to demand it.
053. Be polite to all, but intimate with few.
054. Make new friends but cherish the old ones.
055. Old oxen have stiff horns.
056. Providence provides but short horns for the fierce ox.
057. The cow must graze where she is tied.

058. 누구나 그의 독특한 습관이 있다.

_____.

059. 모든 사람이 같은 틀에서 주조되지는 않는다.

_____.

060. 내 인생은 최고의 출연자들을 가지지만 나는 그 줄거리를 알아내지 못하겠다.

_____.

Key Word
UpGrade Check - Up
Important Word

058. every, peculiar, habit

059. all, cast, mold

060. life, superb, cast, figure out, plot

Answer

058. Every man has his peculiar habit.
059. All men are not cast in the same mold.
060. My life has a superb cast but I can't figure out the plot.

Unit 003

Motivation is **w**hat **g**ets **y**ou **s**tarted. **H**abit is **w**hat **k**eeps **y**ou **g**oing.

– Jim Rohn

061. Every woman is a (rebel), and usually in wild revolt against herself.

> 모든 여성은 반항자이며, 대개는 스스로에 대한 격렬한 반항 상태이다.
> **rebel** ⓝ 반항자, 반란자 ⓥ 반항하다, 반역하다
> **wild** ⓐ 야생의, 야만의, 거친, 격렬한
> **revolt** ⓝ 반항, 저항, 반란, 봉기, 반감 ⓥ 반항[저항]하다, 반란[봉기]을 일으키다

Oscar Wilde 오스카 와일드 (1854~1900) 아일랜드의 작가.
'예술을 위한 예술'이란 표어로 탐미주의를 주창했으며 대표작은 〈The Importance of Being Earnest 진지함의 중요성〉, 〈The Picture of Dorian Gray 도리언 그레이의 초상〉 등이 있다.

(rebel의 명사형인 rebellion)

062. Repression will (provoke) (rebellion).

> 억압은 반란을 유발하는 법이다.
> **repression** ⓝ 억압, 억제, 압제
> **repress** ⓥ 억압[억제]하다, 진압하다
> * will의 용법 중 '불가피성'에 해당한다.
> **provoke** ⓥ (감정, 반응 등을) 유발하다, 도발하다, 자극하여 (~) 시키다, 화나게 하다
> **rebellion** ⓝ 반란, 폭동, 모반

Hugh Williamson 윌리엄슨 (1735~1819) 미국의 학자, 정치가.

(provoke의 명사형인 provocation)

063. To great evils we (submit); we resent little (provocations).

> 거대한 악행들에 우리는 굴복한다; 작은 도발들에 우리는 분개한다.
> **submit** ⓥ 제출[개진]하다, 굴복하다
> **submission** ⓝ 제출, (의견의) 개진, 굴복
> **resent** ⓥ 분개하다, 분하게 여기다
> **provocation** ⓝ 유발, 도발, 자극, 화나게 함

William Hazlitt 윌리엄 헤즐릿 (1778~1830) 영국의 작가.
대표작은 〈Table Talk 원탁〉, 〈The Spirit of the Age 시대정신〉 등이 있다.

(submit와 yield는 유의어)

064. Yield not to calamity, but face her boldly.

재앙에 굴복하지 말고, 그녀에게 대담하게 맞서라.
- yield ⓥ 산출하다, (이익 등을) 낳다, 양보[굴복]하다 ⓝ 산출, 생산량
- calamity ⓝ 재앙, 재난, 참사
- face ⓥ 향하다, ~에 면하다, 직면하다, 직시하다, (마주) 대하다, 맞서다
  ⓝ 얼굴, 표면, 겉모양, 면목
* 운명, 재앙 등은 보통 여성 대명사로 받는다.
- boldly ⓐⓓ 대담하게

calamity와 disaster는 유의어

Virgil 버질 (BC 70~19 본명 Publius Vergilius Maro) 로마의 시인.
로마 시성(詩聖)으로 대표작은 로마 건국 신화가 담긴 서사시 〈the Aeneid 아이네이드〉 등이 있다.

065. We are the authors of our own disasters.

우리는 우리 자신의 재난들에 대한 작가들이다.
- author ⓝ 작가, 저자
- own ⓐ (주로 소유격 뒤에 강조어로 쓰여) 자기 자신의, 스스로의, 그 자체의
  ⓥ 소유하다, (결점, 죄 등을) 자인하다
- owner ⓝ 주인, 소유자
- disaster ⓝ 재난, 큰 재해, 참사, 대실패
- disastrous ⓐ 피해가 막심한, 비참한, 대실패의

author는 write a novel 하는 사람

Latin Proverb 라틴 속담

066. Any fool can write a novel but it takes real genius to sell it.

어떤 바보라도 소설을 쓸 수 있지만 그것을 팔기 위해서는 진정한 천재성을 필요로 한다.
- novel ⓝ 소설 ⓐ 새로운, 참신한, 신기한
- novelty ⓝ 새로움, 참신함
- genius ⓝ 천재성, 천재, 특별한 재능

진정한 천재성이 결여된 경우

J. G. Ballard J. G. 밸러드 (1930~2009) 영국의 작가.
대표작은 영화화된 〈Empire of the Sun 태양의 제국〉, 〈Crash 크래쉬〉 등이 있다.

067. People read me but they don't subscribe.

사람들은 나의 글을 읽지만 구독하지는 않는다. (공짜로는 읽지만 돈내고 구독하면서까지 나의 글을 읽지는 않는다.)
- read+사람 ~의 글을 읽다
- subscribe ⓥ (신문, 서적 등을) 구독하다, (서명하여) 신청하다, (서명하여) 기부하다

subscribe, describe, prescribe는 -scribe가 공통

Jay London 제이 런던 (1966~) 미국의 코미디언.
겸손한 조크를 날리는 것이 그의 인기 비결이라고 한다.

068. The critic should (describe), and not (prescribe).

비평가는 묘사해야지, 처방해서는 안 된다. (비평가가 어떤 점을 고쳐야 하는지에 대한 자신의 의견까지 말해서는 안 된다.)

critic	ⓝ 비평[평론]가, 비판하는 사람
describe	ⓥ 묘사하다, 서술하다, 말로 설명하다, (~라고) 칭하다
description	ⓝ 서술적 묘사, 기술, (물품의) 설명서
prescribe	ⓥ (약, 치료법 등을) 처방하다, 규정[지시]하다
prescription	ⓝ 처방, 처방전[약], 규정, 법규

처방의 예

Eugene Ionesco 외젠 이오네스코 (1909~1994) 루마니아 출신의 프랑스 작가.
부조리극의 선구자로 대표작은 〈La Cantatrice chauve 대머리 여가수〉, 〈La Lecon 수업〉 등이 있다.

069. Feed a cold and (starve) a fever.

감기에는 먹을 것을 주고 열병에는 굶겨라.

feed	ⓥ 먹을 것을 주다, 먹이를 먹다, (가족 등을) 부양하다
cold	ⓝ 추위, (무관사 또는 부정관사와 함께) 감기 ⓐ 추운, 냉담한
starve	ⓥ 굶주리다, 굶기다, 굶어 죽다, 갈망하다
fever	ⓝ 열, 열병, 흥분 (상태)

starve 하면 hunger를 느낌

Proverb 속담

070. (Hunger) makes raw beans taste sweet.

배고픔은 생콩도 달콤한 맛이 나게 한다.

hunger	ⓝ 배고픔, 굶주림, 갈망 ⓥ 굶주리다, (~을) 갈망하다
raw	ⓐ 날[생] 것의, 덜 익은, 가공하지 않은, 원료 그대로의
bean	ⓝ 콩, (콩 같은) 열매
taste	ⓥ 맛보다, (~한) 맛이 나다 ⓝ 미각, 소량, 취향

집단적인 hunger가 famine

Dutch Proverb 네덜란드 속담

071. A person who steals bread during a (famine) is not treated as a (thief).

기근 동안 빵을 훔치는 사람은 도둑으로 취급되지 않는다.

steal	ⓥ 훔치다, 도둑질[절도]하다, 몰래 가지다, 무단 차용하다
famine	ⓝ 기근, 기아, 굶주림, 배고픔
treat	ⓥ 대하다, 취급하다, 간주하다, 치료하다 ⓝ 대접, 특별한 것[선물]
thief	ⓝ 도둑, 절도

바다의 thief가 pirate

Cat Stevens 캣 스티븐스 (1948~) 영국의 가수.
대표곡은 〈Morning has broken〉 등이 있다.

072. Why join the (navy) if you can be a (pirate)?

만약 당신이 해적이 될 수 있다면 왜 해군에 입대하려는가?
join ⓥ 결합하다, 참가[가입]하다, (군에) 입대하다, 합쳐지다, 연결되다
navy ⓝ (종종 N-) 해군
join the army[navy, air force] 육군[해군, 공군]에 입대하다
pirate ⓝ 해적, 표절자 ⓥ 해적 행위를 하다, 표절하다
piracy ⓝ 해적 행위, 표절 행위, 저작권 침해

Steve Jobs 스티브 잡스 (1955~) 미국의 기업인.
애플의 창립자이자 최고경영자.

navy는 military service의 일종

073. Love is a kind of (military service).

사랑은 일종의 병역이다.
military ⓐ 군(대)의, 무력의 ⓝ (the m-) 군대, 군인들
service ⓝ (공공) 서비스[사업], 봉사, 공헌, 근무, 쓸모 있음, 도움

Latin Proverb 라틴 속담

구체적인 예가 결혼; 결혼하면 돈을 버는 직무 수행

074. Before (marriage) a man yearns for a woman. Afterward the y is silent.

결혼 전에 남성은 여성을 갈망한다. 그 후에는 y가 묵음이다. (yearn에서 y를 뺀 earn, 즉 남성은 여성을 위해 돈을 번다.)
marriage ⓝ 결혼, 혼인, 결혼식, 결혼 생활
yearn ⓥ (~을(for / after)) 갈망하나, 동경하나
earn ⓥ (돈을) 벌다, 획득하다, 얻다
afterward ⓐⓓ 나중에, 후에, 그 후에
silent ⓐ 말을 안 하는, 무성의, (철자가) 묵음인

W. A. Clarke 신원 미상

marriage와 wedlock은 유의어

075. Age and (wedlock) tame man and (beast).

나이와 결혼은 남자와 짐승을 길들인다.
age ⓝ 나이, 성년, 노년, (생애의) 한 시기, (종종 A-) 시대
aged ⓐ 늙은, 노인의, (뒤에 숫자와 함께 쓰여) ~살의
wedlock ⓝ 결혼, 결혼[부부] 생활
lock ⓝ 자물쇠, 잠금장치 ⓥ (자물쇠로) 잠그다[잠기다]
tame ⓥ 길들이다 ⓐ 길든, 길들여진, 유순한
beast ⓝ 짐승, 짐승 같은 사람

Proverb 속담

beast의 일종인 wolf

076. Ridicule is like a wolf: it only destroys those who fear it.

비웃음은 늑대와 같다: 그것은 그것을 두려워하는 사람들만을 파괴한다.
ridicule ⓝ 비웃음, 조소, 조롱 ⓥ 비웃다, 조소[조롱]하다
destroy ⓥ 파괴하다, 말살하다, 망치다
anonymous ⓐ 이름 없는, 익명의, 작자 미상의

ridicule의 형용사형인 ridiculous

Anonymous 작자 미상

077. There is only one step from the sublime to the ridiculous.

숭고함에서 우스꽝스러움까지는 단지 한 걸음이다.
step ⓝ 걸음(걸이), 한 걸음 ⓥ 한 걸음 내디디다, 밟다
sublime ⓐ 숭고한, 절묘한
ridiculous ⓐ 우스꽝스러운, 터무니없는, 웃기는

sublime과 noble은 유의어

Napoleon Bonaparte 나폴레옹 보나파르트 (1769~1821) 프랑스의 군인, 정치가, 황제. 프랑스 혁명의 사회적 격동기에 군인으로 명성을 얻은 후 나폴레옹 1세가 되었다.

078. He never is alone that is accompanied with noble thoughts.

고귀한 생각들이 동반된 사람은 절대 외롭지 않다.
accompany ⓥ 동행하다, 동반[수반]하다
noble ⓐ 귀족의, 고귀한

nobleman (귀족) 정치가 aristocracy

John Fletcher 존 플레처 (1579~1625) 영국의 극작가. 대표작은 〈The Maid's Tragedy 처녀의 비극〉 등이 있다.

079. An aristocracy is the true support of a monarchy.

귀족 정치는 군주제의 충실한 지지물이다.
aristocracy ⓝ 귀족 정치
aristocrat ⓝ 귀족
support ⓝ 지지, 지원, 지지물 ⓥ 지지하다, 지원[후원]하다
supporter ⓝ 지지자, 후원자
monarchy ⓝ 군주제, 군주국

monarchy는 monarch의 파생어

Napoleon Bonaparte 나폴레옹 보나파르트 (1769~1821) 프랑스의 군인, 정치가, 황제. 프랑스 혁명의 사회적 격동기에 군인으로 명성을 얻은 후 나폴레옹 1세가 되었다.

080. Fear of change perplexes monarchs.

변화의 두려움은 군주들을 혼란스럽게 한다.
perplex ⓥ 혼란스럽게 하다, 당황하게 하다, 난처하게 하다
monarch ⓝ 군주, 최고 지배자

동일어 fear

John Milton 존 밀턴 (1608~1674) 영국의 시인.
셰익스피어에 버금가는 대시인으로 평가받으며 대표작은 〈Paradise Lost 실낙원〉 등이 있다.

081. The abandoned infant's cry is rage, not fear.

버려진 갓난아기의 울음은 두려움이 아닌 분노이다.
abandon ⓥ 버리다, 포기하다　ⓝ 자포자기, 방종
infant ⓝ 유아, 갓난아기, 초기 (단계)　ⓐ 유아의, 초기의
infancy ⓝ 유아기, 초창기
rage ⓝ 분노, 격노, 대유행　ⓥ 분노[격노]하다

abandon과 forsake는 유의어

Robert Anton Wilson 로버트 안톤 윌슨 (1932~2007) 미국의 작가.
대표작은 〈The Illuminatus! Trilogy 일루미나터스 삼부작〉 등이 있다.

082. Forsake not God till you find a better master.

당신이 보다 나은 지배자를 찾기 전까지는 하나님을 버리지 마라.
forsake ⓥ (습관, 주의 등을) 버리다, (친구, 애인 등을) 저버리다
master ⓝ 주인, 지배자, 스승, 대가, 명인, (종종 M–) 석사(학위)
　　　　 ⓥ 주인이 되다, 지배하다, 숙달[정통, 통달]하다

master에 –piece가 붙은 masterpiece

Scottish Proverb 스코틀랜드 속담

083. A friend may well be reckoned the masterpiece of nature.

친구가 자연의 걸작으로 여겨지는 것은 당연하다.
may well A(동사원형) A하는 것은 당연하다[무리가 아니다]
reckon ⓥ 계산[추산]하다, (~로) 여기다[생각하다]
masterpiece ⓝ 걸작, 명작, 일품

friend에 –ship이 붙은 friendship

Ralph Waldo Emerson 랄프 왈도 에머슨 (1803~1882) 미국의 철학자, 작가.
초월주의 운동을 주도했으며 대표작은 〈Nature 자연론〉, 〈Essays 에세이집〉 등이 있다.

084. Confidence is the bond of friendship.

동일어 confidence

신뢰는 우정을 묶는 것이다.
confidence ⓝ 신뢰, 확신, 자신(감), 비밀, (비밀을) 털어놓음
confident ⓐ 확신하는, 자신(감) 있는
with confidence 자신[확신]을 가지고 | in confidence 비밀로
bond ⓝ 묶는 것, 결속, 유대, (pl.) 속박, 약정, 계약

Publilius Syrus 푸블릴리우스 시루스 (BC 1세기) 로마의 작가.
노예였으나 재능을 인정받아 자유인이 되었고 이후 로마의 즉흥시 대회에서 우승하여 케사르로부터 직접 상을 받았다.

085. Confidence contributes more to conversation than wit.

conversation은 서로 talk하는 것

자신감이 재치보다 더 대화에 기여한다.
contribute ⓥ 기부[기증]하다, (원고를) 기고하다, 기여[공헌]하다
contribution ⓝ 기부, 기고, 기여
wit ⓝ 재치, 기지, 지혜

François de la Rochefoucauld 프랑소와 드 라 로슈프코 (1613~1680) 프랑스의 작가.
많은 잠언들을 남겼고 프랑스 역사상 가장 위대한 잠언 작가로 불린다.

086. He who talks more is sooner exhausted.

exhausted되면 repose가 필요

보다 말을 많이 하는 사람은 보다 일찍 기진맥진하게 된다.
exhausted ⓐ 기진맥진한, 진이 다 빠진, 다 써버린, 고갈된
exhaust ⓥ 기진맥진하게 하다, 다 써버리다, 고갈[소진]시키다

Lao Tzu 노자 (BC 600?~470?) 중국의 철학자.
도교를 창시했으며 〈道德經〉(도덕경)을 남겼다.

087. Repose is a good thing, but boredom is its brother.

boredom와 tedious는 유의어 - 다른 품사

휴식은 좋은 것이다, 그러나 권태가 그 형제다.
repose ⓝ 휴식, 수면 ⓥ 쉬다, 눕히다
boredom ⓝ 권태, 지루함, 따분함

Voltaire 볼테르 (1694~1778 본명 François-Marie Arouet) 프랑스의 작가, 철학자.
계몽사상가로 백과전서파의 한 사람이며 대표작으로 〈Zadig 자디그〉 등이 있다.

088. Life is as (tedious) as twice-told tale, vexing the dull ear of a drowsy man.

인생은 졸린 자의 무딘 귀를 성가시게 하는 두 번 듣는 이야기와 같이 지루하다.
- tedious ⓐ 지루한, 따분한
- tale ⓝ 이야기, 소설
- vex ⓥ 성가시게 하다, 짜증나게 하다
- dull ⓐ 무딘, 둔한, 우둔한, 따분한, 활기 없는
- drowsy ⓐ 졸리는, 나른한

tedious와 dreary는 유의어

William Shakespeare 윌리엄 셰익스피어 (1564~1616) 영국의 작가.
역사상 최고의 작가 중 한 명으로 꼽히며 대표작은 〈Hamlet 햄릿〉, 〈Romeo and Juliet 로미오와 줄리엣〉, 〈The Merchant of Venice 베니스의 상인〉 등이 있다.

089. What makes life (dreary) is the want of a (motive).

인생을 따분하게 하는 것은 동기의 결핍이다.
- dreary ⓐ 따분한, 지루한, 음울한
- want ⓝ 필요, 결핍, 곤궁 ⓥ 원하다, 필요로 하다, 부족하다
- motive ⓝ 동기, 유인, 자극

motive를 주는 행위가 motivation

T. S. Eliot T. S. 엘리엇 (1888~1965) 미국의 작가.
대표작은 〈The Love Song of J. Alfred Prufrock 알프레드 프루프록의 연가〉, 〈The Waste Land 황무지〉 등이 있다.

090. (Motivation) is what gets you started. Habit is what keeps you going.

동기 부여는 당신이 시작하게 하는 것이다. 습관은 당신이 계속 나아가도록 하는 것이다.
- motivation ⓝ 동기 부여, 동기, 자극
- motivate ⓥ (~에게) 동기를 부여하다, 자극하다
- keep going (힘들거나 고통스러워도) 계속 나아가다[살아가다, 견디다]

Jim Rohn 짐 론 (1930~2009) 미국의 기업인, 강연가.
자수성가하여 백만장자가 되었고 자신의 경험을 소재로 많은 강연활동을 펼쳤다.

UPGrade Check Up
영작 및 말하기 연습

061. 모든 여성은 반항자이며, 대개는 스스로에 대한 격렬한 반항 상태이다.

062. 억압은 반란을 유발하는 법이다.

063. 거대한 악행들에 우리는 굴복한다; 작은 도발들에 우리는 분개한다.

064. 재앙에 굴복하지 말고, 그녀에게 대담하게 맞서라.

065. 우리는 우리 자신의 재난들에 대한 작가들이다.

066. 어떤 바보라도 소설을 쓸 수 있지만 그것을 팔기 위해서는 진정한 천재성을 필요로 한다.

067. 사람들은 나의 글을 읽지만 구독하지는 않는다.

068. 비평가는 묘사해야지, 처방해서는 안 된다.

Key Word
UpGrade Check - Up
Important Word

061. woman, rebel, usually, wild, revolt against

062. repression, provoke, rebellion

063. evil, submit, resent, provocation

064. yield, calamity, face, boldly

065. author, disaster

066. fool, write, novel, genius, sell

067. read, subscribe

068. critic, describe, prescribe

Answer
061. Every woman is a rebel, and usually in wild revolt against herself.
062. Repression will provoke rebellion.
063. To great evils we submit; we resent little provocations.
064. Yield not to calamity, but face her boldly.
065. We are the authors of our own disasters.
066. Any fool can write a novel but it takes real genius to sell it.
067. People read me but they don't subscribe.
068. The critic should describe, and not prescribe.

먼저 오른쪽 박스 안의 키워드를 참고하여 왼쪽의 한글을 영작해 보세요. 이후 키워드를 가린 채 왼쪽의 한글만 보고 영어로 소리 내어 말해 보세요.

069. 감기에는 먹을 것을 주고 열병에는 굶겨라.

070. 배고픔은 생콩도 달콤한 맛이 나게 한다.

071. 기근 동안 빵을 훔치는 사람은 도둑으로 취급되지 않는다.

072. 만약 당신이 해적이 될 수 있다면 왜 해군에 입대하려는가?

073. 사랑은 일종의 병역이다.

074. 결혼 전에 남성은 여성을 갈망한다. 그 후에는 y가 묵음이다.

075. 나이와 결혼은 남자와 짐승을 길들인다.

076. 비웃음은 늑대와 같다: 그것은 그것을 두려워하는 사람들만을 파괴한다.

077. 숭고함에서 우스꽝스러움까지는 단지 한 걸음이다.

Key Word

069. feed, cold, starve, fever
070. hunger, raw, bean, taste
071. steal, famine, treat, thief
072. join, navy, pirate
073. love, military, service
074. marriage, yearn, afterward, silent
075. age, wedlock, tame, beast
076. ridicule, wolf, destroy, fear
077. step, sublime, ridiculous

Answer

069. Feed a cold and starve a fever.
070. Hunger makes raw beans taste sweet.
071. A person who steals bread during a famine is not treated as a thief.
072. Why join the navy if you can be a pirate?
073. Love is a kind of military service.
074. Before marriage a man yearns for a woman. Afterward the y is silent.
075. Age and wedlock tame man and beast.
076. Ridicule is like a wolf: it only destroys those who fear it.
077. There is only one step from the sublime to the ridiculous.

UPGrade Check Up
영작 및 말하기 연습

078. 고귀한 생각들이 동반된 사람은 절대 외롭지 않다.

079. 귀족 정치는 군주제의 충실한 지지물이다.

080. 변화의 두려움은 군주들을 혼란스럽게 한다.

081. 버려진 갓난아기의 울음은 두려움이 아닌 분노이다.

082. 당신이 보다 나은 지배자를 찾기 전까지는 하나님을 버리지 마라.

083. 친구가 자연의 걸작으로 여겨지는 것은 당연하다.

084. 신뢰는 우정을 묶는 것이다.

085. 자신감이 재치보다 더 대화에 기여한다.

086. 보다 말을 많이 하는 사람은 보다 일찍 기진맥진하게 된다.

Key Word
UpGrade Check - Up
Important Word

078. alone, accompany, noble

079. aristocracy, support, monarchy

080. fear, perplex, monarch

081. abandon, infant, rage, fear

082. forsake, God, master

083. friend, may well, reckon, masterpiece

084. confidence, bond, friendship

085. confidence, contribute, conversation, wit

086. talk more, sooner exhausted

Answer

078. He never is alone that is accompanied with noble thoughts.
079. An aristocracy is the true support of a monarchy.
080. Fear of change perplexes monarchs.
081. The abandoned infant's cry is rage, not fear.
082. Forsake not God till you find a better master.
083. A friend may well be reckoned the masterpiece of nature.
084. Confidence is the bond of friendship.
085. Confidence contributes more to conversation than wit.
086. He who talks more is sooner exhausted.

087. 휴식은 좋은 것이다, 그러나 권태가 그 형제다.

088. 인생은 졸린 자의 무딘 귀를 성가시게 하는 두 번 듣는 이야기와 같이 지루하다.

089. 인생을 따분하게 하는 것은 동기의 결핍이다.

090. 동기 부여는 당신이 시작하게 하는 것이다. 습관은 당신이 계속 나아가도록 하는 것이다.

Key Word
UpGrade Check - Up / Important Word

087. repose, boredom, brother

088. tedious, twice-told, tale, vex, dull, drowsy

089. dreary, want, motive

090. motivation, start, habit, keep going

Answer

087. Repose is a good thing, but boredom is its brother.
088. Life is as tedious as twice-told tale, vexing the dull ear of a drowsy man.
089. What makes life dreary is the want of a motive.
090. Motivation is what gets you started. Habit is what keeps you going.

Unit 004 HUMANITY

War does not determine who is right — only who is left.
– Bertrand Russell

---

091. Rainbows apologize for (angry) skies.

> 무지개는 화난 하늘에 대해 사과하는 것이다.
> **apologize** ⓥ (~에 대해(for)) 사과하다, 사죄하다

angry의 명사형인 anger

Sylvia Voirol 신원 미상

---

092. (Anger) always comes from frustrated expectations.

> 화는 언제나 좌절된 기대로부터 온다.
> **anger** ⓝ 화, 노여움
> **come from A** A의 출신이다, A에서 생겨나다
> **frustrate** ⓥ 좌절시키다, 실망[실패]시키다, 방해하다
> **frustration** ⓝ 좌절, 실망, 욕구 불만, 방해물
> **expectation** ⓝ (pl.) 기대, 예상, (특히) 유산 상속의 가망성
> **great expectations** 위대한 유산

동일어 anger

Elliott Larson 신원 미상

---

093. Keep your (temper). A decision made in (anger) is never sound.

> 화를 참아라. 화난 상태에서 내려진 결정은 결코 바르지 않다.
> **temper** ⓝ 기질[성질], 기분, 화 ⓥ 완화하다, 누그러뜨리다
> **keep one's temper** 화를 참다
> **sound** ⓐ 건전한, 튼튼한, 온전한, 바른, 견고[견실]한
>   ⓝ 소리, 음 ⓥ 소리가 나다, 소리내다, (깊이를) 재다

temper의 파생어가 temperament

Ford Frick 포드 프릭 (1894~1978) 미국의 스포츠 작가, 프로야구단 임원. 미국 메이저리그 야구의 제3대 커미셔너(최고관리자)였다.

094. Artistic temperament is the disease that afflicts amateurs.

예술적인 기질은 아마추어들을 괴롭히는 병이다.
- artistic ⓐ 예술의, 예술적인
- temperament ⓝ 기질, 성질, 체질
- afflict ⓥ 괴롭히다, 피해를 입히다
- affliction ⓝ 고통, 괴로움

afflict와 inflict는 헷갈리기 쉬운 단어

Gilbert K. Chesterton 길버트 K. 체스터턴 (1874~1936) 영국의 작가.
대표작은 〈The Everlasting Man 영원한 사람〉, 〈Father Brown 탐정 브라운 신부〉 등이 있다.

095. Poetry heals the wounds inflicted by reason.

시는 이성에 의해 가해진 상처들을 치유한다.
- poetry ⓝ 시, 시가
- heal ⓥ 고치다, 치료[치유]하다, 낫게 하다
- wound ⓝ (큰) 상처, 부상, 손상
  ⓥ 부상하게 하다, (감정 등을) 상하게 하다
- wounded ⓐ 부상한, 다친, 상처 입은
- inflict ⓥ (~에게(on)) (괴로움 등을) 가하다, (벌 등을) 주다
- reason ⓝ 이유, 근거, 이성, 사리, 제정신
  ⓥ 추론하다, (논리적인 근거에 따라) 사고하다
- reasonable ⓐ 사리에 맞는, 분별 있는, 온당한, 비싸지 않은

동일어 reason

Novalis 노발리스 (1772~1801) 독일의 작가.
대표작은 〈Hymnen an die Nacht 밤의 찬가〉 등이 있다.

096. Reason is not compatible with zeal run mad.

이성은 미쳐버린 열의와는 양립하지 않는다.
- compatible ⓐ (~와(with)) 양립할 수 있는, 호환성의
- zeal ⓝ 열의, 열심, 열성
- zealous ⓐ 열의가 넘치는, 열심인
- zealot ⓝ 열성당원, 광신자
- run A(형용사) A인 상태로 되다[변하다]
- 예) run mad 미쳐버리다

동일어 zeal

Robert South 로버트 사우쓰 (1634~1716) 영국의 성직자.
살아 있을 당시 위트있는 설교(집)로 명성을 날렸고 사후 유고집이 출간되어 많은 인기를 끌었다.

097. Experience shows that (success) is due less to ability than to (zeal).

경험은 성공이 능력보다 열심에 더 기인한다는 것을 보여준다.
- **experience** ⓝ 경험, 체험, 경험한 일 ⓥ 경험[체험]하다
- experienced ⓐ 경험 있는, 노련한, 숙련된
- **success** ⓝ 성공, 성과, 합격, 성공한 사람, 성공작
- **due** ⓐ (~에(to)) 기인한, ~하기로 되어 있는[예정된], (돈이) 지불되어야 하는
- **ability** ⓝ 할 수 있음, 능력, 역량

동일어 success

Charles Buxton 찰스 벅스턴 (1823~1871) 영국의 작가, 정치가.
영국 자유당의 하원의원이었으며 노예해방에 중요한 역할을 했다.

098. (Success) is in the (details).

성공은 세부적인 것들에 있다.
- **detail** ⓝ 세부적인 것, 세부 사항, 상세함

details가 중요한 이유

Anonymous 작자 미상

099. Trifles make perfection, and perfection is no (trifle).

사소한 것들이 완벽을 만들며, 완벽은 결코 사소한 것이 아니다.
- **trifle** ⓝ 사소한[하찮은] 것, 소량, 약간
- trifling ⓐ 사소한, 하찮은
- **perfection** ⓝ 완전, 완벽, 완성

trifle과 trivial은 유의어 - 다른 품사

Michelangelo 미켈란젤로 (1475~1564) 이탈리아의 예술가.
조각, 건축, 회화 등에서 역사적인 작품들을 남겼으며 대표작은 〈David 다비드〉, 〈The Creation of Adam 아담의 창조〉, 〈Pietà 피에타〉 등이 있다.

100. A good (memory) is one trained to forget the (trivial).

좋은 기억이란 사소한 것은 잊도록 훈련된 것이다.
- **train** ⓥ 훈련[교육]시키다, 훈련[교육]받다
- **trivial** ⓐ 사소한, 하찮은

동일어 memory

Clifton Fadiman 클리프턴 패디먼 (1904~1999) 미국의 작가, 방송인.
대표작은 〈Lifetime Reading Plan 평생 독서 계획〉 등이 있다.

101. Memory is deceptive because it is colored by today's events.

기억은 현재의 사건들에 의해 채색되기 때문에 기만적이다.
deceptive ⓐ 속인, 기만적인, 현혹하는
color ⓥ 채색하다, 윤색하다 ⓝ 색, 빛깔, 채색, 안색, 외관, 겉치레

deceptive와 deceitful은 유의어

Albert Einstein 알버트 아인슈타인 (1879~1955) 독일 출신의 미국 물리학자, 평화운동가. 상대성이론, 광양자설 등의 이론을 발표하여 현대 과학을 급속도로 발전시켰다는 평가를 받고 있으며, 1921년 노벨물리학상을 수상했다.

102. Censure is often useful, praise is often deceitful.

비난은 종종 유용하며, 칭찬은 종종 기만적이다.
censure ⓝ 비난, 견책 ⓥ 비난하다, 견책하다
useful ⓐ 유용한, 쓸모있는, 도움이 되는
praise ⓝ 칭찬, 찬미 ⓥ 칭찬하다, 찬미하다
deceitful ⓐ 기만적인, 속이는

deceitful의 동사형인 deceive

Winston Churchill 윈스턴 처칠 (1874~1965) 영국의 총리, 작가.
제2차 세계대전을 연합군의 승리로 이끈 지도자 중 한 사람이며, 〈The Second War 제2차 세계대전〉 회고록으로 노벨문학상을 수상했다.

103. We are inclined to believe those whom we do not know because they have never deceived us.

우리는 결코 우리를 속인 적이 없기 때문에 우리가 모르는 사람들을 믿는 경향이 있다.
inclined ⓐ (~) 경향[생각]이 있는
incline ⓥ (위치, 마음 등이) ~쪽으로(to) 기울다[기울어지게 하다]
deceive ⓥ 속이다, 기만하다

deceive하는 사람이 liar

Samuel Johnson 새뮤엘 존슨 (1709~1784) 영국의 작가, 평론가.
자력으로 영어 사전을 만들었고, 영국 시인 52명의 전기와 작품을 정리한 〈Lives of the Most Eminent English Poets 영국시인전 10권〉을 출간했다.

104. The trust of the innocent is the liar's most useful tool.

순진한 사람들의 신뢰는 거짓말쟁이의 가장 유용한 도구이다.
innocent ⓐ 결백한, 무죄의, 순진한
tool ⓝ 도구, 연장

동일어 innocent

Stephen King 스티븐 킹 (1947~) 미국의 작가.
대표작은 영화화된 〈Carrie 캐리〉, 〈The Shining 샤이닝〉, 〈Misery 미저리〉, 〈The Shawshank Redemption 쇼생크 탈출〉 등이 있다.

:: 51

105. It is better that ten guilty escape than one (innocent) (suffer).

한 명의 결백한 사람이 고통받는 것보다는 열 명의 유죄인 사람이 달아나는 것이 낫다.
guilty @ 유죄의, 죄를 범한, 떳떳하지 못한, 가책을 느끼는
guilt ⓝ 죄를 범함, 유죄
escape ⓥ 피하다, 달아나다 ⓝ 도망, 탈출
suffer ⓥ 고통받다, (부상, 패배, 상실 등을) 겪다[당하다]

동일어 suffer

William Blackstone 윌리엄 블랙스톤 (1723~1780) 영국의 법학자, 법관.
영국법 전반을 체계화하면서 영국법학의 학문성을 높이고 이후 미국법 발달에 큰 영향을 주었다.

106. Pain is as diverse as man. One (suffers) as one can.

고통은 사람만큼이나 다양하다. 사람은 겪을 수 있을 만큼의 (다양한) 고통을 겪는다.
pain ⓝ 고통, 아픔, 통증, 골칫거리 ⓥ 고통스럽게 하다
painful @ 고통스러운, 아픈, 골치 아픈
diverse @ 다양한, 다른 종류의
diversity ⓝ 다양성, 상이(점)

동일어 suffer

Victor Hugo 빅토르 위고 (1802~1885) 프랑스의 작가.
'프랑스의 대문호'로 불리며 적극적인 사회참여 및 인권운동을 펼쳤다. 대표작은 〈Les Misérables 장발장〉, 〈Notre-Dame de Paris 노트르담의 꼽추〉 등이 있다.

107. Those who have (suffered) understand suffering and therefore (extend) their hand.

고통받는 사람들은 고통을 이해하며 그러므로 그들의 손을 뻗는다.
suffering ⓝ 고통, 괴로움
therefore @ 그러므로, 그 결과
extend ⓥ 뻗다, 연장하다, 늘이다, 넓히다, 넓어지다, (은혜 등을) 베풀다

extend와 stretch는 유의어

Patti Smith 패티 스미스 (1946~) 미국의 가수.
자선활동, 반전활동, 녹색운동 등 사회활동에 적극적으로 참여하고 있다.

108. Only (stretch) your foot to the length of your (blanket).

단지 당신의 발을 당신 담요의 길이만큼만 뻗어라. (누울 자리를 봐가며 발을 뻗어라).
stretch ⓥ 잡아 늘이다, 내뻗치다, 뻗다, 늘어나다 ⓝ 뻗침, 단숨
length ⓝ 길이, (시간적인) 길이[기간]
lengthy @ 긴, 장황한
blanket ⓝ 담요, 모포, 덮개

blanket이 있으면 pillow가 필요

Afghan Proverb 아프가니스탄 속담

109. Fatigue is the best (pillow).

피로는 최고의 베개이다.
fatigue ⓝ 피로, (pl.) 피로의 원인이 되는 것
pillow ⓝ 베개, 쿠션

Benjamin Franklin 벤자민 프랭클린 (1706~1790) 미국의 정치가, 외교관, 과학자.
미국 독립전쟁 중 프랑스의 지원을 얻어내는 등 미국 독립에 중요한 기여를 했으며 피뢰침의 발명가이기도 하다.

(blanket과) pillow는 slumber를 부른다

110. (Slumber) not in the tents of your fathers. The world is (advancing).

당신 조상의 천막들에서 편히 잠들지 마라. 세계는 전진하고 있다. (조상이 물려준 것들에만 의지한 채 변화를 도외시하지 마라.)
slumber ⓥ (편히) 자다 ⓝ 잠, 수면
father ⓝ 아버지, 시조, (pl.) 조상[선조](=forefathers),
　　　　　 (F-) 하느님 아버지, 신부(神父)
advance ⓥ 전진하다, 진보하다, 진척시키다, (시간 등을) 앞당기다, 선불하다
　　　　　 ⓝ 전진, 진보, 상승, 선불
advanced ⓐ 앞쪽에 놓은, 진보한, 고급의, 고등의

동일어 advance

Giuseppe Mazzini 주세페 마치니 (1805~1872) 이탈리아의 철학자, 정치가.
청년 이탈리아당을 결성하는 등 이탈리아의 통일을 촉진하는 여러 활동을 전개했다.

111. Not to (advance) is to (recede).

앞으로 나아가지 않는 것은 물러나는 것이다.
recede ⓥ 물러나다, 감소[감퇴]하다, 철회하다

Latin Proverb 라틴 속담

recede와 retreat는 유의어 - 다른 품사

112. A good (retreat) is better than a bad stand.

좋은 퇴각이 나쁜 저항보다 낫다.
retreat ⓝ 퇴각, 후퇴, 은거, 은거처 ⓥ 물러나다, 퇴각하다, 은거하다
stand ⓝ 정지, 저항, 처지, 위치 ⓥ 서다, (~에) 위치하다, 참다, 저항하다

Irish Proverb 아일랜드 속담

retreat와 entreat는 헷갈리기 쉬운 단어

:: 53

113. Love must not (entreat), nor demand.

entreat와
treatment는
treat가 공통

사랑은 애원도 요구도 해서는 안 된다.
entreat ⓥ 애원하다, 간청하다
entreaty ⓝ 애원, 간청
neither[not / no / never] A nor B A도 (또한) B도 않다

Hermann Hesse 헤르만 헤세 (1877~1962) 독일의 작가.
1946년 노벨문학상을 수상했으며 대표작은 〈Siddhartha 싯다르타〉, 〈Demian 데미안〉 등이 있다.

114. The pain is sometimes preferable to the (treatment).

treatment와
treaty는
treat가 공통

고통은 가끔 그 치료보다 오히려 낫다.
preferable ⓐ 오히려 나은, 더 좋은
treatment ⓝ 대우, 대접, 처리, 치료

Indian Proverb 인도 속담

115. No (treaty) is ever an impediment to a cheat.

treaty는
diplomacy의
일부

어떤 조약도 결코 속임수의 방해물이 아니다.
treaty   ⓝ 조약, 협정, 약정
ever   ⓐⓓ 언젠가, 일찍이, 이제까지, 언제나, 결코, 전혀
impediment ⓝ 방해(물), 장애, 신체 장애
impede   ⓥ 방해하다, 지연시키다
cheat   ⓝ 사기, 속임수, (시험 등에서의) 부정 행위, 사기꾼
                ⓥ 속이다, 속여 빼앗다

Sophocles 소포클레스 (BC 496~406) 그리스의 작가.
고대 그리스의 3대 비극시인 중의 한 사람으로 대표작은 〈Antigone 안티고네〉, 〈Aias 아이아스〉 등이 있다.

116. All (war) represents a failure of (diplomacy).

동일어
war

모든 전쟁은 외교의 실패를 나타낸다.
represent   ⓥ 나타내다, 대표하다, 대리[대신]하다, 대변하다
representation ⓝ 표현, 대표, 대표 제도, 대표자
failure   ⓝ 실패, 실패자[작], 태만, 고장, 부족
diplomacy   ⓝ 외교, 외교적 수완

Tony Benn 토니 벤 (1925~) 영국의 정치가.
부친의 귀족 작위를 거부한 최초의 인물이며, 하원의원이 되기 위해 상원의원직을 포기한 첫 상원의원이기도 하다.

117. War does not determine who is right – only who is left.

전쟁은 누가 옳은가가 아닌, 단지 누가 남는가를 결정한다.
determine ⓥ 결정하다, 결심하다, 판단하다, 알아내다
determination ⓝ 결단(력), 결정, 결심, 결판

동일어 war

Bertrand Russell 버트런드 러셀 (1872~1970) 영국의 수학자, 논리학자, 철학자, 평화운동가. 다양한 분야의 명저들을 저술했으며 1950년 노벨문학상을 수상했다. 대표작은 〈History of Western Philosophy 서양철학사〉, 〈The Conquest of Happiness 행복의 정복〉 등이 있다.

118. That most unfortunate war, which I deeply deplore.

가장 불행한 전쟁으로, 이를 나는 깊이 통탄한다.
unfortunate ⓐ 불행한, 불운한, 유감스러운
fortunate ⓐ 운이 좋은, 행운의
deplore ⓥ 통탄[한탄], 개탄하다, 유감스럽게 생각하다
deplorable ⓐ 통탄할, 유감인

unfortunate와 misfortune은 유의어 – 다른 품사

Hirohito 히로히토 (1901~1989) 일본의 왕. 중일전쟁 및 제2차 세계대전 시기에 일본의 왕이었다.

119. Misfortune tests friends, and detects enemies.

불행은 친구들을 시험하고, 적들을 간파한다.
misfortune ⓝ 불행[불운](한 일)
test ⓥ 시험[실험]하다, 검사하다   ⓝ 테스트, 시험
detect ⓥ 간파하다, 탐지하다, (나쁜 짓 등을) 발견하다[알아내다]
detective ⓝ 탐정, 형사

동일어 friend

Epictetus 에픽테토스 (55~135) 로마의 스토아학파 철학자. 노예의 아들로 태어났고 절름발이였으나, 후에 황제인 마르쿠스 아우렐리우스의 스승이 되었다.

120. You don't lose anyone when you lose fake friends.

가짜 친구들을 잃을 때 당신은 누구도 잃는 것이 아니다.
lose ⓥ 잃다, 지다, 패하다, 놓치다, 이해하지 못하다, (시계가) 늦게 가다
fake ⓐ 가짜의, 위조의   ⓝ 가짜, 모조품, 사기꾼(=faker)
ⓥ 위조하다, 날조하다, 속이다

Joan Jett 조안 제트 (1958~) 미국의 가수. 대표곡으로 〈I Love Rock N Roll〉 등이 있다.

:: 55

UPGrade Check Up
영작 및 말하기 연습

091. 무지개는 화난 하늘에 대해 사과하는 것이다.

092. 화는 언제나 좌절된 기대로부터 온다.

093. 화를 참아라. 화난 상태에서 내려진 결정은 결코 바르지 않다.

094. 예술적인 기질은 아마추어들을 괴롭히는 병이다.

095. 시는 이성에 의해 가해진 상처들을 치유한다.

096. 이성은 미쳐버린 열의와는 양립하지 않는다.

097. 경험은 성공이 능력보다 열심에 더 기인한다는 것을 보여 준다.

098. 성공은 세부적인 것들에 있다.

099. 사소한 것들이 완벽을 만들며, 완벽은 결코 사소한 것이 아니다.

Key Word
UpGrade Check - Up
Important Word

091. rainbow, apologize, angry
092. anger, frustrate, expectation
093. keep one's temper, anger, sound
094. artistic, temperament, disease, afflict, amateur
095. poetry, heal, wound, inflict, reason
096. reason, compatible, zeal, run mad
097. experience, success, due, ability, zeal
098. success, detail
099. trifle, perfection

Answer

091. Rainbows apologize for angry skies.
092. Anger always comes from frustrated expectations.
093. Keep your temper. A decision made in anger is never sound.
094. Artistic temperament is the disease that afflicts amateurs.
095. Poetry heals the wounds inflicted by reason.
096. Reason is not compatible with zeal run mad.
097. Experience shows that success is due less to ability than to zeal.
098. Success is in the details.
099. Trifles make perfection, and perfection is no trifle.

먼저 오른쪽 박스 안의 키워드를 참고하여 왼쪽의 한글을 영작해 보세요. 이후 키워드를 가린 채 왼쪽의 한글만 보고 영어로 소리 내어 말해 보세요.

Key Word
UpGrade Check - Up
Important Word

100. 좋은 기억이란 사소한 것은 잊도록 훈련된 것이다.

100. memory, train, trivial

101. 기억은 현재의 사건들에 의해 채색되기 때문에 기만적이다.

101. memory, deceptive, color, event

102. 비난은 종종 유용하며, 칭찬은 종종 기만적이다.

102. censure, useful, praise, deceitful

103. 우리는 결코 우리를 속인 적이 없기 때문에 우리가 모르는 사람들을 믿는 경향이 있다.

103. incline, those whom, deceive

104. 순진한 사람들의 신뢰는 거짓말쟁이의 가장 유용한 도구이다.

104. trust, innocent, liar, tool

105. 한 명의 결백한 사람이 고통받는 것보다는 열 명의 유죄인 사람이 달아나는 것이 낫다.

105. guilty, escape, innocent, suffer

106. 고통은 사람만큼이나 다양하다. 사람은 겪을 수 있을 만큼의 고통을 겪는다.

106. pain, as diverse as, suffer

107. 고통받은 사람들은 고통을 이해하며 그러므로 그들의 손을 뻗는다.

107. suffer, suffering, therefore, extend, hand

Answer

100. A good memory is one trained to forget the trivial.
101. Memory is deceptive because it is colored by today's events.
102. Censure is often useful, praise is often deceitful.
103. We are inclined to believe those whom we do not know because they have never deceived us.
104. The trust of the innocent is the liar's most useful tool.
105. It is better that ten guilty escape than one innocent suffer.
106. Pain is as diverse as man. One suffers as one can.
107. Those who have suffered understand suffering and therefore extend their hand.

UPGrade Check Up
영작 및 말하기 연습

108. 단지 당신의 발을 당신 담요의 길이만큼만 뻗어라.

109. 피로는 최고의 베개이다.

110. 당신 조상의 천막들에서 편히 잠들지 마라. 세계는 전진하고 있다.

111. 앞으로 나아가지 않는 것은 물러나는 것이다.

112. 좋은 퇴각이 나쁜 저항보다 낫다.

113. 사랑은 애원도 요구도 해서는 안 된다.

114. 고통은 가끔 그 치료보다 오히려 낫다.

115. 어떤 조약도 결코 속임수의 방해물이 아니다.

116. 모든 전쟁은 외교의 실패를 나타낸다.

Key Word
UpGrade Check - Up
Important Word

- 108. stretch, foot, length, blanket
- 109. fatigue, pillow
- 110. slumber, tent, fathers, advance
- 111. advance, recede
- 112. retreat, stand
- 113. love, entreat, nor, demand
- 114. pain, preferable, treatment
- 115. treaty, ever, impediment, cheat
- 116. war, represent, failure, diplomacy

Answer

108. Only stretch your foot to the length of your blanket.
109. Fatigue is the best pillow.
110. Slumber not in the tents of your fathers. The world is advancing.
111. Not to advance is to recede.
112. A good retreat is better than a bad stand.
113. Love must not entreat, nor demand.
114. The pain is sometimes preferable to the treatment.
115. No treaty is ever an impediment to a cheat.
116. All war represents a failure of diplomacy.

117. 전쟁은 누가 옳은가가 아닌, 단지 누가 남는가를 결정한다.

118. 가장 불행한 전쟁으로, 이를 나는 깊이 통탄한다.

119. 불행은 친구들을 시험하고, 적들을 간파한다.

120. 가짜 친구들을 잃을 때 당신은 누구도 잃는 것이 아니다.

117. war, determine
118. unfortunate, war, deplore
119. misfortune, test, friend, detect, enemy
120. lose, fake, friend

Answer

117. War does not determine who is right – only who is left.
118. That most unfortunate war, which I deeply deplore.
119. Misfortune tests friends, and detects enemies.
120. You don't lose anyone when you lose fake friends.

Confine yourself to the present.

Unit 005

— Marcus Aurelius

121. Each new book is a tremendous (challenge).

동일어
challenge

각각의 새로운 책은 하나의 거대한 도전이다.
tremendous ⓐ 거대한, 엄청난, 굉장한, 무시무시한
challenge ⓝ 도전, 항의 ⓥ 도전하다, 이의를 제기하다

Peter Straub 피터 스트라우브 (1943~) 미국의 작가.
대표작은 《Ghost Story 고스트 스토리》 등이 있다

122. When we are no longer able to (change) a situation – we are (challenged) to change ourselves.

동일어
change

우리가 더 이상 상황을 바꿀 수 없을 때 – 우리는 우리 자신을 바꾸도록 도전받는다.
no longer=not any longer 더 이상 ~하지 않는, 이미 ~이 아닌
situation ⓝ (건물 등의) 위치, 상황, 상태, 처지
situate ⓥ 위치시키다, (어떤 위치에) 두다

Viktor Frankl 빅터 프랭클 (1905~1997) 오스트리아의 신경정신과 의사, 작가.
홀로코스트(나치에 의한 유대인 대학살)의 생존자이기도 하며 대표작은 《Man's Search for Meaning 죽음의 수용소》에서 등이 있다.

123. We must (adjust) to (changing) times and still hold to unchanging principles.

adjust와
adapt는
유의어

우리는 변화하는 시대에 적응해야 하며, 변하지 않는 원칙들을 여전히 고수해야 한다.
adjust ⓥ (약간) 조절하다, 조정하다, 적응하다
adjustment ⓝ 조절, 조정, 적응
principle ⓝ 원칙, 원리, 주의, 신념

Jimmy Carter 지미 카터 (1924~) 미국의 제39대 대통령.
대통령 퇴임 후에도 세계 평화를 위한 다양한 활동을 펼친 공로로 2002년 노벨평화상을 수상했다.

124. Intelligence is the ability to (adapt) to change.

지성은 변화에 적응할 수 있는 능력이다.
- intelligence ⓝ 지성, 지능, 정보 (수집), 정보부[기관]
- adapt ⓥ 적응[순응]시키다, (~에(to)) 적응[순응]하다, 개조하다, 개작[번안, 각색]하다
- adaptation ⓝ 적응, 순응, 개조, 개작, 번안, 각색

adapt와 adopt는 비슷한 형태

Stephen Hawking 스티븐 호킹 (1942~) 영국의 이론물리학자.
루게릭병으로 투병하면서도 우주론과 양자이론의 발전에 커다란 기여를 했으며 대표작은 〈A Brief History of Time 시간의 역사〉 등이 있다.

125. (Civilization) is a slow process of (adopting) the ideas of minorities.

문명은 소수자들의 생각들을 받아들이는 하나의 느린 과정이다.
- civilization ⓝ 문명, 문명 사회[국민]
- process ⓝ (진행되는) 과정, 진행, 절차
  ⓥ (원자재, 식품 등을) 가공[처리]하다, (공식적으로) 처리하다
- adopt ⓥ 받아들이다, 채용[채택]하다, 입양하다
- adoption ⓝ 채용, 채택, 입양, 양자 결연
- idea ⓝ 생각, 발상, 아이디어, 의견, 관념, 개념, (pl.) 사상
- minority ⓝ 소수, 소수집단, 미성년(인 상태)

civilization의 형용사형인 civilized

Herbert Prochnow 허버트 프로치노우 (1897~1998) 미국의 은행가, 작가.
대표작은 〈The Successful Speaker's Handbook 성공적인 연설가의 길잡이〉 등이 있다.

126. The discovery of agriculture was the first big step toward a (civilized) life.

농업의 발견은 문명화된 삶을 향한 첫 번째의 큰 발걸음이었다.
- agriculture ⓝ 농업, 농학
- civilized, -lised ⓐ 교화된, 문명화된, 예의 바른
- civilize, -lise ⓥ 교화[문명화]하다, 예의 바르게 하다

civilized는 civil의 파생어

Arthur Keith 아서 키스 (1866~1955) 영국의 해부학자, 인류학자.
박식한 해부학 지식을 통해 인류진화를 연구했으며 대표작은 〈Human Embryology and Morphology 인류의 발생학 및 형태학〉 등이 있다.

:: 61

127. With every civil right there has to be a corresponding civil obligation.

동일어
civil

각 시민적 권리에는 상응하는 시민적 의무가 있어야 한다.
civil   ⓐ (일반) 시민의, 시민적인, 민간의, 국내의, 민사상의, 문명의
corresponding ⓐ 상응하는, 일치하는, 통신의
correspond   ⓥ 상응[해당]하다, 일치[부합]하다, 서신을 주고받다
obligation   ⓝ 의무, 책무

Edison Haines 신원 미상

128. A civil denial is better than a rude grant.

denial의
동사형인
deny

예의 바른 거부는 무례한 허가보다 낫다.
denial ⓝ 부인, 부정, 거부
rude   ⓐ 무례한, 버릇없는
grant ⓝ 허가, 승인, 보조금 ⓥ 승인[허가]하다, 인정하다 .

Thomas Fuller 토마스 풀러 (1608~1661) 영국의 성직자, 작가.
대표작은 사후 출판된 〈The History of the Worthies of England 잉글랜드 명사(名士)들의 역사〉 등이 있다.

129. Justice denied anywhere diminishes justice everywhere.

동일어
anywhere

어딘가에서 부정된 정의는 모든 곳에서 정의를 약화시킨다.
deny   ⓥ 부인하다, 부정하다, 거부하다
anywhere   ⓐⓓ 어딘가에, 어디든지, (부정문에서) 아무 데도
diminish   ⓥ 약해지다, 약화시키다, 줄어들다, 줄이다
everywhere ⓐⓓ 어디에(서)나, 모든 곳에

Martin Luther King, Jr. 마틴 루터 킹, 주니어 (1929~1968) 미국의 종교인, 인권운동가.
비폭력주의에 입각한 인권, 특히 흑인 인권 운동을 이끌다가 1968년 암살당했다.

130. In the maxim of the past you cannot go anywhere.

past와
대조되는
present

과거의 격언으로는 당신은 아무 데도 갈 수 없다.
maxim ⓝ 격언, 금언, 좌우명
past ⓝ 과거, 지난날 ⓐ 지난, 지나간, 이전의 ⓟ 지나서

Maxim Gorky 막심 고리키 (1868~1936 본명 Aleksei Maksimovich Peshkov) 러시아의 작가.
사회주의 리얼리즘을 제창했으며 대표작은 〈Detstvo 유년시대〉, 〈Matb 어머니〉 등이 있다.

131. Confine yourself to the (present).

스스로를 현재에 한정하라.
confine ⓥ 한정하다, 제한하다, 가두다
present ⓐ 참석[출석]한, 현재의 ⓝ (the p-) 현재, 선물
ⓥ 제출하다, 증정하다, 나타내다, 소개하다

동일어
present

Marcus Aurelius 마르쿠스 아우렐리우스 (121~180) 로마의 황제, 철학자.
로마의 최고 전성기를 이끈 5현제(五賢帝)의 마지막 황제였으며, 스토아 철학의 정수를 담은 〈Meditations 명상록〉을 남겼다.

132. Feeling (gratitude) and not expressing it is like wrapping a (present) and not giving it.

감사의 마음을 느끼면서 그것을 표현하지 않는 것은 선물 하나를 포장하고 그것을 주지 않는 것과 같다.
gratitude ⓝ 감사(하는 마음), 사의
express ⓥ (감정, 의견 등을) 표현[표명]하다, 나타내다
ⓝ 급행열차, 속달 ⓐ 급행의, 속달의, (바람, 목표 등이) 분명한
wrap ⓥ 싸다, 포장하다, (둘레에) 두르다 ⓝ 싸개, 덮개, 랩

동일어
gratitude

William Arthur Ward 윌리엄 아서 워드 (1921~1994) 미국의 작가, 컨설턴트.
대표작은 〈Fountains of Faith 믿음의 근원〉 등이 있다.

133. (Gratitude) changes the pangs of memory into a (tranquil) joy.

감사하는 마음은 기억의 고통들을 평온한 기쁨으로 변화시킨다.
pang ⓝ 격통, 찌르는 듯한 고통
the pang of conscience 양심의 가책
tranquil ⓐ 평온한, 조용한, 차분한

tranquil과
serene은
유의어

Dietrich Bonhoeffer 디트리히 본회퍼 (1906~1945) 독일의 신학자, 목사.
'독일의 양심'으로 불리는 천재 신학자로 히틀러 암살을 계획했으나 실패하여 처형되었다.

134. You cannot (perceive) beauty but with a (serene) mind.

평온한 정신 없이는 아름다움을 지각할 수 없다.
perceive ⓥ 지각하다, 인식[인지, 감지]하다, 통찰하다
* but=except
serene ⓐ 평온한, 고요한, 침착한

perceive의
명사형인
perception

Henry David Thoreau 헨리 데이비드 소로 (1817~1862) 미국의 철학자, 작가.
자연주의자이면서 사회문제에도 적극적인 관심을 보였다. 대표작은 〈Walden 월든〉, 〈Civil Disobedience 시민 불복종〉 등이 있다.

135. Intuition is (perception) via the (unconscious).

> 직관은 무의식을 통한 지각이다.
> intuition ⓝ 직관, 직감, 직관적 통찰
> perception ⓝ 지각, 인식, 인지, 감지, 통찰력
> via ⓟ ~을 경유하여[거쳐], ~을 통하여
> unconscious ⓐ 무의식의, 무의식적인, 의식을 잃은, (~을) 모르는
> ⓝ (보통 the u-) 무의식

동일어
unconscious

Carl Gustav Jung 칼 구스타브 융 (1875~1961) 스위스의 심리학자.
분석심리학의 창시자로 'Complex (콤플렉스)', 'Collective Unconscious (집단 무의식)' 등의 용어를 처음으로 제시했다.

136. Our (unconscious) is not more (animal) than our conscious; it is often even more human.

> 우리의 무의식이 우리의 의식보다 더 동물적인 것은 아니다; 그것은 자주 보다 인간적이다.
> conscious ⓐ 의식의, 의식적인, 의식[정신, 지각]이 있는, (~을) 알고 있는
> ⓝ (보통 the c-) 의식

동일어
animal

Edward Bond 에드워드 본드 (1934~) 영국의 극작가.
대표작인 〈Saved 구조되었다〉가 계기가 되어 영국의 극단 검열제도가 폐지되었다.

137. Every (animal) leaves traces of what it was; man alone leaves traces of what he (created).

> 모든 동물은 그것이 어떤 모습이었는지의 자취들을 남긴다; 단지 인간만이 그가 만들어 낸 것의 자취들을 남긴다.
> trace ⓝ (pl.) 자취, 흔적, 극소량 ⓥ 추적하다, (추적하여) 찾아내다

동일어
create

Jacob Bronowski 제이콥 브로노우스키 (1908~1974) 영국의 수학자, 생물학자, 작가.
대표작은 〈The Ascent of Man 인간등정의 발자취〉와 〈The Identity of Man 인간을 묻는다〉 등이 있다.

138. You cannot (create) (experience). You must undergo it.

> 당신은 경험을 창조할 수 없다. 당신은 반드시 그것을 겪어야만 한다.
> undergo ⓥ (특히 변화, 좋지 않은 일 등을) 겪다, (치료, 수술 등을) 받다

동일어
experience

Albert Camus 알베르 카뮈 (1913~1960) 프랑스의 작가.
'부조리'를 주제로 한 실존주의 작품을 남겼으며 1957년 노벨문학상을 수상했다. 대표작은 〈L'tranger 이방인〉, 〈Le mythe de Sisyphe 시지푸스의 신화〉 등이 있다.

139. All (experience) is (subjective).

모든 경험은 주관적이다.
subjective ⓐ 주관적인, 주관의

subjective와 objective는 반의어

Gregory Bateson 그레고리 베이트슨 (1904~1980) 영국의 문화인류학자.
대표작은 〈Steps to an Ecology of Mind 정신의 생태학 단계들〉, 〈Mind and Nature 정신과 자연〉 등이 있다.

140. An expert gives an (objective) view. He gives his own view.

한 전문가가 하나의 객관적인 견해를 제시한다. 그는 그 자신의 견해를 제시한다.
(전문가의 객관적인 견해란 전문가 자신의 견해를 뜻한다.)
expert ⓝ 전문가 ⓐ 전문가의, 전문적인
objective ⓐ 객관적인, 실재하는, 〈문법〉 목적격의 ⓝ 목적, 목표
view ⓝ 봄, 시야, 경치, 관점, 견해 ⓥ 보다, 바라보다, (~라고) 여기다

objective는 object의 파생어

Morarji Desai 모라르지 데사이 (1896~1995) 인도의 독립운동가, 총리.
총리 재임 (1977~1979) 동안 파키스탄 및 중국과의 관계 개선에 힘썼다.

141. I (paint) (objects) as I think them, not as I see them.

paint하는 사람은 painter

나는 대상들을 내가 그것들을 보는 대로가 아니라 내가 그것들을 생각한 대로 그린다.
object ⓝ 물체, 대상, 객관, 목적(어) ⓥ 반대하다, 싫어하다
objection ⓝ 반대, 이의

Pablo Picasso 파블로 피카소 (1881~1973) 스페인의 화가.
현대 미술계의 거장으로 입체주의 미술양식을 창조했다. 대표작은 〈Guernica 게르니카〉, 〈Les Demoiselles d'Avignon 아비뇽의 처녀들〉 등이 있다.

142. The (painter) (constructs), the photographer discloses.

화가는 구성하고, 사진작가는 드러낸다.
construct ⓥ 건설[건축]하다, 구성하다 ⓝ 구성물, (마음속으로 구성한) 생각
construction ⓝ 건설, 공사, 건축물, 구조, 구성
photographer ⓝ 사진사, 사진작가
disclose ⓥ 드러내다, 노출시키다, 폭로하다
disclosure ⓝ 폭로, 발각(된 일)

construct의 형용사형인 constructive

Susan Sontag 수잔 손택 (1933~2004) 미국의 작가.
'대중문화의 퍼스트 레이디'로 불렸으며 대표작은 〈In America 인 아메리카〉, 〈On Photography 사진에 관하여〉 등이 있다.

:: 65

143. Have (constructive) thoughts, (consoling) words, compassionate acts.

> 건설적인 사고들, 위안을 주는 말, 인정 많은 행동들을 지녀라.
> constructive ⓐ 건설적인, 구조적인, 구성주의의[적인]
> console ⓥ 위로하다, 위안을 주다
> compassionate ⓐ 인정 많은, 연민 어린, 동정적인

console과 comfort는 유의어

Sri Sathya Sai Baba 스리 사챠 사이 바바 (1926~) 인도의 종교인.
인도 각지를 돌아다니며 종교적인 체험을 전수하여 많은 신봉자를 거느리고 있다.

144. Imperishable renown is cold (comfort) when you can only enjoy it in the (tomb)!

> 불멸의 명성은 당신이 단지 무덤 속에서 그것을 누릴 수 있을 때는 달갑지 않은 위로이다!
> imperishable ⓐ 불멸의, 불사의
> renown ⓝ 명성
> cold comfort 달갑지 않은 위로
> tomb ⓝ 무덤

tomb과 grave는 유의어

Du Fu 두보 (712~770) 중국의 시인.
생전에는 인정을 받지 못해 불우한 삶을 살았으나 사후 중국 최고의 시인으로 평가받는다.

145. Before you embark on a journey of revenge, dig two (graves).

> 복수의 여정에 착수하기 전에, 두 개의 무덤을 파라.
> embark ⓥ 승선하다[시키다], (~에 / 을(on)) 착수하다[시작하다]
> grave ⓝ 무덤, 묘, (the g-) 죽음 ⓐ 중대한, 근엄한

grave 안에 있는 것이 coffin

Confucius 공자 (BC 551~479) 중국의 철학자.
유교의 시조로 중국 및 동아시아의 역사와 문화에 커다란 영향을 끼쳤다.

146. What a mother (sings) to the cradle goes all the way down to the (coffin).

sing의 명사형인 song

> 어머니가 요람에 불러 준 노래는 관에까지 쭉 간다.
> cradle ⓝ 요람, (문화 등의) 발상지
> go all the way down to A A까지 쭉[끝까지] 가다
> coffin ⓝ 관

Henry Ward Beecher 헨리 워드 비처 (1813~1887) 미국의 성직자.
사회운동에도 적극적으로 참여했으며 노예제도 폐지를 이끈 인물 중의 하나로 평가받는다.

147. Fools are my theme, let satire be my (song).

바보들은 나의 주제이다, 풍자가 나의 노래가 되게 하라. (바보들을 주제로, 풍자의 형식을 빌어 작품을 쓰겠다.)
theme ⓝ 주제, 테마, 논지
satire ⓝ 풍자

청중이 야유하는 경우에 주는 충고

George Gordon Byron 조지 고든 바이런 (1788~1824) 영국의 시인, 정치가.
낭만주의를 선도했고 미남으로 유명했다. 대표작은 〈Childe Harold's Pilgrimage 차일드 헤럴드의 편력〉, 〈Don Juan 돈 주앙〉 등이 있다.

148. It is better to leave your audience before your audience leaves you.

당신의 청중이 당신을 떠나기 전에 당신이 먼저 청중을 떠나는 게 낫다.
audience ⓝ 청중, 관중, (동일한 TV 프로그램·책·영화 등의) 시청자[독자, 관람객]

청중이 갈채하는 경우에 주는 충고

Anonymous 작자 미상

149. My advice to you concerning (applause) is this: enjoy it but never quite believe it.

갈채에 관해 당신에게 주는 나의 충고는 이것이다: 그것을 즐기되 결코 전적으로 그것을 믿지는 마라.
concerning ⓟ ~에 관한[관련된]
applause ⓝ 박수, 갈채, 박수갈채

applause의 동사형인 applaud

Samuel Lover 새뮤얼 러버 (1797~1868) 아일랜드의 작가.
대표작은 〈The Angel's Whisper 천사의 속삭임〉 등이 있다.

150. There has never been an age that did not (applaud) the past and lament the present.

과거에 갈채를 보내면서 현재를 한탄하지 않았던 시대는 결코 없었다.
applaud ⓥ 박수 치다, 갈채를 보내다
lament ⓥ 한탄[비탄]하다, 애통해[애도]하다 ⓝ 한탄, 비탄, 애도
lamentation ⓝ 한탄, 비탄, 애도

Lillian Eichler Watson 릴리안 아이흘러 왓슨 (1902~?) 미국의 작가.
대표작은 〈Light from Many Lamps 많은 램프들로부터의 빛〉 등이 있다.

UPGrade Check Up
영작 및 말하기 연습

121. 각각의 새로운 책은 하나의 거대한 도전이다.

122. 우리가 더 이상 상황을 바꿀 수 없을 때 – 우리는 우리 자신을 바꾸도록 도전받는다.

123. 우리는 변화하는 시대에 적응해야 하며, 변하지 않는 원칙들을 여전히 고수해야 한다.

124. 지성은 변화에 적응할 수 있는 능력이다.

125. 문명은 소수자들의 생각들을 받아들이는 하나의 느린 과정이다.

126. 농업의 발견은 문명화된 삶을 향한 첫 번째의 큰 발걸음이었다.

127. 각 시민적 권리에는 상응하는 시민적 의무가 있어야 한다.

128. 예의 바른 거부는 무례한 허가보다 낫다.

Key Word
UpGrade Check - Up
Important Word

121. book, tremendous, challenge

122. no longer, able, situation, challenge

123. adjust, times, hold, unchanging, principle

124. intelligence, ability, adapt

125. civilization, process, adopt, idea, minority

126. discovery, agriculture, step, civilize

127. civil, right, corresponding, obligation

128. civil, denial, rude, grant

Answer
121. Each new book is a tremendous challenge.
122. When we are no longer able to change a situation – we are challenged to change ourselves.
123. We must adjust to changing times and still hold to unchanging principles.
124. Intelligence is the ability to adapt to change.
125. Civilization is a slow process of adopting the ideas of minorities.
126. The discovery of agriculture was the first big step toward a civilized life.
127. With every civil right there has to be a corresponding civil obligation.
128. A civil denial is better than a rude grant.

먼저 오른쪽 박스 안의 키워드를 참고하여 왼쪽의 한글을 영작해 보세요. 이후 키워드를 가린 채 왼쪽의 한글만 보고 영어로 소리 내어 말해 보세요.

129. 어딘가에서 부정된 정의는 모든 곳에서 정의를 약화시킨다.

130. 과거의 격언으로는 당신은 아무 데도 갈 수 없다.

131. 스스로를 현재에 한정하라.

132. 감사의 마음을 느끼면서 그것을 표현하지 않는 것은 선물 하나를 포장하고 그것을 주지 않는 것과 같다.

133. 감사하는 마음은 기억의 고통들을 평온한 기쁨으로 변화시킨다.

134. 평온한 정신 없이는 아름다움을 지각할 수 없다.

135. 직관은 무의식을 통한 지각이다.

136. 우리의 무의식이 우리의 의식보다 더 동물적인 것은 아니다; 그것은 자주 보다 인간적이다.

Key Word
UpGrade Check - Up
Important Word

129. deny, anywhere, diminish, everywhere

130. maxim, past, anywhere

131. confine, present

132. gratitude, express, wrap, present

133. gratitude, pang, tranquil, joy

134. perceive, serene, mind

135. intuition, perception, via, unconscious

136. unconscious, animal, conscious, often, human

Answer

129. Justice denied anywhere diminishes justice everywhere.
130. In the maxim of the past you cannot go anywhere.
131. Confine yourself to the present.
132. Feeling gratitude and not expressing it is like wrapping a present and not giving it.
133. Gratitude changes the pangs of memory into a tranquil joy.
134. You cannot perceive beauty but with a serene mind.
135. Intuition is perception via the unconscious.
136. Our unconscious is not more animal than our conscious; it is often even more human.

UPGrade Check Up
영작 및 말하기 연습

Key Word
UpGrade Check - Up
Important Word

137. 모든 동물은 그것이 어떤 모습이었는지의 자취들을 남긴다; 단지 인간만이 그가 만들어 낸 것의 자취들을 남긴다.
    _____.

138. 당신은 경험을 창조할 수 없다. 당신은 반드시 그것을 겪어야만 한다.
    _____.

139. 모든 경험은 주관적이다.
    _____.

140. 한 전문가가 하나의 객관적인 견해를 제시한다. 그는 그 자신의 견해를 제시한다.
    _____.

141. 나는 대상들을 내가 그것들을 보는 대로가 아니라 내가 그것들을 생각한 대로 그린다.
    _____.

142. 화가는 구성하고, 사진작가는 드러낸다.
    _____.

143. 건설적인 사고들, 위안을 주는 말들, 인정 많은 행동들을 지녀라.
    _____.

144. 불멸의 명성은 당신이 단지 무덤 속에서 그것을 누릴 수 있을 때는 달갑지 않은 위로이다!
    _____.

137. animal, leave, trace, man, alone, create

138. create, experience, undergo

139. experience, subjective

140. expert, objective, view

141. paint, object, think, see

142. painter, construct, photographer, disclose

143. constructive, console, compassionate, act

144. imperishable, renown, cold comfort, enjoy, tomb

Answer

137. Every animal leaves traces of what it was; man alone leaves traces of what he created.
138. You cannot create experience. You must undergo it.
139. All experience is subjective.
140. An expert gives an objective view. He gives his own view.
141. I paint objects as I think them, not as I see them.
142. The painter constructs, the photographer discloses.
143. Have constructive thoughts, consoling words, compassionate acts.
144. Imperishable renown is cold comfort when you can only enjoy it in the tomb!

145. 복수의 여정에 착수하기 전에, 두 개의 무덤을 파라.

_____.

146. 어머니가 요람에 불러 준 노래는 관에까지 쭉 간다.

_____.

147. 바보들은 나의 주제이다, 풍자가 나의 노래가 되게 하라.

_____.

148. 당신의 청중이 당신을 떠나기 전에 당신이 먼저 청중을 떠나는 게 낫다.

_____.

149. 갈채에 관해 당신에게 주는 나의 충고는 이것이다: 그것을 즐기되 결코 전적으로 그것을 믿지는 마라.

_____.

150. 과거에 갈채를 보내면서 현재를 한탄하지 않았던 시대는 결코 없었다.

_____.

Key Word
UpGrade Check - Up
Important Word

145. embark, journey, revenge, dig, grave
146. sing, cradle, go all the way down to, coffin
147. fool, theme, satire, song
148. leave, audience
149. advice, concerning, applause, quite
150. age, applaud, lament

Answer

145. Before you embark on a journey of revenge, dig two graves.
146. What a mother sings to the cradle goes all the way down to the coffin.
147. Fools are my theme, let satire be my song.
148. It is better to leave your audience before your audience leaves you.
149. My advice to you concerning applause is this: enjoy it but never quite believe it.
150. There has never been an age that did not applaud the past and lament the present.

We are each of us angels with only one wing, and we can only fly by embracing one another.

– Lucretius

151. Wealth is conspicuous, but poverty hides.

부(富)는 눈에 잘 띄지만, 가난은 숨는다.

- **wealth** ⓝ 부(富), (많은) 재산, 부유함, 풍부함
- **wealthy** ⓐ 부유한, 재산이 많은
- **conspicuous** ⓐ 눈에 잘 띄는, 튀는, 두드러진
- **poverty** ⓝ 가난, 빈곤, 결핍
- **hide** ⓥ 숨다, 숨기다, 감추다, (감정 등을) 드러내지 않다

wealth와 riches는 유의어

James Reston 제임스 레스턴 (1909~1995) 미국의 언론인.
위트 있고 공정한 기사로 퓰리처상을 두 차례 수상하는 등 많은 상을 받았다.

152. Riches enlarge rather than satisfy appetites.

부(富)는 욕구들을 만족시키기보다는 확장한다.

- **riches** ⓝ 부(富), 재물
- **enlarge** ⓥ 확대[확장]하다, 커지다
- **satisfy** ⓥ 만족[충족]시키다, (요구 조건을) 채우다
- **satisfaction** ⓝ 만족, 만족을 주는 것
- **appetite** ⓝ 식욕, 욕구

satisfy와 gratify는 유의어

Thomas Fuller 토마스 풀러 (1608~1661) 영국의 성직자, 작가.
대표작은 사후 출판된 〈The History of the Worthies of England 잉글랜드 명사(名士)들의 역사〉 등이 있다.

153. Always do right. This will gratify some people and astonish the rest.

언제나 바른 행위를 하라. 그것은 일부 사람들을 만족시킬 것이며, 나머지 사람들을 깜짝 놀라게 할 것이다.
- gratify ⓥ 만족[충족]시키다, 기쁘게 하다
- gratification ⓝ 만족(감), 만족시키기
- astonish ⓥ (깜짝) 놀라게 하다
- astonishment ⓝ 경악, 놀라움

astonish와 startling은 유의어 – 다른 품사

Mark Twain 마크 트웨인 (1835~1910 본명 Samuel Langhorne Clemens) 미국의 작가.
소설을 통해 미국 사회를 풍자하고 반전 활동에도 적극 참여했다. 대표작은 〈The Adventures of Huckleberry Finn 허클베리 핀의 모험〉, 〈The Prince and the Pauper 왕자와 거지〉 등이 있다.

154. To love is so startling it leaves little time for anything else.

사랑을 하는 것은 너무나 놀라워서 그 밖의 다른 것을 할 시간을 거의 남겨두지 않는다.
- startling ⓐ 깜짝 놀라게 하는, 놀라운
- startle ⓥ 깜짝 놀라게 하다

동일어 love

Emily Dickinson 에밀리 디킨슨 (1830~1886) 미국의 여류시인.
사랑, 죽음, 이별, 영혼, 천국 등을 주제로 1,775편에 달하는 시를 썼지만 사후에야 그녀의 천재성이 널리 인정받았다.

155. Love and doubt have never been on speaking terms.

사랑과 의심은 결코 말을 섞는 사이가 아니다.
- doubt ⓝ 의심, 의혹
- ⓥ 의심하다, 의혹[의문]을 갖다
- term ⓝ 용어, 말, 기간, 학기, 임기, (지불, 요금 등의) 조건, (pl.) 사이

같은 주제

Kahlil Gibran 칼릴 지브란 (1883~1931) 레바논 출신의 미국 작가.
'영혼의 순례자'로 일컬어지며 대표작은 〈The Prophet 예언자〉 등이 있다.

156. Love is an act of (faith), and whoever is of little faith is also of little love.

사랑은 믿음의 행위로, 누구든 믿음이 작은 사람은 사랑 또한 작다.
act ⓝ 행위, 행동, (A-) (국회를 통과한) 법률[법령, 조례], (연극의) 막
　　 ⓥ 행(동)하다, (특정한) 역할을 하다, 연기하다
faith ⓝ 믿음, 신뢰, 신념, 확신, 신앙
faithful ⓐ 충실한, 성실한

동일어 faith

Erich Fromm 에리히 프롬 (1900~1980) 독일의 사회심리학자.
현대의 불안을 사회적 관점에서 분석했으며 대표작은 〈Escape from Freedom 자유로부터의 도피〉, 〈The Art of Loving 사랑의 기술〉, 〈To Have or to Be? 소유냐 존재냐?〉 등이 있다.

157. (Faith) is never identical with (piety).

신앙은 경건함과 결코 동일하지 않다. (경건한 삶을 산다는 자체가 좋은 신앙생활을 하는 것은 아니다.)
identical ⓐ 동일한, 똑같은
identity ⓝ 동일함, 신원 | identify ⓥ 동일시하다, 신원을 확인하다
identification ⓝ 신원 확인, 신분증
piety ⓝ 경건(함), 신앙심
pious ⓐ 경건한, 신앙심이 깊은

piety와 sacred는 유의어 – 다른 품사

Karl Barth 카를 바르트 (1886~1968) 스위스의 신학자.
나치와 협력하는 교회를 비판하고 사회윤리를 특히 강조했다.

158. The conscience is the (sacred) haven of the liberty of man.

양심은 인간 자유의 신성한 안식처이다.
conscience ⓝ 양심, (양심의) 가책
conscientious ⓐ 양심적인, 성심을 다하는
sacred ⓐ 신성한, 신성시되는, 종교적인
haven ⓝ 항구, 안식처, 피난처
liberty ⓝ 자유, 멋대로 함

동일어 sacred

Napoleon Bonaparte 나폴레옹 보나파르트 (1769~1821) 프랑스의 군인, 정치가, 황제.
프랑스 혁명의 사회적 격동기에 군인으로 명성을 얻은 후 나폴레옹 1세가 되었다.

159. Unasked advice is a trespass on sacred privacy.

요구받지 않은 충고는 신성한 사생활에 대한 침해이다.
- **advice** ⓝ 충고, 조언, 정보, 통지
- advise ⓥ 충고하다, 알리다, 조언하다
- **trespass** ⓝ 침입, 침해 ⓥ 침입하다, 침해하다
- trespasser ⓝ 불법 침입자, 위반자
- **privacy** ⓝ 사적 자유, 사생활, 프라이버시

동일어 advice

Anonymous 작자 미상

160. It is a pleasure to give advice, humiliating to need it, normal to ignore it.

충고를 주는 것은 즐거움이고, 충고를 필요로 하는 것은 굴욕적이며, 충고를 무시하는 것은 보통이다.
- **humiliating** ⓐ 굴욕적인
- humiliate ⓥ 굴욕감을 느끼게 하다, 창피를 주다
- **normal** ⓐ 표준의, 보통의, 정상의 ⓝ 표준, 보통, 정상
- abnormal ⓐ 비정상적인, 이상한
- **ignore** ⓥ 무시하다, 모르는 체하다

ignore의 명사형인 ignorance

Oliver Wendell Holmes Jr. 올리버 웬델 홈스 주니어 (1841~1935) 미국의 법관. 형식주의를 탈피하고 경험에 근거한 법적 현실주의에 따른 판설을 하였고 이는 후대에 큰 영향을 끼쳤다.

161. A man is arrogant in proportion to his ignorance.

사람은 자신의 무지에 비례하여 거만하다.
- **arrogant** ⓐ 거만한, 오만한, 건방진
- arrogance ⓝ 거만, 오만
- **proportion** ⓝ 비례, 비율, 균형, 크기
- in proportion to A A에 비례하여
- proportional ⓐ 비례의, 비례하는, 균형 잡힌
- **ignorance** ⓝ 무지, 무식, (어떤 일을) 모름

동일구 in proportion to

Edward G. Bulwer-Lytton 에드워드 G. 불워 리튼 (1803~1873) 영국의 정치가, 작가. 대표작은 〈The Last Days of Pompeii 폼페이 최후의 날〉 등이 있다.

162. Life shrinks or expands in proportion to one's courage.

삶은 스스로의 용기에 비례하여 줄어들거나 넓어진다.
- **shrink** ⓥ 줄어들다, 오그라들다, 움추리다, 겁내어 피하다
- **expand** ⓥ 넓어지다, 퍼지다, 넓히다, 확장[확대]하다
- **expansion** ⓝ 확장, 확대, 팽창
- **courage** ⓝ (특히 정신적인) 용기, 용감함, 담력
- **courageous** ⓐ 용기 있는, 용감한, 담력 있는

동일어 courage

Anais Nin 아나이스 닌 (1903~1977) 쿠바 출신의 프랑스 작가.
대표작은 〈The Diary of Anaïs Nin〉, 영화로도 제작된 〈Henry and June 헨리와 준〉 등이 있다.

163. There is, in addition to a courage with which men die, a courage by which men must live.

그것을 가진 채 사람이 죽는 용기 외에도, 그것에 의거하여 사람이 살아야 하는 용기가 있다.
- **addition** ⓝ 추가, 추가물, 〈수학〉 덧셈
- in addition 게다가, 더구나
- in addition to A A에 더하여, A 외에도

동일어 courage

John F. Kennedy 존 F. 케네디 (1917~1963) 미국의 제35대 대통령.
암살되기 전까지 2년 10개월의 짧은 재임기간에도 불구하고 인권, 평화, 여성, 인종, 복지 등 부문에 상당한 업적을 남겼다.

164. There is plenty of courage among us for the abstract but not for the concrete.

우리들에게는 추상적인 것을 위해서는 많은 용기가 있으나 구체적인 것을 위해서는 그렇지 않다.
- **plenty** ⓐ 많은, 풍부한, 충분한 ⓝ 많음, 풍부[충분](한 양)
- **plentiful** ⓐ 많은, 풍부한, 충분한
- **abstract** ⓐ 추상적인, 관념적인 ⓝ 추상(화), 개요
  ⓥ 추상하다, 추출하다, 요약하다
- **concrete** ⓐ 콘크리트로 된, 구체적인, 실체가 있는
  ⓝ 콘크리트, 구체(성)

courage와 bravery는 유의어

Helen Keller 헬렌 켈러 (1880~1968) 미국의 작가, 교육가.
19개월 때부터 병으로 시각·청각 장애인이 되었으나 하버드대학을 우등으로 졸업했다. 장애인 복지 사업뿐만 아니라 전반적인 인권문제에 커다란 기여를 했다.

165. The opposite of bravery is not cowardice but conformity.

용감함의 반대는 비겁함이 아닌 순응이다.
- **opposite** ⓝ (쌍의) 반대편[상대], 정반대 ⓐ 반대편의, 맞은편의, 정반대의
  ⓟ ~의 반대편[맞은편, 건너편]에
- **bravery** ⓝ 용감(함), 용맹
- **cowardice** ⓝ 겁, 비겁(함)
- **conformity** ⓝ (규칙, 관습 등에) 따름, 순응
- **conform** ⓥ (규칙, 관습 등에) 따르다[순응하다], ~에 일치하다

cowardice는 coward의 파생어

Anthony Robbins 로버트 앤서니 (1960~) 미국의 심리학자, 컨설턴트.
대표작은 〈The Ultimate Secrets of Total Self-Confidence 나를 믿는 긍정의 힘: 자신감〉 등이 있다.

166. To stand in silence when they should be protesting makes cowards out of men.

동일어 silence

항의하고 있어야 할 때 침묵한 채 서 있는 것은 사람들을 겁쟁이들로 만든다.
- **protest** ⓥ 항의하다, 이의를 제기하다 ⓝ 항의, 이의, 시위
- **make A out of B(사람)** B를 A로[하게] 만들다

Abraham Lincoln 에이브러햄 링컨 (1809~1865) 미국의 제16대 대통령.
재임 시 노예 해방을 이루었고 남북전쟁에서 북군을 승리로 이끌었으며 미국 민주주의의 확립에 커다란 기여를 했다.

167. Silence implies consent.

침묵은 동의를 암시한다.
- **imply** ⓥ 암시하다, 함축하다, (필연적으로) 포함하다
- **implication** ⓝ 암시, 함축, (범죄에의) 연루
- **consent** ⓝ 동의, 승낙, (의견 등의) 일치 ⓥ 동의하다, 승낙하다

silence와 반대 의미인 assert oneself

Proverb 속담

168. To know oneself, one should assert oneself.

자신을 알기 위해 사람은 자신의 주장을 펼쳐야 한다.
- **assert** ⓥ (강력히) 주장하다, 단언[확언]하다
  (~oneself) (단호하게) 자기주장을 하다[자신의 주장을 펼치다]
- **assertion** ⓝ 단언, 확언

assert와 contend는 유의어

Albert Camus 알베르 카뮈 (1913~1960) 프랑스의 작가.
'부조리'를 주제로 한 실존주의 작품을 남겼으며 1957년 노벨문학상을 수상했다. 대표작은 〈L'tranger 이방인〉, 〈Le mythe de Sisyphe 시지푸스의 신화〉 등이 있다.

169. The freedom of man, I (contend), is the freedom to (eat).

동일어
eat

인간의 자유는, 나는 주장하건대, 먹을 수 있는 자유이다.
contend ⓥ 싸우다, 다투다, 논쟁하다, (강력히) 주장하다

Eleanor Roosevelt 엘리노어 루즈벨트 (1884~1962) 미국의 인권운동가.
프랭클린 루즈벨트 대통령의 부인이었으며 UN의 세계인권선언을 만드는 데 커다란 공헌을 했다.

170. Reading without (reflecting) is like (eating) without digesting.

reflect와
ponder는
유의어

숙고하지 않고 읽는 것은 소화하지 않고 먹는 것과 같다.
reflect ⓥ 비추다, 반사하다, 반영하다, (심사)숙고하다, 곰곰이 생각하다
reflection ⓝ (거울 등에 비친) 영상, 반사, 반영, 심사숙고
digest ⓥ 소화하다, 잘 이해하다, 요약하다   ⓝ 요약
digestion ⓝ 소화(력), 이해

Edmund Burke 에드먼드 버크 (1729~1797) 영국의 정치가, 작가.
독재를 반대하고 자유와 정의를 고취하는 웅변으로 유명하며 최초의 근대적 보수주의자로 불린다.

171. Listen a hundred times; (ponder) a thousand times; speak once.

ponder와
contemplate는
유의어

백 번 들어라; 천 번 숙고하라; 한 번 말하라.
ponder ⓥ (심사)숙고하다, 곰곰이 생각하다
once ⓐⓓ 한번, 한 차례, 이전에, 일찍이
ⓒⓞⓝⓙ 한번[일단] ~하면, ~하자마자

Turkish Proverb 터키 속담

172. In order to improve the mind, we ought less to (learn), than to (contemplate).

지성을 향상시키기 위해, 우리는 보다 덜 배우고 보다 많이 숙고해야 한다.
improve ⓥ 개선하다, 나아지다, 향상시키다
contemplate ⓥ (심사)숙고하다, (~하려고) 생각하다, 응시하다

learn의
명사형인
learning

Rene Descartes 르네 데카르트 (1596~1650) 프랑스의 수학자, 철학자.
해석기하학의 창시자이며 근세철학의 시조로 일컬어진다. 방법적 회의를 통한 형이상학적 사색을 중요시했으며 대표작은 《Discours de la methode 방법서설》 등이 있다.

173. He who is proficient in (learning), but deficient in morals, is more deficient than proficient.

배움에는 능숙하지만 품행에 결함이 있는 사람은, 능숙하다기보다는 결함이 있는 것이다.
- proficient ⓐ 능숙한, 능통한, 숙달된
- proficiency ⓝ 능숙, 능통, 숙달
- deficient ⓐ 결함이 있는, (필수적인 것이) 결핍된[부족한]
- deficiency ⓝ 결함, 결핍(증), 부족
- moral ⓝ 교훈, (pl.) 품행, 도덕률, 도덕[정조] 관념
  ⓐ 도덕(상)의, 도덕적인, 교훈적인, 정신적인

동일어 learning

Anonymous 작자 미상

174. (Learning) is a (means) of livelihood.

배움은 생계의 수단이다.
- means ⓝ 수단, 방법, (개인의) 재력[재산]
- livelihood ⓝ 생계
- earn[gain, get, make] a livelihood 생계를 꾸려 나가다

동일어 means

Hitopadesa 히토파데샤
'유익한 가르침'이라는 뜻의 산스크리트어(인도 고전어)로 기록된 우화집이다.

175. The end may justify the (means) as long as there is something that justifies the (end).

목적은 무언가 목적을 정당화할 것이 있는 한에서 수단을 정당화할 수 있다.
- end ⓝ 끝, 결말, 최후, 목적, (양쪽 중) 한쪽 편, 끄트머리
  ⓥ 끝나다, 끝내다
- justify ⓥ 정당화하다, 타당함[옳음]을 보여 주다
- justification ⓝ 정당화, 정당함[타당한] 이유
- as long as A A하는 동안, A하는 한, A만큼 오래

동일어 end

Leon Trotsky 레온 트로츠키 (1879~1940) 러시아의 혁명가, 작가.
볼셰비키 혁명을 주도했고 스탈린과 대립하여 망명생활을 하던 중 자객에 의해 암살당했다. 대표작은 〈History of the Russian Revolution 러시아혁명사〉, 〈The Revolution Betrayed 배반된 혁명〉 등이 있다.

176. If the law is upheld only by government (officials), then all law is at an (end).

만약 법이 단지 정부 관리들에 의해서만 유지된다면, 그러면 모든 법이 끝장이다.
uphold	ⓥ 받치다, 유지[지지]하다
government	ⓝ 정부, 통치
official	ⓝ 관리, 공무원, (단체 등의) 임원
	ⓐ 공(公)의, 공식의, 공인된, 공무의
at an end	다하여, 끝나서, 끝장인

동일어 official

Herbert Hoover 허버트 후버 (1874~1964) 미국의 제31대 대통령.
인도주의적 구제활동으로 미국과 유럽에서 명성을 떨쳤으며, 대통령으로 재임 시 대공황이 발생했다.

177. Bad (officials) are elected by good citizens who do not vote.

나쁜 관리들은 투표하지 않는 선량한 시민들에 의해 선출된다.
elect	ⓥ 선거하다, 선출하다, 선택하다
election	ⓝ (투표에 의한) 선거, 선정
citizen	ⓝ 시민, (시민권을 가진) 국민
vote	ⓥ 투표하다, 투표하여 가결하다
	ⓝ 투표, 표, 투표권

같은 주제

George J. Nathan 조지 J. 네이선 (1882~1958) 미국의 연극평론가, 언론인.
많은 신인 작가들의 작품을 발굴하고 해외의 새로운 희곡을 소개하여 미국 연극의 발전에 커다란 공헌을 했다.

178. For (evil) to flourish, it only requires good men to do nothing.

악이 번성하기 위해서는, 단지 좋은 사람들이 아무것도 하지 않는 것을 필요로 한다.

evil한 존재가 devil

flourish	ⓥ 번창[번성]하다, (무성하게) 잘 자라다
require	ⓥ 필요(로) 하다, 요구하다
requirement	ⓝ 필요(한 것), 필요조건, 요건

Simon Wiesenthal 시몬 비젠탈 (1908~2005) 오스트리아의 건축가.
홀로코스트의 생존자이며 이후 나치가 행한 범죄 및 관련자 고발에 힘을 쏟았다.

* 홀로코스트(Holocaust)는 일반적으로 인간이나 동물을 대량으로 태워 죽이거나 대학살하는 행위를 칭하지만, 고유명사로 쓸 때는 제2차 세계대전 중 나치스 독일에 의해 자행된 유대인 대학살을 뜻한다.

179. Neutral men are the (devil's) allies.

중립인 사람들은 악마의 동맹자들이다.
neutral ⓐ 중립의, 중립국의, (논쟁 등에서) 어느 편도 들지 않는, 공평한
devil   ⓝ 악마, 극악한 사람, (보통 수식어와 함께) ~한 녀석
ally   ⓝ 동맹자, 동맹국
         ⓥ 동맹[연합, 결합, 제휴]시키다

devil과 angel은 반의어

Edwin Hubbel Chapin 에드윈 허드 셔핀 (1814~1880) 미국의 성직자, 작가.
대표작은 〈the Crown of Thorns 가시밭길의 영광〉 등이 있다.

180. We are each of us (angels) with only one wing, and we can only fly by embracing one another.

우리는 우리 각자 단지 하나의 날개만 가진 천사들이며, 우리는 오직 서로 껴안음으로써 날 수 있다.
angel   ⓝ 천사, 천사 같은 사람, (예술, 벤처 기업 등의) 재정적 후원자
embrace   ⓥ 껴안다, 포옹하다, 기꺼이 받아들이다
another   ⓝ 또 하나의 것, 또 한 사람, 다른 것[사람]
            ⓐ 또 하나의, 또 한 사람의, 다른
one another 서로, 상호

Lucretius 루크레티우스 (BC 99~55) 로마의 시인, 철학자.
대표작은 〈On the Nature of the Universe 우주의 본질〉 등이 있다.

UPGrade Check Up
영작 및 말하기 연습

151. 부(富)는 눈에 잘 띄지만, 가난은 숨는다.

152. 부(富)는 욕구들을 만족시키기보다는 확장한다.

153. 언제나 바른 행위를 하라. 그것은 일부 사람들을 만족시킬 것이며, 나머지 사람들을 깜짝 놀라게 할 것이다.

154. 사랑을 하는 것은 너무나 놀라워서 그 밖의 다른 것을 할 시간을 거의 남겨두지 않는다.

155. 사랑과 의심은 결코 말을 섞는 사이가 아니다.

156. 사랑은 믿음의 행위로, 누구든 믿음이 작은 사람은 사랑 또한 작다.

157. 신앙은 경건함과 결코 동일하지 않다.

158. 양심은 인간 자유의 신성한 안식처이다.

159. 요구받지 않은 충고는 신성한 사생활에 대한 침해이다.

Key Word
UpGrade Check - Up — *Important Word*

151. wealth, conspicuous, poverty, hide
152. riches, enlarge, satisfy, appetite
153. do, gratify, some, astonish, rest
154. love, startling, leave, anything else
155. love, doubt, on speaking terms
156. love, act, faith, whoever
157. faith, identical, piety
158. conscience, sacred, haven, liberty
159. advice, trespass, sacred, privacy

Answer
151. Wealth is conspicuous, but poverty hides.
152. Riches enlarge rather than satisfy appetites.
153. Always do right. This will gratify some people and astonish the rest.
154. To love is so startling it leaves little time for anything else.
155. Love and doubt have never been on speaking terms.
156. Love is an act of faith, and whoever is of little faith is also of little love.
157. Faith is never identical with piety.
158. The conscience is the sacred haven of the liberty of man.
159. Unasked advice is a trespass on sacred privacy.

먼저 오른쪽 박스 안의 키워드를 참고하여 왼쪽의 한글을 영작해 보세요. 이후 키워드를 가린 채 왼쪽의 한글만 보고 영어로 소리 내어 말해 보세요.

Key Word
UpGrade Check - Up
Important Word

160. 충고를 주는 것은 즐거움이고, 충고를 필요로 하는 것은 굴욕적이며, 충고를 무시하는 것은 보통이다.

160. pleasure, advice, humiliating, normal, ignore

161. 사람은 자신의 무지에 비례하여 거만하다.

161. arrogant, in proportion to, ignorance

162. 삶은 스스로의 용기에 비례하여 줄어들거나 넓어진다.

162. shrink, expand, in proportion to, courage

163. 그것을 가진 채 사람이 죽는 용기 외에도, 그것에 의거하여 사람이 살아야 하는 용기가 있다.

163. in addition to, courage, die, live

164. 우리들에게는 추상적인 것을 위해서는 많은 용기가 있으나 구체적인 것을 위해서는 그렇지 않다.

164. plenty of, courage, abstract, concrete

165. 용감함의 반대는 비겁함이 아닌 순응이다.

165. opposite, bravery, cowardice, conformity

166. 항의하고 있어야 할 때 침묵한 채 서 있는 것은 사람들을 겁쟁이들로 만든다.

166. stand, silence, protest, coward, out of

167. 침묵은 동의를 암시한다.

167. silence, imply, consent

Answer

160. It is a pleasure to give advice, humiliating to need it, normal to ignore it.
161. A man is arrogant in proportion to his ignorance.
162. Life shrinks or expands in proportion to one's courage.
163. There is, in addition to a courage with which men die, a courage by which men must live.
164. There is plenty of courage among us for the abstract but not for the concrete.
165. The opposite of bravery is not cowardice but conformity.
166. To stand in silence when they should be protesting makes cowards out of men.
167. Silence implies consent.

UPGrade Check Up
영작 및 말하기 연습

168. 자신을 알기 위해 사람은 자신의 주장을 펼쳐야 한다.

169. 인간의 자유는, 나는 주장하건대, 먹을 수 있는 자유이다.

170. 숙고하지 않고 읽는 것은 소화하지 않고 먹는 것과 같다.

171. 백 번 들어라; 천 번 숙고하라; 한 번 말하라.

172. 지성을 향상시키기 위해, 우리는 보다 덜 배우고 보다 많이 숙고해야 한다.

173. 배움에는 능숙하지만 품행에 결함이 있는 사람은, 능숙하다기 보다는 결함이 있는 것이다.

174. 배움은 생계의 수단이다.

175. 목적은 무언가 목적을 정당화할 것이 있는 한에서 수단을 정당화할 수 있다.

176. 만약 법이 단지 정부 관리들에 의해서만 유지된다면, 그때는 모든 법이 끝장이다.

Key Word
UpGrade Check - Up
Important Word

168. know, assert
169. freedom, contend, eat
170. read, reflect, eat, digest
171. listen, ponder, speak, once
172. improve, ought, learn, contemplate
173. proficient, learn, deficient, moral
174. learn, means, livelihood
175. end, justify, means, as long as
176. law, uphold, government, official, at an end

Answer

168. To know oneself, one should assert oneself.
169. The freedom of man, I contend, is the freedom to eat.
170. Reading without reflecting is like eating without digesting.
171. Listen a hundred times; ponder a thousand times; speak once.
172. In order to improve the mind, we ought less to learn, than to contemplate.
173. He who is proficient in learning, but deficient in morals, is more deficient than proficient.
174. Learning is a means of livelihood.
175. The end may justify the means as long as there is something that justifies the end.
176. If the law is upheld only by government officials, then all law is at an end.

177. 나쁜 관리들은 투표하지 않는 선량한 시민들에 의해 선출된다.

_____.

178. 악이 번성하기 위해서는, 단지 좋은 사람들이 아무것도 하지 않는 것을 필요로 한다.

_____.

179. 중립인 사람들은 악마의 동맹자들이다.

_____.

180. 우리는 우리 각자 단지 하나의 날개만 가진 천사들이며, 우리는 오직 서로 껴안음으로써 날 수 있다.

_____.

177. official, elect, citizen, vote

178. evil, flourish, require, nothing

179. neutral, devil, ally

180. angel, embrace, one another

Answer

177. Bad officials are elected by good citizens who do not vote.
178. For evil to flourish, it only requires good men to do nothing.
179. Neutral men are the devil's allies.
180. We are each of us angels with only one wing, and we can only fly by embracing one another.

Intense love does not measure; it just gives.

– Mother Teresa

Unit 007

181. Big dreams create the magic that stir men's souls to greatness.

동일어 dream

큰 꿈들은 사람들의 영혼들을 휘저어 위대함에 이르도록 하는 마법을 창조한다.
stir ⓥ 휘젓다, 뒤섞다, (약간) 흔들다[흔들리다], 자극하다, 동요시키다
ⓝ 휘젓기, 동요
soul ⓝ 영혼, 정신, 혼, 감정, (어떤 영혼·정신을 지닌) 사람
greatness ⓝ 거대, 위대(함), 중대

Bill McCartney 빌 멕카트니 (1940~) 미국의 미식축구 코치.
콜로라도 대학 미식축구팀의 전성기를 이끌었다.

182. A dream which is not interpreted is like a letter which is not read.

동일어 dream

해석되지 않는 꿈은 읽히지 않는 편지와 같다.
interpret ⓥ 해석하다, 통역하다
interpretation ⓝ 해석, 통역

The Talmud 탈무드
'위대한 연구'라는 뜻의 유대교의 율법, 전통, 민간전승, 해설 등을 모은 책으로 유대인의 정신적·문화적 지주가 되어 왔다.

183. The era we are living in today is a dream of coming true.

era와 epoch는 유의어

우리가 오늘날 살아가고 있는 시대는 현실로 이루어지는 꿈이다.
era ⓝ (특정한 성격·사건에 의해 구별되는) 시대, (역사·정치상의) 연대, 기원

Walt Disney 월트 디즈니 (1901~1966) 미국의 만화영화 제작자.
디즈니사를 창립하여 만화영화의 부흥을 이끌었고 디즈니월드를 설립했다.

184. Architecture is the (will) of an (epoch) translated into space.

건축은 공간으로 바뀐 시대의 의지이다.
- architecture (n) 건축(술), 건축학, 건축 양식, 건축물
- architect (n) 건축가, 설계가
- will (n) 의지, 의지력, 결의
- (v) 뜻하다, 의도하다
- epoch (n) (중요한 사건이 일어난) 시대, 신기원, 중요한 사건
- translate (v) 번역하다[되다], (다른 형태로) 바꾸다[옮기다], (특정하게) 해석하다

동일어 will

Ludwig Mies van der Rohe 루드비히 미스 반 데어 로에 (1886~1969) 독일의 건축가. 전통적인 고전주의 미학과 근대성을 훌륭하게 조합했다고 평가받으며 대표작은 뉴욕의 시그램 빌딩 (Seagram Building), 베를린의 국립미술관(Neue Nationalgalerie) 등이 있다.

185. I'm a pessimist because of intelligence, but an optimist because of (will).

나는 지성 때문에 비관주의자이지만, 의지 때문에 낙관주의자이다.
- pessimist (n) 비관주의자, 염세가
- pessimistic (a) 비관적인, 염세적인
- optimist (n) 낙관[낙천]주의자, 낙관론자
- optimistic (a) 낙관적인, 낙천적인

will의 파생어인 willing

Antonio Gramsci 안토니오 그람시 (1891~1937) 이탈리아의 혁명가, 철학자.
가난과 신체적 장애를 평생 안고 살았지만 20세기의 가장 뛰어난 정치이론가 및 실천가로 손꼽힌다. 감옥 생활 중 국가, 시민사회, 헤게모니 등에 관한 중요한 이론들을 남겼다.

186. Don't spur a (willing) horse.

기꺼이 가는 말에 박차를 가하지 마라. (쓸데없는 참견을 하지 마라.)
- spur (v) 박차를 가하다, 몰아대다, 자극하다
- (n) 박차, 자극
- willing (a) 기꺼이 ~하는, (~할) 의지가 있는, 자진해서 하는

동일어 willing

Proverb 속담

187. Fate leads the (willing) but drives the (stubborn).

> 운명은 기꺼이 가는 사람들은 인도하지만 완고한 사람들은 조종한다.
> fate ⓝ 운명, 숙명, (종종 F-) 죽음
> lead ⓥ ~의 선두에 서다, 인도하다
> ⓝ 선두, 선도, 지휘, 주역
> drive ⓥ (차를) 몰다, 운전[조종]하다, ~하게 하다
> drive A to B   A를 B하게 하다
> stubborn ⓐ 완고한, 완강한, 고집부리는, 다루기 힘든

Latin Proverb 라틴 속담

stubborn과 obstinate는 유의어

188. An (obstinate) person does not (hold) opinions, but they hold him.

> 완고한 사람은 의견들을 고수하는 것이 아니라, 그것들이 그를 붙잡는 것이다.
> obstinate ⓐ 고집 센, 완고한
> hold ⓥ 들다, 쥐다, 유지하다, 보유[소유]하다, 억누르다, (회의 등을) 개최하다

Alexander Pope 알렉산더 포프 (1688~1744) 영국의 시인.
어릴 때 앓은 병으로 불구가 되었으며 정규교육을 받지 못했지만 영국 역사상 최고의 시인 중 한 명으로 꼽힌다. 대표작은 〈An Essay on Man 인간론〉, 〈The Dunciad 우인열전〉 등이 있다.

hold의 파생어인 withhold

189. They who (give) have all things; they who (withhold) have nothing.

> 주는 사람들은 모든 것들을 가진다; 주지 않는 사람들은 아무것도 가지지 않는다.
> withhold ⓥ 주지 않다, 보류하다, 억누르다

Indian Proverb 인도 속담

동일어 give

190. Intense love does not measure; it just gives.

강렬한 사랑은 재지 않는다; 그것은 단지 줄 뿐이다.
- **intense** ⓐ 강렬한, 격렬한, 열정적인
- **intensive** ⓐ 강렬한, 집중[집약]적인
- **measure** ⓥ 재다, 측정하다, 판단[평가]하다
  ⓝ 측정, (측정의) 척도, 계량법, (pl.) 조치[대책]

같은 주제

Mother Teresa 테레사 수녀 (1910~1997) 인도의 성직자.
45년 이상 빈민, 환자, 고아 등의 구제에 힘썼으며 1979년 노벨평화상을 수상했다.

191. Pure love is a willingness to give without a thought of receiving anything in return.

순수한 사랑은 답례로 어떤 것을 받을 것이라는 생각을 하지 않고 기꺼이 주는 것이다.
- **willingness** ⓝ 기꺼이 하기[하는 마음], 자진해서 하기[하는 마음]
- **return** ⓝ 귀환, 반환, 순환, 답례, 보답, (pl.) 보수[수익]
  ⓥ 되돌아가다, 돌려주다, 답례[보답]하다
- **in return (for A)** (A에 대한) 답례[보답, 회답]로, (A와) 맞바꾸어

동일어
receive

Peace Pilgrim 평화 순례자 (1908~1981 본명 Mildred Lisette Norman) 미국의 평화운동가.
28년 동안 도보로 미국 전역을 순례하며 평화를 설파했다

192. Any art communicates what you're in the mood to receive.

어떠한 예술도 당신이 받아들일 마음이 되어 있는 것을 전한다.
- **art** ⓝ 예술, 기술, (pl.) 미술
- **communicate** ⓥ (생각, 느낌 등을) 전하다, 의사소통을 하다
- **communication** ⓝ 소통, 의사소통, 연락, 통신
- **mood** ⓝ (일시적인) 마음[기분], 분위기, 무드, 〈문법〉법
- **receive** ⓥ 받다, 받아들이다, 겪다, 접수하다, 수신하다
- **reception** ⓝ 접수처, 환영, 반응, 환영회, 리셉션, (통신의) 수신 상태

art하는
사람이
artist

Larry Rivers 래리 리버스 (1923~2002) 미국의 화가, 음악가.
대표작은 〈I Like Olympia in Black Face 나는 흑인 올랭피아가 좋다〉 등이 있다.

193. The (artist) is the medium between his (fantasies) and the rest of the world.

예술가는 자신의 상상들과 세상의 다른 사람들 사이의 매개이다.
- artist ⓝ 예술가, 화가
- medium ⓝ 매개(물), 매체, 방법, 수단, 중간
- fantasy ⓝ 환상, 공상, (터무니없는) 상상

동일어
fantasy

Federico Fellini 페데리코 펠리니 (1920~1993) 이탈리아의 영화감독.
사실주의 영화에서부터 몽환적인 세계를 그린 영화까지 다양한 영상 언어를 구사했으며 대표작은 〈La Strada 길〉, 〈La Dolce Vita 달콤한 인생〉 등이 있다.

194. All (fantasy) should have a solid (base) in reality.

모든 환상은 현실에 굳건한 토대를 지녀야 한다.
- solid ⓐ 고체의, 굳건한, 견고[견실]한 ⓝ 고체, 〈기하〉 입(방)체
- base ⓝ 토대, 기반, 기초, 근거(지), 〈군사〉 기지 ⓐ 비도덕적인, 야비한
  ⓥ ~에 근거지[본부]를 두다
- reality ⓝ 진실, 현실(성), 사실, 실재

base와
basis는
유의어

Max Beerbohm 맥스 비어봄 (1872~1956) 영국의 작가.
대표작은 〈Zuleika Dobson 줄라이카 돕슨〉 등이 있다.

195. The proper (basis) for marriage is mutual misunderstanding.

결혼의 적절한 기반은 상호 간의 오해이다.
- proper ⓐ 적절한, 제대로 된, 올바른, 정당한
- basis ⓝ 기반, 기초, 기준 (단위), 근거, 이유
- mutual ⓐ 서로의, 상호(간)의, 공통의
- misunderstanding ⓝ 오해, 착오
- misunderstand ⓥ 오해하다

동일어
basis

Oscar Wilde 오스카 와일드 (1854~1900) 아일랜드의 작가.
'예술을 위한 예술'이란 표어로 탐미주의를 주창했으며 대표작은 〈The Importance of Being Earnest 진지함의 중요성〉, 〈The Picture of Dorian Gray 도리언 그레이의 초상〉 등이 있다.

196. The basis of art is truth, both in matter and in mode.

동일어
matter

예술의 기초는 소재와 방식 둘 모두에서 사실이다.
matter ⓝ 물질, 소재, 문제, 일, 사건, 상황, 중요성 ⓥ 중요하다
mode ⓝ (특정한) 방식[방법, 유형], (옷, 미술 등의) 유행, 기분

Flannery O'Connor 플래너리 오코너 (1925~1964) 미국의 작가.
대표작은 영화로도 제작된 〈Wise Blood 와이즈 블러드〉 등이 있다.

197. Laughter can help relieve tension in even the heaviest of matters.

웃음은 상황이 가장 힘겨울 때조차 긴장을 완화하는 것을 도와줄 수 있다.
laughter ⓝ 웃음, 웃음 소리
relieve ⓥ (긴장, 고통 등을) 완화[경감]하다, (심각성을) 줄이다[완화하다], 구제하다
relief ⓝ 경감, 완화, 구제
tension ⓝ 긴장, 긴장 관계, 팽팽함, 전압

relieve와
soothe는
유의어

Allen Klein 알랜 클라인 (1931~2009) 미국의 음반제작자.
비틀즈, 롤링스톤즈 등 유명 음악가들의 음반을 제작했다.

198. Better a lie that soothes than a truth that hurts.

마음을 달래는 거짓말이 상처주는 진실보다 낫다.
lie ⓝ 거짓말
    ⓥ 거짓말하다, 눕다, (상태에) 있다, ~에 위치하다
soothe ⓥ (마음을) 달래다[진정시키다], (고통을) 완화하다
hurt ⓥ 상처주다[입히다], (감정을) 상하게 하다, 아프다
    ⓐ 상처 입은, 부상한
    ⓝ 상처, (육체적·정신적) 아픔

동일어
lie

Czech Proverb 체코 속담

:: 91

199. He entered the territory of (lies) without a passport for return.

동일어
lie

그는 귀환용 통행증 없이 거짓말들의 영역으로 들어갔다.
territory ⓝ 영토, 영역, 구역
passport ⓝ 여권[통행증], 수단

Graham Greene 그래이엄 그린 (1904~1991) 영국의 작가.
근대가 부여하는 도덕적 갈등을 탐구했으며 대표작은 영화로도 제작된 〈The Third Man 제3의 사나이〉, 〈Stamboul Train 스탬불 특급열차〉 등이 있다.

200. There are (three) types of (lies) – lies, damn lies, and statistics.

동일어
three

세 가지 유형의 거짓말이 있다 - 거짓말, 환장할 거짓말, 그리고 통계.
type ⓝ 형(型), 유형, 종류, 전형, 〈인쇄〉 활자
ⓥ 타자 치다, 유형을 알아내다, (유형별로) 분류하다
damn ⓐ 빌어먹을, 환장할
ⓥ 저주하다, 혹평하다
ⓝ 빌어먹을, 제기랄, 젠장
statistics ⓝ 통계, 통계학

Benjamin Disraeli 벤저민 디즈레일리 (1804~1881) 영국의 정치가, 작가.
영국의 총리를 지냈으며 근대 보수당의 성립에 커다란 기여를 했다.

201. (Marriage) is a (three) ring circus; engagement ring, wedding ring and suffering.

좋은
marriage를
위해

결혼은 세 개의 링으로 하는 곡예이다; 약혼 반지, 결혼 반지 그리고 고통.
circus ⓝ 서커스(단), 곡예(단)
engagement ⓝ 약속, 계약, 약혼, 교전(交戰)
wedding ⓐ 결혼(식)의
ⓝ 결혼식, 혼례

Anonymous 작자 미상

202. Prudent men choose frugal wives.

신중한 남자는 검소한 부인을 선택한다.
prudent ⓐ 신중한, 조심성 있는
frugal ⓐ 검소한, 절약하는, 간소한

German Proverb 독일 속담

동일어
wife

203. Do not choose your wife at a dance, but in the field among the harvesters.

당신의 부인을 무도회에서가 아닌, 밭에서 수확하는 사람들 사이에서 선택하라.
field ⓝ 밭, 들판, 경기장, (활동·연구의) 분야
harvester ⓝ 수확자, 수확하는 기계
harvest ⓥ 수확하다
ⓝ 수확(기), 추수(기), 수확물[량]

Czech Proverb 체코 속담

harvester에겐
토양의
비옥도가 중요

204. All soils are not fertile.

모든 토양들이 비옥한 것은 아니다.
soil ⓝ 흙, 토양, 땅, 국토
ⓥ 더럽히다
fertile ⓐ (토지가) 비옥한[기름진], 다산인
all, every, both ~ not 모든 사람[것]이 ~은 아니다(부분부정)

Marcus Tullius Cicero 마르쿠스 툴리우스 키케로 (BC 106~43) 로마의 정치가, 웅변가, 철학자. 로마 제1의 웅변가로 불리었으며 그의 문체는 고전 라틴어의 표본이 되었다.

soil이
있는 곳
ground

205. Keep your feet on the (ground) and your thoughts at lofty (heights).

당신의 발은 땅에 두고 당신의 생각들은 매우 높은 정점들에 두어라.

ground	ⓝ	땅(바닥), 공터, (특정 목적을 위한) 장소, 분야, (pl.) 근거[기초]
	ⓥ	땅에 놓다, 좌초하다[시키다], (~에) 근거를 두다
lofty	ⓐ	고상한, 매우 높은
height	ⓝ	높이, 정점, 높은 곳
heighten	ⓥ	높게 하다

height의 형용사형인 high

Peace Pilgrim 평화 순례자 (1908~1981 본명 Mildred Lisette Norman) 미국의 평화 운동가. 28년 동안 도보로 미국 전역을 순례하며 평화를 설파했다.

206. (Refuse) to be average. Let your heart soar as (high) as it will.

보통이 되는 것을 거부하라. 당신의 마음이 날아오를 수 있을 만큼 높이 날아오르게 하라.

refuse	ⓥ	거부[거절] 하다, 퇴짜 놓다
	ⓝ	쓰레기, 폐물
average	ⓐ	평균의, 보통의
	ⓝ	평균 ⓥ 평균하다
soar	ⓥ	치솟다, 솟구치다, (하늘 높이) 날아오르다, 급증[급등]하다

refuse의 명사형인 refusal

Aiden Wilson Tozer 에이든 윌슨 토저 (1897~1963) 미국의 성직자, 작가. 정식 학교교육을 받은 적이 없지만 폭넓은 독서를 통해 유명한 설교자 및 작가가 되었다. 대표작은 〈The Pursuit of God 하나님을 추구함〉 등이 있다.

207. The (prompter) the (refusal), the less the disappointment.

거절이 보다 신속할수록, 실망은 보다 작다.

prompt	ⓐ	재빠른, 신속한, 즉각적인
	ⓥ	촉발하다, 유도하다
refusal	ⓝ	거절, 거부
disappointment	ⓝ	실망, 실망스러운 사람[것]
disappoint	ⓥ	실망시키다, (바라던 일을) 좌절시키다

prompt와 quickly는 유의어 – 다른 품사

Publilius Syrus 푸블릴리우스 시루스 (BC 1세기) 로마의 작가. 노예였으나 재능을 인정받아 자유인이 되었고 이후 로마의 즉흥시 대회에서 우승하여 케사르로부터 직접 상을 받았다.

208. The lonely one offers his hand too quickly to whomever he encounters.

외로운 사람은 그가 우연히 만나는 누구에게라도 너무나 빨리 손을 내민다.
- **lonely** ⓐ 외로운, 쓸쓸한, 고독한, 인적이 드문
- **offer** ⓥ 내밀다, 제공하다, 제의[제안]하다
  ⓝ 제공, 제의
- **encounter** ⓥ 우연히 만나다[마주치다], (위험, 곤란 등에) 부딪치다, (적과) 교전하다
  ⓝ 우연한 만남[마주침], 교전

동일어 quickly

Friedrich Nietzsche 프리드리히 니체 (1844~1900) 독일의 철학자, 작가.
'생의 철학'의 기수이며 실존주의와 포스트모더니즘의 발전에 커다란 영향을 끼쳤다. 대표작은 〈Also sprach Zarathustra 차라투스트라는 이렇게 말했다〉 등이 있다.

209. Hope is slowly extinguished and quickly revived.

희망은 천천히 꺼지며 재빨리 되살아난다.
- **extinguish** ⓥ (불, 빛 등을) 끄다, 소멸시키다
- **extinguisher** ⓝ 소화기
- **revive** ⓥ 소생하다[시키다], 되살아나다, 되살리다
- **revival** ⓝ 소생, 재생, 부활, 부흥

동일어 hope

Sophia Lee 소피아 리 (1750~1824) 영국의 작가.
대표작은 〈The Recess: A Tale of Other Time 휴식: 다른 시대의 이야기〉 등이 있다.

210. Never deprive someone of hope; it might be all they have.

결코 누군가에게서 희망을 빼앗지 마라; 그것은 그들이 가진 전부일지도 모른다.
- **deprive** ⓥ 빼앗다, 박탈하다
- **deprive A of B** A에게서 B를 빼앗다[박탈하다]

H. Jackson Brown, Jr. H. 잭슨 브라운, 주니어 (1965~) 미국의 작가.
대표작은 〈Life's Little Instruction Book 삶의 작은 지침서〉 등이 있다.

UPGrade Check Up
영작 및 말하기 연습

181. 큰 꿈들은 사람들의 영혼들을 휘저어 위대함에 이르도록 하는 마법을 창조한다.

182. 해석되지 않는 꿈은 읽히지 않는 편지와 같다.

183. 우리가 오늘날 살아가고 있는 시대는 현실로 이루어지는 꿈이다.

184. 건축은 공간으로 바꿔진 시대의 의지이다.

185. 나는 지성 때문에 비관주의자이지만, 의지 때문에 낙관주의자이다.

186. 기꺼이 가는 말에 박차를 가하지 마라. (쓸데없는 참견을 하지 마라).

187. 운명은 기꺼이 가는 사람들은 인도하지만 완고한 사람들은 조종한다.

188. 완고한 사람은 의견들을 고수하는 것이 아니라, 그것들이 그를 붙잡는 것이다.

Key Word
UpGrade Check - Up
Important Word

181. dream, magic, stir, soul, greatness

182. dream, interpret, letter, read

183. era, today, dream, come true

184. architecture, will, epoch, translate, space

185. pessimist, intelligence, optimist, will

186. spur, willing

187. fate, lead, willing, drive, stubborn

188. obstinate, hold, opinion

Answer

181. Big dreams create the magic that stir men's souls to greatness.
182. A dream which is not interpreted is like a letter which is not read.
183. The era we are living in today is a dream of coming true.
184. Architecture is the will of an epoch translated into space.
185. I'm a pessimist because of intelligence, but an optimist because of will.
186. Don't spur a willing horse.
187. Fate leads the willing but drives the stubborn.
188. An obstinate person does not hold opinions, but they hold him.

먼저 오른쪽 박스 안의 키워드를 참고하여 왼쪽의 한글을 영작해 보세요. 이후 키워드를 가린 채 왼쪽의 한글만 보고 영어로 소리 내어 말해 보세요.

Key Word
UpGrade Check - Up
Important Word

189. 주는 사람들은 모든 것들을 가진다; 주지 않는 사람들은 아무 것도 가지지 않는다.
_____.

190. 강렬한 사랑은 재지 않는다; 그것은 단지 줄 뿐이다.
_____.

191. 순수한 사랑은 답례로 어떤 것을 받을 것이라는 생각을 하지 않고 기꺼이 주는 것이다.
_____.

192. 어떠한 예술도 당신이 받아들일 마음이 되어 있는 것을 전한다.
_____.

193. 예술가는 자신의 상상들과 세상의 다른 사람들 사이의 매개이다.
_____.

194. 모든 환상은 현실에 굳건한 토대를 지녀야 한다.
_____.

195. 결혼의 적절한 기반은 상호 간의 오해이다.
_____.

196. 예술의 기초는 소재와 방식 둘 모두에서 사실이다.
_____.

189. give, withhold
190. intense, measure, give
191. pure, willingness, receive, return
192. art, communicate, mood, receive
193. artist, medium, fantasy, rest
194. fantasy, solid, base, reality
195. proper, basis, mutual, misunderstanding
196. basis, art, matter, mode

Answer
189. They who give have all things; they who withhold have nothing.
190. Intense love does not measure; it just gives.
191. Pure love is a willingness to give without a thought of receiving anything in return.
192. Any art communicates what you're in the mood to receive.
193. The artist is the medium between his fantasies and the rest of the world.
194. All fantasy should have a solid base in reality.
195. The proper basis for marriage is mutual misunderstanding.
196. The basis of art is truth, both in matter and in mode.

UPGrade Check Up
영작 및 말하기 연습

197. 웃음은 상황이 가장 힘겨울 때조차 긴장을 완화하는 것을 도와줄 수 있다.
　　　_____.

198. 마음을 달래는 거짓말이 상처주는 진실보다 낫다.
　　　_____.

199. 그는 귀환용 통행증 없이 거짓말들의 영역으로 들어갔다.
　　　_____.

200. 세 가지 유형의 거짓말이 있다 – 거짓말, 환장할 거짓말, 그리고 통계.
　　　_____.

201. 결혼은 세 개의 링으로 하는 곡예이다; 약혼 반지, 결혼 반지 그리고 고통.
　　　_____.

202. 신중한 남자는 검소한 부인을 선택한다.
　　　_____.

203. 당신의 부인을 무도회에서가 아닌, 밭에서 수확하는 사람들 사이에서 선택하라.
　　　_____.

204. 모든 토양들이 비옥한 것은 아니다.
　　　_____.

Key Word
UpGrade Check - Up
Important Word

197. laughter, relieve, tension, matter
198. lie, soothe, truth, hurt
199. enter, territory, lie, passport, return
200. type, lie, damn, statistics
201. ring, circus, engagement, wedding, suffering
202. prudent, choose, frugal
203. choose, dance, field, harvester
204. soil, fertile

Answer
197. Laughter can help relieve tension in even the heaviest of matters.
198. Better a lie that soothes than a truth that hurts.
199. He entered the territory of lies without a passport for return.
200. There are three types of lies – lies, damn lies, and statistics.
201. Marriage is a three ring circus; engagement ring, wedding ring and suffering.
202. Prudent men choose frugal wives.
203. Do not choose your wife at a dance, but in the field among the harvesters.
204. All soils are not fertile.

205. 당신의 발은 땅에 두고 당신의 생각들은 매우 높은 정점들에 두어라.

206. 보통이 되는 것을 거부하라. 당신의 마음이 날아오를 수 있을 만큼 높이 날아오르게 하라.

207. 거절이 보다 신속할수록, 실망은 보다 작다.

208. 외로운 사람은 그가 우연히 만나는 누구에게라도 너무나 빨리 손을 내민다.

209. 희망은 천천히 꺼지며 재빨리 되살아난다.

210. 결코 누군가에게서 희망을 빼앗지 마라; 그것은 그들이 가진 전부일지도 모른다.

Key Word

205. ground, lofty, height
206. refuse, average, soar, as high as
207. prompt, refusal, disappointment
208. lonely, offer, quickly, whomever, encounter
209. hope, extinguish, quickly, revive
210. deprive, hope

Answer

205. Keep your feet on the ground and your thoughts at lofty heights.
206. Refuse to be average. Let your heart soar as high as it will.
207. The prompter the refusal, the less the disappointment.
208. The lonely one offers his hand too quickly to whomever he encounters.
209. Hope is slowly extinguished and quickly revived.
210. Never deprive someone of hope; it might be all they have.

A different world cannot be built by indifferent people.

– Peter Marshall

Unit 008

211. A different world cannot be built by indifferent people.

다른 세상은 무관심한 사람들에 의해서는 건설될 수 없다.
indifferent ⓐ 무관심한, 중요치 않은

indifferent의 명사형인 indifference

Peter Marshall 피터 마샬 (1902~1949) 스코틀랜드 출신의 미국 성직자.
어려서부터 신앙에 헌신했고 갑작스런 사망 후 부인에 의해 완성된 자서전인 〈A Man Called Peter 피터라 불리는 사나이〉는 영화로도 제작되어 많은 사랑을 받았다.

212. Indifference and neglect often do much more damage than outright dislike.

무관심과 태만은 흔히 노골적인 싫어함보다 훨씬 더 큰 손해를 끼친다.
indifference ⓝ 무관심, 냉담
neglect ⓝ 태만, 소홀, 무시
ⓥ 태만하다, (태만으로) (~) 하지 않다
neglectful ⓐ 태만한, 소홀한
damage ⓝ 피해, 손해, 손상, (pl.) 손해 배상금
ⓥ 피해[손해, 손상]를 입히다
outright ⓐ 완전한, 전면적인, 노골적인
dislike ⓝ 싫어함
ⓥ 싫어하다, 좋아하지 않다

동일어 neglect

Joan K. Rowling 조앤 K. 롤링 (1965~) 영국의 작가.
대표작은 시리즈로 만들어지고 있는 〈Harry Potter 해리포터〉 등이 있다.

213. A little neglect may breed great mischief.

작은 태만이 큰 해악을 낳을 수 있다.

breed	ⓥ	새끼를 낳다, (~을) 야기하다
	ⓝ	(가축의) 품종, (사람의) 유형
mischief	ⓝ	장난, 해악, 손해
mischievous	ⓐ	장난이 심한, 유해한

같은 주제

Benjamin Franklin 벤자민 프랭클린 (1706~1790) 미국의 정치가, 외교관, 과학자.
미국 독립전쟁 중 프랑스의 지원을 얻어내는 등 미국 독립에 중요한 기여를 했으며 피뢰침의 발명가이기도 하다.

214. A small error in the former will produce an enormous error in the latter.

이전의 한 작은 잘못이 이후의 하나의 거대한 잘못을 낳는다.

error	ⓝ	잘못, 실수, 오류
produce	ⓥ	생산하다, (결과 등을) 낳다, (영화, 연극 등을) 제작하다
	ⓝ	생산물[품], 농산물
production	ⓝ	생산(량), 제작
enormous	ⓐ	거대한, 엄청난

동일어
error

Henri Poincare 앙리 푸앵카레 (1854~1912) 프랑스의 수학자.
명쾌한 설명으로 수학을 대중화시키는 데 공헌했으며 수학 분야에서 진민직으로 능통한 미지막 학지로 묘사되고 있다.

215. Any man is liable to err, only a fool persists in error.

누구나 잘못을 범하기 쉬우나, 단지 바보만이 잘못을 고집한다.

liable	ⓐ	(~)하기 쉬운, (~)할 것 같은, (~할) 의무가 있는
liability	ⓝ	(~에 대한) 법적 책임, (자산(asset)과 대비되는) 부채, 골칫거리
err	ⓥ	잘못[실수]를 범하다
persist	ⓥ	(~을(in)) 고집하다, (계속) 주장하다, 지속하다
persistence	ⓝ	고집, 끈덕짐, 지속, 영속

동일어
fool

Marcus Tullius Cicero 마르쿠스 툴리우스 키케로 (BC 106~43) 로마의 정치가, 웅변가, 철학자.
로마 제1의 웅변가로 불리었으며 그의 문체는 고전 라틴어의 표본이 되었다.

216. By the time the (fool) has learned the game, the players have (dispersed).

> 바보가 게임을 배울 때쯤이면, 참가자들은 흩어지고 없다.
> **by the time (that) A** A 때까지에는, A 때쯤이면
> **player** ⓝ 참가자, 연주자, 운동 선수
> **disperse** ⓥ 흩어지다, 해산하다[시키다], 확산되다[시키다]

disperse와 scatter는 유의어

African Proverb 아프리카 속담

217. Words and (feathers) are easily (scattered), but not easily gathered up.

> 말들과 깃털들은 쉽게 흩어지지만, 쉽게 모아지지는 않는다.
> **feather** ⓝ 깃털, 깃, (새의) 털
> **scatter** ⓥ (흩)뿌리다, (뿔뿔이) 흩어지데[게 하다]
> **gather** ⓥ 모으다, 모이다, 차츰 축적하다, (꽃, 과실 등을) 따 모으다

feather를 가진 bird

Anonymous 작자 미상

218. A forest (bird) never wants a cage.

> 숲의 새는 새장을 결코 원하지 않는다.
> **forest** ⓐ 숲의, 삼림의
>   ⓝ 숲, 삼림(지대)
> **cage** ⓝ 새장, 우리, 옥사
>   ⓥ 새장[우리]에 가두다

자유를 원하는 이유

Henrik Ibsen 헨리크 입센 (1828~1906) 노르웨이의 작가.
극대극 확립에 기여했고 여성해방 운동에도 깊은 영향을 끼쳤다. 대표작은 〈Et Dukkehjem 인형의 집〉, 〈Gengangere 유령〉 등이 있다.

219. Only (free) men can negotiate; prisoners cannot enter into contracts.

단지 자유로운 사람들만이 협상할 수 있다; 죄수들은 계약을 맺을 수 없다.
negotiate	ⓥ 협상[교섭]하다, (교섭으로) 타결하다
negotiation	ⓝ 협상, 교섭, 절충
prisoner	ⓝ 죄수, 포로
prison	ⓝ 교도소, 감옥(과 같은 곳), 감금
contract	ⓝ 계약
	ⓥ 계약하다, 수축시키다, 줄어들다
enter into contract	계약을 맺다

free의 명사형인 freedom

Nelson Mandela 넬슨 만델라 (1918~) 남아공의 인권운동가, 대통령.
종신형을 받고 27년간 복역하면서 흑인인권운동의 상징적 인물이 되었고, 이후 남아프리카공화국 최초의 흑인대통령이 되었다.

220. Every farewell combines loss and new (freedom).

모든 작별은 상실과 새로운 자유를 결합한다.
farewell	ⓝ 작별, 작별 인사
	ⓐ 작별의, 고별[송별]의
	ⓔ 안녕!
combine	ⓥ 결합하다, 겸하다, 병행하다
combination	ⓝ 결합, 조합, 짝맞춤
loss	ⓝ 분실, 상실, 손해, 손실(물), 사망(자), 감소, 실패
freedom	ⓝ 자유, 자유로운 상태, 해방

동일어 freedom

Mason Cooley 메이슨 쿨리 (1927~2002) 미국의 작가.
대표작은 〈Aphorisms of the All-Too-Human 모두가 너무나 인간적인 경구들〉 등이 있다.

221. The freedom to convert is fundamental to (freedom) of religion.

개종하는 자유는 종교의 자유에 근본적이다.
convert	ⓥ 변하게 하다, 개종하다[시키다], 전환하다, 개조하다
convertible	ⓐ 개조할 수 있는, 바꿀 수 있는
fundamental	ⓐ 근본적인, 기본의, 중요한
	ⓝ (pl.) 근본, 기본 (원칙)
religion	ⓝ 종교, 신앙
religious	ⓐ 종교의, 종교적인, 신앙심이 깊은

동일어 freedom

Bob Inglis 밥 잉글리스 (1959~) 미국의 정치가.
공화당 소속으로 사우스캐롤라이나주의 전 하원의원이다.

:: 103

222. What is (freedom) of (expression)? Without the freedom to offend, it ceases to exist.

무엇이 표현의 자유인가? 불쾌하게 하는 자유가 없다면, 그것은 소멸한다.
expression ⓝ 표현, 표정, 표시
free expression 표현의 자유
offend ⓥ 죄를 범하다, (규칙, 규범 등을) 위반하다, 불쾌하게[기분 상하게] 하다
offense ⓝ 공격, 모욕, (경)범죄, 위반
cease ⓥ 끝나다, 중단하다[시키다], 그치다
exist ⓥ 존재[실재, 현존]하다, (특히 힘겹게) 살아가다
ceast to exist 소멸하다, 없어지다, 죽다

동일어 expression

Salman Rushdie 살만 루시디 (1947~) 인도 출신의 영국 작가.
대표작은 〈Midnight's Children 한밤의 아이들〉 등이 있고 특히 〈The Satanic Verses 악마의 시〉로 인해 이슬람 세계의 공공의 적이 되기도 했다.

223. The (censor's) sword pierces deeply into the heart of free (expression).

검열관의 칼은 표현의 자유의 심장을 깊숙이 꿰뚫는다.
censor ⓝ 검열관
ⓥ 검열하다, (검열하여) 삭제하다
sword ⓝ 칼, 검
pierce ⓥ 꿰뚫다, 관통하다, (구멍을) 뚫다, (추위 · 슬픔 등이 뼈에) 사무치다

censor의 파생어는 censorship

Earl Warren 얼 워렌 (1891~1974) 미국의 법관.
인권과 관련한 중요한 판결들을 내렸으며 특히 사립학교에서 흑백아동을 차별하는 것은 위헌이라고 판결함으로써 인종문제 해결에 새로운 전기를 마련했다.

224. The only valid (censorship) of ideas is the right of people not to (listen).

사상에 대해 유일하게 유효한 검열은 사람들의 듣지 않을 권리이다. (각자의 자발적인 검열이 아닌 당국의 강제적인 검열은 옳지 않다.)
valid ⓐ (법적으로) 유효한, 근거가 확실한, (논리적으로) 타당한
censorship ⓝ 검열

동일어 listen

Tommy Smothers 토미 스머더스 (1937~) 미국의 코미디언, 음악가.
동생과 함께 스머더스 브러더스를 조직했고, 기존 관습과 정부를 풍자하는 코미디를 많이 내놓았기 때문에 그의 쇼는 자주 중지되었다.

225. Listen, everyone is entitled to my opinion.

귀 기울여라, 누구나 나의 의견을 들을 권리가 있다.
entitle ⓥ 자격[권리]를 주다, 칭호를 주다, 표제를 붙이다
entitled to A A에 대한 권리[자격]가 있는
opinion ⓝ 의견, 견해

동일어 opinion

Madonna 마돈나 (1958~ 본명 Madonna Louise Ciccone) 미국의 가수, 배우.
미국 대중음악 역사상 최고의 여자가수로 꼽힌다.

226. Everything we hear is an opinion, not a fact. Everything we see is a perspective, not the truth.

우리가 듣는 모든 것은 의견이지, 사실이 아니다. 우리가 보는 모든 것은 관점이지, 진실이 아니다.
perspective ⓝ 관점, 시각, 균형감, 원근법

perspective와 standpoint는 유의어

Marcus Aurelius 마르쿠스 아우렐리우스 (121~180) 로마의 황제, 철학자.
로마의 최고 전성기를 이끈 5현제(五賢帝)의 마지막 황제였으며, 스토아 철학의 정수를 담은 〈Meditations 명상록〉을 남겼다.

227. I do not shake hands from a sanitary standpoint.

나는 위생적인 관점에서 악수를 하지 않는다.
shake ⓥ 흔들다, 털다, 떨다 ⓝ 흔들기, 떨림
sanitary ⓐ 위생의, 위생적인, 깨끗한
standpoint ⓝ 관점, 견지, 입장
from a standpoint A A의 관점[견지, 입장]에서

standpoint와 viewpoint는 유의어

Victoria Woodhull 빅토리아 우드홀 (1838~1927) 미국의 인권운동가.
미국의 여성참정권 운동의 핵심 지도자로 여성으로는 미국 최초로 대통령 후보가 되었다.

228. Just learning to think in another language allows you to see your own culture in a better viewpoint.

단지 다른 언어로 생각하는 것을 배우는 것만으로 당신이 당신 자신의 문화를 보다 나은 관점으로 보게끔 한다.
viewpoint ⓝ 관점, 견해, (무엇을 바라보는) 방향

동일어 learning

Gates McFadden 게이츠 맥파든 (1949~) 미국의 배우, 안무가.
스타트랙 TV 시리즈의 Beverly Crusher 박사 역으로 출연했다.

229. Stereotypes are devices for saving a (biased) person the trouble of (learning).

고정관념들은 편견을 지닌 사람에게 배우는 불편함을 면하게 해주는 장치들이다.
- stereotype ⓝ 고정 관념, 정형화된 생각[이미지]
  ⓥ 고정 관념을 형성하다, 정형화하다
- device ⓝ (특정 작업을 위한) 장치[기구], 고안(물), 궁리, 술책
- save ⓥ 아끼다, 저축하다, 저장하다, (곤란, 노고 등을) 면하게 하다
- biased ⓐ 편향된, 편견을 지닌, (~에) 더 관심을 두는[치중하는]
- bias ⓝ 편향, 편견, 성향

biased와 prejudice는 유의어 – 다른 품사

Anonymous 작자 미상

---

230. No one can eliminate (prejudices) – just (recognize) them.

누구도 선입관들을 제거할 수 없다 – 단지 그것들을 알아볼 수 있을 뿐이다.
- eliminate ⓥ 제거하다, 삭제하다
- prejudice ⓝ 선입관, 편견
  ⓥ 선입관[편견]을 갖게 하다
- prejudiced ⓐ 선입관[편견]이 있는
- recognize ⓥ 알아보다, 인지하다, 인정하다, 승인[공인]하다

recognize와 discern은 유의어

Edward R. Murrow 에드워드 머로 (1908~1965) 미국의 언론인.
매카시즘에 맞섰던 미국 초기 저널리즘의 선구적 인물이다.

---

231. Time alone (reveals) the just man; but you might (discern) a bad man in a single day.

단지 시간만이 정의로운 사람을 드러낸다; 그러나 당신은 단 하루 만에 나쁜 사람을 알아차릴 수 있다.
- reveal ⓥ 드러내다, 밝히다, 누설[폭로]하다
- revelation ⓝ 드러냄, (신의) 계시, 누설, 폭로, 뜻밖의 사실
- discern ⓥ 알아차리다, 알아보다, (뚜렷하게) 인식하다, 분별[식별]하다

동일어 reveal

Sophocles 소포클레스 (BC 496~406) 그리스의 작가.
고대 그리스의 3대 비극시인 중의 한 사람으로 대표작은 〈Antigone 안티고네〉, 〈Aias 아이아스〉 등이 있다.

232. Life levels all men. Death (reveals) the eminent.

> 삶은 모든 사람들을 동등하게 한다. 죽음은 탁월한 사람들을 드러낸다. (생존시에는 위인(偉人)과 범인(凡人)의 차이가 별로 느껴지지 않지만, 사망 후에는 차이가 크게 느껴진다.)
> level   ⓥ 평평하게 하다, 동등[대등]하게 하다
>   ⓝ 수평, (수평면의) 높이, 수준   ⓐ 수평의, 같은 수준의
> eminent   ⓐ 탁월한, 저명한
> eminence   ⓝ 탁월, 저명(함), (지위신분의) 고위(高位)
>
> **George Bernard Shaw** 조지 버나드 쇼 (1856~1950) 아일랜드의 작가, 비평가.
> 작품을 통해 영국 사회를 신랄하게 비판했으며 당시의 예술적·지적 발전에 커다란 기여를 했다. 대표작은 《Man and Superman 인간과 초인》, 《Pygmalion 피그말리온》 등이 있다.

동일어 reveal

233. (Accidents), try to change them – it's impossible. The accidental (reveals) man.

> 우발적인 사고들을 바꾸려고 하는 것 – 그것은 불가능하다. 우발적인 것이 사람을 드러낸다.
> accident   ⓝ (우발적인) 사고, 우연(성)
> by accident   우연히
> accidental   ⓐ 우발적인, 우연한, 부수적인
>
> **Pablo Picasso** 파블로 피카소 (1881~1973) 스페인의 화가.
> 현대 미술계의 거장으로 입체주의 미술양식을 창조했다. 대표작은 《Guernica 게르니카》, 《Les Demoiselles d'Avignon 아비뇽의 처녀들》 등이 있다.

accident와 incident는 유의어

234. Every (incident) that happens must be a link in a chain.

> 모든 일어난 우발적 사건은 하나의 사슬의 한 연결고리임에 틀림없다.
> incident   ⓝ 일어난 일, 우발적[부수적] 사건
>   ⓐ 일어나기 쉬운
> incidental   ⓐ 우연히 일어나는, 부수하여 일어나는
> happen   ⓥ (일, 사건 등이) 일어나다[발생하다], 우연히 ~하다
> link   ⓝ 연결(고리), 관련, 관계
>   ⓥ 연결하다[되다], 관련짓다[되다]
> chain   ⓝ 사슬, 쇠줄, 일련, 띠(처럼 이어진 것)
>   ⓥ 사슬로 매다, 속박하다
>
> **Benjamin Disraeli** 벤저민 디즈레일리 (1804~1881) 영국의 정치가, 작가.
> 영국의 총리를 지냈으며 근대 보수당의 성립에 커다란 기여를 했다.

동일어 incident

235. Religion should be the rule of life, not a casual incident in it.

동일어
religion

종교는 삶의 규칙이어야지, 삶 안에서의 하나의 우연한 우발적 사건이어서는 안 된다.
- **rule** ⓝ 자, 규칙, 통치, 지배
  ⓥ (자를 대고) 줄을 긋다, 통치[지배]하다, 판결하다
- **casual** ⓐ 무심결의, 우연의, 대충하는, 격식을 차리지 않는, 평상시의

Benjamin Disraeli 벤저민 디즈레일리 (1804~1881) 영국의 정치가, 작가.
영국의 총리를 지냈으며 근대 보수당의 성립에 커다란 기여를 했다.

236. Commerce unites; religion divides.

commerce의
목적: 돈을
모으는 것

상업은 통합한다; 종교는 분열시킨다.
- **commerce** ⓝ 상업, 통상, 교역, 교섭
- **unite** ⓥ 하나[일체]가 되다, 결합하다, 통합하다, 연합[동맹]하다
- **divide** ⓥ 나누다, 분리[분할]하다, 분열시키다

Alice Tisdale Hobart 앨리스 티스데일 호버트 (1882~1967) 미국의 작가.
대표작은 〈Oil for the Lamps of China 중국 램프들을 위한 기름〉 등이 있다.

237. Money is flat and meant to be piled up.

money와
currency는
유의어

돈은 평평하며 쌓이도록 의도되었다.
- **flat** ⓐ 평평한, 납작 엎드린, (타이어 등이) 바람 빠진, (음료 등이) 김빠진
  ⓐⓓ 평평하게, 단호하게, 꼭(exactly)
- **mean** ⓥ 의미하다, 의도하다
  ⓐ 열등한, 천한, 비열한, 인색한, 평균의, 중간의
  ⓝ 평균, 중간
- **pile** ⓥ 쌓아 올리다, 쌓이다(up)
  ⓝ 쌓아 올린 더미, 다수, 대량

Scottish Proverb 스코틀랜드 속담

238. Finance is the art of passing currency from hand to hand until it finally disappears.

재정은 통화를 이 사람 손에서 저 사람 손으로 마침내 그것이 사라질 때까지 전달하는 기술이다.
finance ⓝ 재정, 재무, 재원, 자금
ⓥ 재원[자금]을 대다
currency ⓝ 통화, 통용, 유통
disappear ⓥ 사라지다, 보이지 않게 되다
disappearance ⓝ 실종, 사라짐

Robert W. Sarnoff 로버트 사노프 (1918~1997) 미국의 기업인. 미국 전자제품 회사인 RCA의 회장을 지냈다.

currency는 current의 파생어

239. Your current safe boundaries were once unknown frontiers.

당신의 현재의 안전한 경계들은 한때 알려지지 않은 미개척 영역들이었다.
current ⓐ 현재의, 지금의, 통용하는, 시사의
ⓝ 경향, 흐름, 전류, 전기
boundary ⓝ 경계(선), 한계, 범위
unknown ⓐ 알려지지 않은, 미지의, 무명의
frontier ⓝ 국경[변경] (지역), (pl) 미개척의 영역[최첨단]

Anonymous 작자 미상

같은 주제

240. Today's shocks are tomorrow's conventions.

오늘의 충격들은 내일의 관습들이다.
shock ⓝ 충격, 충격적인 일, (의학적인) 쇼크
ⓥ 충격을 주다, 경악하게 하다
shocking ⓐ 충격적인, 지독한
convention ⓝ 관습, 인습, 관례, 협정, 회의, 대회

Carolyn Heilbrun 캐럴린 하일브런 (1926~2003) 미국의 영문학자, 작가. 〈Writing A Woman Life 셰익스피어에게 누이가 있다면〉 등의 페미니즘적 시각의 탁월한 글들을 쓰면서 Amanda Cross라는 필명으로 〈In the Last Analysis 최후의 분석에서〉 등의 미스터리 작품들을 남겼다.

UPGrade Check Up
영작 및 말하기 연습

211. 다른 세상은 무관심한 사람들에 의해서는 건설될 수 없다.

212. 무관심과 태만은 흔히 노골적인 싫어함보다 훨씬 더 큰 손해를 끼친다.

213. 작은 태만이 큰 해악을 낳을 수 있다.

214. 이전의 한 작은 잘못이 이후의 하나의 거대한 잘못을 낳는다.

215. 누구나 잘못을 범하기 쉬우나, 단지 바보만이 잘못을 고집한다.

216. 바보가 게임을 배울 때쯤이면, 참가자들은 흩어지고 없다.

217. 말들과 깃털들은 쉽게 흩어지지만, 쉽게 모아지는 않는다.

218. 숲의 새는 새장을 결코 원하지 않는다.

219. 단지 자유로운 사람들만이 협상할 수 있다; 죄수들은 계약을 맺을 수 없다.

Key Word
UpGrade Check - Up
Important Word

211. different, build, indifferent

212. indifference, neglect, damage, outright, dislike

213. neglect, breed, mischief

214. error, former, produce, enormous, latter

215. liable, err, fool, persist, error

216. by the time, fool, player, disperse

217. word, feather, scatter, gather up

218. forest, bird, cage

219. free, negotiate, prisoner, enter into contract

Answer

211. A different world cannot be built by indifferent people.
212. Indifference and neglect often do much more damage than outright dislike.
213. A little neglect may breed great mischief.
214. A small error in the former will produce an enormous error in the latter.
215. Any man is liable to err, only a fool persists in error.
216. By the time the fool has learned the game, the players have dispersed.
217. Words and feathers are easily scattered, but not easily gathered up.
218. A forest bird never wants a cage.
219. Only free men can negotiate; prisoners cannot enter into contracts.

먼저 오른쪽 박스 안의 키워드를 참고하여 왼쪽의 한글을 영작해 보세요. 이후 키워드를 가린 채 왼쪽의 한글만 보고 영어로 소리 내어 말해 보세요.

220. 모든 작별은 상실과 새로운 자유를 결합한다.

221. 개종하는 자유는 종교의 자유에 근본적이다.

222. 무엇이 표현의 자유인가? 불쾌하게 하는 자유가 없다면, 그것은 소멸한다.

223. 검열관의 칼은 표현의 자유의 심장을 깊숙이 꿰뚫는다.

224. 사상에 대해 유일하게 유효한 검열은 사람들의 듣지 않을 권리이다.

225. 귀 기울여라, 누구나 나의 의견을 들을 권리가 있다.

226. 우리가 듣는 모든 것은 의견이지, 사실이 아니다. 우리가 보는 모든 것은 관점이지, 진실이 아니다.

227. 나는 위생적인 관점에서 악수를 하지 않는다.

228. 단지 다른 언어로 생각하는 것을 배우는 것만으로 당신이 당신 자신의 문화를 보다 나은 관점으로 보게끔 한다.

Key Word — UpGrade Check-Up / Important Word

- **220.** farewell, combine, loss, freedom
- **221.** freedom, convert, fundamental, religion
- **222.** freedom of expression, offend, cease, exist
- **223.** censor, sword, pierce, heart, free expression
- **224.** valid, censorship, right, listen
- **225.** listen, entitle, opinion
- **226.** opinion, perspective, truth
- **227.** shake, sanitary, standpoint
- **228.** language, culture, viewpoint

Answer

220. Every farewell combines loss and new freedom.
221. The freedom to convert is fundamental to freedom of religion.
222. What is freedom of expression? Without the freedom to offend, it ceases to exist.
223. The censor's sword pierces deeply into the heart of free expression.
224. The only valid censorship of ideas is the right of people not to listen.
225. Listen, everyone is entitled to my opinion.
226. Everything we hear is an opinion, not a fact. Everything we see is a perspective, not the truth.
227. I do not shake hands from a sanitary standpoint.
228. Just learning to think in another language allows you to see your own culture in a better viewpoint.

UPGrade Check Up
영작 및 말하기 연습

229. 고정관념들은 편견을 지닌 사람에게 배우는 불편함을 면하게 해주는 장치들이다.

_____.

230. 누구도 선입관들을 제거할 수 없다 – 단지 그것들을 알아볼 수 있을 뿐이다.

_____.

231. 단지 시간만이 정의로운 사람을 드러낸다; 그러나 당신은 단 하루 만에 나쁜 사람을 알아차릴 수 있다.

_____.

232. 삶은 모든 사람들을 동등하게 한다. 죽음은 탁월한 사람들을 드러낸다.

_____.

233. 우발적인 사고들을 바꾸려고 하는 것 – 그것은 불가능하다. 우발적인 것이 사람을 드러낸다.

_____.

234. 모든 일어난 우발적 사건은 하나의 사슬의 한 연결고리임에 틀림없다.

_____.

235. 종교는 삶의 규칙이어야지, 삶 안에서의 하나의 우연한 우발적 사건이어서는 안 된다.

_____.

236. 상업은 통합한다; 종교는 분열시킨다.

_____.

Key Word
UpGrade Check - Up
Important Word

- **229.** stereotype, device, save, biased, trouble
- **230.** eliminate, prejudice, recognize
- **231.** reveal, discern, single
- **232.** level, reveal, eminent
- **233.** accident, accidental, reveal
- **234.** incident, happen, link, chain
- **235.** religion, rule, casual, incident
- **236.** commerce, unite, religion, divide

Answer

229. Stereotypes are devices for saving a biased person the trouble of learning.
230. No one can eliminate prejudices – just recognize them.
231. Time alone reveals the just man; but you might discern a bad man in a single day.
232. Life levels all men. Death reveals the eminent.
233. Accidents, try to change them – it's impossible. The accidental reveals man.
234. Every incident that happens must be a link in a chain.
235. Religion should be the rule of life, not a casual incident in it.
236. Commerce unites; religion divides.

237. 돈은 평평하며 쌓이도록 의도되었다.

238. 재정은 통화를 이 사람 손에서 저 사람 손으로 마침내 그것이 사라질 때까지 전달하는 기술이다.

239. 당신의 현재의 안전한 경계들은 한때 알려지지 않은 미개척 영역들이었다.

240. 오늘의 충격들은 내일의 관습들이다.

237. money, flat, mean, pile up

238. finance, pass, currency, disappear

239. current, boundary, unknown, frontier

240. shock, convention

Answer

237. Money is flat and meant to be piled up.
238. Finance is the art of passing currency from hand to hand until it finally disappears.
239. Your current safe boundaries were once unknown frontiers.
240. Today's shocks are tomorrow's conventions.

Love and compassion are necessities, not luxuries; without them humanity cannot survive.
– Dalai Lama

Unit 009

---

241. Where *love* reigns the impossible may be attained.

동일어
love

사랑이 지배하는 곳에서는 불가능한 일이 성취될지 모른다.
reign	ⓥ 지배[군림]하다, 통치하다
	ⓝ 지배, 통치
attain	ⓥ 달성[성취]하다, 도달하다
attainment	ⓝ 달성, 성취

Indian Proverb 인도 속담

242. *Love* and *compassion* are necessities, not luxuries; without them humanity cannot survive.

동일어
compassion

사랑과 자비는 필수품들이지 사치품들이 아니다; 그들이 없으면 인류는 살아남을 수 없다.
compassion	ⓝ 자비, 연민, 동정심
necessity	ⓝ 필수품, 필요(성), 필연(성)
luxury	ⓝ 사치, 사치품, 호화로움, 드문 호사
	ⓐ 사치(품)의, 고급의
luxurious	ⓐ 사치스러운, 호화로운
humanity	ⓝ 인류, 인간, 인간애, 인정, (pl.) 인문학
survive	ⓥ 살아남다, 생존[존속]하다, (위기 등을) 견뎌 내다, (~보다) 더 오래 살다

Dalai Lama 달라이 라마 (1935~ 본명 Tenzin Gyatso) 티베트의 종교지도자.
14대 달라이 라마로서 비폭력 노선을 견지하면서 티베트 독립운동을 전개해왔다. 1989년 노벨평화상을 수상했다.

243. Compassion will cure more sins than condemnation.

연민은 비난보다 더 많은 죄들을 치유할 것이다.

cure	ⓥ	치료[치유]하다
	ⓝ	치료, 치료제[법], 치유
sin	ⓝ	(종교상·도덕상의) 죄, 죄악, 잘못, 과실
sinful	ⓐ	죄가 되는, 벌 받은
condemnation	ⓝ	비난, 유죄 판결[선고]
condemn	ⓥ	비난하다, 유죄 판결을 내리다

동일어 compassion

Henry Ward Beecher 헨리 워드 비처 (1813~1887) 미국의 성직자.
사회운동에도 적극적으로 참여했으며 노예제도 폐지를 이끈 인물 중의 하나로 평가받는다.

244. The purpose of human life is to serve and to show compassion and the will to help others.

인생의 목적은 봉사하고 동정심 및 남들을 돕고자 하는 의지를 나타내는 것이다.

purpose	ⓝ	목적, 목적 의식, 취지, 용도
serve	ⓥ	섬기다, 시중들다, 봉사하다, 근무[복무, 복역]하다, 쓸모 있다

serve에 pre-가 붙은 preserve

Albert Schweitzer 알버트 슈바이처 (1875~1965) 독일의 의사, 종교학자.
'생명에 대한 경외'라는 그의 철학과 아프리카에서의 의료 봉사활동으로 1952년 노벨평화상을 수상했다.

245. Gratitude preserves old friendships, and procures new.

감사는 오랜 우정들을 보존하며, 새로운 우정들을 획득한다.

gratitude	ⓝ	감사, 고마움
preserve	ⓥ	보존하다, 보호하다, 지키다
procure	ⓥ	획득하다, 조달하다, (특히 어렵게) 구하다[입수하다]
procurement	ⓝ	획득, 조달, 입수

preserve와 reserve는 -serve가 공통

Anonymous 작자 미상

246. I use emotion for the many and (reserve) reason for the few.

> 나는 많은 사람들을 대상으로 감정을 사용하며 소수의 사람들을 대상으로 이성을 따로 마련해 둔다.
>
> emotion ⓝ 감정, 정서
> reserve ⓥ 예약하다, (따로) 마련해[남겨, 떼어] 두다
> ⓝ 비축, 예비, 유보, 자제
> reservation ⓝ 예약, 보류, 유보, 인디언 보호 구역
>
> Adolf Hitler 아돌프 히틀러 (1889~1945) 독일의 정치가.
> 게르만 민족주의와 반유태주의, 파시스트 정책을 내걸어 독일의 국가원수가 되었고 제2차 세계대전을 일으켰으며 유태인을 집단학살했다.

reserve의 형용사형인 reserved

247. Usually the (modest) person passes for someone (reserved), the silent for a sullen person.

> 대개 겸손한 사람은 내성적인 사람으로 통하고, 말 없는 사람은 뚱한 사람으로 통한다.
>
> modest ⓐ 겸손한, (옷차림이) 수수한, (크기, 가격, 중요성 등이) 보통의
> pass for A A로 통하다[받아들여지다]
> reserved ⓐ 내성적인, 말수가 적은, 삼가는, 보류한, 예비의
> sullen ⓐ 뚱한, 시무룩한, 부루퉁한, (날씨 등이) 음침한
>
> Horace 호라티우스 (BC 65~8) 로마의 시인.
> 고대 로마의 가장 유명한 시인 중의 한 명으로 특히 Carpe diem, quam minimum credula postero (오늘을 즐겨라, 내일은 가능한 한 믿지 말고)의 시를 남겼다.

modest와 humble은 유의어

248. Never be haughty to the (humble) or humble to the haughty.

> 겸손한 사람들에게 오만하지 말며 또는 오만한 사람들에게 겸손하지 말라.
>
> haughty ⓐ 오만한, 거만한
> humble ⓐ 겸손한, 겸허한, (스스로를 낮춰) 보잘것없는, (신분 등이) 미천한
> ⓥ 겸손[겸허]하게 만들다
>
> Jefferson Davis 제퍼슨 데이비스 (1808~1889) 미국의 정치가.
> 남북전쟁 당시 남부연합의 대통령이었다.

동일어 humble

249. Talent is God-given. Be humble. Fame is man-given. Be grateful. Conceit is self-given. Be careful.

재능은 하나님이 준 것이다. 겸허하라. 명성은 사람이 준 것이다. 감사하라. 자만은 스스로 준 것이다. 조심하라.
fame ⓝ 명성, 평판
famous ⓐ 유명한, 잘 알려진
grateful ⓐ 감사하는, 고마워하는
conceit ⓝ 자만, 자부심

John Wooden 존 우든 (1910~2010) 미국의 농구 선수 및 코치. 선수와 코치의 두 부문으로 농구 명예의 전당에 오른 최초의 인물이다.

conceit의 형용사형인 conceited

250. A conceited person never gets anywhere because he thinks he is already there.

자만하는 사람은 자신은 이미 그 곳에 도달해 있다고 생각하기 때문에 결코 아무 데도 갈 수 없다.
conceited ⓐ 자만하는, 자부심이 강한

Anonymous 작자 미상

같은 주제

251. He who boasts much can do little.

크게 자랑하는 사람은 조금밖에 할 수 없다.
boast ⓥ 자랑하다, 자랑으로 삼다
      ⓝ 자랑 (거리)

African Proverb 아프리카 속담

boast와 proud는 유의어 – 다른 품사

252. The blind cannot see – the proud will not.

눈이 먼 사람들은 볼 수가 없다 – 자만하는 사람들은 보지 않으려 한다.
blind ⓐ 눈이 먼, 맹인인, 맹목적인, 이성적인 통제가 안 되는
      ⓥ 눈이 멀게 하다, 맹목적이 되게 만들다
proud ⓐ 자랑스러워하는, 자만하는, 자부심이 강한, 거만한, 득의양양한

Russian Proverb 러시아 속담

proud의 명사형인 pride

253. Vanity is the polite mask of pride.

허영심은 자만심의 고상한 가면이다. (허영심에는 상스러운 자만심이 내재되어 있다.)

- **vanity** ⓝ 허영심, 공허, 헛됨, 허무함
- **polite** ⓐ 공손한, 고상한, 예의 바른, 정중한
- **pride** ⓝ 자만심, 자부심, 자존심
  ⓥ 자랑하다

vanity의 형용사형인 vain

Friedrich Nietzsche 프리드리히 니체 (1844~1900) 독일의 철학자, 작가.
'생의 철학'의 기수이며 실존주의와 포스트모더니즘의 발전에 커다란 영향을 끼쳤다. 대표작은 〈Also sprach Zarathustra 차라투스트라는 이렇게 말했다〉 등이 있다.

254. When we can't find peace in ourselves, it is vain to look for it elsewhere.

우리들 자신 안에서 평온을 발견할 수 없을 때, 그것을 다른 곳에서 찾는 것은 부질없다.

- **peace** ⓝ 평화, 평화로움, 평온, 화목, 치안, 고요
- **vain** ⓐ 헛된, 부질없는, 무익한, 자만심이 강한, 허영적인
- **in vain** 헛되이, 허사가 되어
- **look for** 찾다, 구하다
- **elsewhere** ⓐⓓ (어딘가) 다른 곳에서[으로], 어떤 다른 곳에

vain의 부사형인 vainly

François de la Rochefoucauld 프랑소와 드 라 로슈프코 (1613~1680) 프랑스의 작가.
많은 잠언들을 남겼고 프랑스 역사상 가장 위대한 잠언 작가로 불린다.

255. He labors vainly, who endeavors to please every person.

모든 사람을 기쁘게 하려고 노력하는 사람은 헛되이 수고하는 것이다.

- **labor** ⓥ 노동[근로]하다, 수고[고생]하다, 산고를 치르다
  ⓝ 노동, 근로, 수고, 산고(産苦)
- **laborer** ⓝ 노동자, 근로자
- **elaborate** ⓐ 공들인, 정교한
  ⓥ 공들이다, 정교하게 만들다, 상세히 말[설명]하다
- **vainly** ⓐⓓ 헛되이, 공연히, 자만하여
- **endeavor** ⓥ 노력하다, 시도하다
  ⓝ 노력, 시도
- **please** ⓥ 기쁘게 하다

같은 주제

Latin Proverb 라틴 속담

256. Lean too much on the approval of people, and it becomes a bed of thorns.

사람들의 승인에 너무 많이 기대면, 그것은 가시방석이 된다. (인기를 먹고 사는 연예인들의 삶이 힘든 이유 중의 하나)

lean	ⓥ 기울다, 기울이다, (~에(against / on)) 기대다[의지하다]
	ⓐ 마른, 지방[군살]이 없는, 수확이 적은
approval	ⓝ 승인, 인가, 찬성
approve	ⓥ 승인[인가]하다, 찬성하다
thorn	ⓝ (식물의) 가시, 고통을 주는 것
bed of thorns	가시방석

동일어 lean

Tehyi Hsieh 테이 시에 (1884~?) 중국의 철학자, 작가.
대표작은 《Confucius Said It First 그것은 공자가 먼저 말했다》 등이 있다.

257. A lean compromise is better than a fat lawsuit.

마른 타협이 살찐 소송보다 낫다. (불완전하더라도 타협으로 문제를 해결하는 것이 낫다.)

compromise	ⓝ 타협, 절충(안)
	ⓥ 타협하다, (원칙 등을) 굽히다, (명성 등을) 손상하나
lawsuit	ⓝ 소송, 고소

lean과 slender는 뉴익어

Dutch Proverb 네덜란드 속담

258. He that lives on hope has but a slender diet.

희망으로 살아가는 사람은 단지 빈약한 식단만을 가진다.

slender	ⓐ (양·크기가) 빈약한, 가느다란, (몸매가) 날씬한
diet	ⓝ (일상의) 음식물, 식단, (식이요법을 위한) 다이어트
	ⓥ 다이어트를 하다

live의 명사형인 life

Proverb 속담

::119

259. Life is a succession of lessons which must be lived to be understood.

동일어 lesson

인생이 수업들의 연속으로 이해되기 위해서는 살아가져야 한다.
succession ⓝ 연속, 계속, 계승, 상속
successive ⓐ 연속적인, 연이은, 잇따른
lesson ⓝ 수업, 교훈, 학과

Helen Keller 헬렌 켈러 (1880~1968) 미국의 작가, 교육가.
19개월 때부터 병으로 시각·청각 장애인이 되었으나 하버드대학을 우등으로 졸업했다. 장애인 복지 사업뿐만 아니라 전반적인 인권문제에 커다란 기여를 했다.

260. It is fine to celebrate success but it is more important to heed the lessons of failure.

동일어 failure

성공을 축하하는 것은 좋지만 실패의 교훈들에 주의를 기울이는 것이 보다 중요하다.
celebrate ⓥ 축하하다, 기념하다, 찬양하다
celebration ⓝ 축하[기념](하기), 축해[기념] 행사
heed ⓥ 주의를 기울이다
 ⓝ 주의

Bill Gates 빌 게이츠 (1955~) 미국의 기업인.
Microsoft사를 설립하고 운영체제 프로그램인 윈도우(Windows) 시리즈를 내놓아 개인용 컴퓨터의 대중화에 큰 기여를 했다.

261. A man may fall many times, but he won't be a failure until he says that someone pushed him.

동일어 fall

사람은 여러 번 넘어질 수 있지만, 누군가가 그를 밀었다고 말하기 전까지 그는 실패자가 아닐 것이다.
fall ⓥ 떨어지다, 내려가다, (걸려) 넘어지다, 무너지다
 ⓝ 낙하, 강우[강설], 붕괴, 가을(=autumn)
push ⓥ 밀다, 밀치다, 밀어붙이다, 강요하다, (스위치, 버튼 등을) 누르다
 ⓝ 밀기, 누르기, 독려, 대공격

Elmer G. Letterman 엘머 G. 레터맨 (1897~1982) 미국의 기업인, 작가.
보험 중개업을 하면서 많은 베스트셀러를 내놓았다. 대표작은 〈The New Art of Selling 새로운 판매의 기술〉 등이 있다.

262. A stumble may (prevent) a (fall).

걸려 비틀거리는 것은 걸려 넘어지는 것을 방지할 수 있다.
- **stumble** ⓝ (걸려) 비틀거림, 실수
  ⓥ 발부리가 걸리다, (걸려) 비틀거리다, 말을 더듬다, 우연히 마주치다
- **prevent** ⓥ 방지[예방]하다, 막다
- **prevent A from B(~ing)** A가 B 하는 것을 방지하다[예방하다, 막다]
- **prevention** ⓝ 방지, 예방

Haitian Proverb 아이티 속담

prevent와 hinder는 유의어

263. Who seeks more than he needs (hinders) himself from enjoying what he has.

그가 필요한 것보다 더 많은 것을 구하는 사람은 그가 가진 것을 즐기는 것을 스스로 방해한다.
- **seek** ⓥ (~을 발견하기 위해) 찾다, 수색[탐색]하다, 구하다, 추구하다, 청하다
- **hinder** ⓥ 방해하다, 저지하다, 못하게 하다
- **hinder A from B(~ing)** A가 B 하는 것을 방해하다[저지하다, 못하게 하다]
- **hindrance** ⓝ 방해(물), 장애(물)

Hebrew Proverb 헤브루 속담

같은 주제

264. The only truly (affluent) are those who do not want more than they have.

유일하게 진정으로 부유한 사람들은 그들이 가진 것 이상을 원하지 않는 사람들이다.
- **truly** ⓐⓓ 진정으로, 정말로, 진심으로, 정확히
- **affluent** ⓐ 부유한, 풍요로운, 풍족한
- **affluence** ⓝ 부유, 부(富), 풍부함, 풍족

Erich Fromm 에리히 프롬 (1900~1980) 독일의 사회심리학자.
현대의 불안을 사회적 관점에서 분석했으며 대표작은 〈Escape from Freedom 자유로부터의 도피〉, 〈The Art of Loving 사랑의 기술〉, 〈To Have or to Be? 소유냐 존재냐?〉 등이 있다.

affluent와 rich는 유의어

265. Who is (rich)? He that (rejoices) in his portion.

누가 부유한가? 자신의 몫에 크게 기뻐하는 사람이다.
rejoice ⓥ (크게) 기뻐하다, 기쁘게 하다, 축하하다
portion ⓝ 일부, 부분, 1인분, 몫
　　　　ⓥ 분할하다, 몫으로 주다

rejoice는 joy의 파생어

The Talmud 탈무드
'위대한 연구'라는 뜻의 유대교의 율법, 전통, 민간전승, 해설 등을 모은 책으로 유대인의 정신적·문화적 지주가 되어 왔다.

266. Better (joy) in a (cottage) than sorrow in a palace.

작은 집에서의 기쁨이 궁궐에서의 슬픔보다 낫다.
joy ⓝ 기쁨, 기쁨을 주는 것, 환희
joyful ⓐ 기쁜, 즐거운
cottage ⓝ (특히 시골에 있는) 작은 집, (작은) 시골집, 오두막(집)
sorrow ⓝ (큰) 슬픔, (아주) 슬픈 일, 비애
sorrowful ⓐ (아주) 슬픈
palace ⓝ 궁전, 대궐(같은 집)

cottage와 cabin은 유의어

Proverb 속담

267. A (cabin) with plenty of food is better than a hungry (castle).

많은 음식이 있는 오두막이 배고픈 성보다 낫다.
cabin ⓝ 오두막(집), (배의) 객실[선실], (항공기의) 선실
castle ⓝ 성, 성곽, 큰 저택
a castle in the air 공중누각, 터무니없는 공상

동일어 castle

Irish Proverb 아일랜드 속담

268. Many who build castles in the air cannot build a hut on earth.

> 공중누각들을 짓는 많은 사람은 지상에 오두막 하나도 지을 수 없다.
> build   ⓥ 짓다, 건설[건축]하다, 세우다, 쌓아 올리다, 만들어 내다
> hut   ⓝ 오두막(집), 막사
> earth   ⓝ (the e- or (the) E-) 지구, (the e-) 대지[땅], 흙, 세상, 이승, 속세
> on earth   지상에, 이 세상에, (의문문을 강조하여) 도대체

German Proverb 독일 속담

동일구 on earth

269. Peace on earth, or the earth in pieces.

> 지상에 평화를, 그렇지 않으면 지구는 산산이 부서질 것이다.
> piece   ⓝ 조각, 한 부분, 일부, 한 개, 구성 요소
> in pieces   산산이 부서진, 산산조각이 난

Anonymous 작자 미상

같은 주제

270. If we do not abolish war on this earth, then surely one day war will abolish us from the earth.

> 만약 우리가 이 지구상에서 전쟁을 없애지 않는다면, 그때에는 틀림없이 어느 날 전쟁이 우리를 지구로부터 없애버릴 것이다.
> abolish   ⓥ 폐지하다, (정식으로) 없애다, 완전히 파괴하다
> surely   ⓐⓓ 틀림없이, 확실히, 꼭, (부정어와 함께 쓰여) 설마

Harry S. Truman 해리 S. 트루먼 (1884~1972) 미국의 제33대 대통령.
반소·반공을 내세운 트루먼 독트린을 내놓고 한국전쟁 때 즉각적인 한국 파병을 결정했다.

UPGrade Check Up
영작 및 말하기 연습

241. 사랑이 지배하는 곳에서는 불가능한 일이 성취될지 모른다.

242. 사랑과 자비는 필수품들이지 사치품들이 아니다; 그들이 없으면 인류는 살아남을 수 없다.

243. 연민은 비난보다 더 많은 죄들을 치유할 것이다.

244. 인생의 목적은 봉사하고 동정심 및 남들을 돕고자 하는 의지를 나타내는 것이다.

245. 감사는 오랜 우정들을 보존하며, 새로운 우정들을 획득한다.

246. 나는 많은 사람들을 대상으로 감정을 사용하며 소수의 사람들을 대상으로 이성을 따로 마련해 둔다.

247. 대개 겸손한 사람은 내성적인 사람으로 통하고, 말없는 사람은 뚱한 사람으로 통한다.

248. 겸손한 사람들에게 오만하지 말며 또는 오만한 사람들에게 겸손하지 말라.

Key Word
UpGrade Check - Up Important Word

241. love, reign, impossible, attain
242. love, compassion, necessity, luxury, humanity, survive
243. compassion, cure, sin, condemnation
244. purpose, serve, compassion, will
245. gratitude, preserve, procure
246. emotion, many, reserve, few
247. modest, pass for, reserved, sullen
248. haughty, humble

Answer
241. Where love reigns the impossible may be attained.
242. Love and compassion are necessities, not luxuries; without them humanity cannot survive.
243. Compassion will cure more sins than condemnation.
244. The purpose of human life is to serve and to show compassion and the will to help others.
245. Gratitude preserves old friendships, and procures new.
246. I use emotion for the many and reserve reason for the few.
247. Usually the modest person passes for someone reserved, the silent for a sullen person.
248. Never be haughty to the humble or humble to the haughty.

먼저 오른쪽 박스 안의 키워드를 참고하여 왼쪽의 한글을 영작해 보세요. 이후 키워드를 가린 채 왼쪽의 한글만 보고 영어로 소리 내어 말해 보세요.

Key Word
UpGrade Check - Up
Important Word

249. 재능은 하나님이 준 것이다. 겸허하라. 명성은 사람이 준 것이다. 감사하라. 자만은 스스로 준 것이다. 조심하라.

249. talent, humble, fame, grateful, conceit, careful

250. 자만하는 사람은 자신은 이미 그 곳에 도달해 있다고 생각하기 때문에 결코 아무 데도 갈 수 없다.

250. conceited, anywhere, there

251. 크게 자랑하는 사람은 조금밖에 할 수 없다.

251. boast, little

252. 눈이 먼 사람들은 볼 수가 없다 – 자만하는 사람들은 보지 않으려 한다.

252. blind, proud

253. 허영심은 자만심의 고상한 가면이다.

253. vanity, polite, mask, pride

254. 우리들 자신 안에서 평온을 발견할 수 없을 때, 그것을 다른 곳에서 찾는 것은 부질없다.

254. peace, vain, look for, elsewhere

255. 모든 사람을 기쁘게 하려고 노력하는 사람은 헛되이 수고하는 것이다.

255. labor, vainly, endeavor, please

256. 사람들의 승인에 너무 많이 기대면, 그것은 가시방석이 된다.

256. lean, approval, bed, thorn

Answer

249. Talent is God-given. Be humble. Fame is man-given. Be grateful. Conceit is self-given. Be careful.
250. A conceited person never gets anywhere because he thinks he is already there.
251. He who boasts much can do little.
252. The blind cannot see – the proud will not.
253. Vanity is the polite mask of pride.
254. When we can't find peace in ourselves, it is vain to look for it elsewhere.
255. He labors vainly, who endeavors to please every person.
256. Lean too much on the approval of people, and it becomes a bed of thorns.

UPGrade Check Up
영작 및 말하기 연습

257. 마른 타협이 살찐 소송보다 낫다.

258. 희망으로 살아가는 사람은 단지 빈약한 식단만을 가진다.

259. 인생이 수업들의 연속으로 이해되기 위해서는 살아가져야 한다.

260. 성공을 축하하는 것은 좋지만 실패의 교훈들에 주의를 기울이는 것이 보다 중요하다.

261. 사람은 여러 번 넘어질 수 있지만, 누군가가 그를 밀었다고 말하기 전까지 그는 실패자가 아닐 것이다.

262. 걸려 비틀거리는 것은 걸려 넘어지는 것을 방지할 수 있다.

263. 그가 필요한 것보다 더 많은 것을 구하는 사람은 그가 가진 것을 즐기는 것을 스스로 방해한다.

264. 유일하게 진정으로 부유한 사람들은 그들이 가진 것 이상을 원하지 않는 사람들이다.

Key Word
UpGrade Check - Up
Important Word

257. lean, compromise, fat, lawsuit
258. live, slender, diet
259. succession, lesson, live, understand
260. celebrate, heed, lesson, failure
261. fall, failure, push
262. stumble, prevent, fall
263. seek, need, hinder, enjoy
264. truly, affluent, want, have

Answer

257. A lean compromise is better than a fat lawsuit.
258. He that lives on hope has but a slender diet.
259. Life is a succession of lessons which must be lived to be understood.
260. It is fine to celebrate success but it is more important to heed the lessons of failure.
261. A man may fall many times, but he won't be a failure until he says that someone pushed him.
262. A stumble may prevent a fall.
263. Who seeks more than he needs hinders himself from enjoying what he has.
264. The only truly affluent are those who do not want more than they have.

265. 누가 부유한가? 자신의 몫에 크게 기뻐하는 사람이다.

266. 작은 집에서의 기쁨이 궁궐에서의 슬픔보다 낫다.

267. 많은 음식이 있는 오두막이 배고픈 성보다 낫다.

268. 공중누각들을 짓는 많은 사람은 지상에 오두막 하나도 지을 수 없다.

269. 지상에 평화를, 그렇지 않으면 지구는 산산이 부서질 것이다.

270. 만약 우리가 이 지구상에서 전쟁을 없애지 않는다면, 그때에는 틀림없이 어느 날 전쟁이 우리를 지구로부터 없애버릴 것이다.

265. rich, rejoice, portion
266. joy, cottage, sorrow, palace
267. cabin, plenty of, hungry, castle
268. build, castle in the air, hut, earth
269. peace, earth, piece
270. abolish, war, earth, surely

Answer

265. Who is rich? He that rejoices in his portion.
266. Better joy in a cottage than sorrow in a palace.
267. A cabin with plenty of food is better than a hungry castle.
268. Many who build castles in the air cannot build a hut on earth.
269. Peace on earth, or the earth in pieces.
270. If we do not abolish war on this earth, then surely one day war will abolish us from the earth.

Health consists with temperance alone.
— Alexander Pope

Unit 010

271. Everything in (excess) is opposed to nature.

과도한 모든 것은 자연에 반한다.
- excess ⓝ 과도, 초과, 초과량[액], 지나침, 부절제
- to[in] excess 과도한[하게]
- in excess of A A를 초과하여
- excessive ⓐ 과도한, 지나친
- oppose ⓥ 반(反)하다, 반대하다, 대항하다
- opposed ⓐ (~에) 반대하는, (생각·의견 등이) 아주 다른

→ excess와 moderation은 반의어

Hippocrates 히포크라테스 (BC 460~370) 그리스의 의사.
체계적인 의학 연구를 통해 서양 의학의 아버지라 불린다.

272. Be moderate in everything, including (moderation).

적당함을 포함해서 모든 것에 적당하라. (너무 과도하게 적당한 것도 좋지 않다.)
- moderate ⓐ 적당한, 중용의, 절제하는, 온건한, 중간의
  ⓥ 누그러뜨리다[지다], 조정하다, 사회를 보다
- moderation ⓝ 적당함, 중용, 절제, 온건

→ 동일어 moderation

Horace Porter 호레이스 포터 (1837~1921) 미국의 군인, 정치가.
남북전쟁 때 북군의 장군으로 복무했으며 종전 후 정치가, 외교관, 기업가, 작가 등 다양한 활동을 펼쳤다.

273. The virtue of justice consists in moderation, as regulated by wisdom.

정의의 미덕은 현명함에 의해 조절되는 중용에 있다.

- **virtue** ⓝ 덕, 선(善), 미덕, 고결, 장점
- **consist** ⓥ ~에(in) 있다, ~과(with) 일치한다, ~으로(of) 이루어져[구성되어] 있다
- **regulate** ⓥ 조절하다, 규제하다
- regulation ⓝ 조절, 규제, 규정, 규칙

consist in과 consist with 비교

Aristotle 아리스토텔레스 (BC 384~322) 그리스의 철학자.
물리학, 생물학, 시학, 수사학, 논리학, 윤리학, 정치학 등의 다양한 분야에 명저를 남겨 서양 철학의 발전에 커다란 기여를 했다.

274. Health consists with temperance alone.

건강은 단지 절제 하나만과 일치한다. (절제만으로 충분히 건강하게 된다.)

- **temperance** ⓝ 절제, 절주
- temperate ⓐ 절제하는, 삼가는
- **alone** ⓐ 홀로, (단지) ~하나만의, 외로운
  ⓐⓓ 홀로, 단지, 단독으로

consist with와 consist of 비교

Alexander Pope 알렉산더 포프 (1688~1744) 영국의 시인.
어릴 때 앓은 병으로 불구가 되었으며 정규교육을 받지 못했지만 영국 역사상 최고의 시인 중 한 명으로 꼽힌다. 대표작은 〈An Essay on Man 인간론〉, 〈The Dunciad 우인열전〉 등이 있다.

275. Generosity consists not of the sum given, but the manner in which it is bestowed.

관대함은 그것이 주어지는 총합이 아닌, 그것이 수여되는 방식으로 이루어져 있다. (많은 것을 주는 것보다는 받는 사람의 감정을 헤아리는 게 중요하다.)

- **generosity** ⓝ 관대함, 관용, 너그러움, 아낌없는 마음씨, 마음이 후함
- **sum** ⓝ 총계, 합계, 총합, 요약, (pl.) 금액
  ⓥ 총계[합계]하다, 요약하다
- **manner** ⓝ 방식, 태도, (pl.) 예절[예의], 관습
- **bestow** ⓥ 수여[부여]하다, 주다

같은 주제

Mahatma Gandhi 마하트마 간디 (1869~1948 본명 Mohandas Karamchand Gandhi)
인도의 철학자, 정치가.
인도 건국의 아버지로 식민지 인도의 독립을 위해 비폭력 및 불복종 운동을 전개했다.

276. No thanks attach to a (kindness) long deferred.

오래 지연된 친절에 대해서는 어떤 감사도 덧붙이지 않는다. (이왕 친절을 베풀려면 즉각 베풀어야 한다.)

thank ⓝ (pl.) 감사, 사의 ⓥ 감사하다, 사의를 표하다
attach ⓥ (~에(to)) 붙이다, 달다, 덧붙이다, 첨부하다
attachment ⓝ 부착, 애착, 애정, 부속물
kindness ⓝ 친절(한 행동)
defer ⓥ 연기하다, 지연하다, 따르다, 경의를 표하다
deferment ⓝ 연기, 징병 유예 | deference ⓝ 존중, 경의

> kindness의 형용사형인 kind

Ovid 오비디우스 (BC 43~AD 17 본명 Publius Ovidius Naso) 로마의 시인.
세련된 감각과 풍부한 수사(修辭)를 특징으로 하는 그의 작품은 특히 르네상스 작가들에게 큰 영향을 끼쳤다. 대표작은 〈Metamorphoses 변신이야기〉 등이 있다.

277. If you can't be (kind), at least be (vague).

만약 당신이 친절할 수 없다면, 최소한 모호하라.

at least 최소한, 적어도 (↔ at (the) most 많아 봐야, 기껏해야)
vague ⓐ 모호한, 막연한, 희미한, 어렴풋한

> vague와 obscure는 유의어

Judith S. Marin 신원 미상

278. Be (obscure) clearly.

명확히 애매하게 하라. (애매하게 표현하고자 한다면 명확히 애매하게 하라.)

obscure ⓐ 애매한, 분명하지 않은, 눈에 띄지 않는, 무명의

> obscure와 accurate는 반의어

E. B. White E. B. 화이트 (1899~1985) 미국의 작가.
대표작은 영화로도 제작된 〈Charlotte's Web 샬롯의 거미줄〉, 〈Stuart Little 스튜어트 리틀〉 등이 있다.

279. Eyes are more (accurate) witnesses than ears.

눈은 귀보다 정확한 목격자이다. (백문이 불여일견).

accurate ⓐ 정확한, 적확한, 정밀한
accuracy ⓝ 정확(성), 정밀도
witness ⓝ 목격자, 증인, 증거
ⓥ 목격하다, 증언하다, 증명[입증] 하다

> 반대의 사례: 눈의 오류

Heraclitus 헤라클레이토스 (BC 535~475) 그리스의 철학자.
변화를 세계의 원리로 보면서 그 변화와 이에 대한 조화를 규정하는 질서를 로고스(logos)로 보았다.

280. Grass is greener in other pastures.

남의 목초지들의 풀이 더 푸르다. (남의 떡이 더 커보인다.)
pasture ⓝ 목초지, 초원

pasture와 meadow는 유의어

Proverb 속담

281. When one is in love, a cliff becomes a meadow.

사람이 사랑에 빠지면, 절벽은 초원이 된다.
cliff ⓝ 절벽, 벼랑, 낭떠러지
meadow ⓝ 초원, 목초지

사랑의 착각에 대한 다른 예

Ethiopian Proverb 이디오피아 속담

282. Love looks through a telescope; envy, through a microscope.

사랑은 망원경을 통해 본다; 시샘은 현미경을 통해 본다. (사랑하면 커다란 단점이 작게 보이고, 시샘하면 작은 단점도 크게 보인다.)
telescope ⓝ 망원경
envy ⓝ 시샘, 부러움, 선망(의 대상)
 ⓥ 시샘하다, 부러워하다
envious ⓐ 시샘하는, 부러워하는
microscope ⓝ 현미경

동일어 love

Josh Billings 조쉬 빌링스 (1818~1885 본명 Henry Wheeler Shaw) 미국의 작가.
유머러스한 글로 유명하며 대표작은 〈Everybody's Friend 모두가 친구다〉 등이 있다.

283. Ambition is like love, impatient both of delays and rivals.

야망은 사랑과 같이, 지체들과 경쟁자들 양쪽 다를 참지 못한다.
ambition ⓝ 야망, 야심, 큰 뜻
ambitious ⓐ 야망[야심]을 품은, 패기만만한
impatient ⓐ 안달하는, 어서 (~)하고 싶어하는, 참지 못하는
delay ⓝ 지체, 지연, 연기
 ⓥ 지체[지연]시키다, 미루다, 연기하다
rival ⓝ 경쟁자, 라이벌
 ⓥ 경쟁하다, 겨루다

delay와 prolonged는 유의어 - 다른 품사

Buddha 붓다 (BC 563?~483? 본명 Gautama Siddhārtha) 인도의 성자.
왕자로 태어났으나 삶은 고통으로 이루어져 있음을 알고 이를 벗어나기 위해 출가했다. 후에 깨달음을 얻고 불교를 창시했다.

:: 131

284. Prolonged idleness paralyzes initiative.

오래 끄는 나태함은 진취성을 마비시킨다.
- **prolonged** ⓐ 오래 끄는, 장기의
- **prolong** ⓥ 늘이다, 연장하다
- **idleness** ⓝ 나태(함), 게으름
- **paralyze** ⓥ 마비시키다, 무력하게[쓸모없게] 만들다
- **paralysis** ⓝ 마비, 무력
- **initiative** ⓝ 진취성, 결단력, 주도(권), (특정 문제 해결을 위한) 구상
- **initiate** ⓥ (무엇인가를 새롭게) 시작하다, 창시하다

idleness와 lazy는 유의어 – 다른 품사

Anonymous 작자 미상

285. Good luck is a lazy man's estimate of a worker's success.

행운이란 일하는 사람의 성공에 대한 게으른 사람의 평가이다.
- **lazy** ⓐ 게으른, 나태한, 움직임이 느린
- **estimate** ⓝ 견적(서), 추정(치), (어림잡은) 평가[판단]
  ⓥ 추정하다, 어림잡아 평가[판단]하다
- **estimation** ⓝ 추정, (어림잡은) 평가[판단]
- **success** ⓝ 성공, 성과, 합격, 성공한 사람, 성공작

lazy의 명사형인 laziness

Anonymous 작자 미상

286. Laziness travels so slowly that poverty soon overtakes him.

게으름은 너무나 천천히 이동하여 가난이 곧 그를 따라잡아 버린다.
- **laziness** ⓝ 게으름, 나태
- **travel** ⓥ 여행하다, 이동하다, (움직여) 가다
  ⓝ 여행, 출장, 이동
- **poverty** ⓝ 가난, 빈곤, 결핍
- **overtake** ⓥ 따라잡다, 추월하다, (폭풍우, 불행 등이) 갑자기 닥쳐오다

slowly의 형용사형인 slow

Benjamin Franklin 벤자민 프랭클린 (1706~1790) 미국의 정치가, 외교관, 과학자.
미국 독립전쟁 중 프랑스의 지원을 얻어내는 등 미국 독립에 중요한 기여를 했으며 피뢰침의 발명가이기도 하다.

287. Slow but steady wins the race.

느리더라도 꾸준하면 경주에서 이긴다.
- **steady** ⓐ 확고한, 한결같은, 꾸준한
- **race** ⓝ 인종, 민족, 혈통, 부류, 경주
  ⓥ 경주하다, 질주하다

동일어 slow

Aesop 이솝 (BC 620?~560?) 그리스의 우화 작가.
소아시아에서 태어나 노예로 팔려 그리스로 왔고, 뛰어난 이야기꾼으로 명성을 날렸다.

288. To climb steep hills requires slow pace at first.

가파른 언덕을 오르는 것은 처음에는 느린 속도를 필요로 한다.
- **climb** ⓥ 오르다, 등반하다
  ⓝ 오름, 등반
- **climber** ⓝ 등산가
- **steep** ⓐ 가파른, 경사가 급한, (값이) 터무니없는
  ⓥ (액체에) 적시다[담그다], 깊이 스며들게 하다
- **hill** ⓝ 언덕, 고개
- **pace** ⓝ (걸음, 달리기, 움직임 등의) 속도, (일의) 속도, 걸음, 보폭

pace와 speed는 유의어

William Shakespeare 윌리엄 셰익스피어 (1564~1616) 영국의 작가.
역사상 최고의 작가 중 한 명으로 꼽히며 대표작은 〈Hamlet 햄릿〉, 〈Romeo and Juliet 로미오와 줄리엣〉, 〈The Merchant of Venice 베니스의 상인〉 등이 있다.

289. Reckless haste makes poor speed.

무모한 서두름은 형편없는 속도가 되게 한다.
- **reckless** ⓐ 무모한, 신중하지 못한, 개의치 않는
- **haste** ⓝ 급함, 서두름
- **hasten** ⓥ 재촉하다, 서두르다
- **poor** ⓐ 가난한, 초라한, 빈약한, (질적으로) 나쁜, 형편없는, 하찮은, 불쌍한

reckless와 rash는 유의어

Benjamin Franklin 벤자민 프랭클린 (1706~1790) 미국의 정치가, 외교관, 과학자.
미국 독립전쟁 중 프랑스의 지원을 얻어내는 등 미국 독립에 중요한 기여를 했으며 피뢰침의 발명가이기도 하다.

290. Take calculated (risks). That is quite different from being (rash).

계산된 위험들을 감수하라. 그것은 무모한 것과는 상당히 다르다.
calculated	ⓐ	계산된, 계획적인
calculate	ⓥ	계산하다, 계획하다, 예상하다
risk	ⓝ	위험, 위험한 것[사람]
	ⓥ	위태롭게 하다, 위험을 무릅쓰고 하다
risky	ⓐ	위험한, 아슬아슬한
rash	ⓐ	무모한, 무분별한, 경솔한, 성급한
	ⓝ	뾰루지, 발진

risk와 peril은 유의어

George S. Patton 조지 S. 패튼 (1885~1945) 미국의 군인.
제2차 세계대전 때 육군 장군으로 재직하면서 특히 전차전에서 뛰어난 능력을 발휘했다.

291. The (perils) of overwork are slight compared with the dangers of inactivity.

일을 하지 않는 위험들과 비교하면 과로의 위험들은 경미하다.
peril	ⓝ	(심각한) 위험(성), 위태로움		
overwork	ⓝ	과로, 혹사	ⓥ	과로하다, 혹사하다
slight	ⓐ	약간의, 경미한, 시시한	ⓝ	경멸, 무시
	ⓥ	경시하다, 무시하다		
danger	ⓝ	위험, 위험한 사람[물건, 일]		
inactivity	ⓝ	무활동, 일을 하지 않음, 활발하지 않음, 효력 없음		

peril의 형용사형인 perilous

Thomas A. Edison 토마스 A. 에디슨 (1847~1931) 미국의 발명가, 기업인.
세계에서 가장 많은 발명을 남긴 사람으로 축음기, 탄소 전화기, 영사기, 전구 등을 발명했으며 GE(제너럴 일렉트로닉스)를 설립했다.

292. History is a guide to (navigation) in (perilous) times.

역사는 위태로운 시대의 항해를 위한 길잡이이다.
history	ⓝ	역사, 역사학, (개인, 가정, 장소 등의) 이력[내력, 전력]
historian	ⓝ	역사가, 사학자
guide	ⓝ	길잡이, 안내서, 지침, 안내자, 인도자, 지도자
	ⓥ	안내하다, 인도[지도]하다
navigation	ⓝ	항해(술), 운항(술)
perilous	ⓐ	위험한, 위태로운

navigation과 steer the ship 은 같은 의미

David McCullough 데이비드 매컬로 (1933~) 미국의 역사학자, 작가.
대표작은 〈The Path Between the Seas: The Creation of the Panama Canal 바다 사이의 길: 파나마 운하의 창조〉 등이 있다.

293. Anyone can steer the (ship) when the sea is calm.

바다가 잔잔할 때는 누구나 배의 키를 잡을 수 있다.
- **steer** ⓥ (~의) 키를 잡다, 조종하다, (어떤 방향으로) 몰고 가다[돌리다, 향하다]
- **steering** ⓝ 조종 장치
- **calm** ⓐ 침착한, 차분한, (바다가) 잔잔한, 고요한
  - ⓝ 진정, 침착, 차분
  - ⓥ 진정시키다

동일어 ship

Publilius Syrus 푸블릴리우스 시루스 (BC 1세기) 로마의 작가.
노예였으나 재능을 인정받아 자유인이 되었고 이후 로마의 즉흥시 대회에서 우승하여 케사르로부터 직접 상을 받았다.

294. If you want to launch big (ships), you have to go where the water is (deep).

커다란 배들을 진수시키기를 원한다면, 당신은 물이 깊은 곳으로 가야 한다.
- **launch** ⓥ 개시[시작, 착수]하다, 출시[출간]하다, (배를) 진수시키다, (미사일, 우주선 등을) 발사하다
  - ⓝ 개시[출시], 진수, 발사(하는 행사)

동일어 deep

Conrad Hilton 콘라드 힐튼 (1887~1979) 미국의 기업인. 힐튼 호텔의 창업자이다.

295. (Deep) rivers move with (silent) majesty, shallow brooks are noisy.

깊은 강들은 소리 없이 장엄하게 움직이고, 얕은 시내들은 시끄럽다.
- **majesty** ⓝ 위엄, 장엄, 엄숙, (보통 his[her, your, their] M-) 폐하
- **with majesty** 장엄하게, 엄숙하게
- **shallow** ⓐ 얕은, 얄팍한, 피상적인
- **brook** ⓝ 시내, 개천
- **noisy** ⓐ 시끄러운, 떠들썩한

동일어 silent

Proverb 속담

296. Be on your guard against a silent dog and still water.

조용한 개와 잔잔한 물을 경계하라. (짖지 않는 개는 물고, 잔잔한 물일수록 깊다.)

guard	ⓝ	망보기, 경계, 보호자, 감시인
	ⓥ	망보다, 경계하다, 지키다
on one's guard		경계하는, 보초 서는
guardian	ⓝ	보호자, 감시인
still	ⓐ	조용한, 정지한, (바람, 물 등이) 잔잔한
	ⓐⓓ	아직(도), 그럼에도 불구하고, (비교급 강조) 훨씬[더욱]

be on one's guard와 be wary는 비슷한 의미

Latin Proverb 라틴 속담

297. Be wary of the man who urges an action in which he himself incurs no risk.

그 스스로는 어떤 위험도 초래하지 않으면서 행동을 촉구하는 사람을 경계하라.

wary	ⓐ	(~을(of)) 경계하는[조심하는]
unwary	ⓐ	방심한, 조심성 없는
urge	ⓥ	촉구하다, 강력히 권고하다, 재촉하다, (~하도록) 충고하다
	ⓝ	(강한) 욕구, 충동
incur	ⓥ	(위험, 손실, 비용, 분노, 비난 등을) 초래하다, 부정적인 것을 야기하다

be wary와 beware는 비슷한 의미

Lucius Annaeus Seneca 루키우스 안나이우스 세네카 (BC 4?~AD 39) 로마의 철학자. 로마 제국을 대표하는 지성인으로 꼽히며 네로 황제의 스승이기도 하다. 대표작은 〈De Vita Beata 행복론〉, 〈Epistulae Morales ad Lucilium 도덕서한〉 등이 있다.

298. Beware that you do not lose the substance by grasping at the shadow.

그림자를 붙잡음으로써 실체를 놓치지 않도록 조심하라.

beware	ⓥ	조심하다, 주의하다
substance	ⓝ	물질, 실체, 본질, 중요성
grasp	ⓥ	붙잡다, 움켜잡다, 완전히 이해하다, 파악하다
shadow	ⓝ	그림자, (비치는) 영상
	ⓥ	그늘지게 하다, 어둡게 하다

beware와 aware는 -ware가 공통

Aesop 이솝 (BC 620?~560?) 그리스의 우화 작가. 소아시아에서 태어나 노예로 팔려 그리스로 왔으며, 뛰어난 이야기꾼으로 명성을 날렸다.

299. The animal is ignorant of the fact that he knows. The man is aware of the fact that he is ignorant.

> 동물은 그가 알고 있다는 사실을 모른다. 사람은 그가 무지하다는 사실을 알고 있다.
> ignorant ⓐ 무지한, 무식한, 모르는
> aware ⓐ (~을(에)) 알고[알아채고, 자각하고] 있는, ~한 의식[인식]이 있는

aware의 명사형인 awareness

Victor Hugo 빅토르 위고 (1802~1885) 프랑스의 작가.
'프랑스의 대문호'로 불리며 적극적인 사회참여 및 인권운동을 펼쳤다. 대표작은 〈Les Misérables 장발장〉, 〈Notre-Dame de Paris 노트르담의 꼽추〉 등이 있다.

300. The first step toward change is awareness. The second step is acceptance.

> 변화를 향한 첫걸음은 인식이며, 두번째 걸음은 받아들이는 것이다.
> toward ⓟ (운동의 방향) (~의) 쪽으로, 향하여, (~을) 목표로
> awareness ⓝ (중요성에 대한) 의식[인식], 자각, 알고 있음
> acceptance ⓝ 받아들임, 수락, 인정, 가입 허가

Nathaniel Branden 나다니엘 브랜든 (1930~) 캐나다의 심리학자, 작가.
자존감을 특히 중시하며 대표작은 〈The Disowned Self 거부된 자아〉 등이 있다.

UPGrade Check Up
영작 및 말하기 연습

271. 과도한 모든 것은 자연에 반한다.

272. 적당함을 포함해서 모든 것에 적당하라.

273. 정의의 미덕은 현명함에 의해 조절되는 중용에 있다.

274. 건강은 단지 절제 하나만과 일치한다.

275. 관대함은 그것이 주어지는 총합이 아닌, 그것이 수여되는 방식으로 이루어져 있다.

276. 오래 지연된 친절에 대해서는 어떤 감사도 덧붙이지 않는다.

277. 만약 당신이 친절할 수 없다면, 최소한 모호하라.

278. 명확히 애매하게 하라.

279. 눈은 귀보다 정확한 목격자이다.

Key Word
UpGrade Check - Up Important Word

271. everything, excess, oppose, nature

272. moderate, everything, moderation

273. virtue, consist in, moderation, regulate

274. consist with, temperance

275. generosity, consist of, sum, manner, bestow

276. thank, attach, kindness, defer

277. kind, at least, vague

278. obscure, clearly

279. eye, accurate, witness, ear

Answer
271. Everything in excess is opposed to nature.
272. Be moderate in everything, including moderation.
273. The virtue of justice consists in moderation, as regulated by wisdom.
274. Health consists with temperance alone.
275. Generosity consists not of the sum given, but the manner in which it is bestowed.
276. No thanks attach to a kindness long deferred.
277. If you can't be kind, at least be vague.
278. Be obscure clearly.
279. Eyes are more accurate witnesses than ears.

먼저 오른쪽 박스 안의 키워드를 참고하여 왼쪽의 한글을 영작해 보세요. 이후 키워드를 가린 채 왼쪽의 한글만 보고 영어로 소리 내어 말해 보세요.

280. 남의 목초지들의 풀이 더 푸르다.

281. 사람이 사랑에 빠지면, 절벽은 초원이 된다.

282. 사랑은 망원경을 통해 본다; 시샘은 현미경을 통해 본다.

283. 야망은 사랑과 같이, 지체들과 경쟁자들 양쪽 다를 참지 못한다.

284. 오래 끄는 나태함은 진취성을 마비시킨다.

285. 행운이란 일하는 사람의 성공에 대한 게으른 사람의 평가이다.

286. 게으름은 너무나 천천히 이동하여 가난이 곧 그를 따라잡아 버린다.

287. 느리더라도 꾸준하면 경주에서 이긴다.

288. 가파른 언덕을 오르는 것은 처음에는 느린 속도를 필요로 한다.

Key Word
UpGrade Check - Up / Important Word

280. grass, green, pasture
281. love, cliff, meadow
282. love, telescope, envy, microscope
283. ambition, love, impatient, delay, rival
284. prolonged, idleness, paralyze, initiative
285. luck, lazy, estimate, worker
286. laziness, travel, slowly, poverty, overtake
287. slow, steady, win
288. climb, steep, hill, slow, pace

Answer

280. Grass is greener in other pastures.
281. When one is in love, a cliff becomes a meadow.
282. Love looks through a telescope; envy, through a microscope.
283. Ambition is like love, impatient both of delays and rivals.
284. Prolonged idleness paralyzes initiative.
285. Good luck is a lazy man's estimate of a worker's success.
286. Laziness travels so slowly that poverty soon overtakes him.
287. Slow but steady wins the race.
288. To climb steep hills requires slow pace at first.

UPGrade Check Up
영작 및 말하기 연습

289. 무모한 서두름은 형편없는 속도가 되게 한다.

290. 계산된 위험들을 감수하라. 그것은 무모한 것과는 상당히 다르다.

291. 일을 하지 않는 위험들과 비교하면 과로의 위험들은 경미하다.

292. 역사는 위태로운 시대의 항해를 위한 길잡이이다.

293. 바다가 잔잔할 때는 누구나 배의 키를 잡을 수 있다.

294. 커다란 배들을 진수시키기를 원한다면, 당신은 물이 깊은 곳으로 가야 한다.

295. 깊은 강들은 소리 없이 장엄하게 움직이고, 얕은 시내들은 시끄럽다.

296. 조용한 개와 잔잔한 물을 경계하라.

Key Word — UpGrade Check-Up Important Word

289. reckless, haste, poor, speed
290. calculated, risk, quite, rash
291. peril, overwork, slight, inactivity
292. history, guide, navigation, perilous
293. steer, ship, sea, calm
294. launch, ship, water, deep
295. deep, silent, majesty, shallow, brook, noisy
296. on one's guard, silent, still

Answer
289. Reckless haste makes poor speed.
290. Take calculated risks. That is quite different from being rash.
291. The perils of overwork are slight compared with the dangers of inactivity.
292. History is a guide to navigation in perilous times.
293. Anyone can steer the ship when the sea is calm.
294. If you want to launch big ships, you have to go where the water is deep.
295. Deep rivers move with silent majesty, shallow brooks are noisy.
296. Be on your guard against a silent dog and still water.

297. 그 스스로는 어떤 위험도 초래하지 않으면서 행동을 촉구하는 사람을 경계하라.

298. 그림자를 붙잡음으로써 실체를 놓치지 않도록 조심하라.

299. 동물은 그가 알고 있다는 사실을 모른다. 사람은 그가 모르고 있다는 사실을 알고 있다.

300. 변화를 향한 첫걸음은 인식이며, 두 번째 걸음은 받아들이는 것이다.

Key Word
UpGrade Check - Up
Important Word

297. wary, urge, incur, risk

298. beware, substance, grasp, shadow

299. animal, ignorant, man, aware

300. step, awareness, acceptance

Answer

297. Be wary of the man who urges an action in which he himself incurs no risk.
298. Beware that you do not lose the substance by grasping at the shadow.
299. The animal is ignorant of the fact that he knows. The man is aware of the fact that he is ignorant.
300. The first step toward change is awareness. The second step is acceptance.

Love means to commit yourself without guarantee.

– Anne Campbell

Unit 011

301. The return we reap from generous actions is not always (evident).

관대한 행동들로부터 우리가 거둬들이는 보답이 언제나 명백한 것은 아니다.

reap	ⓥ 수확하다, 거둬들이다, (성과 등을) 거두다
generous	ⓐ 너그러운, 관대한, (돈, 칭찬 등을) 아끼지 않는, 후한
evident	ⓐ 명백한, 분명한, 명백하게[분명하게] 나타나는

evident와 apparent는 유의어

Francesco Guicciardini 프란체스코 구이차르디니 (1483~1540) 이탈리아의 역사가, 정치가.
'근대 역사학의 아버지'로 불리며 대표작은 〈Storie fiorentine 피렌체의 역사〉, 〈Ricordi 처세의 지혜〉 등이 있다.

302. Everything in life is speaking in spite of its (apparent) silence.

세상의 모든 것이 그것의 (겉으로 보기에) 명백한 침묵에도 불구하고 말하고 있다.

| in spite of A | A에도 불구하고, A를 무릅쓰고 |
| apparent | ⓐ (겉으로 보기에) 명백한, 외견상의 |

apparent와 obvious는 유의어

Hazrat Inayat Khan 하즈라트 이나야트 칸 (1882~1927) 인도의 종교인.
이슬람 신비주의인 수피교의 스승이며 종교에 대한 맹목적인 믿음에 반대했다.

303. Never (assume) the (obvious) is true.

명백한 것이 진실이라고 결코 추정하지 마라. (겉으로 보기에는 진실인 것처럼 보이나 실은 그렇지 않은 것도 많다.)

assume	ⓥ 추정[가정]하다, (~인) 체하다, (태도 등을) 취하다, (임무 등을) 맡다
assumption	ⓝ 추정, 가정
obvious	ⓐ (겉으로 보기에) 명백한, 분명한, 빤한, 노골적인

assume과 presume은 유의어

William Safire 윌리엄 셰파이어 (1929~2009) 미국의 언론인, 작가.
오랫동안 뉴욕타임스에 정치 칼럼을 기고했으며 1978년 퓰리처상을 수상했다.

304. Do not presume well-housed, well-warmed, and well-fed, to criticize the poor.

> 가난한 사람들을 비판하는 데에 있어서 좋은 주택, 좋은 난방 및 좋은 식사로 추정하지 마라.
> presume ⓥ (사실로) 추정[가정]하다, 간주하다
> presumption ⓝ 추정, 가정, 주제넘음[건방짐]
> criticize ⓥ 비평[평론, 비판]하다, 비난[혹평]하다

동일어
poor

Herman Melville 허먼 멜빌 (1819~1891) 미국의 작가.
19세기 미국 문학을 대표하는 작가로 특히 《Moby-Dick 모비딕》 등은 미국 문학의 걸작으로 꼽히고 있다.

305. Hunger is a problem for the urban poor and the rural poor. Nobody should go to bed hungry.

> 굶주림은 도시의 가난한 사람들과 시골의 가난한 사람들에게 문제이다. 누구도 굶주린 채 잠자리에 들어서는 안 된다.
> urban ⓐ 도시의, 도회지의
> rural ⓐ 시골의, 전원의
> hungry ⓐ 배고픈, 굶주린, 갈망하는

동일어
hungry

David Englin 데이비드 잉글린 (1974~) 미국의 정치인.
민주당원으로 버지니아주의 하원의원이다.

306. Give food to the hungry, water to the thirsty, and clothes to the naked. Then God will be pleased.

> 배고픈 사람들에게 음식을 주고, 목마른 사람들에게 물을 주며, 헐벗은 사람들에게 옷을 주라. 그러면 하나님은 기뻐할 것이다.
> thirsty ⓐ 목마른, 갈망하는
> clothes ⓝ 옷, 의복
> cloth ⓝ 천, 직물, 헝겊
> clothing ⓝ 의류, 의복
> naked ⓐ 벌거벗은, 나체의, (신체의 일부가) 노출된, 적나라한
> pleased ⓐ 기쁜, 만족해하는

thirsty의
명사형인
thirst

Sri Sathya Sai Baba 스리 사차 사이 바바 (1926~) 인도의 종교인.
인도 각지를 돌아다니며 종교적인 체험을 전수하여 많은 신봉자를 거느리고 있다.

307. They talk of my (drinking) but never my (thirst).

그들은 나의 물마심에 대해 말하지만 결코 나의 목마름에 대해서는 말하지 않는다.
(이유에 대해서가 아닌 행동에 대해서만 왈가왈부한다.)

drink ⓥ 마시다, 술을 마시다
ⓝ 마실 것, 주류, (마실 것의) 한잔
thirst ⓝ 목마름, 갈증, 갈망
ⓥ 목마르다, (~을(for, after)) 갈망하다

Scottish Proverb 스코틀랜드 속담

drink의 형용사형인 drunk

308. A (drunk) man's words are a (sober) man's thoughts.

술 취한 사람의 말은 멀쩡한 사람의 생각이다.

drunk ⓐ 술취한, 도취된
ⓝ 술 취한 사람, 주정뱅이
drunken ⓐ 술취한, 만취한
drunkard ⓝ 술고래
sober ⓐ (취하지 않고) 멀쩡한, 맑은 정신의, (판단 등이) 냉정한

Proverb 속담

sober와 sane은 유의어

309. (Love) is the only (sane) and satisfactory answer to the problem of human existence.

사랑은 인간 존재의 문제에 대한 유일한 분별있고 만족스러운 답변이다.

sane ⓐ 제정신인, 분별 있는
insane ⓐ 제정신이 아닌, 미친, 정신 이상의
satisfactory ⓐ 만족스러운, 충분한
existence ⓝ 존재, 실재, 현존, (특히 힘들게 살아가는) 생활[생계]

Erich Fromm 에리히 프롬 (1900~1980) 독일의 사회심리학자.
현대의 불안을 사회적 관점에서 분석했으며 대표작은 〈Escape from Freedom 자유로부터의 도피〉, 〈The Art of Loving 사랑의 기술〉, 〈To Have or to Be? 소유냐 존재냐?〉 등이 있다.

동일어 love

310. Love is the ultimate expression of the will to live.

사랑은 살고자 하는 의지의 궁극적인 표현이다.
ultimate ⓐ 궁극적인, 최종적인, 최후의
will ⓝ 의지, 결단력, 결의

동일어
live

Tom Wolfe 톰 울프 (1931~) 미국의 작가, 언론인.
대표작은 영화로도 제작된 〈The Right Stuff 필사의 도전〉 등이 있다.

311. We live in a rainbow of chaos.

우리는 혼돈의 무지개 안에서 산다.
chaos ⓝ 혼돈, 무질서, 대혼란

chaos보다
무질서의
정도가 낮은
confusion

Paul Cezanne 폴 세잔 (1839~1909) 프랑스의 화가.
프랑스 인상주의의 대표적인 화가로 현대 회화의 아버지로 불린다. 대표작은 〈The Basket of Apples 바구니에 담긴 사과들〉 등이 있다.

312. Truth emerges more readily from error than from confusion.

진실은 혼란에서보다 실수에서 더 쉽사리 드러난다.
emerge ⓥ 나오다, (모습을) 드러내다, (사실, 생각 등이) 드러나다, 부각되다
readily ⓐⓓ 쉽사리, 손쉽게, 선뜻, 쾌히
confusion ⓝ 혼란, 혼동, 당혹

confusion의
동사형인
contuse

Francis Bacon 프랜시스 베이컨 (1561~1626) 영국의 철학자, 정치가.
영국 경험론의 창시자이며 근대 철학의 개척자로 일컬어진다. 대표작은 〈The proficiency and Advancement of Learning 학문의 진보와 전진〉 등이 있다.

313. If you can't convince them, confuse them.

만약 당신이 그들을 확신시킬 수 없다면, 그들을 혼란스럽게 하라.
convince ⓥ 확신[납득]시키다, (~하도록(to)) 설득하다
convincing ⓐ 설득력 있는, 납득이 가는
confuse ⓥ 혼동하다, 혼란시키다, 어리둥절하게 하다
confusing ⓐ 혼란시키는, 당황케 하는

confuse와
puzzle,
confound는
유의어

Harry S. Truman 해리 S. 트루먼 (1884~1972) 미국의 제33대 대통령.
반소 · 반공을 내세운 트루먼 독트린을 내세웠으며 한국전쟁 때 즉각적인 한국 파병을 결정했다.

314. Tell the truth so as to (puzzle) and (confound) your adversaries.

당신의 적들을 어리둥절하고 당황하게 하기 위해 진실을 말하라.
so as to A(동사원형) A하기 위해, A하도록
puzzle ⓥ 어리둥절하게 하다, 머리를 짜내다 ⓝ 퍼즐, 수수께끼, 미스터리
confound ⓥ 당황하게[난처하게] 하다, 혼동하다
adversary ⓝ 적, 대항자, 경쟁 상대

puzzle, confound, bewilder는 유의어

Henry Wotton 헨리 워튼 (1568~1639) 영국의 외교관, 작가.
제임스 1세의 총애를 받았으며 수는 많지 않지만 유명한 글들을 남겼다.

315. When people are (bewildered), they (tend to) become credulous.

사람들이 당황하게 될 때, 그들은 쉽게 속게 되는 경향이 있다.
bewilder ⓥ 당황하게 하다, 어리둥절하게 하다
tend ⓥ (~하는(to)) 경향이 있다, ~으로 향하다, 돌보다
tendency ⓝ 경향, 성향
credulous ⓐ 속기 쉬운, 잘 믿는

동일구
tend to

Calvin Coolidge 캘빈 쿨리지 (1872~1933) 미국의 제30대 대통령.
대통령이 되어 부패관리들을 축출하면서 국민들의 사랑을 받았다.

316. We all know we are unique individuals, but we (tend to) see others as representatives of groups.

우리 모두는 우리가 독특한 개인들이라는 것을 안다. 그렇지만 우리는 다른 사람들을 단체들의 대리인들로 보는 경향이 있다.
unique ⓐ 독특한, 유일한
individual ⓝ 개인, 개체, 구성원
　　　　　　ⓐ 개개의, 개인의
representative ⓝ 대표자, 대리인
　　　　　　　ⓐ 나타내는, 대표하는

동일구
tend to

Deborah Tannen 데보라 태넌 (1945~) 미국의 언어학자.
언어학과 의사소통에 관한 글을 저술하고 있으며, 대표작은 〈You Just Don't Understand – Women and Men in Conversation 당신은 정말 이해를 하지 못해 – 대화에서의 여성과 남성〉 등이 있다.

317. If one does not understand a person, one tends to regard him as a fool.

만약 사람이 어떤 사람을 이해하지 못한다면, 사람은 그를 바보로 여기는 경향이 있다.
regard ⓥ ~으로(as) 여기다[간주하다], (어떤 감정·태도를 갖고) 보다, 존경하다
ⓝ 관심, 고려, 높은 평가, 존경, (pl.) 안부

Carl Gustav Jung 칼 구스타브 융 (1875~1961) 스위스의 심리학자.
분석심리학의 창시자로 'Complex (콤플렉스)', 'Collective Unconscious (집단 무의식)' 등의 용어를 처음으로 제시했다.

regard에 dis-가 붙은 반의어 disregard

318. Painting is a faith, and it imposes the duty to disregard public opinion.

그림 그리는 것은 신념이다, 그리고 그것은 여론을 무시할 의무를 부과한다.
painting ⓝ (물감으로 그린) 그림, 그림 그리기, 페인트칠하기
impose ⓥ (의무, 벌, 세금 등을) 부과하다[지우다], (의견 등을) 강요하다
duty ⓝ 의무, 직무, 업무, 관세, 세금
disregard ⓥ 무시하다, 묵살하다, 소홀히 하다
ⓝ 무시, 묵살
public ⓐ 공공의, 공중의, 대중의, 공적인, 공립의, 공공연한
ⓝ 공중, 내중, ~계(界)
public opinion 여론

Vincent van Gogh 빈센트 반 고흐 (1853~1890) 네덜란드의 화가.
생전에는 별로 인정을 받지 못했으나 사후 재평가되면서 서양 미술사에서 가장 위대한 화가 중의 한 사람으로 꼽히게 되었다. 대표작은 〈The Starry Night 별이 빛나는 밤에〉, 〈Sunflowers 해바라기〉 등이 있다.

disregard와 overlook은 유의어

319. A true friend is one who overlooks your failures and tolerates your success.

진정한 친구는 당신의 실패들은 눈감아주면서 당신의 성공은 용인하는 자이다.
overlook ⓥ 눈감아주다, 묵과하다, 내려다보다, 감독하다
tolerate ⓥ 용인하다, 참다, 견디다

Proverb 속담

tolerate의 명사형인 tolerance

:: 147

320. Tolerance is giving to every other human being every right that you claim for yourself.

관용이란 당신 이외의 모든 인간에게 스스로를 위해 당신이 요구하는 모든 권리를 주는 것이다.

tolerance	ⓝ	관용, 용인, 인내(력)
human being		사람, 인간
claim	ⓥ	요구[청구]하다, 주장하다
	ⓝ	(권리로서의) 요구[청구], (권리에 대한) 주장, (요구할) 권리

tolerance와 perseverance는 유의어

Robert Green Ingersoll 로버트 그린 잉거솔 (1833~1899) 미국의 연설가, 작가. 폭넓은 교양과 불가지론(신의 존재에 대한 판단을 보류하는 입장)으로 유명했다.

321. In the realm of ideas everything depends on enthusiasm; in the real world all rests on perseverance.

발상의 영역에서는 모든 것이 열정에 달려 있다; 실제 세계에서는 모든 것이 인내에 달려 있다.

realm	ⓝ	왕국, 영역, 분야, 범위
depend	ⓥ	(~에(on / upon)) 의존[의지]하다, (~에(on / upon)) 달려 있다
dependent	ⓐ	(~에(on / upon)) 의존하는[중독된, 달려 있는]
dependence	ⓝ	(~에(on / upon)) 의존[중독, 달려 있음]
enthusiasm	ⓝ	열정, 열의, 열광
enthusiastic	ⓐ	열정적인, 열렬한
rest	ⓥ	쉬다, 휴식하다, 잠들어 있다, (어떤 것에) 기대다[기대지다]
	ⓝ	휴식, 수면, 나머지
rest on / upon		A에 의존하다[달려 있다]
perseverance	ⓝ	인내, 인내력

enthusiasm과 zest는 유의어

Johann Wolfgang von Goethe 요한 볼프강 폰 괴테 (1749~1832) 독일의 작가. 독일의 대문호로 독일 문학을 세계적 수준으로 올렸다는 평가를 받는다. 대표작은 〈Die Leiden des jungen Werthers 젊은 베르테르의 슬픔〉, 〈Faust 파우스트〉 등이 있다.

322. Zest is the secret of all beauty. There is no beauty that is attractive without zest.

열정은 모든 아름다움의 비밀이다. 열정이 없는 매력적인 아름다움은 없다.

zest	ⓝ	열정, 열의, 강한 흥미[풍미], 묘미
attractive	ⓐ	사람의 마음을 끄는, 매력적인

attractive의 동사형인 attract

Christian Dior 크리스티앙 디오르 (1905~1957) 프랑스의 패션 디자이너. 여성 의류에 새로운 아이디어를 불어 넣었으며 크리스티앙 디오르 브랜드의 창립자이다.

323. Money is usually attracted, not pursued.

돈은 대개 끌리며, 쫓아지지는 않는다.
- **attract** ⓥ 끌다, 끌어당기다, 유인하다, 매혹하다
- attraction ⓝ 끌어당김, 매력
- **pursue** ⓥ 쫓다, 추구하다, 추격[추적]하다, (일, 연구 등에) 종사하다

동일어 money

Jim Rohn 짐 론 (1930~2009) 미국의 기업인, 강연가.
자수성가하여 백만장자가 되었고 자신의 경험을 소재로 많은 강연활동을 펼쳤다.

324. Money's a horrid thing to follow, but a charming thing to meet.

돈은 추종하면 무서운 것이지만, 마주치면 매력적인 것이다.
- **horrid** ⓐ 무서운, 매우 불쾌한
- **follow** ⓥ 뒤를 잇다, (뒤)따르다, 수행하다, 쫓다, 추종하다
- **charming** ⓐ (아주) 매력적인, 멋진, 대단한

charming과 fascinating은 유의어

Henry James 헨리 제임스 (1843~1916) 미국의 작가, 비평가.
'국제 문제'를 다룬 작품들을 주로 썼으며 대표작은 〈The Portrait of a Lady 어떤 부인의 초상〉 등이 있다.

325. Although our intellect always longs for clarity and certainty, our nature often finds uncertainty fascinating.

비록 우리의 지성은 언제나 명료함과 확실성을 갈망하지만, 우리의 본성은 자주 불확실성이 매혹적이라는 것을 발견한다.
- **long for A** A를 갈망하다, A를 간절히 원하다
- **clarity** ⓝ 명료함, 명확성, 선명도
- **certainty** ⓝ 확실성, 확신
- uncertainty ⓝ 불확실(성), 확신이 없음
- **fascinating** ⓐ 매혹적인, 황홀한
- fascinate ⓥ 매혹하다, 황홀하게 하다

clarity와 clearness는 clear가 어원

Karl von Clausewitz 칼 폰 크라우제비츠 (1780~1831) 프러시아의 군사이론가.
서양의 손자(孫子)로 불리며 대표작은 〈Vom Kriege 전쟁론〉 등이 있다.

326. The man who insists on seeing with perfect clearness before he decides, never decides.

결정하기 전에 완전히 뚜렷하게 보기를 고집하는 사람은, 결코 결정하지 못한다.
- **insist** ⓥ 고집하다, 우기다, 강요하다, (강력히) 주장하다
- insistence ⓝ 고집, 강요, 주장
- **perfect** ⓐ 완벽한, 완전한
- **clearness** ⓝ 뚜렷함, 선명(함), 명확함

decide의 명사형인 decision

Henri Frederic Amiel 앙리 프레데리크 아미엘 (1821~1881) 스위스의 철학자, 작가.
제네바 대학의 철학교수로 재직했고 스스로의 내면 세계를 탐구하는 데 전념하여 이를 일기 형식으로 기술했다. 대표작은 〈Journal Intime 내면 일기〉 등이 있다.

327. Stay committed to your decisions, but stay flexible in your approach.

당신의 결정 사항을 따르는 데에는 계속 전념하지만, 접근법에 있어서는 계속 융통성 있게 하라.
- **commit** ⓥ (죄, 과실 등을) 저지르다[범하다], 위탁[위임]하다, (엄숙히) 약속하다, 헌신[전념]하다, 수용[수감]하다
- commitment ⓝ 위탁, 위임, 약속, 헌신, 전념
- **decision** ⓝ 결정, 판결, 판정, 결정 사항, 결단력
- **flexible** ⓐ 구부리기[휘기] 쉬운, 유순한, 유연한, 융통성이 있는
- flexibility ⓝ 구부리기 쉬움, 유연성, 융통성
- **approach** ⓝ 접근, 접근법
  ⓥ 가까이 가다, 접근하다, 다가가다[오다]

동일어 commit

Tom Robbins 톰 로빈스 (1936~) 미국의 작가.
대표작은 영화로도 만들어진 〈Even Cowgirls Get the Blues 카우걸 블루스〉 등이 있다.

328. Love means to commit yourself without guarantee.

사랑은 보장 없이 당신 자신을 헌신하는 것을 의미한다. (상대방도 똑같이 사랑할 것이라는 보장 없이 헌신하는 것을 의미한다.)
- **guarantee** ⓝ 보장, 보증, 품질 보증
  ⓥ 보장[보증]하다

동일어 commit

Anne Campbell 앤 캠벨 (?~) 영국의 심리학자.
진화심리학(육체와 같이 마음도 '자연선택'에 의해 '설계'되었다고 주장) 연구로 유명하며 대표작은 〈A Mind of Her Own: The Evolutionary Psychology of Women 그녀 자신의 마음: 여성의 진화심리학〉 등이 있다.

329. To (meditate) an injury is to (commit) one.

> 상해를 꾀하는 것은 그것을 저지르는 것이다.
> meditate ⓥ 꾀하다, 숙고하다, 명상[묵상]하다
> injury ⓝ 상해, 상처, 부상, 손상
> injure ⓥ 상처를 입히다, 해치다, 손상시키다

meditate의 명사형인 meditation

Lucius Annaeus Seneca 루키우스 안나이우스 세네카 (BC 4?~AD 39) 로마의 철학자. 로마 제국을 대표하는 지성인으로 꼽히며 네로 황제의 스승이기도 하다. 대표작은 〈De Vita Beata 행복론〉, 〈Epistulae Morales ad Lucilium 도덕서한〉 등이 있다.

330. Prayer is when you talk to God; (meditation) is when you listen to God.

> 기도는 당신이 하나님에게 말을 거는 때이다; 명상은 당신이 하나님의 말을 듣는 때이다.
> prayer ⓝ 기도, 기도하는 사람
> meditation ⓝ 심사숙고, 명상

Diana Robinson 신원 미상

UPGrade Check Up
영작 및 말하기 연습

301. 관대한 행동들로부터 우리가 거둬들이는 보답이 언제나 명백한 것은 아니다.

302. 세상의 모든 것이 그것의 (겉으로 보기에) 명백한 침묵에도 불구하고 말하고 있다.

303. 명백한 것이 진실이라고 결코 추정하지 마라.

304. 가난한 사람들을 비판하는 데 있어서 좋은 주택, 좋은 난방 및 좋은 식사로 추정하지 마라.

305. 굶주림은 도시의 가난한 사람들과 시골의 가난한 사람들에게 문제이다. 누구도 굶주린 채 잠자리에 들어서는 안 된다.

306. 배고픈 사람들에게 음식을 주고, 목마른 사람들에게 물을 주며, 헐벗은 사람들에게 옷을 주라. 그러면 하나님은 기뻐할 것이다.

307. 그들은 나의 물마심에 대해 말하지만 결코 나의 목마름에 대해서는 말하지 않는다.

Key Word
UpGrade Check - Up
Important Word

301. return, reap, generous, evident
302. speak, in spite of, apparent
303. assume, obvious
304. presume, well-fed, criticize, poor
305. hunger, urban, poor, rural, hungry
306. hungry, thirsty, clothes, naked
307. talk, drink, thirst

Answer

301. The return we reap from generous actions is not always evident.
302. Everything in life is speaking in spite of its apparent silence.
303. Never assume the obvious is true.
304. Do not presume well-housed, well-warmed, and well-fed, to criticize the poor.
305. Hunger is a problem for the urban poor and the rural poor. Nobody should go to bed hungry.
306. Give food to the hungry, water to the thirsty, and clothes to the naked. Then God will be pleased.
307. They talk of my drinking but never my thirst.

먼저 오른쪽 박스 안의 키워드를 참고하여 왼쪽의 한글을 영작해 보세요. 이후 키워드를 가린 채 왼쪽의 한글만 보고 영어로 소리 내어 말해 보세요.

308. 술 취한 사람의 말은 멀쩡한 사람의 생각이다.

309. 사랑은 인간 존재의 문제에 대한 유일한 분별 있고 만족스러운 답변이다.

310. 사랑은 살고자 하는 의지의 궁극적인 표현이다.

311. 우리는 혼돈의 무지개 안에서 산다.

312. 진실은 혼란에서보다 실수에서 더 쉽사리 드러난다.

313. 만약 당신이 그들을 확신시킬 수 없다면, 그들을 혼란스럽게 하라.

314. 당신의 적들을 어리둥절하고 당황하게 하기 위해 진실을 말하라.

315. 사람들이 당황하게 될 때, 그들은 쉽게 속게 되는 경향이 있다.

Key Word
UpGrade Check - Up
Important Word

308. drunk, sober, thought
309. love, sane, satisfactory, existence
310. love, ultimate, live
311. live, chaos
312. emerge, readily, error, confusion
313. convince, confuse
314. so as to, puzzle, confound, adversary
315. bewilder, tend to, credulous

Answer

308. A drunk man's words are a sober man's thoughts.
309. Love is the only sane and satisfactory answer to the problem of human existence.
310. Love is the ultimate expression of the will to live.
311. We live in a rainbow of chaos.
312. Truth emerges more readily from error than from confusion.
313. If you can't convince them, confuse them.
314. Tell the truth so as to puzzle and confound your adversaries.
315. When people are bewildered, they tend to become credulous.

UPGrade Check Up
영작 및 말하기 연습

316. 우리 모두는 우리가 독특한 개인들이라는 것을 안다. 그렇지만 우리는 다른 사람들을 단체들의 대리인으로 보는 경향이 있다.

_____.

317. 만약 사람이 어떤 사람을 이해하지 못한다면, 사람은 그를 바보로 여기는 경향이 있다.

_____.

318. 그림 그리는 것은 신념이다, 그리고 그것은 여론을 무시할 의무를 부과한다.

_____.

319. 진정한 친구는 당신의 실패들은 눈감아주면서 당신의 성공을 용인하는 자이다.

_____.

320. 관용이란 당신 이외의 모든 인간에게 스스로를 위해 당신이 요구하는 모든 권리를 주는 것이다.

_____.

321. 발상의 영역에서는 모든 것이 열정에 달려 있다; 실제 세계에서는 모든 것이 인내에 달려 있다.

_____.

322. 열정은 모든 아름다움의 비밀이다. 열정이 없는 매력적인 아름다움은 없다.

_____.

323. 돈은 대개 끌리며, 쫓아지지는 않는다.

_____.

Key Word
UpGrade Check - Up — Important Word

316. unique, individual, tend to, representative
317. tend to, regard, fool
318. painting, faith, impose, duty, disregard, public opinion
319. true, overlook, tolerate
320. tolerance, every, human being, claim
321. realm, everything, depend on, enthusiasm, rest on, perseverance
322. zest, beauty, attractive
323. money, attract, pursue

Answer
316. We all know we are unique individuals, but we tend to see others as representatives of groups.
317. If one does not understand a person, one tends to regard him as a fool.
318. Painting is a faith, and it imposes the duty to disregard public opinion.
319. A true friend is one who overlooks your failures and tolerates your success.
320. Tolerance is giving to every other human being every right that you claim for yourself.
321. In the realm of ideas everything depends on enthusiasm; in the real world all rests on perseverance.
322. Zest is the secret of all beauty. There is no beauty that is attractive without zest.
323. Money is usually attracted, not pursued.

324. 돈은 추종하면 무서운 것이지만, 마주치면 매력적인 것이다.

325. 비록 우리의 지성은 언제나 명료함과 확실성을 갈망하지만, 우리의 본성은 자주 불확실성이 매혹적이라는 것을 발견한다.

326. 결정하기 전에 완전히 뚜렷하게 보기를 고집하는 사람은, 결코 결정하지 못한다.

327. 당신의 결정 사항을 따르는 데에는 계속 전념하지만, 접근법에 있어서는 계속 융통성 있게 하라.

328. 사랑은 보장 없이 당신 자신을 헌신하는 것을 의미한다.

329. 상해를 꾀하는 것은 그것을 저지르는 것이다.

330. 기도는 당신이 하나님에게 말을 거는 때이다; 명상은 당신이 하나님의 말을 듣는 때이다.

324. money, horrid, follow, charming, meet
325. intellect, long for, clarity, certainty, nature, uncertainty, fascinating
326. insist on, clearness, decide
327. commit, decision, flexible, approach
328. commit, guarantee
329. meditate, injury, commit
330. prayer, talk, meditation, listen

Answer

324. Money's a horrid thing to follow, but a charming thing to meet.
325. Although our intellect always longs for clarity and certainty, our nature often finds uncertainty fascinating.
326. The man who insists on seeing with perfect clearness before he decides, never decides.
327. Stay committed to your decisions, but stay flexible in your approach.
328. Love means to commit yourself without guarantee.
329. To meditate an injury is to commit one.
330. Prayer is when you talk to God; meditation is when you listen to God.

Unit 012

The **m**ost **v**iolent **e**lement in **s**ociety is **i**gnorance.

— Emma Goldman

331. Resolve to (perform) what you ought; perform without fail what you resolve.

당신이 해야 하는 것을 실행할 것을 결심하라; 당신이 결심한 것을 틀림없이 실행하라.
- **resolve** ⓥ 결심[결의]하다, 분해[분석]하다, (문제를) 해결[해소]하다
  ⓝ 결심, 결의
- **resolved** ⓐ 굳게 결심한, 단호한
- **perform** ⓥ 실행[수행]하다, 공연[연주, 연기]하다
- **without fail** 틀림없이, 반드시, 꼭

perform의 명사형인 performance

Benjamin Franklin 벤자민 프랭클린 (1706~1790) 미국의 정치가, 외교관, 과학자.
미국 독립전쟁 중 프랑스의 지원을 얻어내는 등 미국 독립에 중요한 기여를 했으며 피뢰침의 발명가이기도 하다.

332. All lovers swear more (performance) than they are able.

모든 연인들은 그들이 할 수 있는 이상의 실행을 맹세한다.
- **swear** ⓥ 맹세하다, 선서하다, 선서하고 증언하다, 단언하다, 욕을 하다
- **swearword** ⓝ 욕, 불경스러운 말
- **performance** ⓝ 실행, 수행, 실적, 성과, 공연, 연주(회), 연기

같은 주제

William Shakespeare 윌리엄 셰익스피어 (1564~1616) 영국의 작가.
역사상 최고의 작가 중 한 명으로 꼽히며 대표작은 〈Hamlet 햄릿〉, 〈Romeo and Juliet 로미오와 줄리엣〉, 〈The Merchant of Venice 베니스의 상인〉 등이 있다.

333. Romance has been elegantly defined as the offspring of fiction and love.

로맨스는 허구와 사랑의 자식으로 우아하게 정의된다.
- romance ⓝ 로맨스, 연애[로맨틱한] 사건, 연애[로맨] 소설, 중세 기사 이야기
- elegantly ⓐⓓ 우아하게, 고상하게
- elegant ⓐ 우아한, 고상한, 품위[품격] 있는
- define ⓥ 정의하다, 규정하다, 명백히 보여주다
- offspring ⓝ 자식, (동식물의) 새끼
- fiction ⓝ 허구, 소설, 꾸며낸 일[이야기]

동일어 fiction

Benjamin Disraeli 벤저민 디즈레일리 (1804~1881) 영국의 정치가, 작가.
영국의 총리를 지냈으며 근대 보수당의 성립에 커다란 기여를 했다.

334. It's never too late – in fiction or in life – to revise.

소설이나 현실에서나 정정하기에 너무 늦은 법은 결코 없다.
- revise ⓥ 정정[변경, 교정, 수정, 개정]하다
- revision ⓝ 정정[변경, 교정, 수정, 개정](한 것)

revise와 modify는 유의어

Nancy Thayer 낸시 테이어 (1943~) 미국의 작가.
대표작은 〈The Hot Flash Club 너 잇 플래쉬 클럽〉 등이 있다.

335. Human action can be modified to some extent, but human nature cannot be changed.

인간의 행동은 어느 정도 수정될 수 있지만, 인간의 본성은 변화될 수 없다.
- modify ⓥ 수정[변경, 조정]하다, 〈문법〉 수식[한정]하다
- modification ⓝ (부분적) 수정, 변경, 조정, 〈문법〉 수식, 한정
- to some extent 어느 정도는, 얼마간은, 다소

modify와 amend는 유의어

Abraham Lincoln 에이브러햄 링컨 (1809~1865) 미국의 제16대 대통령.
재임 시 노예 해방을 이루었고 남북전쟁에서 북군을 승리로 이끌었으며 미국 민주주의의 확립에 커다란 기여를 했다.

336. Little said is soon (amended). There is always time to add a word, never to withdraw one.

짧게 말해진 것은 이내 수정된다. 결코 하나를 뺄 시간은 없지만, 언제나 한 단어를 덧붙일 시간은 있다.

amend	ⓥ 수정[개정]하다
amendment	ⓝ (법 등의) 수정[개정]
add	ⓥ 더하다, 추가하다, (말을) 덧붙이다
withdraw	ⓥ 빼다, 철회[철수]하다, 물러나다, (돈을) 인출하다
withdrawal	ⓝ 뺌, 철회, 철수, 물러남, 인출

amend와 correction은 유의어 – 다른 품사

Baltasar Gracian 발타사르 그라시안 (1601~1658) 스페인의 성직자, 작가.
예수회 사제이자 스페인 바로크 시대의 대표적인 작가이다. 대표작은 〈El Criticon 비판자〉 등이 있다.

337. A reform is a (correction) of (abuses); a revolution is a transfer of power.

개혁은 악습의 교정이다; 혁명은 권력의 이전이다.

reform	ⓝ 개혁, 개선, 개정 ⓥ 개혁[개선, 개정]하다
correction	ⓝ 교정, 수정, 정정
correct	ⓐ 옳은, 정확한 ⓥ 교정[수정, 정정]하다
abuse	ⓝ 남용, 욕설, 학대, (pl.) 악습
	ⓥ 남용하다, 욕하다, 학대하다
revolution	ⓝ 혁명, 대변혁, 회전
revolutionary	ⓐ 혁명적인
transfer	ⓝ 이전, 이동, 전학생, 환승
	ⓥ 옮기다, 이전하다, 이동하다, 갈아타다

동일어 abuse

Robert Bulwer-Lytton 로버트 불워-리튼 (1831~1891) 영국의 정치가, 시인.
인도의 총독을 지냈으며 Owen Meredith라는 필명으로 많은 시를 발표했다. 대표작은 〈Lucile 루실〉 등이 있다.

338. Everyone has a right to be (stupid); some people just (abuse) the privilege.

모두들 어리석을 권리는 있다; 어떤 사람들은 단지 그 특권을 남용한다.

| privilege | ⓝ 특권, 특전, 면책 특권, 면제 |
| | ⓥ (~에게) 특권[특전]을 주다, 특별히 면제하다 |

stupid한 사람이 ass

Anonymous 작자 미상

339. An illiterate king is a crowned ass.

글을 모르는 왕은 왕관을 쓴 멍청이다.
illiterate ⓐ 문맹의, 글을 (읽거나 쓸 줄) 모르는 ⓝ 문맹자, 무식한 사람
literate ⓐ 글을 (읽고 쓸 줄) 아는, 유식한 ⓝ 글을 아는 사람, 유식한 사람
crowned ⓐ 왕관을 쓴, 왕위에 오른
ass ⓝ 당나귀, 멍청이, 엉덩이

crowned와 throne은 유의어 – 다른 품사

Henry I of England 헨리 1세 (1069~1135) 영국 노르만왕조의 왕.
귀족들의 지지를 받기 위해 자유헌장을 반포했고 악화된 교회와의 관계도 개선시켰다. 노르만왕조에서 영어에 능통한 최초의 왕이었다.

340. A throne is only a bench covered with velvet.

왕좌는 벨벳으로 덮힌 자리에 불과하다.
throne ⓝ 왕좌, 왕위, 보위
bench ⓝ 긴의자, (관직 등의) 자리, 관리, 판사석, 판사
cover ⓥ 덮다, 포함하다, 보상하다
       ⓝ 덮개, 표지

동일어 cover

Napoleon Bonaparte 나폴레옹 보나파르트 (1769~1821) 프랑스의 군인, 정치가, 황제. 프랑스 혁명의 사회적 격동기에 군인으로 명성을 얻은 후 나폴레옹 1세가 되었다.

341. Love is the only kind of fire which is never covered by insurance.

사랑은 보험에 의해 결코 보상되지 않는 유일한 종류의 불이다.
insurance ⓝ 보험, 보험금[액]

fire에서 나오는 flame

Anonymous 작자 미상

342. Education is the kindling of a flame, not the filling of a vessel.

교육은 불꽃을 불붙이는 것이지 그릇을 채우는 것이 아니다.
kindle ⓥ 불붙이다, 불붙다
flame ⓝ 불꽃, 불길, 격정
fill ⓥ (가득) 채우다, 가득 차다 ⓝ 가득한 양, 충분
vessel ⓝ (대형) 선박[배], (액체를 담는) 그릇[용기], 혈관, 도관

동일어 flame

Socrates 소크라테스 (BC 469~399) 그리스의 철학자.
서양 철학의 창시자 중의 한 사람으로 문답법을 통해 사람이 자신과 세상에 대해 얼마나 무지한가를 스스로 깨닫도록 이끌었다.

343. From a little spark bursts a mighty (flame).

하나의 작은 불똥에서 하나의 강력한 불길이 타오른다.
- **spark** ⓝ 불똥, 불꽃, 번뜩임, (전류의) 스파크, 발화 장치
  ⓥ 불꽃[불똥]을 일으키다, 촉발시키다
- **burst** ⓥ 터지다, 터뜨리다, 파열하다, 갑자기 (~)하다
  ⓝ 폭발, 파열, 돌발, (감정의) 격발
- burst into flame(s) (확) 타오르다
- burst into a laugh 웃음을 터뜨리다
- **mighty** ⓐ 힘센, 강력한, 거대한
- **might** ⓝ 힘, 세력, 권력

같은 구조:
작은 것
⇒ 큰 것

Dante Alighieri 단테 알리기에리 (1265~1321) 이탈리아의 작가, 정치가.
인생의 1/3을 망명객으로 보냈으나 중세 최고의 철학 서사시인 〈Divina Commedia 신곡〉을 발표하여 중세 문예부흥의 선구적인 역할을 했다.

344. Small (opportunities) are often the beginning of great enterprises.

작은 기회들이 종종 거대한 기업들의 시작이다.
- **opportunity** ⓝ 기회, 호기
- **enterprise** ⓝ 기업, (특히 모험적인) 대규모 사업, 진취성

동일어
opportunity

Demosthenes 데모스테네스 (BC 384~322) 그리스의 정치가.
뛰어난 웅변실력으로 반(反)마케도니아 운동의 선두에 서서 아테네와 테베의 연합을 주도했다.

345. (Opportunities) multiply as they are seized.

기회들은 붙잡히면 배가한다.
- **multiply** ⓥ 곱하다, 배가하다[시키다], 크게 증가하다[시키다]
- **multiple** ⓐ 많은, 다수[복수]의, 복합적인
- **seize** ⓥ (갑자기) 붙잡다, 붙들다, 체포하다, (의미 등을) 파악하다

동일어
opportunity

Sun Tzu 손자(孫子) (BC 544~496 본명 손무(孫武)) 중국의 전략가.
춘추전국시대 오왕 합려를 섬겼으며, 세계 최고의 병법서로 일컬어지는 손자(孫子)를 저술했다.

346. Today knowledge has power. It controls access to opportunity and advancement.

오늘날 지식은 힘을 지닌다. 그것은 기회와 진보로의 접근을 통제한다.
- **knowledge** ⓝ 지식, 알고 있음
- **control** ⓥ 지배하다, 통제하다, 억제하다
  ⓝ 지배, 통제, 억제
- **access** ⓝ (장소로의) 입장[접근], 접근권[방법]
  ⓥ 들어가다, 접근하다, (컴퓨터, 네트워크 등에) 접속하다
- **advancement** ⓝ 전진, 진보, 승진, 발전

동일어 knowledge

Peter F. Drucker 피터 F. 드러커 (1909~2005) 오스트리아 출신의 미국 사회학자, 경영학자. 경영학의 창시자로 경영관리의 방법을 체계화시켰다. 대표작은 〈The Practice of Management 경영의 실제〉, 〈The Age of Discontinuity 단절의 시대〉 등이 있다.

347. All the knowledge I possess everyone else can acquire, but my heart is all my own.

내가 소유한 모든 지식은 다른 누구나 습득할 수 있으나, 나의 마음은 전부 나 자신의 것이다.
- **possess** ⓥ 소유하다, 지니다, 갖추다
- **acquire** ⓥ (노력·능력으로) 습득하다[얻다], 획득[취득]하다

possess의 명사형인 possession

Johann Wolfgang von Goethe 요한 볼프강 폰 괴테 (1749~1832) 독일의 작가. 독일의 대문호로 독일문학을 세계적 수준으로 올렸다는 평가를 받는다. 대표작은 〈Die Leiden des jungen Werthers 젊은 베르테르의 슬픔〉, 〈Faust 파우스트〉 등이 있다.

348. Happiness resides not in possessions, and not in gold, happiness dwells in the soul.

행복은 소유물에도, 황금에도 존재하지 않는다. 행복은 영혼에 존재한다.
- **reside** ⓥ 거주하다, (성질이) 존재하다
- **residence** ⓝ 거주(지), 주택
- **resident** ⓐ 거주하는
  ⓝ 주민, 거주자, (호텔 등의) 투숙객
- **possession** ⓝ 소유, (pl.) 소유물[재산]
- **dwell** ⓥ 거주하다, 살다, (어떤 상태에) 머무르다
- **dwelling** ⓝ 거주(지), 주택

dwell과 abide는 유의어

Democritus 데모크리토스 (BC 460~370) 그리스의 철학자. 원자(atom) 단위를 처음 사용했으며 세계는 원자로 이루어진 꽉 찬 공간과 텅 빈 공간으로 이루어진다고 주장했다.

349. A friend is one soul (abiding) in two bodies.

친구란 두 몸에 머무르는 하나의 영혼이다.
- **abide** ⓥ 머무르다, 살다, ~을(by) 준수하다, 지키다
- **abiding** ⓐ 영구적인, 오래 지속되는
- law-abiding ⓐ 준법의, 법을 (잘) 지키는

abide와 inhabit은 유의어

Diogenes 디오게네스 (BC 412~323) 그리스의 철학자.
가난하지만 부끄럽지 않은 생활을 했으며, 알렉산더 대왕이 찾아와 소원을 물으니 햇빛을 가리지 말고 비켜 달라고 했던 일화가 유명하다.

350. Love is composed of a (single) soul (inhabiting) two bodies.

사랑은 두 몸에 거주하는 하나의 영혼으로 구성되어 있다.
- **compose** ⓥ 구성하다, 작성하다, 작문[작곡]하다
- composition ⓝ 구성(물), 작품, 작문, 작곡
- **single** ⓐ (단) 하나의, 혼자의, 독신의
  - ⓝ 단일, 한 개, 한 사람, 독신자
  - ⓥ 골라내다, 선발하다
- **inhabit** ⓥ 살다, 거주[서식]하다
- inhabitant ⓝ 주민, 거주자

single의 파생어인 singular

Aristotle 아리스토텔레스 (BC 384~322) 그리스의 철학자.
물리학, 생물학, 시학, 수사학, 논리학, 윤리학, 정치학 등의 다양한 분야에 명저를 남겨 서양 철학의 발전에 커다란 기여를 했다.

351. Love is not (singular) except in syllable.

사랑은 음절에서를 제외하고는 단수형이 아니다.
- **singular** ⓐ 남다른, 특이한, 뛰어난, 단수형의
  - ⓝ 단수형
- plural ⓐ 복수의, 다원적인
  - ⓝ 복수형
- **syllable** ⓝ 음절, 말 한 마디

singular의 부사형인 singularly

Marvin Taylor 마빈 테일러 (?~) 미국의 가수.
대표곡은 〈Love is Alive〉 등이 있다.

352. I find that (nonsense), at times, is (singularly) refreshing.

나는 터무니없는 생각이, 가끔은, 몹시 참신하다는 것을 알았다.
nonsense ⓝ 터무니없는 생각[말], 허튼소리[짓]
at times 가끔은, 때로는
singularly ⓐⓓ 특이하게, 아주, 몹시
refreshing ⓐ 참신한, 신선한, 상쾌하게 하는
refresh ⓥ 새롭게 하다, 상쾌하게 하다

동일어
nonsense

Charles Maurice de Talleyrand 샤를 모르스 드 탈레랑 (1754~1838) 프랑스의 외교관.
루이 16세 때부터 프랑스혁명, 나폴레옹, 루이 18세, 샤를 10세, 루이 필립 시기까지 외교관을 지냈다.
유럽 역사에서 가장 융통성 있는 외교관이었다고 한다.

353. Forgive me my (nonsense) as I also forgive the nonsense of those who think they talk sense.

내 터무니없는 말에 대해 나를 용서하라. 왜냐하면 나 역시 그들이 이치에 닿는 말을 한다고 생각하는 사람들의 터무니없는 말을 용서하기 때문이다.
forgive ⓥ 용서하다, (빚 등을) 탕감하다
forgive A (for) B A를 B에 대해 용서하다
sense ⓝ 감각, 느낌, 분별(력) ⓥ (감각으로) 느끼다
talk sense 이치에 닿는 말을 하다
sensitive ⓐ 민감한, 예민한
sensible ⓐ 분별 있는, 느낄 수 있는

nonsense는
곧 단어의
정의로부터의
해방

Robert Frost 로버트 프로스트 (1874~1963) 미국의 시인.
농민의 삶과 자연을 노래했으며 대표작은 〈Acquainted with the Night 밤으로의 여행〉 등이 있다.

354. (Poets) are soldiers that liberate words from the steadfast possession of definition.

시인들은 단어들을 정의의 확고부동한 소유로부터 해방시키는 병사들이다.
poet ⓝ 시인
poem ⓝ 시, 운문
soldier ⓝ 병사, 군인
liberate ⓥ 해방시키다, 자유롭게 만들다
steadfast ⓐ 확고부동한, 변함없는
definition ⓝ 정의, 선명도

동일어
poet

Eli Khamarov 엘리 카마로프 (1948~) 영국의 작가.
풍자적인 글을 주로 썼으며 그의 삶을 다룬 영화 〈The Admirable Life of Eli Khamarov 엘리 카마로프의 감탄할 만한 삶〉도 있다.

355. (Poets) and heroes are of the same race, the latter do what the former (conceive).

시인들과 영웅들은 같은 부류다. 후자는 전자가 구상한 것을 행한다.

- **race** ⓝ 인종, 민족, 혈통, 부류, 경주
  - ⓥ 경주하다, 질주하다
- **racial** ⓐ 인종(상)의
- **latter** ⓝ (둘 중에서) 후자
  - ⓐ (시간적으로) 후반의, 후자의
- **former** ⓝ (둘 중에서) 전자
  - ⓐ 전(前)의, 전자의, 예전의, 과거의
- **conceive** ⓥ (~라고) 생각하다, 구상[착상]하다, (생각, 의견, 원한 등을) 품다, 임신하다

conceive의 명사형인 concept

Alphonse de Lamartine 알퐁스 드 라마르틴 (1790~1869) 프랑스의 작가, 정치가.
대표작은 《Méditations poétiques 명상시집》 등이 있다.

356. I first learned the (concepts) of (non-violence) in my marriage.

나는 비폭력주의의 개념들을 내 결혼 생활에서 처음 배웠다.

- **concept** ⓝ 개념, 구상
- **conception** ⓝ 개념, 구상, 착상, 임신
- **non-violence** ⓝ 비폭력(주의)

non-violence는 violence에 접두사 non-이 붙은 파생어

Mahatma Gandhi 마하트마 간디 (1869~1948 본명 Mohandas Karamchand Gandhi)
인도의 철학자, 정치가.
인도 건국의 아버지로 식민지 인도의 독립을 위해 비폭력 및 불복종 운동을 전개했다.

357. (Violence) is like a weed – it does not die even in the greatest drought.

폭력은 잡초와 같다 – 그것은 가장 심각한 가뭄에서조차 죽지 않는다.

- **violence** ⓝ 폭력, 폭행, 격렬함
- **weed** ⓝ 잡초, 〈속어〉 마리화나
  - ⓥ 잡초를 없애다, 김매다
- **drought** ⓝ 가뭄

violence의 형용사형인 violent

Simon Wiesenthal 시몬 비젠탈 (1908~2005) 오스트리아의 건축가.
홀로코스트의 생존자이며 이후 나치가 행한 범죄 및 관련자 고발에 힘을 쏟았다.

358. The most (violent) (element) in society is ignorance.

사회에서 가장 폭력적인 요소는 무지이다.
violent   ⓐ 폭력적인, 난폭한, 격렬한
element   ⓝ 요소, (기본) 성분, 원소
society   ⓝ 사회, 모임, 상류 사회, 사교(계), 교제
           ⓐ 상류 사회[사교계]의

element의 형용사형인 elementary

Emma Goldman 에마 골드만 (1869~1940) 러시아 출신의 미국 무정부주의자, 작가.
산아제한 운동, 반전활동 등을 펼치다 투옥되었고 러시아로 강제 송환되었으나 소비에트 정부에도 반대하여 영국·미국·캐나다 등지에서 살았다.

359. Civic education and civic responsibility should be taught in (elementary) school.

시민 교육과 시민으로서의 책임은 초등학교에서 가르쳐져야 한다.
civic   ⓐ 시의, 시립의, 시민의, 공민의, 시민[공민]으로서의
responsibility ⓝ 책임, 부담
responsible   ⓐ (~에(for)) 책임이 있는, (~의(for)) 원인이 되는, 책임감 있는
elementary   ⓐ 기본이 되는, 초보의, 초등학교의

elementary와 rudimentary는 유의어

Donna Brazile 도나 브래질 (1959~) 미국의 교수.
여러 명의 미국 민주당 후보의 대통령 선거 운동을 도왔으며 CNN, ABC 등을 비롯한 많은 방송에서 정치 분석가로 활동 중이다.

360. Morality, as has often been pointed out, is antecedent to religion – it even exists in a (rudimentary) form among animals.

도덕은, 자주 지적되어 왔듯이, 종교에 선행한다 – 그것은 초보적인 형태로 동물들 사이에서조차 존재한다.
morality   ⓝ 도덕, (도)덕성, 교훈
point out   지적하다, 가리키다
antecedent   ⓐ 선행하는, 이전의
             ⓝ 선행 사건, 선조, 〈문법〉 선행사
rudimentary ⓐ 초보적인, 가장 기본[기초]적인
rudiment   ⓝ (pl.) 기본[기초], 초보

Herbert Read 허버트 리드 (1893~1968) 영국의 시인, 비평가.
실존주의적 관점에서 예술 비평을 했으며 대표작은 〈The Meaning of Art 예술의 의미〉 등이 있다.

UPGrade Check Up
영작 및 말하기 연습

331. 당신이 해야 하는 것을 실행할 것을 결심하라; 당신이 결심한 것을 틀림없이 실행하라.

332. 모든 연인들은 그들이 할 수 있는 이상의 실행을 맹세한다.

333. 로맨스는 허구와 사랑의 자식으로 우아하게 정의된다.

334. 소설이나 현실에서나 정정하기에 너무 늦은 법은 결코 없다.

335. 인간의 행동은 어느 정도 수정될 수 있지만, 인간의 본성은 변화될 수 없다.

336. 짧게 말해진 것은 이내 수정된다. 결코 하나를 뺄 시간은 없지만, 언제나 한 단어를 덧붙일 시간은 있다.

337. 개혁은 악습의 교정이다; 혁명은 권력의 이전이다.

338. 모두들 어리석을 권리는 있다; 어떤 사람들은 단지 그 특권을 남용한다.

Key Word

331. resolve, perform, ought, without fail
332. swear, performance, able
333. romance, elegantly, define, offspring, fiction, love
334. fiction, life, revise
335. action, modify, to some extent, nature
336. amend, add, withdraw
337. reform, correction, abuse, revolution, transfer
338. right, stupid, abuse, privilege

Answer

331. Resolve to perform what you ought; perform without fail what you resolve.
332. All lovers swear more performance than they are able.
333. Romance has been elegantly defined as the offspring of fiction and love.
334. It's never too late – in fiction or in life – to revise.
335. Human action can be modified to some extent, but human nature cannot be changed.
336. Little said is soon amended. There is always time to add a word, never to withdraw one.
337. A reform is a correction of abuses; a revolution is a transfer of power.
338. Everyone has a right to be stupid; some people just abuse the privilege.

먼저 오른쪽 박스 안의 키워드를 참고하여 왼쪽의 한글을 영작해 보세요. 이후 키워드를 가린 채 왼쪽의 한글만 보고 영어로 소리 내어 말해 보세요.

339. 글을 모르는 왕은 왕관을 쓴 멍청이다.

340. 왕좌는 벨벳으로 덮인 자리에 불과하다.

341. 사랑은 보험에 의해 결코 보상되지 않는 유일한 종류의 불이다.

342. 교육은 불꽃을 불붙이는 것이지 그릇을 채우는 것이 아니다.

343. 하나의 작은 불똥에서 하나의 강력한 불길이 타오른다.

344. 작은 기회들이 종종 거대한 기업들의 시작이다.

345. 기회들은 붙잡히면 배가한다.

346. 오늘날 지식은 힘을 지닌다. 그것은 기회와 진보로의 접근을 통제한다.

347. 내가 소유한 모든 지식은 다른 누구나 습득할 수 있으나, 나의 마음은 전부 나 자신의 것이다.

Key Word
UpGrade Check - Up
Important Word

339. illiterate, crowned, ass
340. throne, bench, cover, velvet
341. fire, cover, insurance
342. kindle, flame, fill, vessel
343. spark, burst, mighty, flame
344. opportunity, beginning, enterprise
345. opportunity, multiply, seize
346. knowledge, control, access, opportunity, advancement
347. knowledge, posses, acquire, own

Answer

339. An illiterate king is a crowned ass.
340. A throne is only a bench covered with velvet.
341. Love is the only kind of fire which is never covered by insurance.
342. Education is the kindling of a flame, not the filling of a vessel.
343. From a little spark bursts a mighty flame.
344. Small opportunities are often the beginning of great enterprises.
345. Opportunities multiply as they are seized.
346. Today knowledge has power. It controls access to opportunity and advancement.
347. All the knowledge I possess everyone else can acquire, but my heart is all my own.

UPGrade Check Up
영작 및 말하기 연습

348. 행복은 소유물에도, 황금에도 존재하지 않는다. 행복은 영혼에 존재한다.

　　　.

349. 친구란 두 몸에 머무르는 하나의 영혼이다.

　　　.

350. 사랑은 두 몸에 거주하는 하나의 영혼으로 구성되어 있다.

　　　.

351. 사랑은 음절에서를 제외하고는 단수형이 아니다.

　　　.

352. 나는 터무니없는 생각이, 가끔은, 몹시 참신하다는 것을 알았다.

　　　.

353. 내 터무니없는 말에 대해 나를 용서하라. 왜냐하면 나 역시 그들이 이치에 닿는 말을 한다고 생각하는 사람들의 터무니없는 말을 용서하기 때문이다.

　　　.

354. 시인들은 단어들을 정의의 확고부동한 소유로부터 해방시키는 병사들이다.

　　　.

355. 시인들과 영웅들은 같은 부류다. 후자는 전자가 구상한 것을 행한다.

　　　.

Key Word
UpGrade Check - Up
Important Word

348. reside, possession, dwell, soul

349. soul, abide, body

350. love, compose, soul, inhabit, body

351. love, singular, except, syllable

352. nonsense, at times, singularly, refreshing

353. forgive, nonsense, sense

354. poet, soldier, liberate, steadfast, possession, definition

355. poet, hero, race, latter, former, conceive

Answer

348. Happiness resides not in possessions, and not in gold, happiness dwells in the soul.
349. A friend is one soul abiding in two bodies.
350. Love is composed of a single soul inhabiting two bodies.
351. Love is not singular except in syllable.
352. I find that nonsense, at times, is singularly refreshing.
353. Forgive me my nonsense as I also forgive the nonsense of those who think they talk sense.
354. Poets are soldiers that liberate words from the steadfast possession of definition.
355. Poets and heroes are of the same race, the latter do what the former conceive.

356. 나는 비폭력주의의 개념들을 내 결혼 생활에서 처음 배웠다.

357. 폭력은 잡초와 같다 – 그것은 가장 심각한 가뭄에서조차 죽지 않는다.

358. 사회에서 가장 폭력적인 요소는 무지이다.

359. 시민 교육과 시민으로서의 책임은 초등학교에서 가르쳐져야 한다.

360. 도덕은, 자주 지적되어 왔듯이, 종교에 선행한다 – 그것은 초보적인 형태로 동물들 사이에서조차 존재한다.

Key Word
UpGrade Check - Up
Important Word

356. concept, non-violence, marriage

357. violence, weed, die, drought

358. violent, society, element, ignorance

359. civic, responsibility, elementary

360. morality, point out, antecedent, exist, rudimentary

Answer

356. I first learned the concepts of non-violence in my marriage.
357. Violence is like a weed – it does not die even in the greatest drought.
358. The most violent element in society is ignorance.
359. Civic education and civic responsibility should be taught in elementary school.
360. Morality, as has often been pointed out, is antecedent to religion – it even exists in a rudimentary form among animals.

The secret of your future is hidden in your daily routine.

— Mike Murdock

361. Success is a lousy teacher. It (seduces) smart people into thinking they can't lose.

성공은 형편없는 교사다. 그것은 똑똑한 사람들을 유혹하여 그들은 패할 수 없다고 생각하게끔 한다.
lousy ⓐ 형편없는, (아주) 안 좋은, 엉망인
seduce ⓥ 유혹하다, (감언이설로) 꾀다
seduction ⓝ 유혹, 매혹

seduce와 tempt는 유의어

Bill Gates 빌 게이츠 (1955~) 미국의 기업인.
Microsoft사를 설립하고 운영체제 프로그램인 윈도즈(Windows) 시리즈를 내놓아 개인용 컴퓨터의 대중화에 큰 기여를 했다.

362. Everything (tempts) the man who fears temptation.

유혹을 두려워하는 자에게는 모든 것이 유혹한다.
tempt ⓥ 유혹하다, 부추기다
temptation ⓝ 유혹(물)

tempt와 lure는 유의어

French Proverb 프랑스 속담

363. It is a man's own mind, not his enemy or foe, that (lures) him to evil ways.

사람의 스스로의 마음이, 그의 적이나 적수가 아닌, 그를 사악한 길들로 꾀어낸다.
enemy ⓝ 적, 적대자, 적군
foe ⓝ 적수, 적, 원수
lure ⓥ 꾀어내다, 유인[유혹]하다 ⓝ 유인 장치, 유혹(물)

lure하는 것이 bait

Buddha 붓다 (BC 563?~483? 본명 Gautama Siddhārtha) 인도의 성자.
왕자로 태어났으나 삶은 고통으로 이루어져 있음을 알고 이를 벗어나기 위해 출가했다. 후에 깨달음을 얻고 불교를 창시했다.

364. Beauty without grace is the hook without the bait.

품위 없는 아름다움은 미끼 없는 낚싯바늘이다.
hook ⓝ 갈고리, 낚싯바늘, 갈고리 모양의 것
ⓥ 갈고리로[에] 걸다
bait ⓝ 미끼, 꾀는 것, 유혹물
ⓥ 미끼를 달다, 미끼로 꾀다, 유혹하다

동일어 beauty

Ralph Waldo Emerson 랄프 왈도 에머슨 (1803~1882) 미국의 철학자, 작가.
초월주의 운동을 주도했으며 대표작은 〈Nature 자연론〉, 〈Essays 에세이집〉 등이 있다.

365. Beauty without virtue is like a rose without scent.

덕 없는 아름다움은 향기 없는 장미와 같다.
virtue ⓝ 미덕, 덕, 장점, 가치
scent ⓝ 향기, 향내, 냄새

rose는 flower의 한 종류

Proverb 속담

366. Friends are flowers that never fade.

친구들이란 결코 시들지 않는 꽃들과 같다.
fade ⓥ 시들다, 서서히 사라지다, (빛깔이) 바래다

fade와 wither는 유의어

Evelyn Loeb 에블린 러브 (?~) 미국의 작가.
대표작은 〈Shoot for the Moon 달을 향해 쏴라〉 등이 있다.

367. What blossoms beautifully, withers fast.

아름답게 꽃 피는 것은 빨리 시든다.
blossom ⓥ 꽃 피다, 번영하다
ⓝ (특히 과수의) 꽃, 개화
wither ⓥ 시들다, 쇠퇴하다, 시들게 하다

blossom과 bloom은 유의어

Proverb 속담

368. If your heart is a volcano, how shall you expect flowers to bloom?

당신의 마음이 화산이라면, 어떻게 꽃들이 피기를 기대할 수 있는가?
volcano ⓝ 화산
expect ⓥ 기대하다, 예상하다
bloom ⓥ 꽃을 피우다, 꽃피다
ⓝ (특히 관상용 식물의) 꽃

동일어 expect

Kahlil Gibran 칼릴 지브란 (1883~1931) 레바논 출신의 미국 작가.
'영혼의 순례자'로 일컬어지며 대표작은 〈The Prophet 예언자〉 등이 있다.

369. What we anticipate seldom occurs, what we least expected generally happens.

우리가 예상하는 것은 좀처럼 일어나지 않으며, 우리가 가장 덜 기대하는 것이 대개 일어난다.
anticipate ⓥ 예상하다, 기대[고대]하다
anticipation ⓝ 예상, 기대
seldom ⓐⓓ 드물게, 좀처럼 ~하지 않는
occur ⓥ 일어나다, 발생하다, (생각이) 머리에 떠오르다
least ⓐⓓ 가장 덜[적게, 작게], 최소로
ⓐ 가장 적은[작은], 최소(의)
generally ⓐⓓ 일반적으로, 대개, 개괄적으로

동일어 happen

Benjamin Disraeli 벤저민 디즈레일리 (1804~1881) 영국의 정치가, 작가.
영국의 총리를 지냈으며 근대 보수당의 성립에 커다란 기여를 했다.

370. We know nothing of what will happen in future, but by the analogy of experience.

우리는 미래에 무슨 일이 일어날지 아무것도 모른다, 경험의 유추에서를 제외하면.
analogy ⓝ 유추(법), 유사점

동일어 future

Abraham Lincoln 에이브라함 링컨 (1809~1865) 미국의 제16대 대통령.
재임 시 노예 해방을 이루었고 남북전쟁에서 북군을 승리로 이끌었으며 미국 민주주의의 확립에 커다란 기여를 했다.

371. The secret of your (future) is hidden in your daily (routine).

당신 미래의 비밀은 당신의 하루하루 판에 박힌 일상에 숨겨져 있다.
- hidden ⓐ 숨겨진, 숨은, 감춰진, 은닉한
- daily ⓐ 매일의, 일간(日刊)의, 일당(日當)의
- routine ⓝ (판에 박힌) 일상, 일상적인 틀
  ⓐ 판에 박힌, 일상적인, 정례적인

Mike Murdock 마이크 머독 (1946~ 본명 Michael Dean Murdock) 미국의 성직자, 작가. 대표작은 〈The Leadership Secrets of Jesus 예수의 리더십 57가지 비밀〉 등이 있다.

routine은 정해진 시간에 어떤 일을 하는 habit

372. Good (habits), once established, are just as hard to break as are bad habits.

좋은 습관들은 일단 확립되면 나쁜 습관들처럼 아주 끊기 어렵다.
- once ⓒ 일단 (~)하면, (~)하자마자
  ⓐⓓ 한 번, 한때, 언젠가
- established ⓐ 확립된, 정착된, 기존[기정]의
- establish ⓥ 설립[창립, 수립]하다, (법 등을) 제정하다, 확립하다, 자리 잡게 하다

Robert Puller 신원 미상

동일어 habit

373. Bad (habits) indulged in become (crimes).

탐닉된 나쁜 습관들은 범죄들이 된다.
- indulge ⓥ (~에(in)) 탐닉하다, 빠지다, (욕망 등을) 만족시키다, 버릇없이 기르다
- crime ⓝ 범죄, 범행, 죄악

Proverb 속담

동일어 crime

374. Society prepares the (crime), the criminal commits it.

동일어
crime

사회는 범죄를 준비하며, 범죄자는 그것을 저지른다.
prepare ⓥ 준비하다[시키다], 각오하다[시키다]
criminal ⓝ 범죄자, 범인
ⓐ 범죄의, 형사상의
commit ⓥ (죄, 과실 등을) 저지르다[범하다], 위탁[위임]하다, (엄숙히) 약속하다, 헌신[전념]하다, 수용[수감]하다

Henry Thomas Buckle 헨리 토마스 버클 (1821~1862) 영국의 역사가.
병약하여 정규교육을 받지 못했지만 어학의 천재였다고 한다. 대표작은 〈History of Civilization in England 영국문명사〉 등이 있다.

375. (History) is only the register of (crimes) and misfortunes.

동일어
history

역사는 단지 범죄들과 불행한 일들의 등록부일 뿐이다.
register ⓝ 등록[등기]부, 등기기, 자동 기록기
ⓥ 기재하다, 등록[등기]하다
registration ⓝ 기재, 등록, 등기
misfortune ⓝ 불행[불운](한 일)

Voltaire 볼테르 (1694~1778 본명 François-Marie Arouet) 프랑스의 작가, 철학자.
계몽사상가로 백과전서파의 한 사람이며 대표작으로 〈Zadig 자디그〉 등이 있다.

376. (Biography) is the only true (history).

동일어
biography

전기는 유일한 진정한 역사이다.
biography ⓝ 전기, 일대기
autobiography ⓝ 자서전

Thomas Carlyle 토마스 칼라일 (1795~1881) 영국의 역사가.
역사에서 영웅의 역할을 강조했으며 대표작은 〈The French Revolution 프랑스 혁명〉 등이 있다.

377. One good anecdote is (worth) a volume of (biography).

하나의 좋은 일화는 한 권의 전기만큼의 가치가 있다.
anecdote ⓝ 일화, 기담
worth ⓐ ~의[할 만한] 가치가 있는
　　　　 ⓝ 가치, 값어치
volume ⓝ 부피, 용량, 양, 음량, 책, (책의) 권
biography ⓝ 전기, 일대기

동일어
worth

William Ellery Channing 윌리엄 엘러리 채닝 (1780~1842) 미국의 성직자.
칼뱅주의에 반대하고 인간성에 있어서의 신의 내재를 주장했다. 대표작은 미국 문학의 독립선언이라고 할 수 있는 〈Remarks on a National Literature 미국 국민문학론〉 등이 있다.

378. One loyal friend is (worth) ten thousand (relatives).

한 명의 충실한 친구는 만 명의 친척만 한 가치가 있다.
loyal ⓐ 충성스러운, 충실한, 성실한
worth ⓐ ~의[할 만한] 가치가 있는
　　　　 ⓝ 가치, 값어치
relative ⓝ 친척, 동족
　　　　　 ⓐ 상대적인, 비교상의, 관계 있는, 관련된

relative, related는 relate에서 나온 단어

Euripides 에우리피데스 (BC 484~406) 그리스의 작가.
고대 그리스의 3대 비극시인의 한 사람으로 대표작은 〈Kyklopes 키클로프스〉 등이 있다.

379. A man is (related) to all (nature).

사람은 모든 자연과 관계 있다.
related ⓐ (~와(to)) 관계 있는, 관련된, 친척의
relate ⓥ 이야기하다, 관계시키다, 관련이 있다

동일어
nature

Ralph Waldo Emerson 랄프 왈도 에머슨 (1803~1882) 미국의 철학자, 작가.
초월주의 운동을 주도했으며 대표작은 〈Nature 자연론〉, 〈Essays 에세이집〉 등이 있다.

:: 175

380. Human society (sustains) itself by transforming (nature) into garbage.

인간 사회는 자연을 쓰레기로 변형시키면서 스스로를 지속시킨다.

sustain	ⓥ 떠받치다, 지속[지탱, 계속]시키다, (무게, 고난 등을) 견디다
transform	ⓥ 완전히 바꿔 놓다, 변형시키다
transformation	ⓝ (완전한) 변화[탈바꿈], 변형
garbage	ⓝ (음식물, 휴지 등의) 쓰레기, 쓰레기장[통]

sustain과 suspend는 sus-가 공통

Mason Cooley 메이슨 쿨리 (1927~2002) 미국의 작가.
대표작은 〈Aphorisms of the All-Too-Human 모두가 너무나 인간적인 경구〉 등이 있다.

381. The best of men cannot (suspend) their (fate); The good die early, and the bad die late.

사람들 중 최고는 그들의 죽음을 유예할 수 없다; 좋은 사람들은 일찍 죽고, 나쁜 사람들은 늦게 죽는다.

suspend	ⓥ 매달다, 유예[중단]하다, 연기[유보]하다, 정직[정학]시키다
suspension	ⓝ 유예, 연기, 출장 정지, 정직, 정학
fate	ⓝ 운명, 숙명, (종종 F-) 죽음

동일어 fate

Daniel Defoe 다니엘 디포 (1660~1731) 영국의 작가.
영국 근대소설의 개척자로 대표작은 〈Robinson Crusoe 로빈슨 크루소〉 등이 있다.

382. We may be (partial), but (Fate) is not.

우리는 불공평할 수 있으나, 죽음은 그렇지 않다.

partial	ⓐ 부분적인, 일부분의, 불공평한, 편파적인

partial과 impartial은 반의어

Ralph Waldo Emerson 랄프 왈도 에머슨 (1803~1882) 미국의 철학자, 작가.
초월주의 운동을 주도했으며 대표작은 〈Nature 자연론〉, 〈Essays 에세이집〉 등이 있다.

383. I can promise to be (sincere), but not to be (impartial).

나는 참될 것을 약속할 수는 있지만, 어느 한 편에도 치우치지 않을 것을 약속할 수는 없다.

sincere와 earnest는 유의어

promise	ⓥ	약속하다, ~의 징조를 보이다
	ⓝ	약속, (성공할) 장래성, (좋은 일이 있을) 징조
promising	ⓐ	장래성 있는, 유망한
sincere	ⓐ	참된, 진실의, 진심의, 성실한
sincerity	ⓝ	정직, 진심, 성실
impartial	ⓐ	어느 한 편에 치우치지 않은, 공평한, 공정한

Johann Wolfgang von Goethe 요한 볼프강 폰 괴테 (1749~1832) 독일의 작가.
독일의 대문호로 독일 문학을 세계적 수준으로 올렸다는 평가를 받는다. 대표작은 《Die Leiden des jungen Werthers 젊은 베르테르의 슬픔》, 《Faust 파우스트》 등이 있다.

384. Act in (earnest) and you will become earnest in all you do.

진지하게 행하라, 그러면 당신이 하는 모든 것에 성실하게 될 것이다.

동일어 act

earnest	ⓐ	성실한, 진심 어린, 진지한
in earnest		진지하게, 본격적으로

William James 윌리엄 제임스 (1842~1910) 미국의 심리학자, 철학자.
근대 심리학의 창시자 중의 한 명이며, 대표작은 《The Principles of Psychology 심리학 원리》, 《Pragmatism 프래그머티즘》 등이 있다.

385. Our (acts) make or mar us, we are the children of our own (deeds).

우리의 행동들이 우리를 만들거나 손상시키며, 우리는 우리 자신의 행위들의 산물이다.

동일어 deed

mar	ⓥ	망치다, 손상시키다
deed	ⓝ	행위, 행동, (소유권을 증명하는) 증서

Victor Hugo 빅토르 위고 (1802~1885) 프랑스의 작가.
'프랑스의 대문호'로 불리며 적극적인 사회참여 및 인권운동을 펼쳤다. 대표작은 《Les Misérables 장발장》, 《Notre-Dame de Paris 노트르담의 꼽추》 등이 있다.

386. Don't listen to their words, fix your attention on their (deeds).

그들의 말들을 듣지 말고, 그들의 행위들에 당신의 주의를 집중하라.
- **fix** ⓥ 고정[고착]시키다, (주의, 시선 등을) 집중하다, 수리하다
  ⓝ 곤경, 궁지, 수리
- **attention** ⓝ 주의, 관심, 배려, 차려 자세

말에 혹하지 말아야 하는 이유

Albert Einstein 알버트 아인슈타인 (1879~1955) 독일 출신의 미국 물리학자, 평화운동가. 상대성이론, 광양자설 등의 이론을 발표하여 현대 과학을 급속도로 발전시켰다는 평가를 받고 있으며, 1921년 노벨물리학상을 수상했다.

387. A liar is always lavish of (oaths).

거짓말쟁이는 언제나 맹세들을 아끼지 않는다.
- **liar** ⓝ 거짓말쟁이
- **lavish** ⓐ (~에(of)) 아낌없는, 후한, 낭비하는
  ⓥ 아낌없이 주다, 낭비하다
- **oath** ⓝ 맹세, 서약, 선서
- **take an oath** 맹세[서약, 선서]하다

동일어 oath

Pierre Corneille 피에르 코르네유 (1606~1684) 프랑스의 작가. 프랑스 3대 극작가 중의 한 사람으로 대표작은 《Le Cid 르 시드》 등이 있다.

388. Never take a solemn (oath). People think you (mean) it.

결코 정식 선서를 하지 말라. 사람들은 당신이 진심인 줄로 생각한다.
- **solemn** ⓐ 엄숙한, 장엄한, 근엄한, 격식에 맞는
- **a solemn oath** 정식 선서
- **I mean it = I mean business = I am serious** (농담이 아닌) 진심이야

mean의 명사형인 meaning

George Norman Douglas 조지 노먼 더글러스 (1868~1952) 영국의 작가. 여행기 작가로 유명하며 대표작은 《Siren Land 사이렌이 사는 땅》, 《South Wind 남풍》 등이 있다.

389. Things do not have (meaning). We assign meaning to everything.

사물들은 의미가 없다. 우리가 모든 것에 의미를 부여한다.
- **meaning** ⓝ 뜻, 의미, 중요성
- **meaningful** ⓐ 의미 있는, 의미심장한, 중요한
- **assign** ⓥ 맡기다, 부과[부여]하다, 명하다, 임명하다
- **assignment** ⓝ 할당, 부과, 부여, 임명, 임무, 과제

예를 들어

Anthony Robbins 로버트 앤서니 (1960~) 미국의 심리학자, 컨설턴트.
대표작은 〈The Ultimate Secrets of Total Self-Confidence 나를 믿는 긍정의 힘: 자신감〉 등이 있다.

390. It is a cart if it goes well, otherwise it is but timber.

만약 잘 간다면 그것은 수레이고, 그렇지 않다면 그것은 단지 목재이다.
- **cart** ⓝ 수레, 우마차, 카트
  ⓥ (수레, 차 등으로) 나르다, 끌고 가다
- **otherwise** ⓐⓓ 그렇지 않으면[않았다면], 그 외에는, (~와는) 다르게[달리]
- **timber** ⓝ 목재, 건축용 재목

Indian Proverb 인도 속담

UPGrade Check Up
영작 및 말하기 연습

361. 성공은 형편없는 교사다. 그것은 똑똑한 사람들을 유혹하여 그들은 패할 수 없다고 생각하게끔 한다.

362. 유혹을 두려워하는 자에게는 모든 것이 유혹한다.

363. 사람의 스스로의 마음이, 그의 적이나 적수가 아닌, 그를 사악한 길들로 꾀어낸다.

364. 품위 없는 아름다움은 미끼 없는 낚싯바늘이다.

365. 덕 없는 아름다움은 향기 없는 장미와 같다.

366. 친구들이란 결코 시들지 않는 꽃들과 같다.

367. 아름답게 꽃 피는 것은 빨리 시든다.

368. 당신의 마음이 화산이라면, 어떻게 꽃들이 피기를 기대할 수 있는가?

369. 우리가 예상하는 것은 좀처럼 일어나지 않으며, 우리가 가장 덜 기대하는 것이 대개 일어난다.

Key Word
UpGrade Check - Up
Important Word

361. lousy, seduce, smart, lose
362. tempt, fear, temptation
363. own, enemy, foe, lure, evil
364. beauty, grace, hook, bait
365. beauty, virtue, rose, scent
366. flower, fade
367. blossom, wither
368. volcano, expect, bloom
369. anticipate, seldom, occur, least, expect, generally, happen

---

Answer

361. Success is a lousy teacher. It seduces smart people into thinking they can't lose.
362. Everything tempts the man who fears temptation.
363. It is a man's own mind, not his enemy or foe, that lures him to evil ways.
364. Beauty without grace is the hook without the bait.
365. Beauty without virtue is like a rose without scent.
366. Friends are flowers that never fade.
367. What blossoms beautifully, withers fast.
368. If your heart is a volcano, how shall you expect flowers to bloom?
369. What we anticipate seldom occurs, what we least expected generally happens.

먼저 오른쪽 박스 안의 키워드를 참고하여 왼쪽의 한글을 영작해 보세요. 이후 키워드를 가린 채 왼쪽의 한글만 보고 영어로 소리 내어 말해 보세요.

Key Word
UpGrade Check - Up
Important Word

370. 우리는 미래에 무슨 일이 일어날지 아무것도 모른다, 경험의 유추에서를 제외하면.

371. 당신 미래의 비밀은 당신의 하루하루 판에 박힌 일상에 숨겨져 있다.

372. 좋은 습관들은 일단 확립되면 나쁜 습관들처럼 아주 끊기 어렵다.

373. 탐닉된 나쁜 습관들은 범죄들이 된다.

374. 사회는 범죄를 준비하며, 범죄자는 그것을 저지른다.

375. 역사는 단지 범죄들과 불행한 일들의 등록부일 뿐이다.

376. 전기는 유일한 진정한 역사이다.

377. 하나의 좋은 일화는 한 권의 전기만큼의 가치가 있다.

378. 한 명의 충실한 친구는 만 명의 친척만 한 가치가 있다.

370. happen, analogy, experience
371. future, hidden, daily, routine
372. habit, once, establish, break
373. habit, indulge, crime
374. prepare, crime, criminal, commit
375. history, register, crime, misfortune
376. biography, history
377. anecdote, worth, volume, biography
378. loyal, worth, relative

Answer

370. We know nothing of what will happen in future, but by the analogy of experience.
371. The secret of your future is hidden in your daily routine.
372. Good habits, once established, are just as hard to break as are bad habits.
373. Bad habits indulged in become crimes.
374. Society prepares the crime, the criminal commits it.
375. History is only the register of crimes and misfortunes.
376. Biography is the only true history.
377. One good anecdote is worth a volume of biography.
378. One loyal friend is worth ten thousand relatives.

UPGrade Check Up
영작 및 말하기 연습

379. 사람은 모든 자연과 관계 있다.

380. 인간 사회는 자연을 쓰레기로 변형시키면서 스스로를 지속시킨다.

381. 사람들 중 최고는 그들의 죽음을 유예할 수 없다; 좋은 사람들은 일찍 죽고, 나쁜 사람들은 늦게 죽는다.

382. 우리는 불공평할 수 있으나, 죽음은 그렇지 않다.

383. 나는 참될 것을 약속할 수는 있지만, 어느 한 편에도 치우치지 않을 것을 약속할 수는 없다.

384. 진지하게 행하라, 그러면 당신이 하는 모든 것에 성실하게 될 것이다.

385. 우리의 행동들이 우리를 만들거나 손상시키며, 우리는 우리 자신의 행위들의 산물이다.

386. 그들의 말들을 듣지 말고, 그들의 행위에 당신의 주의를 집중하라.

Key Word
UpGrade Check - Up — Important Word

379. related, nature
380. sustain, transform, nature, garbage
381. suspend, fate, early, late
382. partial, Fate
383. promise, sincere, impartial
384. act, earnest, do
385. act, make, mar, deed
386. word, fix, attention, deed

Answer
379. A man is related to all nature.
380. Human society sustains itself by transforming nature into garbage.
381. The best of men cannot suspend their fate; The good die early, and the bad die late.
382. We may be partial, but Fate is not.
383. I can promise to be sincere, but not to be impartial.
384. Act in earnest and you will become earnest in all you do.
385. Our acts make or mar us, we are the children of our own deeds.
386. Don't listen to their words, fix your attention on their deeds.

387. 거짓말쟁이는 언제나 맹세들을 아끼지 않는다.

.

388. 결코 정식 선서를 하지 말라. 사람들은 당신이 진심인 줄로 생각한다.

.

389. 사물들은 의미가 없다. 우리가 모든 것에 의미를 부여한다.

.

390. 만약 잘 간다면 그것은 수레이고, 그렇지 않다면 그것은 단지 목재이다.

.

387. liar, lavish, oath

388. solemn, oath, mean

389. meaning, assign

390. cart, otherwise, timber

Answer

387. A liar is always lavish of oaths.
388. Never take a solemn oath. People think you mean it.
389. Things do not have meaning. We assign meaning to everything.
390. It is a cart if it goes well, otherwise it is but timber.

Unit 014

Worry **n**ever **r**obs **t**omorrow of **i**ts **s**orrow, **i**t **o**nly **s**aps **t**oday of **i**ts **j**oy.

– Leo F. Buscaglia

391. Thorough preparation makes its own (luck).

동일어 luck

철저한 준비가 <u>스스로의 운을 만든다</u>.
thorough ⓐ 철저한, 완전한, 전적인
preparation ⓝ 준비, 대비, (마음의) 각오

Joe Poyer 조 포이어 (1939~ 본명 Joseph John Poyer) 미국의 작가.
대표작은 〈North Cape 노스 케이프〉 등이 있다.

392. Shallow men believe in (luck). Strong men believe in cause and (effect).

effect의 형용사형인 effective

얄팍한 사람들은 운을 믿는다. 강한 사람들은 원인과 결과를 믿는다.
cause ⓝ 원인, 이유, (정치·사회적 운동의) 대의(명분)[이상]
　　　 ⓥ 야기하다, 초래하다
effect ⓝ 효과, 결과, 영향

Ralph Waldo Emerson 랄프 왈도 에머슨 (1803~1882) 미국의 철학자, 작가.
초월주의 운동을 주도했으며 대표작은 〈Nature 자연론〉, 〈Essays 에세이집〉 등이 있다.

393. The most drastic, and usually the most (effective) remedy for (fear) is direct action.

fear와 보다 근심의 정도가 낮은 worry

두려움에 대한 가장 과감하고 대개 가장 효과적인 해결책은 직접적인 행동이다.
drastic ⓐ 과감한, 급격한, 극단적인
effective ⓐ 효과적인, 실질적인, (법 등이) 시행[발효]되는
remedy ⓝ 치료(약), 해결책　ⓥ 치료하다, 바로잡다
direct ⓐ 직접의, 직접적인, 똑바른, 솔직한
　　　　ⓥ 가리키다, 지시[지도]하다, 이끌다, 감독하다, (주의, 눈 등을) 돌리다

William Burnham 신원 미상

394. Worry never robs tomorrow of its sorrow, it only saps today of its joy.

걱정은 결코 내일의 슬픔을 빼앗지 않으며 단지 오늘의 기쁨만을 약화시킬 뿐이다.
- **rob** ⓥ 빼앗다, 강탈[약탈]하다, (집, 은행 등을) 털다
- **robber** ⓝ 강도, 약탈자
- **sap** ⓥ 수액을 짜내다, 활력을 잃게 하다, 약화시키다
  ⓝ 수액, 활력

동일어 sorrow

Leo F. Buscaglia 레오 F. 버스카글리아 (1924~1998) 미국의 교육학자, 컨설턴트.
사랑에 관한 강연을 통해 Dr. Love(사랑 박사)로도 알려졌으며 대표작은 〈The Fall of Freddie the Leaf 나뭇잎 프레디의 가을〉 등이 있다.

395. It is difficult for sorrow to intrude on a busy life.

슬픔이 바쁜 삶을 침범하기는 어렵다.
- **intrude** ⓥ 억지로 밀고 들어가다, 침해하다, 방해하다

intrude와 invasion은 유의어 – 다른 품사

Anonymous 작자 미상

396. Each new generation is a fresh invasion of savages.

각각의 새로운 세대는 야만인들의 신선한 침입이다.
- **generation** ⓝ 대(代), 세대, (비슷한 연령층의) 사람들, (전기, 열 등의) 발생
- **fresh** ⓐ 신선한, 새로운, 생생한, 상쾌한, 산뜻한, 생기 넘치는, 소금이 안 든
- **invasion** ⓝ 침입, 침략, 침범, 침해, 몰려듦
- **invade** ⓥ 침입[침략]하다, 침범하다, 침해하다
- **savage** ⓝ 야만인
  ⓐ 야만적인, 사나운, 잔인한

invasion과 attack은 유의어

William Hervey Allen 윌리엄 허비 앨런 (1889~1949) 미국의 작가.
대표작은 〈Anthony Adverse 불운의 앤소니〉 등이 있다.

397. There is no adequate defense against massive nuclear attack.

거대한 핵 공격에 대비할 적절한 방어 수단이란 없다.
- **adequate** ⓐ 적절한, 적당한, 충분한
- **defense** ⓝ 방어, 방어 수단, 방비책, 수비, 변호
- *in defense of A* A를 지키기 위해, A를 변호하여
- **massive** ⓐ (육중하면서) 거대한, 매우 큰[심각한]
- **nuclear** ⓐ 핵의, 원자핵[력]의
- **attack** ⓝ 공격, 폭행, 침범
  ⓥ 공격하다, 폭행하다, 침범하다

nuclear와 atomic은 유의어

George Wald 조지 월드 (1906~1997) 미국의 생화학자.
망막의 간상체에 포함된 로돕신이라는 물질을 연구하여 비타민 A가 부족하면 야맹증에 걸린다는 사실을 밝혀냈다. 그 공로로 1967년 노벨의학상을 수상했다.

398. The way to win an atomic war is to make certain it never starts.

핵 전쟁을 이기는 방법은 그것이 결코 일어나지 않도록 확실히 하는 것이다.
- **atomic** ⓐ 원자의, 원자력의, (원자)핵의
- **atom** ⓝ 원자, 극소량
- **certain** ⓐ 확실한, 확신하는, 어떤
- **make certain** 확실히 하다, 확인하다

동일어 war

Omar Bradley 오마 브래들리 (1893~1981) 미국의 장군.
제2차 세계대전 당시 GI General이라 불릴 정도로 용맹스러웠다고 한다.

399. If there is a God, the phrase that must disgust him is – holy war.

만약 하나님이 있다면, 틀림없이 그를 역겹게 만들 구(句)는 – 성전(聖戰)이다.
- **phrase** ⓝ 구(句), 구절, 관용구
  ⓥ (특정한) 말로 표현하다
- **disgust** ⓥ 역겹게 만들다, 혐오감을 유발하다
  ⓝ 역겨움, 혐오감
- **disgusting** ⓐ 역겨운, 혐오스러운
- **holy** ⓐ 성스러운, 신성한, 경건한

holy와 divine은 유의어

Steve Allen 스티브 앨런 (1921~2000) 미국의 코미디언, 작곡가.
'Tonight Show,' 'Steve Allen Show' 등을 진행하여 큰 인기를 얻었고, 8,500곡 이상을 작곡하여 최다 작곡가로 기네스북에 올랐다.

400. The tendency to turn human judgments into divine commands makes religion one of the most dangerous forces in the world.

> 인간의 판단들을 신의 명령들로 바꾸는 경향은 종교를 세상에서 가장 위험한 세력들 중의 하나로 만들었다.
> tendency ⓝ 경향, 성향, 동향, 추세
> judgment ⓝ 판단(력), 재판, 판결, 의견, 견해
> divine ⓐ 신의, 하느님의, 신성한, 거룩한
> command ⓝ 명령, 통솔력, (언어) 구사력, 내려다봄
> ⓥ 명령하다, 통솔하다, 구사하다, 내려다보다
> dangerous ⓐ 위험한, 위험스러운

divine과 sacred는 유의어

Georgia Harkness 조지아 하크니스 (1891~1974) 미국의 신학자, 작가.
여류 신학자 1세대 중의 한 사람이며 대표작은 〈Prayer and the Common Life 기도와 일상의 삶〉 등이 있다.

401. The notion that human life is sacred just because it is human life is medieval.

> 인간의 삶이 단지 인간의 삶이기 때문에 신성하다는 개념은 중세적이다.
> notion ⓝ 개념, 관념, 생각
> sacred ⓐ 신성한, 성스런, 종교의
> medieval ⓐ 중세의, 중세적인, 중세풍의

medieval과 대조되는 modern

Peter Singer 피터 싱어 (1946~) 호주의 철학자, 작가.
환경, 동물 보호 등에 적극적인 활동을 펼치고 있으며 대표작은 〈Animal Liberation 동물 해방〉 등이 있다.

402. Abortion is a sad feature of modern life.

> 낙태는 현대 생활의 한 슬픈 특징이다.
> abortion ⓝ 낙태, 유산
> abort ⓥ 낙태시키다, 유산하다[시키다], (일을) 중단시키다
> feature ⓝ 특징, 특색, 특집 기사[프로그램]
> ⓥ 특징[특색]으로 삼다
> modern ⓐ 현대의, 근대의, 현대적인, 최신의
> modernize ⓥ 현대화하다

feature와 trait는 유의어

Robert Casey 로버트 케이시 (1932~2000) 미국의 정치가.
미국 민주당원으로 특히 Pro-life(낙태 반대) 활동에 적극적이었으며 1987년에서 1995년까지 펜실베니아 주지사였다.

403. The (fatal) (trait) of the times is the divorce between religion and morality.

> 현대의 치명적인 특징은 종교와 도덕 간의 분리이다.
> fatal ⓐ 치명적인, 운명의
> trait ⓝ 특징, 특성
> time ⓝ 때, 시간, 기간, 일생, (pl.) 시대, (the times) 현대
> ⓥ 시간을 재다, 시기에 맞추다
> divorce ⓝ 이혼, 분리
> ⓥ 이혼시키다[하다], 분리시키다

동일어 fatal

Ralph Waldo Emerson 랄프 왈도 에머슨 (1803~1882) 미국의 철학자, 작가.
초월주의 운동을 주도했으며 대표작은 〈Nature 자연론〉, 〈Essays 에세이집〉 등이 있다.

404. Of all forms of caution, caution in (love) is perhaps the most (fatal) to true happiness.

> 모든 형태의 조심 중에, 사랑에서의 조심이 아마도 진정한 행복에 가장 치명적인 것이다.
> caution ⓝ 조심, 경고, 주의
> ⓥ 경고하다, 주의시키다
> cautious ⓐ 조심스러운, 주의하는, 신중한
> precaution ⓝ 조심, 예방 대책[조치], 수단
> fatal ⓐ 치명적인, 운명의

동일어 love

Bertrand Russell 버트런드 러셀 (1872~1970) 영국의 수학자, 논리학자, 철학자, 평화운동가.
다양한 분야의 명저들을 저술했으며 1950년 노벨문학상을 수상했다. 대표작은 〈History of Western Philosophy 서양철학사〉, 〈The Conquest of Happiness 행복의 정복〉 등이 있다.

405. (Love) is the (triumph) of imagination over intelligence.

> 사랑은 지성에 대한 상상력의 승리이다.
> triumph ⓝ (큰) 승리, 승리감, 대성공
> ⓥ 이기다, 승리를 거두다
> imagination ⓝ 상상, 상상력, 창의력, 상상의 산물
> imagine ⓥ 상상하다, 마음에 그리다, (~라고) 생각하다

triumph와 victory는 유의어

Henry Louis Mencken 헨리 루이스 멩켄 (1880~1956) 미국의 문예 비평가.
볼티모어의 현인으로 불렸으며 미국 문화 전반을 비판하면서 미국 문학의 독립을 주장했다. 대표작은 〈The American Language 미국 언어〉 등이 있다.

406. Strategy without tactics is the slowest route to victory. Tactics without strategy is the noise before defeat.

전술 없는 전략은 승리에 이르는 가장 더딘 길이다. 전략 없는 전술은 패배 전의 요란함이다.

- strategy ⓝ 전략, 계획 수립
- tactics ⓝ 전술(학), 술책, 병법
- route ⓝ 길, 노선, 경로, 방법
- noise ⓝ (듣기 싫고 시끄러운) 소리, 소음, 잡음, 시끄러움, 요란함
- noisy ⓐ 시끄러운, 요란한
- defeat ⓝ 패배, 타도, 타파
  - ⓥ 패배시키다, 좌절시키다

동일어 strategy

Sun Tzu 손자(孫子) (BC 544~496 본명 손무(孫武)) 중국의 전략가.
춘추전국시대 오왕 합려를 섬겼으며, 세계 최고의 병법서로 일컬어지는 손자(孫子)를 저술했다.

407. Travel becomes a strategy for accumulating photographs.

여행은 사진들을 모으는 하나의 전략이 된다.

- accumulate ⓥ 축적하다[되다], (장기간에 걸쳐 조금씩) 모으다
- accumulation ⓝ 축적, 누적, 축적물, 모인 재산
- photograph ⓝ 사진
  - ⓥ 사진을 찍다, 촬영하다

photograph와 picture는 유의어

Susan Sontag 수잔 손택 (1933~2004) 미국의 작가.
'대중문화의 퍼스트 레이디'로 불렸으며 대표작은 〈In America 인 아메리카〉, 〈On Photography 사진에 관하여〉 등이 있다.

408. The truth is the best picture, the best propaganda.

진실은 최고의 사진이자 최고의 선전이다.

- picture ⓝ 그림, 사진, 영화, 영상, 화면, 묘사
  - ⓥ 그리다, 마음에 그리다
- propaganda ⓝ (특히 정치적 목적의 허위·과장된) 선전

동일어 picture

Robert Capa 로버트 카파 (1913~1954 본명 Andrei Friedmann) 헝가리의 사진가.
전쟁 사진가로 명성이 높았다. 에스파냐 내란, 중일전쟁, 제2차 세계대전에 참가했으며 특히 연합군의 노르망디 상륙작전 시리즈는 불후의 걸작으로 꼽힌다.

409. The more successful the villain, the more successful the picture.

악한이 보다 성공적일수록, 영화는 보다 성공적이다.
successful ⓐ 성공적인, 성공한, 출세한
villain ⓝ 악한, 악당, 범죄자

Alfred Hitchcock 알프레드 히치콕 (1899~1980) 영국의 영화감독.
서스펜스와 스릴러 영화의 대가로 역사상 최고의 영화감독 중의 한 사람으로 꼽힌다. 대표작은 〈Vertigo 현기증〉, 〈Rope 로프〉, 〈Rear Window 이창〉, 〈Psycho 사이코〉 등이 있다.

같은 구조:
the more~,
the more~

410. The more the fox is cursed, the more prey he catches.

여우가 보다 많이 욕을 먹을수록, 그는 보다 많은 먹이를 잡는다. (욕을 들을수록 더 잘 된다).
curse ⓥ 욕하다, 저주하다, 천벌을 내리다
　　　　ⓝ 욕설, 저주, 천벌
prey ⓝ 먹이, 사냥감, 희생자, 피해자
　　　ⓥ (~을(on)) 잡아먹다, 해치다
catch ⓥ (붙)잡다, 이해하다, (병에) 걸리다, (불이) 붙다
　　　　ⓝ 잡기, 잡은 것

curse와 insult는 유의어

Italian Proverb 이탈리아 속담

411. Reexamine all that you have been told... Dismiss that which insults your soul.

당신이 들어 왔던 모든 것을 재검토하고... 당신의 영혼을 모욕하는 것을 떨쳐 버려라.
reexamine ⓥ 재검토하다, 재검사[재조사]하다, 재시험하다, 재심문하다
examine ⓥ 검토하다, 검사하다, 조사하다, 진찰하다, 시험하다, (법정에서) 심문하다
dismiss ⓥ 해산시키다, 해고하다, (생각 등을) 떨쳐 버리다
dismissal ⓝ 해산, 해고, 면직, (상소 등의) 기각
insult ⓥ 모욕하다, 욕보이다
　　　　ⓝ 모욕(적 언동), 무례
insulting ⓐ 모욕적인, 무례한

동일어 insult

Walt Whitman 월트 휘트먼 (1819~1892) 미국의 시인, 언론인.
초월주의에서 사실주의로의 과도기를 대표하는 작가의 한 사람으로 대표작은 시집 〈Leaves of Grass 풀잎〉 등이 있다.

412. It is often better not to see an (insult) than to (avenge) it.

흔히 모욕에 복수하는 것보다 모욕을 보지 않는 편이 더 낫다.
avenge ⓥ 복수하다, 보복하다

avenge와 revenge는 유의어

Lucius Annaeus Seneca 루키우스 안나이우스 세네카 (BC 4?~AD 39) 로마의 철학자.
로마 제국을 대표하는 지성인으로 꼽히며 네로 황제의 스승이기도 하다. 대표작은 〈De Vita Beata 행복론〉, 〈Epistulae Morales ad Lucilium 도덕서한〉 등이 있다.

---

413. To (refrain) from imitation is the best (revenge).

모방을 삼가는 것이 최고의 복수이다. (욕하면서 그와 비슷한 행동을 한다면 이는 스스로를 욕보이는 것이다.)
refrain ⓥ 삼가다, 그만두다
ⓝ 후렴, 반복구
imitation ⓝ 모방, 가짜, 모조(품)
imitate ⓥ 모방하다, 본뜨다, 흉내내다, 위조하다

refrain과 abstain은 유의어

Marcus Aurelius 마르쿠스 아우렐리우스 (121~180) 로마의 황제, 철학자.
로마의 최고 전성기를 이끈 5현제(五賢帝)의 마지막 황제였으며, 스토아 철학의 정수를 담은 〈Meditations 명상록〉을 남겼다.

---

414. When you (doubt), (abstain).

당신이 의심할 때는, 삼가라.
abstain ⓥ 삼가다, 자제하다, 그만두다, (투표에서) 기권하다

doubt의 형용사형인 doubtful

Ambrose Bierce 앰브로스 비어스 (1842~1914) 미국의 작가, 언론인.
대표작은 〈The Devil's Dictionary 악마의 사전〉 등이 있다.

---

415. A (doubtful) friend is worse than a (certain) enemy.

의심스러운 친구는 확실한 적보다 더 나쁘다.
doubtful ⓐ 의심스러운, 확신이 없는

certain과 sure는 유의어

Aesop 이솝 (BC 620?~560?) 그리스의 우화 작가.
소아시아에서 태어나 노예로 팔려 그리스로 왔으며, 뛰어난 이야기꾼으로 명성을 날렸다.

416. How bold one gets when one is sure of being loved!

사람은 그가 사랑받고 있다는 것을 확신할 때 얼마나 대담해지는가!
bold ⓐ 대담한, 뻔뻔스러운, (선 등이) 굵은
boldness ⓝ 대담(함), 배짱
sure ⓐ (~을(of / about)) 확신하는[틀림없는], 반드시 ~하는, 확실한, 안정된
　　　 ⓐⓓ 물론, 그럼(요), (강조의) 정말, (상대편이 감사할 때) 뭘요

동일어 love

Sigmund Freud 지그문트 프로이트 (1856~1939) 오스트리아의 신경과 의사.
정신분석을 창시했으며 인간의 마음에 무의식이 있다는 것을 밝혔다. 칼 맑스와 함께 20세기 사회에 가장 큰 영향을 끼친 인물로 평가받는다.

417. To learn and never be filled, is wisdom; to teach and never be weary, is love.

배우면서 결코 채워지지 않는 것은 현명함이다; 가르치면서 결코 지치지 않는 것은 사랑이다.
weary ⓐ (몹시) 지친, 피곤한, 싫증난
　　　　 ⓥ 지치다[게 하다], 싫증나다[나게 하다]

동일어 love

Anonymous 작자 미상

418. Love is more afraid of change than destruction.

사랑은 파멸보다는 변화를 보다 두려워한다.
afraid ⓐ (~을(of)) 두려워하는[겁내는], 걱정하는[불안한], 염려하는
destruction ⓝ 파괴, 파멸, 말살

동일어 change

Friedrich Nietzsche 프리드리히 니체 (1844~1900) 독일의 철학자, 작가.
'생의 철학'의 기수이며 실존주의와 포스트모더니즘의 발전에 커다란 영향을 끼쳤다. 대표작은 《Also sprach Zarathustra 차라투스트라는 이렇게 말했다》 등이 있다.

419. Politics is not perfect but it's the best available nonviolent means of changing how we live.

정치는 완전하지 않지만 그것은 우리가 사는 방식을 바꾸는 이용할 수 있는 가장 좋은 비폭력적인 수단이다.

politics ⓝ 정치, 정치학, 정계
available ⓐ 구할[이용할] 수 있는, (사람을 만날) 시간[여유]이 있는
nonviolent ⓐ 비폭력적인, 평화적인
means ⓝ 수단, 방법, (개인의) 재력[재산]

같은 주제

Maynard Jackson 메이나드 잭슨 (1938~2003) 미국의 정치가.
민주당원이며 전 애틀랜타 시장으로 흑인으로서는 처음으로 미국 남부 주요 도시에서 시장으로 당선되었다.

420. The ballot is stronger than the bullet.

투표는 총알보다 강하다.
ballot ⓝ (무기명) 투표, 투표용지
　　　　 ⓥ 투표하다
cast[take] a ballot 투표하다
bullet ⓝ 총알, 총탄, 탄환

Abraham Lincoln 에이브라함 링컨 (1809~1865) 미국의 제16대 대통령.
재임 시 노예 해방을 이루었고 남북전쟁에서 북군을 승리로 이끌었으며 미국 민주주의의 확립에 커다란 기여를 했다.

UPGrade Check Up
영작 및 말하기 연습

391. 철저한 준비가 스스로의 운을 만든다.

392. 얕팍한 사람들은 운을 믿는다. 강한 사람들은 원인과 결과를 믿는다.

393. 두려움에 대한 가장 과감하고 대개 가장 효과적인 해결책은 직접적인 행동이다.

394. 걱정은 결코 내일의 슬픔을 빼앗지 않으며 단지 오늘의 기쁨만을 약화시킬 뿐이다.

395. 슬픔이 바쁜 삶을 침범하기는 어렵다.

396. 각각의 새로운 세대는 야만인들의 신선한 침입이다.

397. 거대한 핵 공격에 대비할 적절한 방어 수단이란 없다.

398. 핵 전쟁을 이기는 방법은 그것이 결코 일어나지 않도록 확실히 하는 것이다.

Key Word
UpGrade Check - Up
Important Word

391. thorough, preparation, luck

392. shallow, luck, cause, effect

393. drastic, effective, remedy, direct

394. worry, rob, sorrow, sap, joy

395. sorrow, intrude, busy

396. generation, fresh, invasion, savage

397. adequate, defense, massive, nuclear, attack

398. win, atomic, certain

Answer

391. Thorough preparation makes its own luck.
392. Shallow men believe in luck. Strong men believe in cause and effect.
393. The most drastic, and usually the most effective remedy for fear is direct action.
394. Worry never robs tomorrow of its sorrow, it only saps today of its joy.
395. It is difficult for sorrow to intrude on a busy life.
396. Each new generation is a fresh invasion of savages.
397. There is no adequate defense against massive nuclear attack.
398. The way to win an atomic war is to make certain it never starts.

먼저 오른쪽 박스 안의 키워드를 참고하여 왼쪽의 한글을 영작해 보세요. 이후 키워드를 가린 채 왼쪽의 한글만 보고 영어로 소리 내어 말해 보세요.

Key Word
UpGrade Check - Up
Important Word

399. 만약 하나님이 있다면, 틀림없이 그를 역겹게 만들 구(句)는 – 성전이다.

400. 인간의 판단들을 신의 명령들로 바꾸는 경향은 종교를 세상에서 가장 위험한 힘들 중의 하나로 만들었다.

401. 인간의 삶이 단지 인간의 삶이기 때문에 신성하다는 개념은 중세적이다.

402. 낙태는 현대 생활의 한 슬픈 특징이다.

403. 현대의 치명적인 특징은 종교와 도덕 간의 분리이다.

404. 모든 형태의 조심 중에, 사랑에서의 조심이 아마도 진정한 행복에 가장 치명적인 것이다.

405. 사랑은 지성에 대한 상상력의 승리이다.

406. 전술 없는 전략은 승리에 이르는 가장 더딘 길이다. 전략 없는 전술은 패배 전의 요란함이다.

399. God, phrase, disgust, holy

400. tendency, judgment, divine, command, dangerous, force

401. notion, sacred, medieval

402. abortion, feature, modern

403. fatal, trait, times, divorce, morality

404. form, caution, love, fatal

405. love, triumph, imagination, intelligence

406. strategy, tactics, route, noise, defeat

Answer

399. If there is a God, the phrase that must disgust him is – holy war.
400. The tendency to turn human judgments into divine commands makes religion one of the most dangerous forces in the world.
401. The notion that human life is sacred just because it is human life is medieval.
402. Abortion is a sad feature of modern life.
403. The fatal trait of the times is the divorce between religion and morality.
404. Of all forms of caution, caution in love is perhaps the most fatal to true happiness.
405. Love is the triumph of imagination over intelligence.
406. Strategy without tactics is the slowest route to victory. Tactics without strategy is the noise before defeat.

UPGrade Check Up
영작 및 말하기 연습

407. 여행은 사진들을 모으는 하나의 전략이 된다.

408. 진실은 최고의 사진이자 최고의 선전이다.

409. 악한이 보다 성공적일수록, 영화는 보다 성공적이다.

410. 여우가 보다 많이 욕을 먹을수록, 그는 보다 많은 먹이를 잡는다.

411. 당신이 들어 왔던 모든 것을 재검토하고... 당신의 영혼을 모욕하는 것을 떨쳐 버려라.

412. 흔히 모욕에 복수하는 것보다 모욕을 보지 않는 편이 더 낫다.

413. 모방을 삼가는 것이 최고의 복수이다.

414. 당신이 의심할 때는, 삼가라.

415. 의심스러운 친구는 확실한 적보다 더 나쁘다.

Key Word
UpGrade Check - Up
Important Word

407. strategy, accumulate, photograph

408. picture, propaganda

409. successful, villain, picture

410. fox, curse, prey, catch

411. reexamine, tell, dismiss, insult

412. insult, avenge

413. refrain, imitation, revenge

414. doubt, abstain

415. doubtful, certain

Answer

407. Travel becomes a strategy for accumulating photographs.
408. The truth is the best picture, the best propaganda.
409. The more successful the villain, the more successful the picture.
410. The more the fox is cursed, the more prey he catches.
411. Reexamine all that you have been told... Dismiss that which insults your soul.
412. It is often better not to see an insult than to avenge it.
413. To refrain from imitation is the best revenge.
414. When you doubt, abstain.
415. A doubtful friend is worse than a certain enemy.

416. 사람은 그가 사랑받고 있다는 것을 확신할 때 얼마나 대담해지는가!

_____.

417. 배우면서 결코 채워지지 않는 것은 현명함이다; 가르치면서 결코 지치지 않는 것은 사랑이다.

_____.

418. 사랑은 파멸보다는 변화를 보다 두려워한다.

_____.

419. 정치는 완전하지 않지만 그것은 우리가 사는 방식을 바꾸는 이용할 수 있는 가장 좋은 비폭력적인 수단이다.

_____.

420. 투표는 총알보다 강하다.

_____.

416. bold, sure

417. fill, wisdom, weary, love

418. love, afraid, change, destruction

419. politics, perfect, available, means, change

420. ballot, bullet

Answer

416. How bold one gets when one is sure of being loved!
417. To learn and never be filled, is wisdom; to teach and never be weary, is love.
418. Love is more afraid of change than destruction.
419. Politics is not perfect but it's the best available nonviolent means of changing how we live.
420. The ballot is stronger than the bullet.

All power tends to corrupt and absolute power corrupts absolutely.

– Lord Acton

Unit 015

421. Friendship is like a bank account. You can't continue to (draw) on it without making deposits.

우정은 은행 계좌와 같다. 당신은 예금하지 않으면서 계속해서 그것으로부터 돈을 인출할 수 없다.

account ⓝ 설명, 이야기, 고려(할 만한 일), 계산(서), (회계) 장부, 계정, 계좌
ⓥ (~라고) 간주하다, (~을(for)) 설명하다, (~의 비율을(for)) 차지하다
take account of A A를 고려[감안]하다
take no account of A A를 무시하다
draw ⓥ 끌어당기다, 끌다, (결론 등을) (끌어)내다, (계좌에서) 돈을 인출하다, (색칠을 하지 않고) 그리다
ⓝ 끌어당김, 끌기, (이목을) 끄는 것, (승부 등의) 비김
deposit ⓝ 예금, 보증금, 침전물
ⓥ (특정한 곳에) 두다, 예금하다, 보증금을 내다, (서서히) 침전시키다

동일어 draw

Anonymous 작자 미상

422. A man's reputation (draws) eyes upon him that will narrowly (inspect) every part of him.

한 사람의 명성은 그의 모든 부분을 면밀히 검사할 그를 향한 눈길들을 끌어당긴다.

reputation ⓝ 명성, 평판
narrowly ⓐⓓ 좁게, 간신히, 가까스로, 면밀히
inspect ⓥ 검사[점검]하다, 사찰[순시]하다
inspection ⓝ 검사, 점검, 사찰, 순시

inspect와 investigate는 유의어

Joseph Addison 조셉 에디슨 (1672~1719) 영국의 작가, 예술 비평가, 정치가.
영국 근대소설의 발전에 커다란 영향을 끼쳤으며 대표작은 〈Cato, a Tragedy 카토, 하나의 비극〉 등이 있다.

423. If you judge, investigate.

만약 당신이 판단한다면, 조사하라. (남의 말만 듣고 판단하지 말고 스스로 조사한 후 판단해야 한다.)

judge	ⓥ 재판하다, 판단하다
	ⓝ 판사, 재판관, 심판, 감정가
investigate	ⓥ 조사[연구]하다, 수사하다
investigation	ⓝ 조사, 연구, 수사

동일어 jidge

Lucius Annaeus Seneca 루키우스 안나이우스 세네카 (BC 4?~AD 39) 로마의 철학자.
로마 제국를 대표하는 지성인으로 꼽히며 네로 황제의 스승이기도 하다. 대표작은 〈De Vita Beata 행복론〉, 〈Epistulae Morales ad Lucilium 도덕서한〉 등이 있다.

424. A corrupt judge is not qualified to inquire into the truth.

부패한 판사는 진실에 대하여 조사할 자격이 없다.

corrupt	ⓐ 타락한, 부패한, 부정된
	ⓥ 타락[부패]시키다, (뇌물로) 매수하다
qualified	ⓐ 자격 있는, 적임의, 제한[한정]된
qualify	ⓥ (~에게) 자격[권한]을 주다, 제한[한정]하다
qualification	ⓝ 자격(증), 자질, 제한, 조건
inquire	ⓥ 묻다, 질문하다, ~에 대하여(into) 조사하다
inquiry	ⓝ 질문, 문의, 연구, 조사

동일어 corrupt

Horace 호라티우스 (BC 65~8) 로마의 시인.
고대 로마의 가장 유명한 시인 중의 한 명으로 특히 Carpe diem, quam minimum credula postero (오늘을 즐겨라, 내일은 가능한 한 믿지 말고)의 시를 남겼다.

425. All power tends to corrupt and absolute power corrupts absolutely.

모든 권력은 부패하는 경향이 있으며 절대 권력은 절대적으로 부패한다.

absolute	ⓐ 절대의, 절대적인, 독재적인, 완전한, 확고한, 무제한의
absolutely	ⓐⓓ 절대적으로, 완전히

corrupt의 명사형인 corruption

Lord Acton 액턴 경 (1834~1902 본명 John Emerich Edward Dalberg Acton) 영국의 역사가.
역사와 관련된 글이나 강의로 유명했으며, 역사란 있었던 사실을 완벽하게 재현해 내는 일종의 과학이라고 주장했다.

426. Corruption never has been compulsory.

타락은 결코 강제적이지 않다. (스스로가 자발적으로 타락하는 것이다.)
corruption ⓝ 타락, 부패
compulsory ⓐ 강제적인, 의무적인, 필수의
compel ⓥ 강제하다, 강요하다, 억지로 시키다

compulsory와 spontaneous는 반의어

Robert Anthony Eden 로버트 앤소니 이든 (1897~1977) 영국의 정치가.
제2차 세계대전 당시 영국의 외무상이었으며 1955년 처칠의 뒤를 이어 총리가 되었다.

427. Pity's tears are spontaneous.

연민의 눈물은 자발적이다.
pity ⓝ 연민, 동정, 불쌍히 여김, 유감스러운[애석한] 일
pitiful ⓐ 가엾은, 불쌍한, 비참한
tear ⓝ (pl.) 눈물
　　 ⓥ 찢다, 찢어지다, 쥐어뜯다, 눈물을 흘리다
spontaneous ⓐ 자발적인, 자연발생적인

tear의 파생어인 teardrop

Anna Cora Mowatt 안나 코라 모왓 (1819~1870) 미국의 작가.
시, 소설, 희곡 등 다양한 분야의 글을 썼으며 연극 배우로도 활동했다. 대표작은 〈Autobiography of an Actress 여배우의 자서전〉 등이 있다.

428. A teardrop on earth summons the King of heaven.

지상의 눈물 방울 하나는 천국의 왕(신)을 불러낸다.
teardrop ⓝ 눈물 방울, 눈물
summon ⓥ 불러내다, 소환하다, 소집하다, 호출하다, (용기 등을 어렵게) 내다
heaven ⓝ 천국, 하늘나라, 낙원
the king of heaven 신
the kingdom of heaven 천국

동일어 heaven

Charles R. Swindoll 찰스 R. 스윈들 (1934~) 미국의 성직자, 작가.
'Insight for Living(삶을 위한 통찰)'이라는 국제적인 라디오방송 프로그램의 설교자이며, 대표작은 〈The Grace Awakening 은혜의 각성〉 등이 있다.

429. True happiness is exotic; its birthplace is in heaven.

진정한 행복은 이국적이다; 그것의 출생지는 천국에 있다.
exotic ⓐ 이국적인, 색다른, 외래의
birthplace ⓝ 출생지, 발상지

동일어 happiness

Anonymous 작자 미상

430. The art of being happy lies in the power of extracting (happiness) from (common) things.

행복해지는 기술은 흔한 것들에서부터 행복을 뽑아내는 힘에 있다.
- extract ⓥ 뽑다, 뽑아내다, 추출하다, 끌어내다, 발췌하다
  ⓝ 추출물, 발췌
- extraction ⓝ 뽑아냄, 추출, 태생, 혈통
- common ⓐ 흔한, 보통의, 공통의, 공유의, 사회 일반의, 일반적인, 통속적인

Henry Ward Beecher 헨리 워드 비처 (1813~1887) 미국의 성직자.
사회운동에도 적극적으로 참여했으며 노예제도 폐지를 이끈 인물 중의 하나로 평가받는다.

common과 commonplace는 유의어

431. Nothing is so (commonplace) as to wish to be remarkable.

비범하기를 소원하는 것만큼 평범한 것은 없다.
- commonplace ⓐ 평범한, 아주 흔한, 진부한
- so A as to B B할 만큼 A하다
- remarkable ⓐ 주목할 만한, 비범한

William Shakespeare 윌리엄 셰익스피어 (1564~1616) 영국의 작가.
역사상 최고의 작가 중 한 명으로 꼽히며 대표작은 〈Hamlet 햄릿〉, 〈Romeo and Juliet 로미오와 줄리엣〉, 〈The Merchant of Venice 베니스의 상인〉 등이 있다.

commonplace와 plain은 유의어

432. Without heroes, we are all (plain) people and don't know how far we can go.

영웅들이 없다면, 우리는 모두 평범한 사람들이며 어디까지 우리가 갈 수 있을지 모른다.
- hero ⓝ 영웅, (남자) 주인공
- heroine ⓝ 여걸, 여주인공
- plain ⓐ 명백한, 분명한, 솔직한, 평범한, 못생긴

Bernard Malamud 버나드 맬러머드 (1914~1986) 미국의 작가.
미국 전후소설의 대표적 작가이며 대표작은 영화로도 제작된 〈The Natural 내추럴〉과 〈Rembrandt's Hat 렘브란트의 모자〉 등이 있다.

plain과 extraordinary는 반의어

433. Do not think that love, in order to be genuine, has to be (extraordinary). What we need is to love without getting tired.

extraordinary와 ordinary는 반의어

사랑이, 참되기 위해, 특별해야 할 것으로 생각하지 마라. 우리에게 필요한 것은 지치지 않고 사랑하는 것이다.

- **in order to A(동사원형)** A하기 위해
- **genuine** ⓐ 진짜의, 진품의, 참된, 진심의
- **extraordinary** ⓐ 유별난, 이례적인, 비상한, 특이한, 특별한

Mother Teresa 테레사 수녀 (1910~1997) 인도의 성직자.
45년 이상 빈민, 환자, 고아 등의 구제에 힘썼으며 1979년 노벨평화상을 수상했다.

434. The (ordinary) man is involved in action, the hero acts. An immense difference.

동일어 ordinary

평범한 인간은 행동에 연관되어 있으며, 영웅은 행동한다. 엄청난 차이이다.

- **ordinary** ⓐ 평범한, 보통의, 일상적인, 통상적인
- **involve** ⓥ (사건·논쟁 등에) 연관[관련, 연루]시키다, (필연적으로) 수반[포함]하다
- **involvement** ⓝ 연관, 관련, 연루
- **immense** ⓐ 엄청난, 어마어마한

Henry Miller 헨리 밀러 (1891~1980) 미국의 작가.
대학 중퇴 후 미국 각지를 방랑하다 소설을 쓰기 시작했으며 대표작은 〈Tropic of Cancer 북회귀선〉, 〈Tropic of Capricorn 남회귀선〉 등이 있다.

435. Every person above the (ordinary) has a certain mission that they are (called) to fulfill.

call의 파생어인 calling

평범한 사람들 이상의 각 사람은 그들이 이행할 것이 요청되는 하나의 특정한 임무를 가진다.

- **mission** ⓝ 임무, 사명, (특별 임무를 맡은) 사절단, 전도(단)
- **fulfill, -fil** ⓥ 이행[수행]하다, 달성하다

Johann Wolfgang von Goethe 요한 볼프강 폰 괴테 (1749~1832) 독일의 작가.
독일의 대문호로 독일 문학을 세계적 수준으로 올렸다는 평가를 받는다. 대표작은 〈Die Leiden des jungen Werthers 젊은 베르테르의 슬픔〉, 〈Faust 파우스트〉 등이 있다.

436. Each person has their own (calling) on this Earth.

각 사람은 이 세상에 그들 자신의 천직을 가진다.
calling ⓝ 천직, 직업, 소명, 소집, 부름

calling과 vocation은 유의어

Billy Ray Cyrus 빌리 레이 사이러스 (1961~) 미국의 가수, 영화배우.
대표곡은 〈Achy Breaky Heart〉 등이 있으며 Miley Cyrus 마일리 사이러스가 딸이다.

437. (Writing) is not a profession but a (vocation) of unhappiness.

글쓰기는 전문직이 아닌 불행한 천직이다.
profession ⓝ 전문직, (지적인) 직업, 공언
professional ⓝ 전문가, 직업 선수
　　　　　　 ⓐ 직업적인, 지적 직업[전문직]에 종사하는
vocation ⓝ 천직, 소명 (의식)
vocational ⓐ 직업상의, 직업과 관련된

동일어 writing

Georges Simenon 조르쥬 심농 (1903~1989) 프랑스의 소설가.
인간 심리의 깊은 면을 통찰하는 독특한 추리 소설을 썼으며 대표작은 〈Maigret 매그레 경감 시리즈〉 등이 있다.

438. Shakespeare was a (dramatist) of note who lived by (writing) things to quote.

셰익스피어는 인용할 것들을 씀으로써 생계를 이었던 저명한 극작가였다.
dramatist ⓝ 극작가, 각본 작가
note ⓝ (짧은) 기록, 쪽지, 짧은 편지, 주석, 지폐, (음악의) 음(표), 주목, 저명
　　　 ⓥ (~에) 주목[주의]하다, 언급하다
live by (~)으로 살다[생계를 잇다, 생활의 지침으로 삼다]
quote ⓥ 인용하다, (남의 말을 그대로) 전달하다[옮기다]
　　　 ⓝ 인용문[구]
quotation ⓝ 인용, 인용문[구]

dramatist와 playwright는 유의어

Henry C. Bunner 헨리 C. 버너 (1855~1896) 미국의 작가, 편집자.
시와 소설을 통해 주로 뉴욕의 전경과 사람들을 그려냈으며 대표작은 〈Zadoc Pine and Other Stories 제이독 파인과 다른 이야기들〉 등이 있다.

439. An actor without a (playwright) is (like) a hole without a doughnut.

동일어
like

극작가 없는 배우는 도넛 없는 구멍과 같다.
playwright ⓝ 극작가, 각본 작가
hole ⓝ 구멍, 결점

George J. Nathan 조지 J. 네이선 (1882~1958) 미국의 연극평론가, 언론인.
많은 신인작가들의 작품을 발굴하고 해외의 새로운 희곡을 소개하여 미국 연극의 발전에 커다란 공헌을 했다.

440. Baseball is (like) church. Many attend few (understand).

동일어
understand

야구는 교회와 같다. 다수가 참석하고 소수가 이해한다.
attend ⓥ 참석[출석]하다, 간호하다, 보살피다, 시중들다, (~에) 귀를 기울이다
attendance ⓝ 참석, 출석, 참석자 수, 참석률, 시중
understand ⓥ 이해하다, 알아듣다, 알다

Leo Durocher 레오 드로셔 (1905~1991) 미국의 야구 선수 및 감독.
메이저리그의 선수 시절에는 특히 수비가 뛰어나 3차례나 올스타에 선정되었으며, 감독으로 통산 2,008승을 기록해 역대 8위에 랭크되었다.

441. I (understand) a fury in your words, but not the words.

understand와
comprehension은
유의어 –
다른 품사

나는 당신의 말들에서 격노하고 있음을 알겠지만, 그 말들은 이해가 안 된다.
fury ⓝ 격노(한 상태), 격렬
in a fury 격노하여
furious ⓐ 격노한, 사납게 날뛰는, 격렬한

William Shakespeare 윌리엄 셰익스피어 (1564~1616) 영국의 작가.
역사상 최고의 작가 중 한 명으로 꼽히며 대표작은 〈Hamlet 햄릿〉, 〈Romeo and Juliet 로미오와 줄리엣〉, 〈The Merchant of Venice 베니스의 상인〉 등이 있다.

442. Neither comprehension nor learning can take place in an atmosphere of anxiety.

이해도 학습도 불안의 분위기에서는 일어나지 않는다.
- **comprehension** ⓝ (충분한) 이해(력), 파악
- **comprehend** ⓥ (충분히) 이해하다, 파악하다
- **take place** 일어나다, 개최되다
- **atmosphere** ⓝ 대기, (특정 공간의) 공기, 분위기
- **anxiety** ⓝ 불안(감), 염려, 걱정(거리), 열망
- **anxious** ⓐ 불안해하는, 염려[걱정]하는, 열망하는

anxiety와 nervous는 유의어 – 다른 품사

Rose Kennedy 로즈 케네디 (1890~1995) 미국의 작가.
미국의 제35대 대통령 존 F. 케네디의 어머니로 헌신적인 자녀 교육으로 유명하다.

443. The sad truth is that excellence makes people nervous.

슬픈 진실은 탁월함이 사람들을 불안하게 한다는 것이다.
- **excellence** ⓝ 탁월(함), 우수(함)
- **nervous** ⓐ 불안해[초조해]하는, 불안한, 신경의, 신경과민의
- **nerve** ⓝ 신경, (pl.) 신경과민, 용기, 담력

동일어 excellence

Shana Alexander 샤나 알렉산더 (1925~2005) 미국의 언론인, 작가.
'Life'誌 및 'Newsweek'誌에 정기적으로 칼럼을 기고하고 CBS의 '60 Minutes'에 고정 출연했다.

444. Excellence is the gradual result of always striving to do better.

탁월함은 언제나 보다 잘하려고 노력하는 것의 점진적인 결과이다.
- **gradual** ⓐ 점진적인, 점차적인, 단계적인
- **result** ⓝ 결과, 성과
  ⓥ (~의 결과로) 발생하다[생기다]
- **strive** ⓥ 노력하다, 힘쓰다, (~와) 싸우다

excellence의 동사형인 excel

Pat Riley 팻 라일리 (1945~) 미국의 농구 감독.
LA레이커스 농구단의 감독이었으며 1990년대 올해의 감독상을 3번 수상했다.

:: 205

445. Everyone excels in something in which another fails.

누구나 다른 사람은 못하는 어떤 것에 뛰어나다.
excel ⓥ 뛰어나다, 탁월하다, 능가하다
fail ⓥ 실패하다, (~하지) 못하다, 낙제하다, 고장나다, 부족하다

Latin Proverb 라틴 속담

그것을 merit라 한다

446. We know our friends by their defects rather than by their merits.

우리는 우리의 친구들을 그들의 장점이 아닌 그들의 단점으로 안다.
defect ⓝ 흠, 결함, 단점, 결손, 부족
　　　　ⓥ 탈퇴하다, 변절하다, 망명하다
merit ⓝ 장점, (칭찬할 만한) 가치, (pl.) 공적

defect와 shortcoming은 유의어

William Somerset Maugham 윌리엄 서머셋 모옴 (1874~1965) 영국의 작가.
단순한 문체를 특징으로 하며 장편과 단편 소설 모두 많은 사랑을 받았다. 대표작은 〈Of Human Bondage 인간의 굴레〉, 〈The Moon and Sixpence 달과 6펜스〉 등이 있다.

447. Our shortcomings are the eyes with which we see the ideal.

우리의 단점은 그것으로 우리가 이상을 바라보는 눈이다. (예컨대, 더 나은 세계를 알게 되면서 현실의 문제점을 인식하기 때문에)
shortcoming ⓝ 단점, 결점, 부족한 점
ideal 　　　ⓝ 이상, 이상적인 것[사람], 이상형
　　　　　　ⓐ 이상적인, 가장 알맞은, 완벽한

ideal의 형용사형인 idealistic

Friedrich Nietzsche 프리드리히 니체 (1844~1900) 독일의 철학자, 작가.
'생의 철학'의 기수이며 실존주의와 포스트모더니즘의 발전에 커다란 영향을 끼쳤다. 대표작은 〈Also sprach Zarathustra 차라투스트라는 이렇게 말했다〉 등이 있다.

448. Being idealistic really helps you overcome some of the many obstacles put in your path.

이상주의적인 것은 참으로 당신이 당신의 길에 놓인 많은 장애물들의 일부를 극복하는 것을 돕는다.
- idealistic ⓐ 이상주의적인, 이상주의(자)의
- overcome ⓥ 극복하다, (남을) 이기다
- obstacle ⓝ 장애, 장애물
- path ⓝ (작은) 길, 진로, (인생의) 행로

obstacle과 barrier는 유의어

Andy Hertzfeld 앤디 허츠펠드 (1953~) 미국의 엔지니어, 작가.
매킨토시(Macintosh) 운영체제의 주요 시스템 소프트웨어 개발자이며, 당시의 일화를 엮어 《Revolution in the Valley 미래를 만든 Geeks》를 썼다.

449. Science and art belong to the whole world, and before them vanish the barriers of nationality.

과학과 예술은 모든 세상에 속하는 것이고, 그들 앞에서 국적의 장벽은 사라진다.
- belong ⓥ (~에(to)) 속하다[소유물이다], (~에(to)) 소속하다
- whole ⓐ 모든, 전체[전부]의, 온전[완전]한 ⓝ 전체, 전부, 완전체
- vanish ⓥ (갑자기) 사라지다, 없어지다
- barrier ⓝ 장벽, (넘기 힘든) 벽, 장애물
- nationality ⓝ 국적, 민족

vanish와 banish는 헷갈리기 쉬운 단어

Johann Wolfgang von Goethe 요한 볼프강 폰 괴테 (1749~1832) 독일의 작가.
독일의 대문호로 독일문학을 세계적 수준으로 올렸다는 평가를 받는다. 대표작은 《Die Leiden des jungen Werthers 젊은 베르테르의 슬픔》, 《Faust 파우스트》 등이 있다.

450. My first wish is to see this plague of mankind, war, banished from the earth.

나의 첫 번째 소원은 전쟁이라는 인류의 이러한 역병이 지구로부터 추방되는 것을 보는 것이다.
- plague ⓝ 역병, 전염병, 페스트 ⓥ 괴롭히다, 성가시게 하다
- mankind ⓝ 인류, 인간
- banish ⓥ 추방하다, 내쫓다, 사라지게 만들다, 제거하다

George Washington 조지 워싱턴 (1732~1799) 미국의 초대 대통령.
독립혁명군의 총사령관으로서 독립전쟁을 성공적으로 이끌었으며 이후 미국의 초대 대통령이 되었다.

UPGrade Check Up
영작 및 말하기 연습

421. 우정은 은행 계좌와 같다. 당신은 예금하지 않으면서 계속해서 그것으로부터 돈을 인출할 수 없다.

422. 한 사람의 명성은 그의 모든 부분을 면밀히 검사할 그를 향한 눈길들을 끌어당긴다.

423. 만약 당신이 판단한다면, 조사하라.

424. 부패한 판사는 진실에 대하여 조사할 자격이 없다.

425. 모든 권력은 부패하는 경향이 있으며 절대 권력은 절대적으로 부패한다.

426. 타락은 결코 강제적이지 않다.

427. 연민의 눈물은 자발적이다.

428. 지상의 눈물 방울 하나는 천국의 왕을 불러낸다.

429. 진정한 행복은 이국적이다; 그것의 출생지는 천국에 있다.

Key Word
UpGrade Check - Up Important Word

421. account, continue, draw, deposit
422. reputation, draw, narrowly, inspect, part
423. judge, investigate
424. corrupt, judge, qualified, inquire
425. tend, corrupt, absolute, absolutely
426. corruption, compulsory
427. pity, tear, spontaneous
428. teardrop, earth, summon, heaven
429. happiness, exotic, birthplace, heaven

Answer

421. Friendship is like a bank account. You can't continue to draw on it without making deposits.
422. A man's reputation draws eyes upon him that will narrowly inspect every part of him.
423. If you judge, investigate.
424. A corrupt judge is not qualified to inquire into the truth.
425. All power tends to corrupt and absolute power corrupts absolutely.
426. Corruption never has been compulsory.
427. Pity's tears are spontaneous.
428. A teardrop on earth summons the King of heaven.
429. True happiness is exotic; its birthplace is in heaven.

먼저 오른쪽 박스 안의 키워드를 참고하여 왼쪽의 한글을 영작해 보세요. 이후 키워드를 가린 채 왼쪽의 한글만 보고 영어로 소리 내어 말해 보세요.

Key Word
UpGrade Check - Up
Important Word

430. 행복해지는 기술은 흔한 것들에서부터 행복을 뽑아내는 힘에 있다.

431. 비범하기를 소원하는 것만큼 평범한 것은 없다.

432. 영웅들이 없다면, 우리는 모두 평범한 사람들이며 어디까지 우리가 갈 수 있을지 모른다.

433. 사랑이, 참되기 위해, 특별해야 할 것으로 생각하지 마라. 우리에게 필요한 것은 지치지 않고 사랑하는 것이다.

434. 평범한 인간은 행동에 연관되어 있으며, 영웅은 행동한다. 엄청난 차이이다.

435. 평범한 사람들 이상의 각 사람은 그들이 이행할 것이 요청되는 하나의 특정한 임무를 가진다.

436. 각 사람은 이 세상에 그들 자신의 천직을 가진다.

437. 글쓰기는 전문직이 아닌 불행한 천직이다.

- 430. extract, happiness, common
- 431. commonplace, so ~ as to, remarkable
- 432. hero, plain, far
- 433. in order to, genuine, extraordinary, tire
- 434. ordinary, involve, immense
- 435. ordinary, mission, fulfill
- 436. calling, Earth
- 437. profession, vocation

Answer
430. The art of being happy lies in the power of extracting happiness from common things.
431. Nothing is so commonplace as to wish to be remarkable.
432. Without heroes, we are all plain people and don't know how far we can go.
433. Do not think that love, in order to be genuine, has to be extraordinary. What we need is to love without getting tired.
434. The ordinary man is involved in action, the hero acts. An immense difference.
435. Every person above the ordinary has a certain mission that they are called to fulfill.
436. Each person has their own calling on this Earth.
437. Writing is not a profession but a vocation of unhappiness.

UPGrade Check Up
영작 및 말하기 연습

438. 셰익스피어는 인용할 것들을 씀으로써 생계를 이었던 저명한 극작가였다.
_____.

439. 극작가 없는 배우는 도넛 없는 구멍과 같다.
_____.

440. 야구는 교회와 같다. 다수가 참석하고 소수가 이해한다.
_____.

441. 나는 당신의 말들에서 격노하고 있음을 알겠지만, 그 말들은 이해가 안 된다.
_____.

442. 이해도 학습도 불안의 분위기에서는 일어나지 않는다.
_____.

443. 슬픈 진실은 탁월함이 사람들을 불안하게 한다는 것이다.
_____.

444. 탁월함은 언제나 보다 잘하려고 노력하는 것의 점진적인 결과이다.
_____.

445. 누구나 다른 사람은 못하는 어떤 것에 뛰어나다.
_____.

Key Word
UpGrade Check - Up
Important Word

438. Shakespeare, dramatist, note, live by, quote

439. actor, playwright, hole, doughnut

440. baseball, attend, understand

441. understand, fury, word

442. comprehension, learning, take place, atmosphere, anxiety

443. excellence, nervous

444. excellence, gradual, result, strive

445. excel, fail

Answer
438. Shakespeare was a dramatist of note who lived by writing things to quote.
439. An actor without a playwright is like a hole without a doughnut.
440. Baseball is like church. Many attend few understand.
441. I understand a fury in your words, but not the words.
442. Neither comprehension nor learning can take place in an atmosphere of anxiety.
443. The sad truth is that excellence makes people nervous.
444. Excellence is the gradual result of always striving to do better.
445. Everyone excels in something in which another fails.

446. 우리는 우리의 친구들을 그들의 장점들이 아닌 그들의 단점으로 안다.

_____.

447. 우리의 단점은 그것으로 우리가 이상을 바라보는 눈이다.

_____.

448. 이상주의적인 것은 참으로 당신이 당신의 길에 놓인 많은 장애물들의 일부를 극복하는 것을 돕는다.

_____.

449. 과학과 예술은 모든 세상에 속하는 것이고, 그들 앞에서 국적의 장벽은 사라진다.

_____.

450. 나의 첫 번째 소원은 전쟁이라는 인류의 이러한 역병이 지구로부터 추방되는 것을 보는 것이다.

_____.

446. defect, merit
447. shortcoming, eye, ideal
448. idealistic, overcome, obstacle, put, path
449. belong, whole, vanish, barrier, nationality
450. wish, plague, mankind, banish

Answer

446. We know our friends by their defects rather than by their merits.
447. Our shortcomings are the eyes with which we see the ideal.
448. Being idealistic really helps you overcome some of the many obstacles put in your path.
449. Science and art belong to the whole world, and before them vanish the barriers of nationality.
450. My first wish is to see this plague of mankind, war, banished from the earth.

No one has a right to consume happiness without producing it.
— Helen Keller

Unit 016

451. A true lover always feels in debt to the one he loves.

debt의 파생어인 indebted

참된 연인은 언제나 그가 사랑하는 사람에게 빚지고 있다고 느낀다.
lover ⓝ 연인, 애인, 애호자
debt ⓝ 빚, 부채, 채무
in debt to A   A에게 빚진
in debt for A   A를 빚진

Ralph W. Sockman 랄프 W. 소크먼 (1889~1970) 미국의 성직자.
방송을 통한 설교, 저술활동을 통해 많은 명망을 얻었고 'TIME'誌(1961)는 미 최고의 개신교 설교자로 평했다.

452. I am indebted to my father for living, but to my teacher for living well.

동일어 father

나는 삶에 대해 나의 아버지에게 빚이 있지만, 잘 사는 것에 대해서는 나의 스승에게 빚이 있다. (아리스토텔레스가 알렉산더의 스승이었다.)
indebted ⓐ 빚이 있는, 부채가 있는, 신세를 진

Alexander The Great 알렉산더 대왕 (BC 356~323) 그리스 마케도니아의 왕.
그리스·페르시아·인도에 이르는 대제국을 건설했고 그리스 문화와 오리엔트 문화를 융합시킨 헬레니즘 문화를 이룩했다.

453. A boy becomes a man when he stops asking his father for money and requests a loan.

동일어 money

소년은 그가 그의 아버지에게 돈을 달라고 부탁하는 것을 그만두고 대출을 요청할 때 성인 남자가 된다.
request ⓥ 요청[요구, 신청]하다   ⓝ 요청, 요구, 신청
loan ⓝ 대여, 대출(금), 융자(금)   ⓥ 빌려주다, 대여하다, 대출[융자]하다

Anonymous 작자 미상

454. Time is more valuable than money. You can get more money, but you cannot get more time.

동일어 time

시간은 돈보다 더 귀중하다. 당신은 보다 많은 돈을 얻을 수는 있겠지만, 당신은 보다 많은 시간을 얻을 수는 없다.
valuable ⓐ 귀중한, 소중한, 가치가 큰, 값비싼   ⓝ (pl.) 귀중품

Jim Rohn 짐 론 (1930~2009) 미국의 기업인, 강연가.
자수성가하여 백만장자가 되었고 자신의 경험을 소재로 많은 강연활동을 펼쳤다.

455. Time is the scarcest resource and unless it is managed nothing else can be managed.

시간은 가장 희소한 자원으로 잘 다뤄지지 않는 한 그 밖의 어떤 것도 잘 다뤄질 수 없다.
scarce ⓐ 희소한, 부족한, 드문   ⓐⓓ (=scarcely) 간신히, 거의 (~) 않다
resource ⓝ 자원, 재원, (pl.) 지략[기지]   ⓥ 자원[재원]을 제공하다
manage ⓥ 경영[운영, 관리]하다, 잘 다루다, 조종하다, 잘해 나가다, 그럭저럭 해내다

manage의 명사형인 management

Peter F. Drucker 피터 F. 드러커 (1909~2005) 오스트리아 출신의 미국 사회학자, 경영학자.
경영학의 창시자로 경영관리의 방법을 체계화시켰다. 대표작은 〈The Practice of Management 경영의 실제〉, 〈The Age of Discontinuity 단절의 시대〉 등이 있다.

456. Management is about arranging and telling. Leadership is about nurturing and enhancing.

경영은 조정하는 것과 말하는 것에 관한 것이다. 지도력은 양성하는 것과 향상시키는 것에 관한 것이다.
management ⓝ 경영, 운영, 관리, 경영[운영, 관리]진
arrange ⓥ 정돈하다, 배열하다, (미리) 정하다, (분쟁 등을) 조정하다, 준비하다
arrangement ⓝ 정돈, 배열, 조정, (pl.) 준비
leadership ⓝ 지도력, 통솔력, 지도부, 지도자의 지위[임무]
nurture ⓥ 양육하다, 양성[육성]하다, (감정, 계획 등을 마음속으로) 키우다
　　　　　 ⓝ 양육, 양성, 육성
enhance ⓥ 높이다, 향상시키다, 인상하다, 강화하다

leadership은 leader에 -ship이 붙은 단어

Thomas J. Peters 토마스 J. 피터스 (1942~) 미국의 작가, 컨설턴트.
대표작은 Robert H. Waterman과 함께 쓴 〈In Search of Excellence 초우량 기업의 조건〉 등이 있다.

457. Outstanding leaders appeal to the hearts of their followers – not their minds.

> 뛰어난 지도자들은 추종자들의 가슴에 호소한다 – 그들의 머리가 아니라.
> outstanding ⓐ 눈에 띄는, 뛰어난, (부채 등이) 미결제의, (문제 등이) 미해결된
> appeal ⓥ 항소[상고]하다, 호소하다, 간청하다, 매력적이다
> ⓝ 〈법〉 항소[상고], 호소, 간청, 매력
> follower ⓝ 추종[신봉]자, 모방자, 수행원

동일어 leader

Anonymous 작자 미상

---

458. Innovation distinguishes between a leader and a follower.

> 혁신은 지도자와 추종자를 구별한다.
> innovation ⓝ 혁신, 쇄신
> innovate ⓥ 혁신[쇄신]하다
> distinguish ⓥ 구별하다[짓다], 식별하다
> distinguish A and[from] B A와 B를 구별하다

동일어 distinguish

Steve Jobs 스티브 잡스 (1955~2011) 미국의 기업인.
애플의 창립자이자 최고 경영자이다.

---

459. What distinguishes the majority of men from the few is their inability to act according to their beliefs.

> 사람들의 다수를 소수로부터 구별하는 것은 그들은 그들의 믿음에 따라 행동할 수 있는 능력이 없다는 것이다.
> majority ⓝ 다수, 대부분, 과반수, 다수당[파]
> majority rule 다수결 원칙
> inability ⓝ 무능, 무력, 할 수 없음
> according to A A에 따라, A에 의하여
> belief ⓝ 믿음, 신앙, 신념, 확신

distinguish의 파생어인 distinguished

John Stuart Mill 존 스튜어트 밀 (1806~1873) 영국의 철학자, 경제학자.
벤담의 양적 공리주의와 구분되는 질적 공리주의 사상을 발전시켰고, 자유주의 및 사회민주주의 정치사상의 발전에도 큰 기여를 했다. 대표작은 〈On Liberty 자유론〉 등이 있다.

460. A court is an (assembly) of noble and (distinguished) beggars.

궁정은 고귀하고 저명한 거지들의 모임이다.
- court   ⓝ 궁정, 법정, 법원, 재판, 아첨
  - ⓥ (~의) 환심을 사려고 하다, 구애하다, 연애하다
- assembly   ⓝ 모임, 집합, 집회, 의회, 입법 기관, 조립
- assemble   ⓥ 모으다, 모이다, 조립하다
- distinguished   ⓐ 두드러진, 저명한, 훌륭한
- beggar   ⓝ 거지, 걸인
- beg   ⓥ 구걸하다, 빌다, 간청하다

Charles Maurice de Talleyrand 샤를 모르스 드 탈레랑 (1754~1838) 프랑스의 외교관.
루이 16세 때부터 프랑스혁명, 나폴레옹, 루이 18세, 샤를 10세, 루이 필립 시기까지 외교관을 지냈다.
유럽 역사에서 가장 융통성 있는 외교관이었다고 한다.

> assembly와 meeting은 유의어

461. A Parliament is nothing less than a big (meeting) of more or less idle people.

의회는 그야말로 얼마간의 나태한 사람들의 하나의 커다란 모임이다.
- parliament   ⓝ 의회, 국회, (P-) (특히 영국의) 의회
- the National Assembly (한국·프랑스) 국회
- the (National) Diet (일본) 국회 | Congress (미국) 국회
- nothing less than 그야말로, 다름 아닌
- more or less 얼마간(의), 어느 정도(의), 다소간(의)
- idle   ⓐ 나태한, 게으른, 일하지 않는, 가동되지 않는

Walter Bagehot 월터 배젓 (1826~1877) 영국의 기업인, 언론인, 정치경제학자.
'Economist'誌의 편집인이었으며 금융재정 분야의 권위자였다. 대표작은 〈The English Constitution 영국의 국가구조〉, 〈Lombard Street 롬바드가(街)〉 등이 있다.

> 나태한 의원들이라 정책 결정을 계속 미룸

462. Politics is the art of postponing (decisions) until they are no longer relevant.

정치란 결정들을 그것들이 더 이상 실제적으로 중요하지 않을 때까지 연기하는 기술이다.
- politics   ⓝ 정치, 정치학, 정계
- postpone   ⓥ 연기하다, 미루다
- decision   ⓝ 결정, 판결, 판정, 결정 사항, 결단력
- relevant   ⓐ (~에(to)) 관련된, 적절한, 실제적으로 중요한

Henri Queuille 앙리 퀘이예 (1884~1970) 프랑스의 정치가.
제2차 세계대전 후 프랑스의 내무장관 및 수상을 지냈다.

> 동일어 decision

:: 215

463. The (decision) doesn't have to be (logical); it was unanimous.

logical의
명사형인
logic

결정은 논리적일 필요가 없다; 그것이 만장일치라면.
logical ⓐ 논리적인, 논리학(상)의, 타당한
unanimous ⓐ 만장일치의, 합의의

Jerry Burchfiel 신원 미상

464. A mind all (logic) is like a knife all blade. It makes the hand (bleed) that uses it.

bleed의
명사형인
blood

모든 것이 논리인 사람은 모든 쪽이 칼날인 칼과 같다. 이는 그것을 사용하는 손을 피 흘리게 만든다.
logic ⓝ 논리, 논리학, 타당성
blade ⓝ (칼 등의) 날, (칼 모양의) 잎
bleed ⓥ 피를 흘리다, 출혈하다, (액체가) 흘러나오다

Rabindranath Tagore 라빈드라나트 타고르 (1861~1941) 인도의 철학자, 작가.
초기의 유미적 작품에서 점차 종교적·현실적 색채로 옮겨갔으며, 영어로 출판된 시집 《Gitanjali 기탄잘리》로 아시아 최초로 1913년 노벨문학상을 수상했다. 교육 개혁과 인도의 독립운동에도 적극적으로 참여했다.

465. (Blood) has to circulate from head to foot; Love has to circulate from high to low.

동일어
blood

혈액은 머리에서부터 발로 순환해야 한다; 사랑은 높은 곳에서 낮은 곳으로 순환해야 한다.
blood ⓝ 피, 혈액, 혈기, 혈통
circulate ⓥ 순환하다[시키다], 유포[유통]되다[하다]
circulation ⓝ 순환, 유포, 유통, (신문 등의) 발행 부수

Sri Sathya Sai Baba 스리 사차 사이 바바 (1926~) 인도의 종교인.
인도 각지를 돌아다니며 종교적인 체험을 전수하여 많은 신봉자를 거느리고 있다.

466. My organs are too powerful... I manufacture blood and fat too rapidly.

> 내 몸의 기관들은 너무 강력하다... 나는 혈액과 지방을 너무 빨리 만들어 낸다.
> organ ⓝ (몸 안의) 장기[기관], (사회적인) 기관, (파이프) 오르간
> manufacture ⓥ 만들어 내다, 제조[제작]하다, (이야기 등을) 지어내다
> ⓝ 제조, 제작, (pl.) 제품
> blood ⓝ 피, 혈액, 혈기, 혈통
> fat ⓐ 살찐, 지방이 많은, 기름기 많은 ⓝ 지방, 기름기
> rapidly ⓐⓓ 빨리, 신속히

Robert Baldwin 로버트 볼드윈 (1804~1858) 캐나다의 정치가.
캐나다 최초의 민주 정부를 구성하는 데 큰 역할을 했다.

manufacture와 produce는 유의어

467. No one has a right to consume happiness without producing it.

> 누구도 행복을 생산하지 않고 소비할 권리는 없다.
> consume ⓥ 소비하다, 소모하다, 다 써버리다
> consumption ⓝ 소비, 소모, 소진

Helen Keller 헬렌 켈러 (1880~1968) 미국의 작가, 교육가.
19개월 때부터 병으로 시각·청각 장애인이 되었으나 하버드대학을 우등으로 졸업했다. 장애인 복지 사업 뿐만 아니라 전반적인 인권문제에 커다란 기여를 했다.

consume의 파생어인 consumer

468. Advertising generally works to reinforce consumer trends rather than to initiate them.

> 광고는 일반적으로 소비자 유행들을 창시하는 것보다는 강화하는 작용을 한다.
> advertising ⓝ 광고(하기), 광고업
> advertise ⓥ 광고하다, (광고에 의해) 선전하다
> reinforce ⓥ 강화하다, 보강하다, 증강[증원]하다
> consumer ⓝ 소비자
> trend ⓝ 동향, 추세, 유행
> initiate ⓥ (사업, 계획 등을) 시작하다, 창시[창업]하다, 개시[착수]하다

Michael Schudson 마이클 셔드슨 (?~) 미국의 사회학자.
미디어 및 저널리즘에 관한 연구로 유명하며 대표작은 〈The Sociology of News 뉴스의 사회학〉 등이 있다.

consumer와 buyer는 유의어

469. Good (merchandise), even hidden, soon finds (buyers).

> 좋은 물품은, 감춰져 있다 하더라도, 곧 구매자들을 찾아낸다.
> **merchandise** ⓝ 물품, 제품, 상품
> ⓥ (물품을) 판매하다
> **buyer** ⓝ 구매자, 구입자

merchandise와 commodity는 유의어

Titus Maccius Plautus 티투스 마키우스 플라우투스 (BC 254~184) 로마의 작가.
그리스 작품의 영향을 직접적으로 받았으며 테렌티우스와 함께 로마의 2대 희극작가로 불린다. 대표작은 《Menaechmi 메나에큼스 형제》 등이 있다.

470. Advice is the only (commodity) on the market where the supply always exceeds the demand.

> 충고는 시장에서 공급이 언제나 수요를 초과하는 유일한 상품이다.
> **commodity** ⓝ 상품, 물품, 원자재
> **supply** ⓝ 공급, (pl.) 공급품[공급량]
> ⓥ 공급하다, 보충하다
> **exceed** ⓥ 넘다, 초과[초월]하다, 능가하다
> **demand** ⓝ 요구, 강요, 수요
> ⓥ 요구하다, 강요하다, 필요로 하다

공급이 수요를 초과하면 싸다

Anonymous 작자 미상

471. What we obtain too (cheap), we esteem too lightly.

> 우리가 너무 값싸게 얻은 것을, 우리는 너무 가볍게 여긴다.
> **obtain** ⓥ 얻다, 손에 넣다[입수하다]
> **cheap** ⓐ 값싼, 저렴한, 싸구려의
> **esteem** ⓥ (대단히) 존경하다, (~라고(as)) 여기다 ⓝ (대단한) 존경
> **self-esteem** 자존, 자부심

동일어 cheap

Thomas Paine 토마스 페인 (1737~1809) 영국 출신의 미국 철학자, 작가.
국제적 혁명이론가로 특히 팜플렛 형식의 《The Common Sense 상식》을 써서 미국의 독립혁명에 직접적인 영향을 끼쳤다.

472. Nothing is (cheap) which is superfluous, for what one does not need, is (dear) at a penny.

여분의 것은 싸지 않다, 왜냐하면 사람이 필요하지 않은 것은 금액상으로 비싸기 때문이다. (예컨대, 사치품은 비싸다.)
superfluous ⓐ 여분의, 필요 이상의, 과잉의, 남아도는
dear ⓐ 친애하는, 경애하는, 소중한, 가격이 비싼
penny ⓝ 〈영국의 화폐 단위〉 페니화, 1페니(1/100 파운드), 돈, 금액

dear와 costly는 유의어

Plutarch 플루타르크 (46~120) 로마의 철학자, 작가.
〈Lives of the Noble Greeks and Romans 영웅전〉으로 유명하며, 중기 플라톤주의 철학자로 〈Moralia 도덕론〉을 남겼다.

473. Peace is (costly) but it is worth the (expense).

평화는 값비싸지만 그 비용만 한 가치가 있다.
costly ⓐ 값비싼, 비용[돈]이 많이 드는, 희생[손실]이 큰
expense ⓝ 비용, 지출, 경비

expense의 파생어인 expensive

African Proverb 아프리카 속담

474. Living on (Earth) may be (expensive), but it includes an annual free trip around the Sun.

지구에서 사는 것은 비용이 많이 들겠지만, 그것은 태양 주위를 도는 1년에 걸친 공짜 여행을 포함한다.
expensive ⓐ 값비싼, 비용[돈]이 많이 드는
include ⓥ 포함하다, 포괄하다, 계산에 넣다
annual ⓐ 해마다의, 매년의, 연간의, 1년의, 1년에 걸친 ⓝ 연보, 연감
trip ⓝ 여행, 경쾌한 걸음걸이, 헛디딤
ⓥ 경쾌한 걸음걸이로 걷다, 걸려 넘어지다

earth와 globe는 유의어

Anonymous 작자 미상

475. No country can act wisely simultaneously in every part of the globe at every moment of time.

어떤 나라도 모든 순간에 지구상의 모든 지역에서 동시에 현명하게 행동할 수는 없다.
simultaneously @ 동시에, 일제히
part ⓝ 부분, 일부, 약간, (논쟁 등에서의) 편, 부품, (신체의) 부위, 지역, 배역
ⓥ (~와) 헤어지다, 갈라놓다, 가르다
globe ⓝ 구, 공, 공 모양의 것, 지구, (the g-) 세계
global ⓐ 지구의, 세계적인
moment ⓝ 순간, (특정한) 때, 잠깐, 잠시, 중요(성)

Henry Kissinger 헨리 키신저 (1923~) 미국의 정치가, 정치학자.
오랫동안 미국의 국무장관으로 재직하면서 닉슨 및 포드 대통령의 외교정책 수립에 큰 역할을 했다.

simultaneously의 형용사형인 simultaneous

476. Effort and result are never simultaneous. In art, only the result counts.

노력과 결과는 결코 동시에 일어나지 않는다. 예술에서는, 오직 결과만이 중요하다.
effort ⓝ 노력(의 결과), 수고, 활동
simultaneous ⓐ 동시의, 동시에 일어나는
count ⓥ 계산하다, 세다, 셈에 넣다, 중요하다
ⓝ 계산, 셈, (영국 이외의) 백작
countless ⓐ 셀 수 없는, 무수한

Jose Bergamin 호세 베르가민 (1895~1983) 스페인의 작가.
스페인 내전 때 반(反)파시즘 지식인 그룹을 이끌었으며 대표작은 《Los Naufragos 난파선》 등이 있다.

동일어 art

477. Art is long, life short, judgment difficult, opportunity transient.

예술은 길고, 인생은 짧으며, 판단은 어렵고, 기회는 일시적이다.
judgement ⓝ 판단(력), 판결, 심판
opportunity ⓝ 기회
transient ⓐ 일시적인, 덧없는, 일시적으로 머무르는

Johann Wolfgang von Goethe 요한 볼프강 폰 괴테 (1749~1832) 독일의 작가.
독일의 대문호로 독일문학을 세계적 수준으로 올렸다는 평가를 받는다. 대표작은 《Die Leiden des jungen Werthers 젊은 베르테르의 슬픔》, 《Faust 파우스트》 등이 있다.

같은 의미: 인생은 짧다

478. Life is a short affair; we should try to make it smooth, and free from strife.

> 인생은 짧은 사건이다; 우리는 그것을 매끄럽고 분쟁으로부터 자유롭게 만들도록 노력해야 한다.
> affair ⓝ 사건, 불륜, (pl.) 업무[일]
> smooth ⓐ 매끄러운, 부드러운, 순조로운
> ⓥ 매끄럽게 하다, 반듯하게 펴다
> strife ⓝ 분쟁, 투쟁, 싸움, 불화

strife와 dispute는 유의어

Euripides 에우리피데스 (BC 484~406) 그리스의 작가.
고대 그리스의 3대 비극시인의 한 사람으로 대표작은 〈Kyklopes 키클롭스〉 등이 있다.

479. At a round table there is no dispute about place.

> 원탁에서는 자리에 관한 논쟁이 없다.
> dispute ⓝ 논쟁, 논란, 분쟁
> ⓥ 논쟁하다, 논박[반박]하다, 분쟁을 벌이다
> place ⓝ 장소[곳], 위치, (정해진) 자리, 입장
> ⓥ 놓다, 두다, (책임 등을) 지우다, 설치[배치]하다

dispute와 conflict는 유의어

Italian Proverb 이탈리아 속담

480. Peace is not absence of conflict – it is the ability to handle conflict by peaceful means.

> 평화는 갈등의 부재가 아니다 – 그것은 갈등을 평화로운 수단으로 다루는 능력이다.
> absence ⓝ 결석, 결여, 부재, 없음
> absent ⓐ 결석의, 결여된, 부재의, 없는, 멍한
> ⓥ 결석하다
> conflict ⓝ 갈등, 충돌, 투쟁
> ⓥ 상충하다, 충돌하다, 다투다
> handle ⓥ 다루다, 손을 대다, 처리[취급]하다, 조종하다
> ⓝ 손잡이[자루], 핸들
> peaceful ⓐ 평화적인, 평화를 사랑하는, 평화로운, 평온한

Ronald Reagan 로널드 레이건 (1911~2004) 미국의 제40대 대통령.
영화배우 출신으로 캘리포니아 주지사를 거쳐 미국의 대통령이 되었다.

UPGrade Check Up
영작 및 말하기 연습

451. 참된 연인은 언제나 그가 사랑하는 사람에게 빚지고 있다고 느낀다.

452. 나는 삶에 대해 나의 아버지에게 빚이 있지만, 잘 사는 것에 대해서는 나의 스승에게 빚이 있다.

453. 소년은 그가 그의 아버지에게 돈을 달라고 부탁하는 것을 그만두고 대출을 요청할 때 성인 남자가 된다.

454. 시간은 돈보다 더 귀중하다. 당신은 보다 많은 돈을 얻을 수는 있겠지만, 당신은 보다 많은 시간을 얻을 수는 없다.

455. 시간은 가장 희소한 자원으로 잘 다뤄지지 않는 한 그 밖의 어떤 것도 잘 다뤄질 수 없다.

456. 경영은 조정하는 것과 말하는 것에 관한 것이다. 지도력은 양성하는 것과 향상시키는 것에 관한 것이다.

457. 뛰어난 지도자들은 추종자들의 가슴에 호소한다 – 그들의 머리가 아니라.

458. 혁신은 지도자와 추종자를 구별한다.

Key Word
UpGrade Check - Up — Important Word

451. in debt to, love
452. indebted, father, teacher
453. father, money, request, loan
454. time, valuable, money, get
455. time, scarce, resource, unless, manage
456. management, arrange, tell, leadership, nurture, enhance
457. outstanding, leader, appeal, follower
458. innovation, distinguish, leader, follower

Answer

451. A true lover always feels in debt to the one he loves.
452. I am indebted to my father for living, but to my teacher for living well.
453. A boy becomes a man when he stops asking his father for money and requests a loan.
454. Time is more valuable than money. You can get more money, but you cannot get more time.
455. Time is the scarcest resource and unless it is managed nothing else can be managed.
456. Management is about arranging and telling. Leadership is about nurturing and enhancing.
457. Outstanding leaders appeal to the hearts of their followers – not their minds.
458. Innovation distinguishes between a leader and a follower.

먼저 오른쪽 박스 안의 키워드를 참고하여 왼쪽의 한글을 영작해 보세요. 이후 키워드를 가린 채 왼쪽의 한글만 보고 영어로 소리 내어 말해 보세요.

Key Word
UpGrade Check - Up
Important Word

459. 사람들의 다수를 소수로부터 구별하는 것은 그들은 그들의 믿음에 따라 행동할 수 있는 능력이 없다는 것이다.

460. 궁정은 고귀하고 저명한 거지들의 모임이다.

461. 의회는 그야말로 얼마간의 나태한 사람들의 하나의 커다란 모임이다.

462. 정치란 결정들을 그것들이 더 이상 실제적으로 중요하지 않을 때까지 연기하는 기술이다.

463. 결정은 논리적일 필요가 없다; 그것이 만장일치라면.

464. 모든 것이 논리인 사람은 모든 쪽이 칼날인 칼과 같다. 이는 그것을 사용하는 손을 피 흘리게 만든다.

465. 혈액은 머리에서부터 발로 순환해야 한다; 사랑은 높은 곳에서 낮은 곳으로 순환해야 한다.

466. 내 몸의 기관들은 너무 강력하다... 나는 혈액과 지방을 너무 빨리 만들어 낸다.

459. distinguish, majority, inability, according to, belief

460. court, assembly, noble, distinguished, beggar

461. Parliament, nothing less than, meeting, more or less, idle

462. art, postpone, decision, relevant

463. decision, logical, unanimous

464. mind, logic, blade, bleed, use

465. blood, circulate, love

466. organ, manufacture, blood, fat, rapidly

Answer

459. What distinguishes the majority of men from the few is their inability to act according to their beliefs.
460. A court is an assembly of noble and distinguished beggars.
461. A Parliament is nothing less than a big meeting of more or less idle people.
462. Politics is the art of postponing decisions until they are no longer relevant.
463. The decision doesn't have to be logical; it was unanimous.
464. A mind all logic is like a knife all blade. It makes the hand bleed that uses it.
465. Blood has to circulate from head to foot; Love has to circulate from high to low.
466. My organs are too powerful... I manufacture blood and fat too rapidly.

UPGrade Check Up
영작 및 말하기 연습

467. 누구도 행복을 생산하지 않고 소비할 권리는 없다.

468. 광고는 일반적으로 소비자 유행들을 창시하는 것보다는 강화하는 작용을 한다.

469. 좋은 물품은, 감춰져 있다 하더라도, 곧 구매자를 찾아낸다.

470. 충고는 시장에서 공급이 언제나 수요를 초과하는 유일한 상품이다.

471. 우리가 너무 값싸게 얻은 것을, 우리는 너무 가볍게 여긴다.

472. 여분의 것은 싸지 않다, 왜냐하면 사람이 필요하지 않은 것은 금액상으로 비싸기 때문이다.

473. 평화는 값비싸지만 그 비용만 한 가치가 있다.

474. 지구에서 사는 것은 비용이 많이 들겠지만, 그것은 태양 주위를 도는 1년에 걸친 공짜 여행을 포함한다.

Key Word
UpGrade Check - Up Important Word

467. right, consume, produce
468. advertising, reinforce, consumer, trend, initiate
469. merchandise, hidden, buyer
470. advice, commodity, market, supply, exceed, demand
471. obtain, cheap, esteem, lightly
472. cheap, superfluous, dear, penny
473. costly, worth, expense
474. Earth, expensive, include, annual, trip

Answer
467. No one has a right to consume happiness without producing it.
468. Advertising generally works to reinforce consumer trends rather than to initiate them.
469. Good merchandise, even hidden, soon finds buyers.
470. Advice is the only commodity on the market where the supply always exceeds the demand.
471. What we obtain too cheap, we esteem too lightly.
472. Nothing is cheap which is superfluous, for what one does not need, is dear at a penny.
473. Peace is costly but it is worth the expense.
474. Living on Earth may be expensive, but it includes an annual free trip around the Sun.

475. 어떤 나라도 모든 순간에 지구상의 모든 지역에서 동시에 현명하게 행동할 수는 없다.

476. 노력과 결과는 결코 동시에 일어나지 않는다. 예술에서는, 오직 결과만이 중요하다.

477. 예술은 길고, 인생은 짧으며, 판단은 어렵고, 기회는 일시적이다.

478. 인생은 짧은 사건이다; 우리는 그것을 매끄럽고 분쟁으로부터 자유롭게 만들도록 노력해야 한다.

479. 원탁에서는 자리에 관한 논쟁이 없다.

480. 평화는 갈등의 부재가 아니다 – 그것은 갈등을 평화로운 수단으로 다루는 능력이다.

---

475. simultaneously, part, globe, moment

476. effort, result, simultaneous, art, count

477. art, life, short, judgment, transient

478. life, short, affair, smooth, free from, strife

479. round, dispute, place

480. absence, conflict, handle, peaceful, means

Answer

475. No country can act wisely simultaneously in every part of the globe at every moment of time.
476. Effort and result are never simultaneous. In art, only the result counts.
477. Art is long, life short, judgment difficult, opportunity transient.
478. Life is a short affair; we should try to make it smooth, and free from strife.
479. At a round table there is no dispute about place.
480. Peace is not absence of conflict – it is the ability to handle conflict by peaceful means.

Unit 017

Growing **o**ld is **m**andatory – **G**rowing **u**p is **o**ptional.

– Chili Davis

481. Love is a (trap). When it appears, we see only its light, not its shadows.

> 사랑은 덫이다. 그것이 모습을 나타날 때, 우리는 단지 그 빛만 볼 뿐, 그것의 그림자들은 보지 않는다.
> **trap** ⓝ 덫, 올가미, 함정
> ⓥ 덫으로 잡다, 함정에 빠뜨리다, 좁은 장소에 가두다
> **appear** ⓥ (모습을) 나타나다, 출현[출연]하다, 출석[출두]하다, (~)인 것 같이 보이다
> **shadow** ⓝ 그림자, (비치는) 영상
> ⓥ 그늘지게 하다, 어둡게 하다

trap과 snare는 유의어

Paulo Coelho 파울로 코엘류 (1947~) 브라질의 작가.
신비주의적 색채를 띤 작품을 쓰고 있으며 극작가, 저널리스트 등 다양한 방면으로 활동하고 있다. 대표작은 〈The Alchemist 연금술사〉, 〈Brida 브리다〉 등이 있다.

482. As covetousness is the root of all evil, so (poverty) is the worst of all (snares).

> 탐욕이 모든 악의 근원인 것과 같이, 가난은 모든 덫들 중 최악이다.
> **covetousness** ⓝ 탐욕, 갈망
> **covetous** ⓐ 몹시 탐내는, 갈망하는
> **covet** ⓥ (남의 것을) 몹시 탐내다, 갈망하다
> **root** ⓝ 뿌리, 근본, 근원, 〈언어〉 어근
> ⓥ 뿌리박게 하다, 뿌리를 내리다
> **evil** ⓝ 악, 악행, 유해물   ⓐ 악의, 사악한, 유해한
> **poverty** ⓝ 가난, 빈곤, 결핍
> **snare** ⓝ 덫, 올가미, 함정
> ⓥ 덫으로 잡다, 함정에 빠뜨리다

동일어 poverty

Daniel Defoe 다니엘 디포 (1660~1731) 영국의 작가.
영국 근대소설의 개척자로 대표작은 〈Robinson Crusoe 로빈슨 크루소〉 등이 있다.

483. Poverty parts good company.

가난은 좋은 교제(交際)를 갈라놓는다.
part ⓥ 나누다, 갈라놓다, 분할하다
company ⓝ 동료, 동석(자), 교제, 사귐, 손님, 회사, 단체 ⓥ 동행하다

Irish Proverb 아일랜드 속담

company의 대상인 friend

484. Before borrowing money from a friend, decide which you need more.

친구로부터 돈을 빌리기 전에, 어느 것을 당신이 더 필요로 하는지 결정하라.
borrow ⓥ 빌리다(꾸다), (어휘, 사상 등을) 차용하다

Addison H. Hallock 신원 미상

friend에 -ship이 붙은 friendship

485. Friendship, like credit, is highest when it is not used.

우정은, 신용도와 같이, 그것이 이용되지 않을 때 최고이다.
credit ⓝ 신용, 명예, 신용도, 신용 거래, 외상(판매), 융자(금), 예금(잔고)
ⓥ 믿다, 신용하다
credit A to B=credit B with A A가 B에게 있다고[속한다고] 믿다

Elbert Hubbard 앨버트 허버드 (1856~1915) 미국의 작가.
대표작으로 출간 후 지금까지 1억부 이상이 팔린 〈A Message to Garcia 가르시아 장군에게 보내는 편지〉 등이 있다.

동일어 friendship

486. Friendship may, and often does, grow into love, but love never subsides into friendship.

우정은 아마, 그리고 종종 그렇듯이, 사랑으로 성장할 수 있다, 그러나 사랑은 결코 우정으로 내려앉지 않는다.
grow ⓥ 성장하다, 커지다, 기르다
subside ⓥ 내려앉다, 가라앉다, (불어났던 물이) 빠지다

George Gordon Byron 조지 고든 바이런 (1788~1824) 영국의 시인, 정치가.
낭만주의를 선도했고 미남으로 유명하다. 대표작은 〈Childe Harold's Pilgrimage 헤럴드의 편력〉, 〈Don Juan 돈 주앙〉 등이 있다.

동일어 grow

487. Growing old is mandatory – Growing up is optional.

> 나이 드는 것은 강제적이다 – 성장하는 것은 선택적이다.
> mandatory ⓐ 강제적인, 명령의, 통치를 위임 받은, 의무의
> mandate ⓝ 명령, 위임 (통치) ⓥ 명령하다, 위임하다
> optional ⓐ 선택 가능한, 임의의, 마음대로의, (과목이) 선택의, (부속품이) 옵션인

optional은 option의 파생어

Chili Davis 칠리 데이비스 (1960~) 자메이카 출신의 미국 야구선수.
자메이카 출신으로는 처음으로 미국 메이저리그에서 활약했다.

488. Never allow someone to be your priority while allowing yourself to be their option.

> 누군가가 당신의 우선순위가 되는 것을 허용하지 말라, 당신 자신이 그들의 선택이 되는 것은 허용하면서는.
> allow ⓥ 허용[허락, 용납]하다, 인정하다, 받아들이다, (정기적으로) 주다[지급하다]
> allowance ⓝ (정기적으로 지급하는) 수당, 용돈, 허용량
> priority ⓝ 우선, 우선권, 우선 사항, 우선순위
> prior ⓐ (다른 것보다) 이전[사전]의, 우선하는
> option ⓝ (취사) 선택, 선택권, 선택 행위, 선택된 것

동일어 allow

Kelly Angard 켈리 앙가드 (?~) 캐나다의 사진작가, 작가.
대표작은 《Creative Collage For Scrapbooks 스크랩북을 위한 창의적인 콜라주》 등이 있다.

489. Morality and expediency coincide more than the cynics allow.

> 도덕과 편의주의는 냉소가들이 인정하는 것 이상으로 더 일치한다. (예컨대, 편의적인 도덕의 잣대가 많다.)
> expediency ⓝ 편의, 방편, 편의주의
> expedient ⓐ 편리한, 편의(주의)적인 ⓝ 방편, 편법
> coincide ⓥ (생각, 의견 등이) 일치하다, (둘 이상의 일이) 동시에 일어나다
> coincidence ⓝ 일치, 동시에 일어남
> cynic ⓝ 냉소가, 냉소적인 사람
> cynical ⓐ 냉소적인, 빈정대는

동일어 allow

Roy Hattersley 로이 하터슬리 (1931~) 영국의 정치가, 언론인.
1983년부터 1992년까지 영국 노동당의 부수상을 지냈다.

490. Democracy is being allowed to vote for the candidate you dislike least.

민주주의는 당신이 가장 적게 싫어하는 후보자에게 투표하는 것으로 받아들여지고 있다.

- **democracy** ⓝ 민주주의, 민주국가
- democrat ⓝ 민주주의자, (D-) 민주당원
- **candidate** ⓝ 후보자, (~)이 될 듯한 사람, 지원자

Robert Byrne 신원 미상

동일어 democracy

491. Democracy is indispensable to socialism.

민주주의는 사회주의에 필수적이다.

- **indispensable** ⓐ 필수적인, 없어서는 안 되는, (꼭 필요해서) 나누어 줄 수 없는
- dispense ⓥ 나누어 주다, 제공하다, 베풀다, (약을) 조제하다
- **socialism** ⓝ 사회주의, 사회주의 운동
- socialist ⓐ 사회주의의, 사회당의 ⓝ 사회주의자, (S-) 사회당원, 공산주의자
- socialistic ⓐ 사회주의의, 사회주의적인

Vladimir Lenin 블라디미르 레닌 (1870~1924) 러시아의 사상가, 정치가.
러시아 11월 혁명의 중심인물이며 소련연방 최초의 국가 원수를 지냈다.

democracy의 파생어인 democratic

492. The basis of a democratic state is liberty.

민주주의 국가의 기반은 자유이다.

- **basis** ⓝ 기반, 기초, 기준 (단위), 근거, 이유
- **democratic** ⓐ 민주주의의, 민주적인, 평등한
- **state** ⓝ 상태, (종종 S-) 국가, 정부, 국정 ⓥ 진술하다, 미리 정하다
- statement ⓝ 진술, 말함, 성명서, 보고서
- **liberty** ⓝ 자유, 멋대로 함

Aristotle 아리스토텔레스 (BC 384~322) 그리스의 철학자.
물리학, 생물학, 시학, 수사학, 논리학, 윤리학, 정치학 등의 다양한 분야에 명저를 남겨 서양 철학의 발전에 커다란 기여를 했다.

동일어 state

493. In our country, the (lie) has become not just a moral category but a pillar of the (State).

우리나라에서, 거짓말은 단지 도덕의 범주가 아닌 국가의 기둥이 되었다.
category ⓝ 범주, 부문, 카테고리
pillar ⓝ 기둥, 대들보
state ⓝ 국가, 나라, 상태, 주(州)

Alexander Solzhenitsyn 알렉산더 솔제니친 (1918~2008) 러시아의 작가.
소련의 반체제 작가로 추방되었다가 공산주의 정권이 무너진 후 다시 러시아로 돌아가 활동했다. 대표작은 〈One Day in the Life of Ivan Denisovich 이반 데니소비치의 하루〉 등이 있으며 1970년 노벨문학상을 수상했다.

lie와 falsehood는 유의어

494. One (falsehood) (spoils) a thousand truths.

하나의 거짓말이 천 개의 진실을 망친다.
falsehood ⓝ 허위, 거짓말
false ⓐ 그릇된, 가짜의, 거짓의, 불성실한
spoil ⓥ 망치다, 상하게 하다, (음식물이) 부패하다, (아이를) 버릇없게 키우다

Proverb 속담

spoil과 ruin은 유의어

495. Never (ruin) an apology with an (excuse).

결코 변명으로 사과를 망치지 말라.
ruin ⓥ 망치다, 파멸시키다 ⓝ 파멸, 파산, 몰락, (pl.) 폐허
apology ⓝ 사과, 사죄, 양해를 구하는 말
excuse ⓝ 변명, 핑계 ⓥ 용서하다, (의무, 빚 등을) 면제하다, 변명하다

Kimberly Johnson 킴벌리 존슨 (1971~) 미국의 작가, 영문학자.
대표작은 〈A Metaphorical God 은유로서의 신〉 등이 있다.

동일어 excuse

496. He who makes (excuses), accuses himself.

변명하는 사람은 스스로를 고발하는 것이다. (스스로 죄가 있음을 밝히는 것이다.)
accuse ⓥ 고발[고소]하다, 비난하다
accusation ⓝ 고발, 고소, 비난

French Proverb 프랑스 속담

동일어 excuse

497. Treason is a charge invented by winners as an excuse for hanging the losers.

반역죄는 패배자들을 교수형에 처하기 위한 핑계로 승리자들이 창안해 낸 혐의이다.

treason	ⓝ	반역(죄)
charge	ⓝ	청구 금액, 요금, 외상, (일에 대한) 책임, 비난, 혐의, 고소, 충전, 장전
	ⓥ	(요금 등을) 청구하다, 외상으로 달다, 책임[임무]을 맡기다, 비난하다, 기소[고발]하다, 충전[장전]하다
invent	ⓥ	발명하다, 창안하다, 날조하다
hang	ⓥ	걸다, 달아매다, 교수형에 처하다, 매달리다

동일어
hang

Benjamin Franklin 벤자민 프랭클린 (1706~1790) 미국의 정치가, 외교관, 과학자.
미국 독립전쟁 중 프랑스의 지원을 얻어내는 등 미국 독립에 중요한 기여를 했으며 피뢰침의 발명가이기도 하다.

498. We hang the petty thieves and appoint the great ones to public office.

우리는 사소한 도둑들은 교수형에 처하면서 큰 도둑들은 공직에 임명한다.

petty	ⓐ	사소한, 작은, 마음이 좁은
appoint	ⓥ	임명[지명]하다, (시간, 장소 등을) 정하다
appointment	ⓝ	(특히 업무 관련) 약속, 임명, 지명
office	ⓝ	사무실, (대문자로) 관청, 직(職), 관직, 직무, 임무

동일어
appoint

Aesop 이솝 (BC 620?~560?) 그리스의 우화 작가.
소아시아에서 태어나 노예로 팔려 그리스로 왔으나, 뛰어난 이야기꾼으로 명성을 날렸다.

499. Every time I appoint someone to a vacant position, I make a hundred unhappy and one ungrateful.

누군가를 비어 있는 직위에 임명할 때마다, 나는 백 명의 행복하지 않은 사람들과 한 명의 배은망덕한 사람을 만든다.

vacant	ⓐ	비어 있는, 빈자리의, 결원[공석]의, (표정이) 멍한
vacancy	ⓝ	결원, 공석, 빈 방, 멍함
position	ⓝ	위치, 지위, 직위, 자세, 처지, 입장
ungrateful	ⓐ	은혜를 모르는, 감사할 줄 모르는, 배은망덕한

unhappy와 happiness는 반의어 - 다른 품사

Louis XIV 루이 14세 (1638~1715) 프랑스의 왕.
부르봉 절대왕정의 전성기를 이루었고 태양왕으로 불렸다. '짐은 곧 국가이다'라고 할 만큼 절대주의 시대의 대표적인 전제군주였다.

:: 231

500. The greatest (happiness) of the greatest number is the foundation of morals and legislation.

동일어
happiness

최대 다수의 최대 행복은 도덕률과 법률 제정의 토대이다.
foundation ⓝ 토대[기초, 기반], 재단, 설립[창립]
legislation ⓝ 법률, 제정, 입법(행위), 법안
legislate ⓥ 법률을 제정하다

Jeremy Bentham 제레미 벤담 (1748~1832) 영국의 철학자.
가능한 많은 사람의 행복을 증진시키는 것과 분배를 평등하게 하는 것이 중요한 정치경제의 원칙이 되어야 한다는 공리주의를 주장했다.

501. The (happiness) of this life depends less on what befalls you than the way in which you take it.

같은 주제

이 세상에서의 행복은 무엇이 당신에게 일어나느냐보다는 당신이 그것을 받아들이는 방식에 보다 좌우된다.
befall ⓥ (특히 좋지 않은 일이) 일어나다[닥치다]

Elbert Hubbard 앨버트 허버드 (1856~1915) 미국의 작가.
대표작으로 출간 후 지금까지 1억부 이상이 팔린 〈A Message to Garcia 가르시아 장군에게 보내는 편지〉 등이 있다.

502. Not what we have But what we enjoy, constitutes our (abundance).

abundance의
동사형인
abound

우리가 가진 것이 아닌 우리가 즐기는 것이, 우리의 풍요로움을 구성한다.
constitute ⓥ 구성하다, (~한) 체질이다
abundance ⓝ (넘칠 정도로) 많음, 풍부, 풍요로움
abundant ⓐ (넘칠 정도로) 많은, 풍부한

Epicurus 에피쿠로스 (BC 341~270) 그리스의 철학자.
인생의 목적은 쾌락의 추구에 있으며 그 쾌락은 명예욕·금전욕·음욕(淫慾)의 노예가 되는 것이 아니라 자연적인 욕망의 추구라고 주장했다.

503. In a state where corruption abounds, laws must be very numerous.

부패가 많은 국가에서는, 법들이 틀림없이 매우 많을 것이다.
- corruption ⓝ 부패, 타락, 매수, 부정 행위
- abound ⓥ 많다, 가득하다, 풍부하다
- numerous ⓐ 많은, 다수의

Publius Cornelius Tacitus 푸블리우스 코르넬리우스 타키투스 (56~117) 로마의 역사가, 정치가. 호민관, 집정관 등 요직을 두루 거쳤으며 역사서를 통해 제정(帝政)을 비판했다. 대표작은 〈The Histories 역사〉, 〈The Annals 연대기〉 등이 있다.

동일어 law

504. The law must be stable, but it must not stand still.

법은 안정적이어야 하지만, 가만히 정지해 있어서는 안 된다.
- stable ⓐ 안정된, 안정적인, 차분한
  ⓝ 마구간
- stand still 가만히 있다, 현상을 유지하다
- standstill ⓝ 정지, 휴지, 멈춤

Roscoe Pound 로스코 파운드 (1870~1964) 미국의 법학자. 자연과학·사회과학·프래그머티즘을 기초로 하는 법철학을 펼치면서 법률학 발전에 크게 기여했으며 대표작은 〈The Spirit of the Common Law 보통법의 정신〉 등이 있다.

동일어 law

505. Laws that do not embody public opinion can never be enforced.

여론을 구현하지 않는 법들은 결코 집행될 수 없다.
- embody ⓥ 구현하다, 구체화하다
- public opinion ⓝ 여론
- enforce ⓥ 집행[시행]하다, 강요하다
- enforcement ⓝ 집행, 시행, 강요

Elbert Hubbard 앨버트 허버드 (1856~1915) 미국의 작가. 대표작으로 출간 후 지금까지 1억부 이상이 팔린 〈A Message to Garcia 가르시아 장군에게 보내는 편지〉 등이 있다.

enforce는 force에 접두사 en-이 붙은 단어

506. Whatever needs to be maintained through (force) is doomed.

폭력을 통해 유지될 필요가 있는 것은 무엇이든지 비참한 운명을 맞게 된다.
- maintain ⓥ 유지[지속]하다, 주장하다, 부양하다
- maintenance ⓝ 유지, 보수 관리, 정비, 지속, 주장, 부양
- force ⓝ 힘, 폭력, 무력, 군사력, 영향력, 세력
  ⓥ 억지로 시키다, 강요하다
- doom ⓥ (주로 수동태로) 비참한 운명[결말]을 맞게 하다
  ⓝ 죽음, 파멸, 비운, 최후의 심판

동일어 force

Henry Miller 헨리 밀러 (1891~1980) 미국의 작가.
대학 중퇴 후 미국 각지를 방랑하다 소설을 쓰기 시작했으며 대표작은 〈Tropic of Cancer 북회귀선〉, 〈Tropic of Capricorn 남회귀선〉 등이 있다.

507. Civilization is nothing else than the attempt to reduce (force) to being the last resort.

문명은 단지 무력을 최후의 수단이 되도록 줄이려는 시도일 따름이다.
- civilization ⓝ 문명, 문명 사회[국민]
- nothing else than A=nothing but A 단지 A일 뿐, A에 지나지 않는
- attempt ⓝ 시도, 기도
  ⓥ 시도[기도]하다, 꾀하다
- reduce ⓥ 줄다, 줄이다, 감소[축소]하다, 삭감하다, 낮추다
- reduction ⓝ 감소, 축소, 삭감, 인하
- resort ⓝ 휴양지, 의지, (의지하는) 수단
  ⓥ 의지하다

force와 power는 유의어

Jose Ortega y Gasset 호세 오르테가 이 가세트 (1883~1955) 스페인의 철학자, 작가.
객관적인 것은 없으며 오직 있는 것은 관점들뿐이라고 보는 관점주의(perspectivism)의 주장자 중의 한 명으로, 대표작은 〈Some Lessons in Metaphysics 형이상학 강의〉 등이 있다.

508. Never underestimate the (power) of (passion).

결코 열정의 힘을 과소평가하지 말라.
- underestimate ⓥ 과소평가하다, 낮게 어림하다, 경시하다
  ⓝ 과소평가, (비용, 규모 등을) 너무 적게 잡음
- passion ⓝ 열정, 격정, 열애, 열망
- passionate ⓐ 열렬한, 정열적인, 열중하는, 열망하는

passion과 zeal은 유의어

Eve Sawyer 신원 미상

509. Zeal without knowledge is like expedition to a man in the dark.

지식 없는 열의는 어둠 속에서 한 사람을 찾는 탐험과 같다.
zeal ⓝ 열중, 열의, 집착
knowledge ⓝ 지식, 알고 있음
expedition ⓝ 탐험(대), 원정(대)

동일어
dark

John Newton 존 뉴턴 (1725~1807) 영국의 성직자.
18세기 영국의 신앙 각성운동의 지도자였다.

510. All is mystery; but he is a slave who will not struggle to penetrate the dark veil.

모든 것이 신비다; 그러나 어두운 장막을 꿰뚫어 보려고 투쟁하지 않는 사람은 노예이다.
mystery ⓝ 신비, 신비로운 사람[것], 수수께끼, 추리 소설
mysterious ⓐ 신비한, 수수께끼 같은
struggle ⓥ 투쟁하다, 싸우다, 발버둥치다, 분투[고투]하다
ⓝ 투쟁, 발버둥질, 분투, 고투
penetrate ⓥ 꿰뚫다, 관통하다, 뚫고 들어가다, 침투하다, 꿰뚫어 보다, 간파하다
penetration ⓝ 관통, 침투, 간파
veil ⓝ 베일, 면사포, (엷은) 막, (진실을 가리는) 장막

Benjamin Disraeli 벤자민 디즈레일리 (1804~1881) 영국의 정치가, 작가.
영국의 총리를 지냈으며 근대 보수당의 성립에 커다란 기여를 했다.

UPGrade Check Up
영작 및 말하기 연습

481. 사랑은 덫이다. 그것이 모습을 나타낼 때, 우리는 단지 그 빛만 볼 뿐, 그것의 그림자들은 보지 않는다.

482. 탐욕이 모든 악의 근원인 것과 같이, 가난은 모든 덫들 중 최악이다.

483. 가난은 좋은 교제를 갈라놓는다.

484. 친구로부터 돈을 빌리기 전에, 어느 것을 당신이 더 필요로 하는지 결정하라.

485. 우정은, 신용도와 같이, 그것이 이용되지 않을 때 최고이다.

486. 우정은 아마, 그리고 종종 그렇듯이, 사랑으로 성장할 수 있다, 그러나 사랑은 결코 우정으로 내려앉지 않는다.

487. 나이 드는 것은 강제적이다 – 성장하는 것은 선택적이다.

488. 누군가가 당신의 우선순위가 되도록 허용하지 말라, 당신 자신이 그들의 선택이 되는 것을 허용하면서는.

Key Word
UpGrade Check - Up
Important Word

481. trap, appear, shadow

482. covetousness, root, poverty, snare

483. poverty, part, company

484. borrow, friend, decide

485. friendship, credit, use

486. friendship, grow, subside

487. grow, mandatory, optional

488. allow, priority, option

Answer
481. Love is a trap. When it appears, we see only its light, not its shadows.
482. As covetousness is the root of all evil, so poverty is the worst of all snares.
483. Poverty parts good company.
484. Before borrowing money from a friend, decide which you need more.
485. Friendship, like credit, is highest when it is not used.
486. Friendship may, and often does, grow into love, but love never subsides into friendship.
487. Growing old is mandatory – Growing up is optional.
488. Never allow someone to be your priority while allowing yourself to be their option.

먼저 오른쪽 박스 안의 키워드를 참고하여 왼쪽의 한글을 영작해 보세요. 이후 키워드를 가린 채 왼쪽의 한글만 보고 영어로 소리 내어 말해 보세요.

Key Word
UpGrade Check - Up
Important Word

489. 도덕과 편의주의는 냉소가들이 인정하는 것 이상으로 더 일치한다.

490. 민주주의는 당신이 가장 적게 싫어하는 후보자에게 투표하는 것으로 받아들여지고 있다.

491. 민주주의는 사회주의에 필수적이다.

492. 민주주의 국가의 기반은 자유이다.

493. 우리나라에서, 거짓말은 단지 도덕의 범주가 아닌 국가의 기둥이 되었다.

494. 하나의 거짓말이 천 개의 진실을 망친다.

495. 결코 변명으로 사과를 망치지 말라.

496. 변명하는 사람은 스스로를 고발하는 것이다.

489. expediency, coincide, cynic, allow
490. democracy, allow, vote, candidate
491. democracy, indispensable, socialism
492. basis, democratic, state
493. lie, moral, pillar, state
494. falsehood, spoil, truth
495. ruin, apology, excuse
496. excuse, accuse

Answer

489. Morality and expediency coincide more than the cynics allow.
490. Democracy is being allowed to vote for the candidate you dislike least.
491. Democracy is indispensable to socialism.
492. The basis of a democratic state is liberty.
493. In our country, the lie has become not just a moral category but a pillar of the State.
494. One falsehood spoils a thousand truths.
495. Never ruin an apology with an excuse.
496. He who makes excuses, accuses himself.

UPGrade Check Up
영작 및 말하기 연습

497. 반역죄는 패배자들을 교수형에 처하기 위한 핑계로 승리자들이 창안해 낸 혐의이다.

498. 우리는 사소한 도둑들은 교수형에 처하면서 큰 도둑들은 공직에 임명한다.

499. 누군가를 비어 있는 직위에 임명할 때마다, 나는 백 명의 행복하지 않은 사람들과 한 명의 배은망덕한 사람을 만든다.

500. 최대 다수의 최대 행복은 도덕률과 법률 제정의 토대이다.

501. 이 세상에서의 행복은 무엇이 당신에게 일어나느냐보다는 당신이 그것을 받아들이는 방식에 보다 좌우된다.

502. 우리가 가진 것이 아닌 우리가 즐기는 것이, 우리의 풍요로움을 구성한다.

503. 부패가 많은 국가에서는, 법들이 틀림없이 매우 많을 것이다.

504. 법은 안정적이어야 하지만, 가만히 정지해 있어서는 안 된다.

Key Word
UpGrade Check - Up
Important Word

497. treason, charge, invent, excuse, hang
498. hang, petty, appoint, office
499. appoint, vacant, position, unhappy, ungrateful
500. happiness, foundation, moral, legislation
501. happiness, befall, take
502. constitute, abundance
503. state, abound, law, numerous
504. law, stable, stand still

Answer

497. Treason is a charge invented by winners as an excuse for hanging the losers.
498. We hang the petty thieves and appoint the great ones to public office.
499. Every time I appoint someone to a vacant position, I make a hundred unhappy and one ungrateful.
500. The greatest happiness of the greatest number is the foundation of morals and legislation.
501. The happiness of this life depends less on what befalls you than the way in which you take it.
502. Not what we have But what we enjoy, constitutes our abundance.
503. In a state where corruption abounds, laws must be very numerous.
504. The law must be stable, but it must not stand still.

505. 여론을 구현하지 않는 법들은 결코 집행될 수 없다.

506. 폭력을 통해 유지될 필요가 있는 것은 무엇이든지 비참한 운명을 맞게 된다.

507. 문명은 단지 무력을 최후의 수단이 되도록 줄이려는 시도일 따름이다.

508. 결코 열정의 힘을 과소평가하지 말라.

509. 지식 없는 열의는 어둠 속에서 한 사람을 찾는 탐험과 같다.

510. 모든 것이 신비다; 그러나 어두운 장막을 꿰뚫어 보려고 투쟁하지 않는 사람은 노예이다.

Key Word
UpGrade Check - Up
Important Word

505. law, embody, enforce

506. maintain, force, doom

507. attempt, reduce, force, resort

508. underestimate, power, passion

509. zeal, expedition, dark

510. mystery, struggle, penetrate, dark, veil

Answer

505. Laws that do not embody public opinion can never be enforced.
506. Whatever needs to be maintained through force is doomed.
507. Civilization is nothing else than the attempt to reduce force to being the last resort.
508. Never underestimate the power of passion.
509. Zeal without knowledge is like expedition to a man in the dark.
510. All is mystery; but he is a slave who will not struggle to penetrate the dark veil.

Happiness is a wine of the rarest vintage, and seems insipid to vulgar taste.

– Logan P. Smith

Unit 018

511. (Friendship) improves happiness and abates misery, by the doubling of our joy and the dividing of our grief.

우정은 우리의 기쁨은 두 배로 하고 우리의 슬픔은 나눔으로써, 행복은 더욱 좋게 하고 불행은 감소시킨다.

improve	ⓥ	개선되다, 나아지다, 향상시키다
abate	ⓥ	감소시키다[하다], 완화[약화]시키다[되다]
misery	ⓝ	불행, 비참함, 빈곤, 고통
double	ⓥ	두 배로 하다, 두 배가 되다, 둘로 접다, 이중으로 하다
	ⓐ	두 배의, 이중의, 2인용의
	ⓝ	두 배, 곱, 이중
grief	ⓝ	(큰) 슬픔, 비탄

friend에 –ship이 붙은 friendship

Marcus Tullius Cicero 마르쿠스 툴리우스 키케로 (BC 106~43) 로마의 정치가, 웅변가, 철학자. 로마 제1의 웅변가로 불렸으며 그의 문체는 고전 라틴어의 표본이 되었다.

512. The (vulgar) crowd values (friends) according to their usefulness.

저속한 다수는 그들의 유용함에 따라 친구들을 평가한다.

vulgar	ⓐ	저속한, 상스러운
crowd	ⓝ	군중, 다수, 많은 사람들
	ⓥ	군집하다, 꽉 들어차다
crowded	ⓐ	복잡한, 붐비는
value	ⓥ	평가하다, 가치를 매기다
	ⓝ	가치, 가격, 가치관
usefulness	ⓝ	유용성, 사용 가능성

동일어 vulgar

Ovid 오비디우스 (BC 43~AD 17 본명 Publius Ovidius Naso) 로마의 시인. 세련된 감각과 풍부한 수사(修辭)를 특징으로 하는 그의 작품은 특히 르네상스 작가들에게 큰 영향을 끼쳤다. 대표작은 《Metamorphoses 변신이야기》 등이 있다.

513. Happiness is a (wine) of the rarest vintage, and seems insipid to a (vulgar) taste.

행복은 하나의 희귀한 오래된 포도주로, 저속한 취향에는 무미건조하게 여겨진다.
- rare ⓐ 드문, 귀한, (고기 등이) 덜 구워진
- vintage ⓝ 포도 수확(기), (일정 수확기에 채취된) 포도(주), (어느 해의) 제품, 오래됨
  ⓐ 포도주 (양조)의, (포도주가) 고급인, (제품이) ~년식
- insipid ⓐ 맛없는, 무미건조한, 재미없는, 김빠진, 활기 없는

동일어 wine

Logan P. Smith 로건 P. 스미스 (1865~1946) 미국의 작가.
영어 바르기 쓰기 운동의 권위자였으며 대표작은 자서전 〈Unforgotten Years 잊혀지지 않는 시기〉 등이 있다.

514. (Beauty) is worse than (wine); it intoxicates both the holder and the beholder.

미는 와인보다 나쁘다; 그것은 보유자와 보는 사람 양쪽 모두를 취하게 한다.
- intoxicate ⓥ 취하게 하다, 도취[흥분]시키다
- holder ⓝ 보유자, 소유[소지]자, 받침, 그릇
- beholder ⓝ 보는 사람, 구경꾼
- behold ⓥ (바라)보다

동일어 beauty

Aldous Huxley 올더스 헉슬리 (1894~1963) 영국의 작가.
20세기를 대표하는 소설가 중의 한 사람으로 대표작은 〈Brave New World 멋진 신세계〉, 〈Point Counter Point 연애대위법〉 등이 있다.

515. It is amazing how complete is the delusion that (beauty) is goodness.

미(美)가 선(善)이라는 망상이 얼마나 완벽한지 놀랄 만하다.
- amazing ⓐ 놀랄 만한, 굉장한
- amaze ⓥ 몹시 놀라게 하다, 몹시 놀라다
- complete ⓐ 완벽한, 완전한, 전부의, 완결한
  ⓥ 완료하다
- delusion ⓝ 망상, 착각
- delude ⓥ 현혹하다, 착각하게 하다
- goodness ⓝ 착함, 선량, 이로운 부분

동일어 beauty

Leo Tolstoy 레오 톨스토이 (1828~1910) 러시아의 작가, 사상가.
러시아 문학사에서 가장 거대한 인물로 꼽히며 생전에 당대의 어떤 작가보다 더 영향력 있고 존경받는 인물이었다. 대표작은 〈War and Peace 전쟁과 평화〉, 〈Anna Karenina 안나 카레니나〉 등이 있다.

516. Beauty is a fragile gift.

fragile과
frailty는
유의어 –
다른 품사

미(美)는 깨지기 쉬운 재능이다. (아름다움은 오래가지 않는다.)
fragile ⓐ 깨지기[부서지기] 쉬운

Ovid 오비디우스 (BC 43~AD 17 본명 Publius Ovidius Naso) 로마의 시인.
세련된 감각과 풍부한 수사(修辭)를 특징으로 하는 그의 작품은 특히 르네상스 작가들에게 큰 영향을 끼쳤다. 대표작은 〈Metamorphoses 변신이야기〉 등이 있다.

517. Frailty, thy name is woman!

frailty와
feeble은
유의어 –
다른 품사

약함이여, 그대의 이름은 여자!
frailty ⓝ 약함, 약한 마음, 연약[허약]함
frail ⓐ 연약한, 허약한, 부서지기 쉬운
thy ⓟ 그대[당신, 너]의

William Shakespeare 윌리엄 셰익스피어 (1564~1616) 영국의 작가.
역사상 최고의 작가 중 한 명으로 꼽히며 대표작은 〈Hamlet 햄릿〉, 〈Romeo and Juliet 로미오와 줄리엣〉, 〈The Merchant of Venice 베니스의 상인〉 등이 있다.

518. Man is but a reed, the feeblest thing in nature, but he is a thinking reed.

동일어
thinking

인간은, 자연에서 가장 연약한 것이라고 할 수 있는, 단지 하나의 갈대에 불과하다, 그렇지만 그는 하나의 생각하는 갈대이다.
reed ⓝ 갈대, 이엉(지붕을 이는 마른 갈대)
feeble ⓐ 연약한, 허약한, (아주) 약한, 미미한

Blaise Pascal 블레즈 파스칼 (1623~1662) 프랑스의 수학자, 철학자.
인류 역사상 최고의 신동 중의 한 명으로 수학 분야에 커다란 기여를 했으며, 만년에는 신앙에 귀의하여 〈The Pensees 팡세〉 등의 작품을 남겼다.

519. Principles and rules are intended to provide a thinking man with a frame of reference.

원칙들과 규칙들은 생각하는 사람에게 준거의 틀을 제공하기 위한 것이다.

intend	ⓥ	의도하다, 어떤 목적에 쓰고자 하다, 〈수동형으로〉 (~)하기 위한 것이다
frame	ⓝ	틀, 테, 뼈대, 골격, (추상적인) 기구[구조]
	ⓥ	틀에 넣다, 테를 두르다, 틀을 잡다, (계획, 법률 등을) 구상하다
reference	ⓝ	참고, 참조, 준거(판단의 근거), 문의, 조회, 언급, 참고 문헌, 추천서
refer	ⓥ	참고시키다, 문의하다, 언급하다, (원인, 기원 등을) (~에) 돌리다

(intend의 명사형인 intention)

Karl von Clausewitz 칼 폰 크라우제비츠 (1780~1831) 프러시아의 군사이론가.
서양의 손자(孫子)로 불리며 대표작은 〈Vom Kriege 전쟁론〉 등이 있다.

520. We judge others by their behavior. We judge ourselves by our intentions.

우리는 다른 사람들을 그들의 행동에 따라 판단한다. 우리는 스스로를 우리의 의도에 따라 판단한다.

behavior, -iour	ⓝ	행동, 행실, 품행, 태도
behave	ⓥ	(특정한 방식으로) 행동[처신]하다, 예의 바르게 행동하다
intention	ⓝ	의도, 의향, 목적
intentional	ⓐ	의도적인, 고의의

(동일어 behavior)

Ian Percy 이안 펄시 (?~) 미국의 작가, 동기부여 강사.
대표작은 〈Going Deep 깊이 들어가기〉 등이 있다.

521. Music is part of us, and either ennobles or degrades our behavior.

음악은 우리의 일부이며, 우리의 행위를 고귀하게 하거나 품위를 떨어뜨린다.

either	ⓐ	(둘 중) 어느 하나의, (두 개) 각각[양쪽]의
	ⓐⓓ	(부정문에서) ~도[또한 / 역시], 게다가
	ⓟⓝ	(둘 중) 어느 하나, (두 개) 각각[양쪽]
either A or B		A이거나 B
ennoble	ⓥ	고귀[고상]하게 하다, (작위를 내려) 귀족으로 만들다
degrade	ⓥ	품위[품격]를 떨어뜨리다, 지위를 낮추다

(동일어 music)

Boethius 보이티우스 (480~524 / 525) 로마 말기의 철학자.
동(東)고트왕에게 중용되었으나, 반역죄의 모함을 받아 투옥된 후 처형되었다. 대표작은 옥중에서 쓴 〈Consolation of Philosophy 철학의 위안〉 등이 있다.

522. Good music is very close to primitive language.

동일어
music

좋은 음악은 원시 언어와 매우 가깝다.
primitive ⓐ 원시의, 미개의
language ⓝ 언어, 말, 말투, 어법, 문체

Denis Diderot 드니 디드로 (1713~1784) 프랑스의 철학자, 작가.
프랑스의 대표적인 계몽주의 사상가이며 〈Encyclopedie 백과전서〉의 편찬에 일생을 바쳤다.

523. Nature's music is never over; her silences are pauses, not conclusions.

동일어
nature

자연의 음악은 결코 끝나지 않는다; 그녀의 침묵은 잠깐 멈춤이지, 종결이 아니다.
pause ⓝ 잠깐 멈춤, 중지, 중간 휴식
ⓥ 잠시 멈추다, 중단[중지]하다, 숨을 돌리다
conclusion ⓝ 결론, 종결, 결말, (조약의) 체결
conclude ⓥ 결론짓다, 끝내다, (조약 등을) 체결하다

Mary Webb 메리 웨브 (1881~1927) 영국의 작가.
웨일스 지방의 전원을 배경으로 한 작품들을 주로 남겼으며 대표작은 〈The Golden Arrow 황금 화살〉 등이 있다.

524. In nature there are neither rewards nor punishments; there are consequences.

자연에는 보상도 처벌도 없다; 결과는 있다.
reward ⓝ 보상, 보상[사례]금, 현상금
ⓥ 보상[보답, 사례]하다
punishment ⓝ 처벌, 형벌, 징벌
punish ⓥ 처벌하다, 벌주다
consequence ⓝ 결과, 중요함
consequent ⓐ (~의(on / upon / to)) 결과로 인한

consequence와
outcome은
유의어

Robert Green Ingersoll 로버트 그린 잉거솔 (1833~1899) 미국의 연설가, 작가.
폭넓은 교양과 불가지론(신의 존재에 대한 판단을 보류하는 입장)으로 유명했다.

525. There is no such thing as a (failed) experiment, only experiments with unexpected (outcomes).

실패한 실험 같은 것은 없으며, 단지 예기치 못한 결과들이 나온 실험들만이 있을 뿐이다.
experiment ⓝ (과학적인) 실험, 시험
unexpected ⓐ 예기치 않은, 뜻밖의, 불시의
outcome ⓝ 결과, 성과

fail의 명사형인 failure

R. Buckminster Fuller R. 버크민스터 풀러 (1895~1983) 미국의 발명가, 건축가.
시너지(synergy) 등의 단어를 만들어내고 대체 에너지원으로 바람, 파도, 태양열 등을 이용할 것을 제안한 최초의 사람이다.

526. He is only exempt from (failures) who makes no effort.

어떠한 노력도 하지 않는 자만이 실패들로부터 면제된다.
exempt ⓐ 면제된
　　　　ⓥ (의무 등을) 면제하다
exemption ⓝ 면제, (세금의) 공제(액)

동일어 failure

Richard Whately 리처드 와틀리 (1787~1863) 영국의 신학자, 경제학자.
옥스포드 대학의 정치경제학 교수로 재직했고 아일랜드 더블린의 대주교를 역임했다. 대표작은 〈Christian Evidences 기독교의 증거〉들 등이 있다.

527. No other success can compensate for (failure) in the (home).

다른 어떤 성공도 가정에서의 실패를 보상할 수는 없다.
compensate ⓥ (~에 대해(for)) 보상하다, 보상금을 주다
compensation ⓝ 보상(금)
home ⓝ (가족과 함께 사는) 집[가정], 주택, 거주 시설, 고향, 고국, 국내
　　　 ⓐ 집의, 가정의, 가정[가족]용의, 자기 지역의, 국내의
　　　 ⓐⓓ 집에[으로], 제 위치에

동일어 home

David O. McKay 데이비드 O. 맥케이 (1873~1970) 미국의 성직자.
모르몬교 중 복혼을 금지하는 'The Church of Jesus Christ of Latter-day Saints'(예수 그리스도 후기 성도 교회)의 회장으로 약 20년간 재직했다.

528. We cannot defend freedom abroad by deserting it at home.

우리는 국내에서 자유를 버림으로써 해외에서 자유를 방어할 수 없다.
defend ⓥ 방어[수비]하다, 지키다, 옹호[변호]하다
abroad ⓐⓓ 해외에(서), (소문 등이) 널리 퍼져
desert ⓥ 버리다, 저버리다
ⓝ 사막

abroad와 foreign은 유의어

Edward R. Murrow 에드워드 머로 (1908~1965) 미국의 언론인.
매카시즘에 맞섰던 미국 초기 저널리즘의 선구적 인물이다.

529. Domestic policy can only defeat us; foreign policy can kill us.

국내 정책은 단지 우리를 패배시킬 수 있다; 대외 정책은 우리를 죽일 수 있다.
domestic ⓐ 가정의, 가정적인, 국내의, 국산의, (동물이) 길든
policy ⓝ 정책, 방침, 방책, 보험 증권
defeat ⓥ 패배시키다, 좌절시키다
ⓝ 패배, 타도
foreign ⓐ 외국의, 대외의, 외래의, 이질적인
foreigner ⓝ 외국인, 이방인

동일어 kill

John F. Kennedy 존 F. 케네디 (1917~1963) 미국의 제35대 대통령.
암살되기 전까지 2년 10개월의 짧은 재임기간에도 불구하고 인권, 평화, 여성, 인종, 복지 등 부문에 상당한 업적을 남겼다.

530. Patriots always talk of dying for their country, and never of killing for their country.

애국자들은 언제나 그들의 나라를 위해 죽는 것에 관해 이야기하지, 결코 그들의 나라를 위해 죽이는 것에 관해서는 이야기하지 않는다.
patriot ⓝ 애국자, 우국지사
talk of A A에 관해 이야기하다

동일어 country

Bertrand Russell 버트런드 러셀 (1872~1970) 영국의 수학자, 논리학자, 철학자, 평화운동가.
다양한 분야의 명저들을 저술했으며 1950년 노벨문학상을 수상했다. 대표작은 〈History of Western Philosophy 서양철학사〉, 〈The Conquest of Happiness 행복의 정복〉 등이 있다.

531. I lived in (solitude) in the (country) and noticed how the monotony of a quiet life stimulates the creative mind.

나는 시골에서 고독하게 살았고 평온한 생활의 단조로움이 얼마나 창조적 사고를 자극하는지를 알아챘다.

solitude	ⓝ	고독, 한적한 곳
in solitude		고독하게, 홀로
notice	ⓥ	주의[주목]하다, 알아채다
	ⓝ	주의, 주목, 공지, 통지(서), 공고문, 안내판
monotony	ⓝ	단조로움
monotonous	ⓐ	단조로운, 변함없는
stimulate	ⓥ	자극하다, 활성화하다, 격려[고무]하다
stimulation	ⓝ	자극, 활성화, 격려
creative	ⓐ	창조적인, 독창적인
creativity	ⓝ	창조성, 독창성

solitude의 형용사형인 solitary

Albert Einstein 알버트 아인슈타인 (1879~1955) 독일 출신의 미국 물리학자, 평화운동가. 상대성이론, 광양자설 등의 이론을 발표하여 현대 과학을 급속도로 발전시켰다는 평가를 받고 있으며, 1921년 노벨물리학상을 수상했다.

532. A (solitary) man is either a brute or an angel.

혼자 있기를 좋아하는 사람은 짐승 같은 사람이거나 천사 같은 사람이다.

a solitary man은 hermit

solitary	ⓐ	혼자의, 혼자 있기를 좋아하는, 단 하나의
brute	ⓝ	짐승, 야수, 짐승 같은 사람

Italian Proverb 이탈리아 속담

533. (Hermits) have no peer (pressure).

은자(隱者)는 동료집단으로부터 받는 압박감이 없다.

hermit	ⓝ	은자, 은둔자
peer	ⓝ	또래, 동년배, 동등한 사람
	ⓥ	유심히 보다, 눈여겨보다, 응시하다
pressure	ⓝ	누르기, 압력, 압박(감)
	ⓥ	압력을 가하다, 압박하다
peer pressure		동료[또래] 집단으로부터 받는 사회적 압력[압박감]

pressure와 strain은 유의어

Steven Wright 스티븐 라이트 (1955~) 미국의 코미디언, 영화배우. 대표작은 〈Coffee and Cigarettes 커피와 담배〉 등이 있다.

534. Unity to be real must stand the severest strain without breaking.

unity와 integrate는 유의어 – 다른 품사

통합이 실재가 되려면 가장 극심한 압박을 깨어지지 않고 견뎌내야 한다.
- **unity** ⓝ 통합, 통일(체), 통일성, 일치
- **severe** ⓐ 극심한, 심각한, 가혹한, 혹독한, 엄격한, 엄한
- **strain** ⓝ 압박(감), 압력, (근육 등의) 염좌
  ⓥ 안간힘을 쓰다, 무리를 주다, 꽉 죄다, 염좌를 입다

Mahatma Gandhi 마하트마 간디 (1869~1948 본명 Mohandas Karamchand Gandhi)
인도의 철학자, 정치가.
인도 건국의 아버지로 식민지 인도의 독립을 위해 비폭력 및 불복종 운동을 전개했다.

535. Art is an attempt to integrate evil.

동일어 art

예술은 악을 통합하고자 하는 하나의 시도이다.
- **attempt** ⓝ 시도, 도전
- **integrate** ⓥ (각 부분을 전체에 하나로) 통합하다, 완전하게 하다, 하나가 되다, 차별대우를 폐지하다, 적분하다
- **integral** ⓐ (완전체를 이루는 데) 없어서는 안 될, 완전한
- **evil** ⓝ 악, 악폐, 유해물
  ⓥ 사악한, 유해한

Simone de Beauvoir 시몬 드 보부아르 (1908~1986) 프랑스의 작가, 시민운동가.
실존주의 경향의 작품을 주로 썼고 여성 및 사회 문제에 깊은 관심을 가졌다. 대표작은 〈Le Deuxieme Sexe 제2의 성〉 등이 있다.

536. Love isn't an emotion or an instinct – it's an art.

동일어 love

사랑은 감정이나 본능이 아니다 – 그것은 기술이다.
- **instinct** ⓝ 본능, 타고난 재능[소질], 직관
- **instinctive** ⓐ 본능적인, 직관적인

Mae West 메 웨스트 (1893~1980 본명 Mary Jane West) 미국의 영화배우, 인권운동가.
도발적 육체파 금발미녀의 이미지로 활동했으며, 인권 문제에 관심이 많아 페미니스트이면서 동성애자의 인권운동을 처음 시작했던 배우이기도 하다.

537. Immature love says: 'I love you because I need you.' Mature love says: 'I need you because I love you.'

미숙한 사랑은 말한다: '나는 당신이 필요하기 때문에 당신을 사랑한다.' 성숙한 사랑은 말한다: '나는 당신을 사랑하기 때문에 당신이 필요하다.'
- **immature** ⓐ 미숙한, 미성숙한, 유치한
- **mature** ⓐ 성숙한, (와인 등이) 숙성된, 어른스러운, 성인이 된, 원숙한

mature와 ripe는 유의어

Erich Fromm 에리히 프롬 (1900~1980) 독일의 사회심리학자.
현대의 불안을 사회적 관점에서 분석했으며 대표작은 〈Escape from Freedom 자유로부터의 도피〉, 〈The Art of Loving 사랑의 기술〉, 〈To Have or to Be? 소유냐 존재냐?〉 등이 있다.

538. Early ripe, early rotten.

일찍 익는 것은 일찍 썩는다.
- **ripe** ⓐ 익은, 때가 된, 원숙한
- **rotten** ⓐ 썩은, 타락한, 부패한

rotten과 decay는 유의어 – 다른 품사

Latin Proverb 라틴 속담

539. Harmony makes small things grow; lack of it makes great things decay.

조화는 작은 것들을 자라게 하며, 그것의 결여는 위대한 것들을 썩게 한다.
- **harmony** ⓝ 조화, 화합, 〈음악〉 화음
- **harmonious** ⓐ 조화된, 화목한
- **lack** ⓝ 결여, 결핍, 부족   ⓥ 결여[결핍]하다, 부족하다
- **decay** ⓥ 썩다, 부패하다, 쇠퇴하다, 타락하다   ⓝ 썩음, 부패, 쇠퇴, 타락

동일어 harmony

Sallust 살루스티우스 (BC 86~34) 로마의 역사가.
민중의 편에 선 글들을 남겼으며 대표작은 〈The Conspiracy of Catiline 카틸리나의 음모〉 등이 있다.

540. Opposition brings concord. Out of discord comes the fairest harmony.

반대는 화합을 야기한다. 불화로부터 가장 공평한 조화가 나온다.
- **opposition** ⓝ (~에 대한(to)) 반대, 반대측[파], 야당
- **concord** ⓝ 의견의 일치, 조화, 국제 간의 협정   ⓥ 일치시키다
- **discord** ⓝ 불화, 내분, 불일치, 불협화음
- **fair** ⓐ 공평한, 공정한, 꽤 많은, 맑은, 살결이 흰   ⓝ 박람회, 풍물 장터

Heraclitus 헤라클레이토스 (BC 535~475) 그리스의 철학자.
변화를 세계의 원리로 보면서 그 변화와 이에 대한 조화를 규정하는 질서를 로고스(logos)로 보았다.

:: 249

UPGrade Check Up
영작 및 말하기 연습

511. 우정은 우리의 기쁨은 두 배로 하고 우리의 슬픔은 나눔으로써, 행복은 더욱 좋게 하고 불행은 감소시킨다.

512. 저속한 다수는 그들의 유용함에 따라 친구들을 평가한다.

513. 행복은 하나의 희귀한 오래된 포도주로, 저속한 취향에는 무미건조하게 여겨진다.

514. 미는 와인보다 나쁘다; 그것은 보유자와 보는 사람 양쪽 모두를 취하게 한다.

515. 미가 선(善)이라는 망상이 얼마나 완벽한지 놀랄 만하다.

516. 미(美)는 깨지기 쉬운 재능이다.

517. 약함이여, 그대의 이름은 여자!

518. 인간은, 자연에서 가장 연약한 것이라고 할 수 있는, 단지 하나의 갈대에 불과하다, 그렇지만 그는 하나의 생각하는 갈대이다.

Key Word — UpGrade Check-Up Important Word

511. improve, abate, misery, double, joy, divide, grief
512. vulgar, crowd, value, usefulness
513. wine, rare, vintage, insipid, vulgar, taste
514. beauty, wine, intoxicate, holder, beholder
515. amazing, complete, delusion, beauty, goodness
516. beauty, fragile, gift
517. frailty, thy
518. man, reed, feeble, thinking

Answer

511. Friendship improves happiness and abates misery, by the doubling of our joy and the dividing of our grief.
512. The vulgar crowd values friends according to their usefulness.
513. Happiness is a wine of the rarest vintage, and seems insipid to a vulgar taste.
514. Beauty is worse than wine; it intoxicates both the holder and the beholder.
515. It is amazing how complete is the delusion that beauty is goodness.
516. Beauty is a fragile gift.
517. Frailty, thy name is woman!
518. Man is but a reed, the feeblest thing in nature, but he is a thinking reed.

먼저 오른쪽 박스 안의 키워드를 참고하여 왼쪽의 한글을 영작해 보세요. 이후 키워드를 가린 채 왼쪽의 한글만 보고 영어로 소리 내어 말해 보세요.

519. 원칙들과 규칙들은 생각하는 사람에게 준거의 틀을 제공하기 위한 것이다.

520. 우리는 다른 사람들을 그들의 행동에 따라 판단한다. 우리는 스스로를 우리의 의도에 따라 판단한다.

521. 음악은 우리의 일부이며, 우리의 행위를 고귀하게 하거나 품위를 떨어뜨린다.

522. 좋은 음악은 원시 언어와 매우 가깝다.

523. 자연의 음악은 결코 끝나지 않는다; 그녀의 침묵은 잠깐 멈춤이지, 종결이 아니다.

524. 자연에는 보상도 처벌도 없다; 결과는 있다.

525. 실패한 실험 같은 것은 없으며, 단지 예기치 못한 결과들이 나온 실험들만이 있을 뿐이다.

526. 어떠한 노력도 하지 않는 자만이 실패들로부터 면제된다.

Key Word
UpGrade Check - Up
Important Word

519. principle, intend, provide, thinking, frame, reference

520. judge, behavior, intention

521. music, part, either, ennoble, degrade, behavior

522. music, close, primitive, language

523. music, over, pause, conclusion

524. reward, punishment, consequence

525. failed, experiment, unexpected, outcome

526. exempt, failure, effort

Answer

519. Principles and rules are intended to provide a thinking man with a frame of reference.
520. We judge others by their behavior. We judge ourselves by our intentions.
521. Music is part of us, and either ennobles or degrades our behavior.
522. Good music is very close to primitive language.
523. Nature's music is never over; her silences are pauses, not conclusions.
524. In nature there are neither rewards nor punishments; there are consequences.
525. There is no such thing as a failed experiment, only experiments with unexpected outcomes.
526. He is only exempt from failures who makes no effort.

UPGrade Check Up
영작 및 말하기 연습

527. 다른 어떤 성공도 가정에서의 실패를 보상할 수는 없다.

_____.

528. 우리는 국내에서 자유를 버림으로써 해외에서 자유를 방어할 수 없다.

_____.

529. 국내 정책은 단지 우리를 패배시킬 수 있다; 대외 정책은 우리를 죽일 수 있다.

_____.

530. 애국자들은 언제나 그들의 나라를 위해 죽는 것에 관해 이야기하지, 결코 그들의 나라를 위해 죽이는 것에 관해서는 이야기하지 않는다.

_____.

531. 나는 시골에서 고독하게 살았고 평온한 생활의 단조로움이 얼마나 창조적 사고를 자극하는지를 알아챘다.

_____.

532. 혼자 있기를 좋아하는 사람은 짐승 같은 사람이거나 천사 같은 사람이다.

_____.

533. 은자(隱者)는 동료집단으로부터 받는 압박감이 없다.

_____.

534. 통합이 실재가 되려면 가장 극심한 압박을 깨어지지 않고 견뎌내야 한다.

_____.

Key Word
UpGrade Check - Up
Important Word

527. compensate, failure, home
528. defend, abroad, desert, home
529. domestic, policy, foreign
530. patriot, talk of, country
531. solitude, country, notice, monotony, quiet, stimulate, creative
532. solitary, brute
533. hermit, peer, pressure
534. unity, real, stand, severe, strain

Answer
527. No other success can compensate for failure in the home.
528. We cannot defend freedom abroad by deserting it at home.
529. Domestic policy can only defeat us; foreign policy can kill us.
530. Patriots always talk of dying for their country, and never of killing for their country.
531. I lived in solitude in the country and noticed how the monotony of a quiet life stimulates the creative mind.
532. A solitary man is either a brute or an angel.
533. Hermits have no peer pressure.
534. Unity to be real must stand the severest strain without breaking.

535. 예술은 악을 통합하고자 하는 하나의 시도이다.

536. 사랑은 감정이나 본능이 아니다 — 그것은 기술이다.

537. 미숙한 사랑은 말한다: '나는 당신이 필요하기 때문에 당신을 사랑한다.' 성숙한 사랑은 말한다: '나는 당신을 사랑하기 때문에 당신이 필요하다.'

538. 일찍 익는 것은 일찍 썩는다.

539. 조화는 작은 것들을 자라게 하며, 그것의 결여는 위대한 것들을 썩게 한다.

540. 반대는 화합을 야기한다. 불화로부터 가장 공평한 조화가 나온다.

Key Word
UpGrade Check - Up
Important Word

535. art, attempt, integrate, evil

536. emotion, instinct, art

537. immature, mature

538. ripe, rotten

539. harmony, grow, lack, decay

540. opposition, concord, discord, fair, harmony

Answer

535. Art is an attempt to integrate evil.
536. Love isn't an emotion or an instinct – it's an art.
537. Immature love says: 'I love you because I need you.' Mature love says: 'I need you because I love you.'
538. Early ripe, early rotten.
539. Harmony makes small things grow; lack of it makes great things decay.
540. Opposition brings concord. Out of discord comes the fairest harmony.

If you do not change direction, you may end up where you are heading.

— Lao Tzu

Unit 019

541. Resignation is the (timid) sign of courage.

> 사직은 용감함을 보이는 용기 없는 신호이다.
> sign   ⓝ 신호, 기호, 부호, 표지, 표시, 기미
>   ⓥ 서명하다
> signature   ⓝ 서명
> resignation   ⓝ 사직, 사임, 사표, 포기, 단념
> timid   ⓐ 소심한, 용기[자신감] 없는

timid와 daring은 반의어

Anonymous 작자 미상

542. Life is either a (daring) (adventure) or nothing.

> 인생은 대담한 모험 또는 아무것도 아닌 것, 둘 중의 하나이다.
> daring   ⓐ 대담한, 무모한   ⓝ 대담성, 용기
> adventure   ⓝ 모험, 모험담, 희한한 사건

동일어 adventure

Helen Keller 헬렌 켈러 (1880~1968) 미국의 작가, 교육가.
19개월 때부터 병으로 시각·청각 장애인이 되었으나 하버드대학을 우등으로 졸업했다. 장애인 복지 사업뿐만 아니라 전반적인 인권문제에 커다란 기여를 했다.

543. Equipped with his five senses, man explores the universe around him and calls the (adventure) (Science).

> 오감을 갖추고, 사람은 그를 둘러싼 우주를 탐험하면서 그 모험을 과학이라 칭한다.
> equip   ⓥ (장비, 설비, 용품 등을) 갖추어 주다, (필요한 것을 가르쳐) 준비를 갖추어 주다, (군대를) 장비하다, 채비시키다
> explore   ⓥ 탐험[답사]하다, 탐구[조사]하다
> universe   ⓝ 우주, 은하계, 만물, (the u-) 세계, 전인류

science의 형용사형인 scientific

Edwin P. Hubble 에드윈 P. 허블 (1889~1953) 미국의 천문학자.
변호사로 일하다 천문학에 흥미를 느껴 본격적으로 천문학자의 길을 걸으면서 많은 기여를 했다.

544. Scientific knowledge is in perpetual evolution; it finds itself changed from one day to the next.

> 과학적 지식은 끊임없는 진화 상태에 있다; 그것은 하루하루 변한다.
> **scientific** ⓐ 과학의, 과학적인, 체계적인
> **perpetual** ⓐ 끊임없는, 영구적인, 종신(終身)의
> **evolution** ⓝ 진화, (점진적인) 발전
> **evolve** ⓥ 진화하다[시키다], (점진적으로) 발달하다[시키다]
> **from one day to the next** 하루하루

perpetual과 incessant는 유의어

Jean Piaget 장 피아제 (1896~1980) 스위스의 심리학자.
임상 심리학의 발전에 크게 기여했으며 특히 어린이의 논리적 사고 발달에 관한 연구로 유명하다. 대표작은 〈Le langage et la pens e chez l'enfant 아동의 언어와 사고〉 등이 있다.

545. We are restless because of incessant change, but we would be frightened if change were stopped.

> 우리는 끊임없는 변화로 인해 불안하지만, 만약 변화가 멈춘다면 겁먹게 될 것이다.
> **restless** ⓐ 가만히 있지 못하는, 불안한, 잠 못 이루는
> **incessant** ⓐ 끊임없는, 쉴새없는
> **frighten** ⓥ 겁먹게 만들다, 깜짝[흠칫] 놀라게 하다

동의어 change

Lucius Annaeus Seneca 루키우스 안나이우스 세네카 (BC 4?~AD 39) 로마의 철학자.
로마 제국을 대표하는 지성인으로 꼽히며 네로 황제의 스승이기도 하다. 대표작은 〈De Vita Beata 행복론〉, 〈Epistulae Morales ad Lucilium 도덕서한〉 등이 있다.

546. If you do not change direction, you may end up where you are heading.

> 만약 방향을 바꾸지 않는다면, 당신은 결국 지금 향하고 있는 곳으로 갈 것이다.
> **direction** ⓝ 방향, 지시, 지도, 감독
> **end up** 끝나다, 결국[마침내] (~으로) 되다
> **head** ⓥ 향하다, (~의) 선두에 서다
> ⓝ 머리, 머릿수, 우두머리, 꼭대기

동의어 change

Lao Tzu 노자 (BC 600?~470?) 중국의 철학자.
도교를 창시했으며 도덕경(道德經)을 남겼다.

547. Love is something eternal; the aspect may (change), but not the (essence).

essence의 형용사형인 essential

사랑은 영원한 어떤 것이다; 그것의 양상은 바뀔 수 있으나, 그 본질은 바뀔 수 없다.	
eternal	ⓐ 영원한, 끊임없는
eternity	ⓝ 영원, (영원한 듯 느껴지는) 오랜 시간
aspect	ⓝ (사물의) 면, 양상, 관점, 측면
essence	ⓝ 본질, 정수, 진수

Vincent van Gogh 빈센트 반 고흐 (1853~1890) 네덜란드의 화가.
생전에는 별로 인정을 받지 못했으나 사후 재평가되면서 서양 미술사에서 가장 위대한 화가 중의 한 사람으로 꼽히게 되었다. 대표작은 〈The Starry Night 별이 빛나는 밤에〉, 〈Sunflowers 해바라기〉 등이 있다.

548. We are like the (mechanism) of a watch: each part is (essential).

mechanism의 형용사형인 mechanical

우리는 손목시계의 기계 장치와 같다: 모든 부분이 필수적이다.	
mechanism	ⓝ 기계 장치, (목적 달성을 위한) 기구, 기제, 메커니즘
essential	ⓐ 필수적인, 본질[근본]적인, 극히 중요한
	ⓝ 필수적인 것, 핵심

Nathan Meyer Rothschild 네이선 메이어 로스차일드 (1777~1836) 영국의 금융가.
로스차일드 가문이 전 세계의 금융을 장악하는 데 있어서 큰 역할을 했으며, 영국의 노예무역을 철폐하는 데에도 결정적인 기여를 했다.

549. It is questionable if all the (mechanical) (inventions) yet made have lightened the day's toil of any human being.

동일어 invention

이제까지 만들어진 모든 기계 발명품들이 어떤 한 사람의 하루치 고생이라도 가볍게 해주었는지 의심스럽다.	
questionable	ⓐ 의심스러운, 미심쩍은
mechanical	ⓐ 기계의, 기계적인, 역학적인
invention	ⓝ 발명(품), 창안(물), 날조(한 것)
lighten	ⓥ 가볍게 하다, 밝게 하다
toil	ⓝ 고생, 노고
	ⓥ 힘써 일하다, 고생하다, 애써 나아가다

John Stuart Mill 존 스튜어트 밀 (1806~1873) 영국의 철학자, 경제학자.
벤담의 양적 공리주의와 구분되는 질적 공리주의 사상을 발전시켰으며, 자유주의 및 사회민주주의 정치사상의 발전에도 큰 기여를 했다. 대표작은 〈On Liberty 자유론〉 등이 있다.

550. This is the patent age of new inventions for killing bodies and for saving souls.

지금은 육체는 죽이고 영혼은 구제하는 새로운 발명품들에 대한 특허의 시대이다. (전쟁, 종교, 과학, 산업이 함께 번성하는 시대이다.)

patent ⓐ 특허의, 명백한
　　　　 ⓝ 특허(권)

동일어 save

George Gordon Byron 조지 고든 바이런 (1788~1824) 영국의 시인, 정치가.
낭만주의를 선도했고 미남으로 유명했다. 대표작은 《Childe Harold's Pilgrimage 차일드 헤럴드의 편력》, 《Don Juan 돈 주앙》 등이 있다.

551. A virtuous heretic shall be saved before a wicked Christian.

도덕적인 이교도가 사악한 기독교도에 앞서 구원될 것이다.

virtuous ⓐ 도덕적인, 덕 있는, 고결한, 선(善)의
heretic ⓝ 이교도, 이단자
wicked ⓐ 사악한, 나쁜, 악의에 찬, 심술궂은
Christian ⓝ 기독교도[신자]
　　　　　 ⓐ 그리스도의, 기독교의

Christian은 Jesus를 믿는 사람

Benjamin Franklin 벤자민 프랭클린 (1706~1790) 미국의 정치가, 외교관, 과학자.
미국 독립전쟁 중 프랑스의 지원을 얻어내는 등 미국 독립에 중요한 기여를 했으며 피뢰침의 발명가이기도 하다.

552. Each one of them is Jesus in disguise.

그들 각자는 변장한 예수이다.

disguise ⓝ 변장, 가장, 속이기
　　　　　 ⓥ 변장하다, (사실을) 감추다
in disguise 변장한[하여]

Jesus가 한 말

Mother Teresa 테레사 수녀 (1910~1997) 인도의 성직자.
45년 이상 빈민, 환자, 고아 등의 구제에 힘썼으며 1979년 노벨평화상을 수상했다.

553. I will deal with them according to their conduct, and by their own standards I will judge them.

나는 그들을 그들의 행실에 따라 대할 것이며, 그들 자신의 잣대로 나는 그들을 심판할 것이다.

- deal
  - ⓥ 나누어 주다, (카드를) 돌리다, (~을(with)) 다루다[대하다, 처리하다]
  - ⓝ (불특정의) 양[정도], 거래, 합의, 처리, 취급
- conduct
  - ⓝ 행동, 행실, 수행
  - ⓥ 행동[수행]하다, 지휘하다, 안내하다, (열, 전기를) 전도하다
- standard
  - ⓝ 표준, 기준, 잣대, 규격, (pl.) 규범
  - ⓐ 표준의, 일반적인

그래서 이렇게 행동해야 한다

Bible 기독교 성경

554. Be gentle to all, and stern with yourself.

모두에게 온화하라, 그리고 당신 자신에게는 엄격하라.
- gentle ⓐ 온화한, 상냥한, 순한
- stern ⓐ 엄격한, 단호한, 엄중한

gentle하게 행동하는 gentlemen

St. Teresa of Avila 아빌라의 테레사 (1515~1582) 스페인의 성직자. 신비주의로 유명하며 수도원 개혁에 노력했다.

555. Gentlemen have talked a great deal of patriotism. A venerable word, when duly practiced.

신사분들은 애국심에 대해 많이 말한다. 적절하게 실행될 때에는 존경할 만한 단어이다.
- gentleman ⓝ 신사, (특히 잘 알지 못하는 사이의) 신사분[남자분]
- a great[good] deal 많은, 많이
- patriotism ⓝ 애국심
- venerable ⓐ 존경[공경]할 만한, 유서 깊은
- duly ⓐⓓ 적절하게, 적절한 때에, 적절한 절차에 따라
- practice
  - ⓥ 실행하다, 실습[연습]하다, (의사, 변호사로서) 일하다
  - ⓝ 실행, 실습, 연습, 습관, 관습, (의사, 변호사 등의) 업무

동일어 patriotism

Robert Walpole 로버트 월폴 (1676~1745) 영국의 정치가. 영국의 초대 총리로 재직하면서 국왕과 의회의 절대적인 지지를 얻어 세계 최초의 책임내각제를 확립했다.

556. Patriotism varies, from a noble devotion to a moral lunacy.

고귀한 헌신에서부터 도덕적 정신 이상까지 애국심은 다양하다.
- **vary** ⓥ 다양하다, 각기 다르다, 달라지다, (약간) 달리하다
- **variation** ⓝ 변화, 차이, 변형, 〈음악〉 변주(곡)
- **devotion** ⓝ 헌신, 전념
- **devote** ⓥ (시간, 노력 등을) (~에) 바치다[쏟다]
- **lunacy** ⓝ 정신 이상, 미친 짓
- **lunatic** ⓐ 정신 이상의, 미치광이 같은
  ⓝ 정신 이상자, 미치광이

동일어 moral

William Ralph Inge 윌리엄 랄프 잉게 (1860~1954) 영국의 성직자, 작가.
탈권위적인 신앙 생활을 주창했으며 대표작은 〈Mysticism in Religion 종교에서의 신비주의〉 등이 있다.

557. Human models are more vivid and more persuasive than explicit moral commands.

사람의 본보기들은 노골적인 도덕적 명령들보다 더 생생하고 더 설득력 있다.
- **model** ⓝ 모형, 모범, 본보기, 모델
  ⓐ 모형의, 모범이 되는, 모델이 되는
  ⓥ 모형을 만들다, (본에 맞추어) 만들다, 모델로 일하다
- **vivid** ⓐ 생생한, 선명한, 생기 있는
- **persuasive** ⓐ 설득력 있는
- **persuade** ⓥ 설득하다, 설득하여 ~하게(into) 하다, 납득시키다
- **explicit** ⓐ 분명한, 명백한, 노골적인
- **implicit** ⓐ 분명히 표현하지 않은, 암시된, 내포된, 맹목적인

동일어 persuasive

Daniel J. Boorstin 다니엘 J. 부어스틴 (1914~2004) 미국의 역사가.
저서를 통해 사회 비판적인 지식을 공유하려 했고 대표작은 〈A History of The United States 미국사의 숨은 이야기〉, 〈THE IMAGE 이미지와 환상〉 등이 있다.

558. The more informative your advertising, the more persuasive it will be.

당신의 광고가 보다 유용한 정보를 줄수록, 그것은 보다 더 설득력이 있을 것이다.
- **informative** ⓐ 유용한 정보를 주는, 유익한

informative는 inform의 파생어

David Ogilvy 데이비드 오길비 (1911~1999) 영국의 기업인, 광고인.
광고에 있어서 창의성과 도덕성을 강조했으며 '광고의 아버지' 또는 '광고계의 마법사'로 평가받는다.
세계적인 광고대행사인 'Ogilvy & Mather'를 창립했다.

559. History (informs) us of past mistakes from which we can learn without (repeating) them.

역사는 우리에게 그것들을 되풀이하지 않고 배울 수 있는 과거의 실수들을 알려준다.
- **inform** ⓥ (특히 공식적으로) 알리다, 통지하다
- **mistake** ⓝ 실수, 잘못, 오류
  ⓥ 오해하다, 잘못 판단하다
- by mistake 실수로, 잘못하여
- make a mistake 실수하다, 잘못 생각하다
- **repeat** ⓥ 반복하다, 되풀이하다, 되풀이하여 말하다

repeat의 명사형인 repetition

William H. Hastie 윌리엄 H. 헤이스티 (1904~1976) 미국의 법률가.
흑인 인권 운동에 앞장섰고, 흑인으로서는 미국 최초로 연방 판사로 재직했다.

560. (Constant) (repetition) carries conviction.

지속적인 반복은 확신시킨다.
- **constant** ⓐ 지속적인, 끊임없는, 변함없는
- **constancy** ⓝ 지속성, 지조, 불변(성)
- **repetition** ⓝ 반복, 되풀이
- **conviction** ⓝ 신념, 확신, 유죄 선고[판결]
- carry conviction 확신시키다, 설득력이 있다
- **convict** ⓥ 유죄를 입증[선고]하다, 죄를 깨닫게 하다

constant와 continual은 유의어

Robert Collier 로버트 콜리어 (1885~1950) 미국의 작가.
당대 최고의 카피라이터로 불렸으며 대표작으로 〈The Robert Collier Letter Book 로버트 콜리어 레터 북〉 등이 있다.

561. (Continual) improvement is an unending (journey).

계속적인 향상은 끝이 없는 여행이다.
- **continual** ⓐ 계속적인, 지속적인, 거듭되는, 빈번한
- **improvement** ⓝ 향상, 개선, 호전
- **unending** ⓐ 끝이 없는, 영구한

journey와 voyage는 유의어

Lloyd Dobens 신원 미상

562. The real ⟨voyage⟩ of discovery consists not in seeking new landscapes but in having new ⟨eyes⟩.

> 깨달음의 참 여행은 새로운 경치들을 찾는 데에 있는 것이 아닌 새로운 눈을 갖는 데에 있다.
>
> **voyage**　ⓝ 여행, 항해
> 　　　　　ⓥ 여행하다, 항해하다
> **discovery**　ⓝ 발견, 깨달음, 발견된 것[사람]
> discover　ⓥ 발견하다, 깨닫다, 찾다
> **landscape**　ⓝ 경치, 풍경

eyes를 사용하여 see

Marcel Proust 마르셀 프루스트 (1871~1922) 프랑스의 작가.
어려서부터 병약했지만 문학 공부를 꾸준히 했고 마침내 20세기 최고의 소설 중 하나라고 평가받는 ⟨In Search of Lost Time 잃어버린 시간을 찾아서⟩로 세계적 명성을 얻었다.

563. ⟨Art⟩ does not reproduce what we ⟨see⟩; rather, it makes us see.

> 예술은 우리가 본 것을 재현하지 않는다; 오히려, 그것은 우리가 보게끔 한다.
>
> **reproduce**　ⓥ 재생[재현]하다, 번식하다, 복제[복사]하다
> reproduction　ⓝ 재생, 재현, 번식, 복제(품), 복사물
> **rather**　ⓐⓓ 오히려, 차라리, 더 정확히 말하면, 꽤, 상당히, 좀, 약간

동일어 art

Paul Klee 파울 클레 (1879~1940) 스위스의 화가.
현대 추상회화의 시조이며 구상과 추상을 넘나드는 자유로운 작품세계를 가졌다. 대표작은 ⟨The Twittering Machine 지저귀는 기계⟩, ⟨Fish Magic 물고기 마법⟩ 등이 있다.

564. The principle of true ⟨art⟩ is not to ⟨portray⟩, but to evoke.

> 진정한 예술의 원리는 묘사하는 것이 아닌, 일깨우는 것이다.
>
> **principle**　ⓝ 원칙, 원리, 법칙
> **portray**　ⓥ 그리다, 묘사하다, 나타내다
> portrait　ⓝ 초상화
> **evoke**　ⓥ (감정, 기억 등을) 떠올려 주다, 일깨우다, 불러내다

portray와 illustrate는 유의어

Jerzy Kosinski 저어지 코진스키 (1933~1991) 폴란드 출신의 미국 작가.
극적인 삶을 살다가 포스트모던 작가로 명성을 얻은 지 얼마 되지 않아 자살했다. 대표작은 ⟨The Painted Bird 색칠당한 새⟩, ⟨Being There 어느 정원사의 인생⟩ 등이 있다.

565. A proverb is no proverb to you until life has (illustrated) it.

속담은 삶이 그것을 예시하기 전까지는 당신에게 속담이 아니다. (단지 하나의 문장에 불과하다.)
- **proverb** ⓝ 속담, 격언
- **illustrate** ⓥ 예시하다, 삽화[도해]를 넣다, (삽화·도해 등을 이용하여) 설명하다
- **illustration** ⓝ 삽화, 도해, 예시, 예증, 실증, 설명

illustrate와 demonstrate는 유의어

John Keats 존 키츠 (1795~1821) 영국의 작가.
독학으로 문학공부를 하면서 영국문학사를 대표하는 걸작들을 써냈지만 26살의 나이에 병으로 사망했다. 대표작은 〈On a Greecian Urn 그리스 항아리에 부치는 노래〉, 〈To a Nightingale 나이팅게일에게〉 등이 있다.

566. Man has (demonstrated) that he is (master) of everything – except his own nature.

인간은 그가 모든 것의 주인이라는 것을 실증했다 – 그 자신의 본성을 제외하고.
- **demonstrate** ⓥ 실증[입증]하다, 시연해 보이다, (시범, 실례 등을 통해) 설명하다, 시위[데모]를 하다
- **demonstration** ⓝ 실증, 입증, (시범) 설명, 시위, 데모

master에 –piece가 붙은 masterpiece

Henry Miller 헨리 밀러 (1891~1980) 미국의 작가.
대학 중퇴 후 미국 각지를 방랑하다 소설을 쓰기 시작했으며 대표작은 〈Tropic of Cancer 북회귀선〉, 〈Tropic of Capricorn 남회귀선〉 등이 있다.

567. A good (critic) is one who narrates the adventures of his mind among (masterpieces).

좋은 비평가는 걸작들 사이에서의 그의 마음의 모험들을 이야기하는 자이다.
- **crtic** ⓝ 비평가, 평론가
- **narrate** ⓥ (사건, 경험 등을 순서대로) 이야기하다[서술하다]
- **narration** ⓝ 이야기함, 서술, 내레이션
- **narrative** ⓐ 이야기체의, 설화의
  ⓝ 이야기, 설화

유명한 critic의 말

Anatole France 아나톨 프랑스 (1844~1924) 프랑스의 작가, 평론가.
지적 회의주의를 특색으로 하며 대표작으로 〈Le Crime de Sylvestre Bonnard 실베스트르 보나르의 죄〉 등이 있다. 1921년 노벨문학상을 수상했다.

568. Your manuscript is both good and (original), but the part that is good is not original and the part that is original is not good.

당신의 원고는 좋기도 하고 독창적이기도 하지만, 좋은 부분은 독창적이지가 않고 독창적인 부분은 좋지가 않다.
manuscript ⓝ (책, 악보 등의) 원고, (손으로 쓴) 사본(寫本)
original ⓐ 원래[본래]의, 독창적인, 원본의
ⓝ 원본
origin ⓝ 기원, 원산(지), 유래, (pl.) 태생[출신]

original의 명사형인 originality

Samuel Johnson 새뮤얼 존슨 (1709~1784) 영국의 작가, 평론가.
자력으로 영어 사전을 만들었고, 영국 시인 52명의 전기와 작품을 정리한 〈Lives of the Most Eminent English Poets 영국시인전 10권〉을 출간했다.

569. The principal mark of (genius) is not perfection but (originality), the opening of new frontiers.

천재성의 주요 표시는 완벽함이 아닌 독창성으로, 새로운 미개척의 영역들을 여는 것이다.
principal ⓐ 주요한, 주된
ⓝ 우두머리, (단체의) 장, (초·중·고의) 교장, 〈금융〉 원금
mark ⓝ 표시, 표적, 자국, 점수
ⓥ (표, 기호 등으로) 표시하다, 자국을 남기다, 채점하다
originality ⓝ 독창성, 원본임
opening ⓝ 열기, 여는 행위, 빈자리, 구멍, 시작 부분, 개막[개통]식
ⓐ 첫, 시작 부분의

genius의 파생어인 ingenious

Arthur Koestler 아서 쾨슬러 (1905~1983) 헝가리 출신의 영국 작가.
정치소설을 주로 썼으며 대표작은 〈Darkness at Noon 한낮의 어둠〉 등이 있다.

570. The mind is ever (ingenious) in making its own distress.

마음은 그 스스로의 고민거리를 만들어 내는 데 있어서 언제나 창의력이 뛰어나다.
ingenious ⓐ (생각 등이) 기발한, 창의력이 뛰어난, 독창적인, 재간이 많은
distress ⓝ (정신적) 고통, 고민(거리), 곤경
ⓥ 괴롭히다

Oliver Goldsmith 올리버 골드스미스 (1730~1774) 영국의 작가.
대표작은 〈The Vicar of Wakefield 웨이크필드의 목사〉, 〈The Deserted Village 황폐한 마을〉 등이 있다.

:: 263

UPGrade Check Up
영작 및 말하기 연습

541. 사직은 용감함을 보이는 용기 없는 신호이다.

542. 인생은 대담한 모험 또는 아무것도 아닌 것, 둘 중의 하나이다.

543. 오감을 갖추고, 사람은 그를 둘러싼 우주를 탐험하면서 그 모험을 과학이라 칭한다.

544. 과학적 지식은 끊임없는 진화 상태에 있다; 그것은 하루하루 변한다.

545. 우리는 끊임없는 변화로 인해 불안하지만, 만약 변화가 멈춘다면 우리는 겁먹게 될 것이다.

546. 만약 방향을 바꾸지 않는다면, 당신은 결국 지금 향하고 있는 곳으로 갈 것이다.

547. 사랑은 영원한 어떤 것이다; 그것의 양상은 바뀔 수 있으나, 그 본질은 바뀔 수 없다.

Key Word
UpGrade Check - Up
Important Word

541. resignation, timid, sign, courage

542. daring, adventure

543. equip, sense, explore, universe, adventure, Science

544. scientific, perpetual, evolution, change, from one day to the next

545. restless, incessant, change, frighten, were

546. change, direction, end up, head

547. eternal, aspect, change, essence

Answer

541. Resignation is the timid sign of courage.
542. Life is either a daring adventure or nothing.
543. Equipped with his five senses, man explores the universe around him and calls the adventure Science.
544. Scientific knowledge is in perpetual evolution; it finds itself changed from one day to the next.
545. We are restless because of incessant change, but we would be frightened if change were stopped.
546. If you do not change direction, you may end up where you are heading.
547. Love is something eternal; the aspect may change, but not the essence.

먼저 오른쪽 박스 안의 키워드를 참고하여 왼쪽의 한글을 영작해 보세요. 이후 키워드를 가린 채 왼쪽의 한글만 보고 영어로 소리 내어 말해 보세요.

548. 우리는 손목시계의 기계 장치와 같다: 모든 부분이 필수적이다.

549. 이제까지 만들어진 모든 기계 발명품들이 어떤 한 사람의 하루치 고생이라도 가볍게 해주었는지 의심스럽다.

550. 지금은 육체는 죽이고 영혼은 구제하는 새로운 발명품들에 대한 특허의 시대이다.

551. 도덕적인 이교도가 사악한 기독교도에 앞서 구원될 것이다.

552. 그들 각자는 변장한 예수이다.

553. 나는 그들을 그들의 행실에 따라 대할 것이며, 그들 자신의 잣대로 나는 그들을 심판할 것이다.

554. 모두에게 온화하라, 그리고 당신 자신에게는 엄격하라.

555. 신사분들은 애국심에 대해 많이 말한다. 적절하게 실행될 때에는 존경할 만한 단어이다.

---

548. mechanism, watch, essential

549. questionable, mechanical, invention, yet, lighten, toil

550. patent, age, invention, save

551. virtuous, heretic, save, wicked, Christian

552. Jesus, in disguise

553. deal with, conduct, standard, judge

554. gentle, stern

555. gentleman, patriotism, venerable, duly, practice

Answer

548. We are like the mechanism of a watch: each part is essential.
549. It is questionable if all the mechanical inventions yet made have lightened the day's toil of any human being.
550. This is the patent age of new inventions for killing bodies and for saving souls.
551. A virtuous heretic shall be saved before a wicked Christian.
552. Each one of them is Jesus in disguise.
553. I will deal with them according to their conduct, and by their own standards I will judge them.
554. Be gentle to all, and stern with yourself.
555. Gentlemen have talked a great deal of patriotism. A venerable word, when duly practiced.

UPGrade Check Up
영작 및 말하기 연습

556. 고귀한 헌신에서부터 도덕적 정신 이상까지 애국심은 다양하다.
_____.

557. 사람의 본보기들은 노골적인 도덕적 명령들보다 더 생생하고 더 설득력 있다.
_____.

558. 당신의 광고가 보다 유용한 정보를 줄수록, 그것은 보다 더 설득력이 있을 것이다.
_____.

559. 역사는 우리에게 그것들을 되풀이하지 않고 배울 수 있는 과거의 실수들을 알려준다.
_____.

560. 지속적인 반복은 확신시킨다.
_____.

561. 계속적인 향상은 끝이 없는 여행이다.
_____.

562. 깨달음의 참 여행은 새로운 경치들을 찾는 데에 있는 것이 아닌 새로운 눈을 갖는 데에 있다.
_____.

563. 예술은 우리가 본 것을 재현하지 않는다; 오히려, 그것은 우리가 보게끔 한다.
_____.

Key Word
UpGrade Check - Up
Important Word

556. patriotism, vary, devotion, moral, lunacy

557. model, vivid, persuasive, explicit, moral, command

558. informative, advertising, persuasive

559. inform, mistake, repeat

560. constant, repetition, carry conviction

561. continual, improvement, unending, journey

562. voyage, discovery, consist, seek, landscape, eye

563. art, reproduce, rather, see

Answer

556. Patriotism varies, from a noble devotion to a moral lunacy.
557. Human models are more vivid and more persuasive than explicit moral commands.
558. The more informative your advertising, the more persuasive it will be.
559. History informs us of past mistakes from which we can learn without repeating them.
560. Constant repetition carries conviction.
561. Continual improvement is an unending journey.
562. The real voyage of discovery consists not in seeking new landscapes but in having new eyes.
563. Art does not reproduce what we see; rather, it makes us see.

564. 진정한 예술의 원리는 묘사하는 것이 아닌, 일깨우는 것이다.

565. 속담은 삶이 그것을 예시하기 전까지는 당신에게 속담이 아니다.

566. 인간은 그가 모든 것의 주인이라는 것을 실증했다―그 자신의 본성을 제외하고.

567. 좋은 비평가는 걸작들 사이에서 그의 마음의 모험들을 이야기하는 자이다.

568. 당신의 원고는 좋기도 하고 독창적이기도 하지만, 좋은 부분은 독창적이지 않고 독창적인 부분은 좋지가 않다.

569. 천재성의 주요 표시는 완벽함이 아닌 독창성으로, 새로운 미개척의 영역들을 여는 것이다.

570. 마음은 그 스스로의 고민거리를 만들어 내는 데 있어서 언제나 창의력이 뛰어나다.

Key Word
UpGrade Check - Up
Important Word

564. art, portray, evoke

565. proverb, illustrate

566. demonstrate, master, except

567. critic, narrate, masterpiece

568. manuscript, both, original

569. principal, mark, genius, perfection, originality, opening

570. ever, ingenious, distress

Answer

564. The principle of true art is not to portray, but to evoke.
565. A proverb is no proverb to you until life has illustrated it.
566. Man has demonstrated that he is master of everything – except his own nature.
567. A good critic is one who narrates the adventures of his mind among masterpieces.
568. Your manuscript is both good and original, but the part that is good is not original and the part that is original is not good.
569. The principal mark of genius is not perfection but originality, the opening of new frontiers.
570. The mind is ever ingenious in making its own distress.

Nobody can hurt me without my permission.

– Mahatma Gandhi

Unit 020

571. Depth of friendship does not depend on length of acquaintance.

우정의 깊이는 알게 된 기간에 달려 있지 않다.
- **depth** ⓝ 깊이, 깊음, 심도, 심원함, (pl.) 깊은 곳[밑바닥]
- **length** ⓝ 길이, 기간
- **acquaintance** ⓝ 아는 사람, 지인, 알게 됨, 아는 사이, 면식, 지식
- **acquaint** ⓥ 익히 알게 하다, 숙지하다

length의 파생어인 lengthen

Rabindranath Tagore 라빈드라나트 타고르 (1861~1941) 인도의 철학자, 작가.
초기의 유미적 작풍에서 점차 종교적·현실적 색채로 옮겨갔으며, 영어로 출판된 시집 〈Gitanjali 기탄잘리〉로 아시아 최초로 1913년 노벨문학상을 수상했다. 교육 개혁과 인도의 독립운동에도 적극적으로 참여했다.

572. To lengthen thy life, lessen thy meals.

당신의 삶을 연장하려면, 당신의 식사를 줄여라.
- **lengthen** ⓥ 길게 하다, 늘이다, 연장하다, 길어지다
- **lessen** ⓥ 줄다, 줄이다
- **meal** ⓝ 식사, 한 끼니

동일어 life

Benjamin Franklin 벤자민 프랭클린 (1706~1790) 미국의 정치가, 외교관, 과학자.
미국 독립전쟁 중 프랑스의 지원을 얻어내는 등 미국 독립에 중요한 기여를 했으며 피뢰침의 발명가이기도 하다.

573. Life without absorbing occupation is hell – joy consists in forgetting life.

열중케 하는 직업이 없는 삶은 지옥이다 – 기쁨은 삶을 잊는 데에 있다.
absorbing ⓐ 열중케 하는, 무척 재미있는, 흡수하는
occupation ⓝ 직업, 점령, (건물 등의) 점유, 거주
hell ⓝ 지옥, 저승, 마계
consist in (~에) 있다, 존재하다

occupation의 형용사형인 occupational

Elbert Hubbard 앨버트 허버드 (1856~1915) 미국의 작가.
대표작으로 출간 후 지금까지 1억부 이상이 팔린 〈A Message to Garcia 가르시아 장군에게 보내는 편지〉 등이 있다.

574. Being pregnant is an occupational hazard of being a wife.

임신하는 것은 부인이 되는 직업상의 위험이다.
pregnant ⓐ 임신한, (가득 차서) 풍부한
pregnancy ⓝ 임신, 풍부
occupational ⓐ 직업의, 직업적인, 직업상의
hazard ⓝ 위험, 위험 요소

occupational, occupation은 occupy의 파생어

Queen Victoria 빅토리아 여왕 (1819~1901 본명 Alexandrina Victoria) 영국의 여왕.
여왕 중 세계 역사에서 가장 오랫동안 권좌에 머물렀으며, 재위기간 동안 영국은 산업, 문화, 정치, 과학, 군사 수준의 상당한 발전을 보았다.

575. Those who occupy their minds with small matters, generally become incapable of greatness.

자신의 정신을 작은 일들로 차지하고 있는 사람들은, 대개 위대하게 되는 것이 불가능하다.
occupy ⓥ (장소, 직위, 일자리 등을) 차지하다, (방, 주택 등에) 사용하다, 전념[종사]하다
incapable ⓐ (~을(이)) 할 수 없는, 못하는, 불가능한, 부적격의, 자격이 없는
capable ⓐ 유능한, (~할(이)) 능력이 있는

incapable과 able은 반의어

François de la Rochefoucauld 프랑소와 드 라 로슈프코 (1613~1680) 프랑스의 작가.
많은 잠언들을 남겼고 프랑스 역사상 가장 위대한 잠언 작가로 불린다.

576. All men's miseries derive from not being (able) to sit in a quiet (room) alone.

room과 chamber는 유의어

모든 인간의 불행들은 조용한 방에 홀로 앉아 있을 수 없는 것으로부터 유래한다. (사색을 통해 깊이 생각할 수 있다면 불행의 원인을 밝히고 이를 해결할 수 있다.)
misery ⓝ 고통, 빈곤
derive ⓥ 유래하다, 파생하다, 이끌어내다, 기원을 찾다

Blaise Pascal 블레즈 파스칼 (1623~1662) 프랑스의 수학자, 철학자.
인류 역사상 최고의 신동 중의 한 명으로 수학 분야에 커다란 기여를 했으며, 만년에는 신앙에 귀의하여 〈The Pensees 팡세〉 등의 작품을 남겼다.

577. (Debate) is healthy and no one in this (chamber) – starting with me – has a monopoly on being right.

동일어 debate

논쟁은 건전한 것이며 이 방에 있는 누구라도 – 나부터 시작하여 – 옳음에 대한 독점권은 없다.
debate ⓝ 논쟁, 논란, 토론
ⓥ 논쟁하다, 토론하다
healthy ⓐ 건강한, 건전한, 건강에 좋은
chamber ⓝ 방, 회의실, 의원(議院)
monopoly ⓝ 독점(권), 전매(권), 독차지, 전유물

Ted Kulongoski 테드 클롱거스키 (1940~) 미국의 정치가.
민주당원으로 현재 오리건주의 주지사를 지내고 있다.

578. (Debate) is masculine, (conversation) is feminine.

동일어 conversation

논쟁은 남성적이며, 대화는 여성적이다.
masculine ⓐ 남자의, 남성적인
feminine ⓐ 여자의, 여성적인

Amos Bronson Alcott 에이모스 브론슨 올컷 (1799~1888) 미국의 교육가, 작가.
교육을 통한 육체 · 정신 · 도덕 · 미의식의 조화를 기도했으며, 대표작은 〈Concord Quartet 콩코드의 나날〉 등이 있다.

579. The (primary) use of (conversation) is to satisfy the impulse to talk.

primary와
prime은
유의어

대화의 가장 중요한 용도는 말하고자 하는 충동을 만족시키는 것이다.
primary ⓐ 제1의, 첫째의, 주요한, 기본적인, 최초[초기]의, 초등 교육[학교]의
use ⓝ 사용, 이용, 용도, 사용권, 사용 능력   ⓥ 쓰다, 이용하다
satisfy ⓥ 만족시키다, 충족시키다
impulse ⓝ 충동, 충격[자극], 추진(력)

George Santayana 조지 산타야나 (1863~1952) 스페인 출신의 미국 철학자, 작가.
인간정신의 활동에서 특히 이성의 역할에 주목했으며 대표작은 〈The Sense of Beauty 미의 의식〉, 〈The Life of Reason 이성의 생활〉 등이 있다.

580. The (prime) (purpose) of being four is to enjoy being four, of secondary importance is to prepare for being five.

purpose와
aim은
유의어

넷이라는 것의 가장 중요한 목적은 넷이라는 것을 즐기는 것이며, 이차적인 중요성은 다섯이 되는 것을 준비하는 것이다. (미래를 고민하면서 현재를 방해받지 마라.)
prime ⓐ 제1의, 첫째의, 가장 중요한, 주요한, 기본적인, 최고의, 뛰어난
ⓝ 한창때, 전성기
secondary ⓐ 이차적인, 부채[부수]적인

Jim Trelease 짐 트렐리즈 (1941~) 미국의 교육가, 작가.
대표작은 〈The Read-Aloud Handbook 아이의 두뇌를 깨우는 하루 15분〉, 〈책 읽어주기의 힘〉 등이 있다.

581. To follow, without halt, one (aim); that's the secret of success.

aim과
goal은
유의어

하나의 목표를 중단 없이 쫓는 것; 그것이 성공의 비결이다.
halt ⓝ 중단, 멈춤
ⓥ 중단하다, 멈추다, 서다, 세우다
aim ⓝ 겨냥, 목표, 과녁
ⓥ 겨누다, 겨냥하다, 향하다, 목표 삼다, (~할) 작정이다

Anna Pavlova 안나 파블로바 (1881~1931) 러시아의 발레리나.
발레의 아름다움을 세계에 전파했으며 '정령', '백조의 화신', '환상의 세계에서 온 사자(使者)' 등으로 불렸다.

582. Setting goals is the first step in turning the invisible into the visible.

목표들을 세우는 것은 보이지 않는 것을 보이는 것으로 바꾸는 첫 번째 단계이다.
invisible ⓐ 보이지 않는, 분간하기 힘든
visible ⓐ 눈에 보이는, 명백한

동일어 invisible

Anthony Robbins 앤소니 로빈스 (1960~) 미국의 작가, 컨설턴트.
세계적인 리더십 전문가이며 대표작은 〈Awaken the Giant Within 네 안에 잠든 거인을 깨워라〉 등이 있다.

583. The positive thinker sees the invisible, feels the intangible, and achieves the impossible.

긍정적 사고를 지닌 사람은 보이지 않는 것을 보고, 만질 수 없는 것을 느끼며, 불가능한 것을 이룬다.
positive ⓐ 긍정적인, 적극적인, 명확한, 확신하는, (테스트 결과가) 양성의
　　　　 ⓝ 긍정, 양성
intangible ⓐ 만질 수 없는, 만져서 알 수 없는, 무형의
　　　　　 ⓝ 만질 수 없는 것, 무형의 것
tangible ⓐ 만져서 알 수 있는, 유형의
achieve ⓥ (일, 목적 등을) 이루다, 잘 해내다, 성취[달성]하다

positive와 negative는 반의어

Anonymous 작자 미상

584. If you accept the expectations of others, especially negative ones, then you never will change the outcome.

만약 당신이 다른 사람들의 예상들, 특히 부정적인 것들을 받아들인다면, 그러면 당신은 결코 그 결과를 바꿀 수 없을 것이다.
accept ⓥ 받아들이다, 수락하다, 인정하다, 입회시키다
expectation ⓝ 예상, 기대, 요구
especially ⓐⓓ 특히, 특별히, 각별히
negative ⓐ 부정적인, 소극적인, 부정[반대]하는, 부정의, (테스트 결과가) 음성의
　　　　 ⓝ 부정, 반대, 음성

동일어 accept

Michael Jordan 마이클 조던 (1963~) 미국의 농구선수.
농구황제로 불렸으며, 역사상 최고의 농구선수라고 평가받는다.

585. Do not fear to be eccentric in opinion, for every opinion now accepted was once eccentric.

견해에 있어서 유별난 것을 두려워하지 말라, 왜냐하면 지금 받아들여지는 모든 견해도 한때는 유별났으므로.
eccentric ⓐ 별난, 괴짜인, 기이한

동일어 opinion

Bertrand Russell 버트런드 러셀 (1872~1970) 영국의 수학자, 논리학자, 철학자, 평화운동가. 다양한 분야의 명저들을 저술했으며 1950년 노벨문학상을 수상했다. 대표작은 〈History of Western Philosophy 서양철학사〉, 〈The Conquest of Happiness 행복의 정복〉 등이 있다.

586. The feeble tremble before opinion, the foolish defy it, the wise judge it, the skillful direct it.

연약한 사람들은 의견 앞에서 떨고, 어리석은 사람들은 그것을 무시하며, 현명한 사람들은 그것을 판단하고, 능란한 사람들은 그것을 이끈다.
feeble   ⓐ 아주 약한, 허약한
tremble   ⓥ (몸을) 떨다, 흔들리다
foolish   ⓐ 어리석은, 바보 같은
defy   ⓥ 도전하다, 무시하다, 반항[저항]하다
defiance ⓝ 도전, 무시, 반항, 저항
skillful ⓐ 능수한, 능란한, 수련된, 교묘한

동일어 opinion

Madame Roland 롤랑 부인 (1754~1793 본명 Manon Philipon) 프랑스의 혁명가. 지롱드파의 핵심인사였으며 공포정치에 희생되어 처형되었다. 정치에서 여성이 얼마나 중요한 역할을 할 수 있는지를 보여줬던 대표적 인물이다.

587. There is no such thing as public opinion. There is only published opinion.

여론 같은 것은 없다. 단지 출판된 견해만 있을 뿐이다.
publish ⓥ 출판[출간, 발행]하다, (신문, 잡지 등에) 게재하다[싣다], 발표[공표]하다

public opinion= the voice of the multitude

Winston Churchill 윈스턴 처칠 (1874~1965) 영국의 총리, 작가. 제2차 세계대전을 연합군의 승리로 이끈 지도자 중 한 사람이며, 〈The Second World War 제2차 세계대전〉으로 1953년 노벨문학상을 수상했다.

588. In a free and republican government, you cannot restrain the voice of the multitude.

자유롭고 공화주의인 정부에서, 당신은 다수의 목소리를 제지할 수 없다.
- republican ⓐ 공화국의, 공화주의, (R-) 공화당의
  - ⓝ 공화주의자, 공화제 지지자, (R-) 공화당원
- restrain ⓥ 제지[저지]하다, (감정 등을) 자제하다, 규제하다, 구속하다
- voice ⓝ 목소리, 음성, 발언권, 〈문법〉 태(態)
  - ⓥ 목소리를 내다, (강력히) 말로 나타내다
- multitude ⓝ 다수, 수많음, (the m-) 군중

동일어 restrain

George Washington 조지 워싱턴 (1732~1799) 미국의 초대 대통령.
독립혁명군의 총사령관으로서 독립전쟁을 성공적으로 이끌었으며 이후 미국의 초대 대통령이 되었다.

589. Shame may restrain what law does not prohibit.

수치심은 법이 금지하지 못하는 것을 제지할 수 있다.
- shame ⓝ 부끄러움, 수치(심), 창피, 불명예, 유감
  - ⓥ 창피를 주다, 부끄럽게 만들다
- shameful ⓐ 부끄러운, 수치[창피]스러운
- prohibit ⓥ 금하다, 금지하다, 방해하다
- prohibition ⓝ 금지

shame의 파생어인 ashamed

Lucius Annaeus Seneca 루키우스 안나이우스 세네카 (BC 4?~AD 39) 로마의 철학자.
로마 제국을 대표하는 지성인으로 꼽히며 네로 황제의 스승이기도 하다. 대표작은 〈De Vita Beata 행복론〉, 〈Epistulae Morales ad Lucilium 도덕서한〉 등이 있다.

590. When a stupid man is doing something he is ashamed of, he will always declare that it is his duty.

어리석은 사람이 그가 수치스러워하는 어떤 것을 하고 있을 때, 그는 언제나 그것은 그의 의무라고 단언한다.
- ashamed ⓐ (~하기가[해서](of)) 수치스러운[부끄러운, 창피한]
- declare ⓥ 선언[선포]하다, (세관에서) 신고하다, (태도, 견해 등을) 단언[표명]하다
- declaration ⓝ 선언(문), 선포, 포고, 선고, 신고(서), (사랑의) 고백
- duty ⓝ 의무, 직무, 업무, 관세, 세금

동일어 duty

George Bernard Shaw 조지 버나드 쇼 (1856~1950) 아일랜드의 작가, 비평가.
작품을 통해 영국 사회를 신랄하게 비판했으며 당시의 예술적·지적 발전에 커다란 기여를 했다. 대표작은 〈Man and Superman 인간과 초인〉, 〈Pygmalion 피그말리온〉 등이 있다.

591. Perform your (obligatory) (duty), because action is indeed better than inaction.

당신의 의무로서 해야만 할 의무를 실행하라, 왜냐하면 행동은 참으로 무위(無爲)보다는 낫기 때문이다.
obligatory ⓐ 의무로서 해야만 할, 의무적인, 필수의
indeed ⓐⓓ 참으로, 실로, 정말, 과연, 게다가
inaction ⓝ 활동[활발]하지 않음, 무위(無爲), 게으름, 나태, 휴식

Bhagavad Gita 바가바드 기타
'베다', '우파니샤드'와 함께 힌두교 3대 경전의 하나로 꼽히는 철학서이다. 산스크리트어로 '거룩한 자의 노래'라는 뜻을 지닌다.

obligatory와 voluntary는 반의어

592. Every man is surrounded by a (neighborhood) of (voluntary) spies.

누구나 이웃이라는 자발적인 첩자들에 둘러싸여 있다.
surround ⓥ 둘러싸다, 에워싸다, 포위하다
surroundings ⓝ 환경
neighborhood ⓝ 이웃, 인근, 이웃 사람들, 주위 환경
voluntary ⓐ 자발적인, 임의의
spy ⓝ 첩자, 스파이
ⓥ 정탐하다, 스파이 노릇을 하다

neighborhood는 neighbor의 파생어

Jane Austen 제인 오스틴 (1775~1817) 영국의 작가.
담담한 필체와 은근한 유머가 그녀 작품의 특징이며 대표작은 〈Pride and Prejudice 오만과 편견〉, 〈Sense and Sensibility 센스 앤 센서빌리티〉, 〈Emma 에마〉 등이 있다.

593. A wholesome oblivion of one's (neighbors) is the beginning of (wisdom).

자신의 이웃들에 대한 건전한 망각이 현명함의 시작이다.
wholesome ⓐ 건전한, 건강에 좋은
oblivion ⓝ 망각, 잊혀진 상태, 인사불성
neighbor, -bour ⓝ 이웃(사람), (pl.) 이웃 나라 사람
ⓥ 이웃하다, 인접하다

동일어 wisdom

Richard Le Gallienne 리처드 르 갤리앤 (1866~1947) 영국의 작가.
대표작은 〈Prose Fancies 산문으로 쓴 몽상〉 등이 있다.

:: 275

594. Doubt the (conventional) (wisdom) unless you can verify it with reason and experiment.

만약 당신이 그것을 이성과 실험으로 입증할 수 없다면 통념을 의심하라.
- **conventional** ⓐ 관습[인습]적인, 틀에 박힌, 전통[재래]적인
- **verify** ⓥ 입증하다, 진실임을 증명하다, 실증하다
- **experiment** ⓝ 실험, 실험적인 행동[생각]
  ⓥ 실험하다, 시험 삼아 해보다

동일어 conventional

Steve Albini 스티브 앨비니 (1962~) 미국의 레코딩 엔지니어, 프로듀서, 음악가. 인디록의 대부로 불린다.

595. (Conventional) people are roused to fury by departure from (convention), largely because they regard such departure as a criticism of themselves.

인습적인 사람들은 관습으로부터의 이탈에 자극되어 격노하게 되는데, 대체로 그들은 그러한 이탈을 자신들에 대한 비판으로 간주하기 때문이다.
- **rouse** ⓥ 깨우다, 자극하다, 성나게 하다, (감정, 태도 등을) 불러 일으키다
- **largely** ⓐⓓ 주로, 대체로, 대량으로
- **departure** ⓝ 떠남, 출발, 이탈
- **criticism** ⓝ 비판, 비평, 비난, 평론

convention과 custom은 유의어

Bertrand Russell 버트런드 러셀 (1872~1970) 영국의 수학자, 논리학자, 철학자, 평화운동가. 다양한 분야의 명저들을 저술했으며 1950년 노벨문학상을 수상했다. 대표작은 〈History of Western Philosophy 서양철학〉, 〈The Conquest of Happiness 행복의 정복〉 등이 있다.

596. (Forgive) him, for he believes that the (customs) of his tribe are the laws of nature!

그를 용서하라, 왜냐하면 그는 그의 부족의 관습들이 자연의 법칙들이라고 믿기 때문이다!
- **forgive** ⓥ 용서하다
- **custom** ⓝ 관습, 풍습, 습관, 단골, (pl.) 세관, 관세
- **tribe** ⓝ 부족, 종족, 무리, 〈생물〉 족(族)

동일어 forgive

George Bernard Shaw 조지 버나드 쇼 (1856~1950) 아일랜드의 작가, 비평가. 작품을 통해 영국 사회를 신랄하게 비판했으며 당시의 예술적·지적 발전에 커다란 기여를 했다. 대표작은 〈Man and Superman 인간과 초인〉, 〈Pygmalion 피그말리온〉 등이 있다.

597. He who is devoid of the power to (forgive), is devoid of the power to (love).

동일어 love

용서하는 힘이 결여된 사람은, 사랑하는 힘도 결여되어 있다.
devoid ⓐ 결여된, (~이) 전혀 없는

Martin Luther King, Jr. 마틴 루터 킹, 주니어 (1929~1968) 미국의 종교인, 인권운동가.
비폭력주의에 입각한 인권, 특히 흑인 인권 운동을 이끌다가 1968년 암살당했다.

598. (Love) is not love until love is (vulnerable).

사랑이 상처 입기 쉬워지기 전까지 사랑은 사랑이 아니다.
vulnerable ⓐ 상처 입기 쉬운, 공격[비난]받기 쉬운, 취약성[약점]이 있는

vulnerable은 'hurt되기 쉬운'의 의미

Theodore Roethke 시어도어 로스케 (1908~1963) 미국의 시인.
지적 분위기의 정형시와 초현실주의 경향의 자유시를 썼다. 대표작은 〈In a Dark Time 어두운 때에〉,
〈The Visitant 방문객〉 등이 있다.

599. (Nobody) can (hurt) me without my permission.

누구도 나의 허락 없이 내게 상처줄 수 없다.
permission ⓝ 허락, 허가, 인가, 면허

동일어 nobody

Mahatma Gandhi 마하트마 간디 (1869~1948 본명 Mohandas Karamchand Gandhi)
인도의 철학자, 정치가.
인도 건국의 아버지로 인도의 독립을 위해 비폭력 및 불복종 운동을 전개했다.

600. The trouble with being punctual is that (nobody's) there to appreciate it.

시간을 지키는 것의 문제점은 그것을 높이 평가할 누구도 거기에 없다는 것이다.
trouble   ⓝ 성가심, 괴로움, 곤란함, 문제점, 고생, 병, 근심, (pl.) 분쟁
                   ⓥ 불편을 끼치다, 성가시게 하다, 괴롭히다, 고생하다
punctual   ⓐ 시간을 (꼭) 지키는[엄수하는], (~에) 늦지 않는
appreciate   ⓥ 진가를 알다, 감상하다, 높이 평가하다, 고마워하다, 가치가 오르다
appreciation   ⓝ 감탄, 감상, 감사, 가치 상승

Franklin P. Jones 프랭클린 P. 존스 (1908~1980) 미국의 작가.
'The Saturday Evening Post' 誌에 정기적으로 칼럼을 기고했으며 이후 짧은 유머와 경구 위주로 글을
썼다.

:: 277

UPGrade Check Up
영작 및 말하기 연습

571. 우정의 깊이는 알게 된 기간에 달려 있지 않다.

572. 당신의 삶을 연장하려면, 당신의 식사를 줄여라.

573. 열중케 하는 직업이 없는 삶은 지옥이다 – 기쁨은 삶을 잊는 데에 있다.

574. 임신하는 것은 부인이 되는 직업상의 위험이다.

575. 자신의 정신을 작은 일들로 차지하고 있는 사람들은, 대개 위대하게 되는 것이 불가능하다.

576. 모든 인간의 불행들은 조용한 방에 홀로 앉아 있을 수 없는 것으로부터 유래한다.

577. 논쟁은 건전한 것이며 이 방에 있는 누구라도 – 나부터 시작하여 – 옳음에 대한 독점권은 없다.

578. 논쟁은 남성적이며, 대화는 여성적이다.

Key Word
UpGrade Check - Up
Important Word

571. depth, length, acquaintance

572. lengthen, thy, life, lessen, meal

573. life, absorbing, occupation, hell, consist

574. pregnant, occupational, hazard

575. occupy, matter, incapable, greatness

576. misery, derive, able, room

577. debate, healthy, chamber, monopoly

578. debate, masculine, conversation, feminine

Answer

571. Depth of friendship does not depend on length of acquaintance.
572. To lengthen thy life, lessen thy meals.
573. Life without absorbing occupation is hell – joy consists in forgetting life.
574. Being pregnant is an occupational hazard of being a wife.
575. Those who occupy their minds with small matters, generally become incapable of greatness.
576. All men's miseries derive from not being able to sit in a quiet room alone.
577. Debate is healthy and no one in this chamber – starting with me – has a monopoly on being right.
578. Debate is masculine, conversation is feminine.

먼저 오른쪽 박스 안의 키워드를 참고하여 왼쪽의 한글을 영작해 보세요. 이후 키워드를 가린 채 왼쪽의 한글만 보고 영어로 소리 내어 말해 보세요.

579. 대화의 가장 중요한 용도는 말하고자 하는 충동을 만족시키는 것이다.

580. 넷이라는 것의 가장 중요한 목적은 넷이라는 것을 즐기는 것이며, 이차적인 중요성은 다섯이 되는 것을 준비하는 것이다.

581. 하나의 목표를 중단 없이 쫓는 것; 그것이 성공의 비결이다.

582. 목표들을 세우는 것은 보이지 않는 것을 보이는 것으로 바꾸는 첫 번째 단계이다.

583. 긍정적 사고를 지닌 사람은 보이지 않는 것을 보고, 만질 수 없는 것을 느끼며, 불가능한 것을 이룬다.

584. 만약 당신이 다른 사람들의 예상들, 특히 부정적인 것들을 받아들인다면, 그러면 당신은 결코 그 결과를 바꿀 수 없을 것이다.

585. 견해에 있어서 유별난 것을 두려워하지 말라, 왜냐하면 지금 받아들여지는 모든 견해도 한때는 유별났으므로.

Key Word

579. primary, conversation, satisfy, impulse, talk

580. prime, purpose, secondary

581. follow, halt, aim

582. goal, turn, invisible, visible

583. positive, thinker, invisible, intangible, achieve

584. accept, expectation, negative, outcome

585. eccentric, opinion, accept, once

Answer

579. The primary use of conversation is to satisfy the impulse to talk.
580. The prime purpose of being four is to enjoy being four, of secondary importance is to prepare for being five.
581. To follow, without halt, one aim; that's the secret of success.
582. Setting goals is the first step in turning the invisible into the visible.
583. The positive thinker sees the invisible, feels the intangible, and achieves the impossible.
584. If you accept the expectations of others, especially negative ones, then you never will change the outcome.
585. Do not fear to be eccentric in opinion, for every opinion now accepted was once eccentric.

UPGrade Check Up
영작 및 말하기 연습

586. 연약한 사람들은 의견 앞에서 떨고, 어리석은 사람들은 그것을 무시하며, 현명한 사람들은 그것을 판단하고, 능란한 사람들은 그것을 이끈다.

587. 여론 같은 것은 없다. 단지 출판된 견해만 있을 뿐이다.

588. 자유롭고 공화주의인 정부에서, 당신은 다수의 목소리를 제지할 수 없다.

589. 수치심은 법이 금지하지 못하는 것을 제지할 수 있다.

590. 어리석은 사람이 그가 수치스러워하는 어떤 것을 하고 있을 때, 그는 언제나 그것은 그의 의무라고 단언한다.

591. 당신의 의무로서 해야만 할 의무를 실행하라, 왜냐하면 행동은 참으로 무위(無爲)보다는 낫기 때문이다.

592. 누구나 이웃이라는 자발적인 첩자들에 둘러싸여 있다.

593. 자신의 이웃들에 대한 건전한 망각이 현명함의 시작이다.

Key Word
UpGrade Check - Up
Important Word

586. feeble, tremble, opinion, foolish, defy, skillful, direct

587. public, opinion, publish

588. republican, government, restrain, voice, multitude

589. shame, restrain, prohibit

590. stupid, ashamed of, declare, duty

591. perform, obligatory, duty, indeed, inaction

592. surround, neighborhood, voluntary, spy

593. wholesome, oblivion, neighbor, wisdom

Answer

586. The feeble tremble before opinion, the foolish defy it, the wise judge it, the skillful direct it.
587. There is no such thing as public opinion. There is only published opinion.
588. In a free and republican government, you cannot restrain the voice of the multitude.
589. Shame may restrain what law does not prohibit.
590. When a stupid man is doing something he is ashamed of, he will always declare that it is his duty.
591. Perform your obligatory duty, because action is indeed better than inaction.
592. Every man is surrounded by a neighborhood of voluntary spies.
593. A wholesome oblivion of one's neighbors is the beginning of wisdom.

594. 만약 당신이 그것을 이성과 실험으로 입증할 수 없다면 통념을 의심하라.

595. 인습적인 사람들은 관습으로부터의 이탈에 자극되어 격노하게 되는데, 대체로 그들은 그러한 이탈을 자신들에 대한 비판으로 간주하기 때문이다.

596. 그를 용서하라, 왜냐하면 그는 그의 부족의 관습들이 자연의 법칙들이라고 믿기 때문에.

597. 용서하는 힘이 결여된 사람은, 사랑하는 힘도 결여되어 있다.

598. 사랑이 상처 입기 쉬워지기 전까지 사랑은 사랑이 아니다.

599. 누구도 나의 허락 없이 내게 상처 줄 수 없다.

600. 시간을 지키는 것의 문제점은 그것을 높이 평가할 누구도 거기에 없다는 것이다.

594. conventional, wisdom, verify, reason

595. conventional, rouse, departure, convention, largely, regard, criticism

596. forgive, custom, tribe

597. devoid, forgive, love

598. love, vulnerable

599. nobody, hurt, permission

600. punctual, nobody, appreciate

Answer

594. Doubt the conventional wisdom unless you can verify it with reason and experiment.
595. Conventional people are roused to fury by departure from convention, largely because they regard such departure as a criticism of themselves.
596. Forgive him, for he believes that the customs of his tribe are the laws of nature!
597. He who is devoid of the power to forgive, is devoid of the power to love.
598. Love is not love until love is vulnerable.
599. Nobody can hurt me without my permission.
600. The trouble with being punctual is that nobody's there to appreciate it.

Relativity applies to physics, not ethics.

Unit 021

– Albert Einstein

601. People's minds are changed through observation and not through argument.

사람들의 마음은 논쟁을 통해서가 아니라 관찰을 통해서 바뀐다.
observation ⓝ 관찰, 관측, 주시, (관찰에 따른) 논평
observe ⓥ 관찰[관측, 주시]하다, 논평하다, (규칙 등을) 준수하다
argument ⓝ 논쟁, 언쟁, 논의, 논거, (~라는) 주장
argue ⓥ 논쟁[언쟁]하다, (논거를 들어) 주장하다

동일어
people

Will Rogers 윌 로저스 (1879~1935) 미국의 배우, 작가.
71개의 영화에 출연하고 4,000개 이상의 신문 칼럼을 썼다. 1930년대 미국에서 가장 유명한 인물 중의 한 명이었으나 비행기 사고로 사망했다.

602. Good ideas are common – what's uncommon are people who'll work hard enough to bring them about.

좋은 발상들은 흔하다 – 흔하지 않은 것은 그것들을 불러오기에 충분할 만큼 열심히 일할 사람들이다.
uncommon ⓐ 흔하지 않은, 드문, 굉장한
enough ⓐ 필요한 만큼의, 충분한
　　　　 ⓐⓓ ~하기에(to) 필요한[충분할 만큼], 충분히
bring A about A를 불러오다[불러일으키다], A를 유발[초래]하다

enough와 sufficiency는 유의어 – 다른 품사

Ashleigh Brilliant 애슐리 브리리언트 (1933~) 영국출신의 미국 작가.
Wall Street Journal誌는 1992년 그를 역사상 유일한 전임(full-time) 경구 작가로 묘사했다.

603. There is a (sufficiency) in the world for man's need but not for man's greed.

세상에는 인간의 탐욕을 위하여는 아니지만 인간의 필요에는 충분한 수량이 있다.
- **sufficiency** ⓝ 충분함, 충분한 수량
- sufficient ⓐ 충분한, 족한
- **greed** ⓝ 탐욕, 식탐
- greedy ⓐ 탐욕스러운, 식탐하는

Mahatma Gandhi 마하트마 간디 (1869~1948 본명 Mohandas Karamchand Gandhi) 인도의 철학자, 정치가.
인도 건국의 아버지로 인도의 독립을 위해 비폭력 및 불복종 운동을 전개했다.

> sufficiency의 부사형인 sufficiently

604. People can be induced to swallow anything, provided it is (sufficiently) seasoned with (praise).

사람들은 어떤 것도 삼키도록 유도될 수 있다, 만약 칭찬으로 충분히 간만 맞춰진다면.
- **induce** ⓥ 유도하다, 권유하다, 유발하다, 귀납하다
- **swallow** ⓥ (꿀꺽) 삼키다, 집어삼키다
- ⓝ 제비
- **provided** ⓒⓙ (~을) 조건으로 하여, 만약 ~이라면(if)
- **sufficiently** ⓐⓓ 충분히
- **season** ⓥ 간을 맞추다, 맛을 내다, 흥미[흥취]를 돋우다
- ⓝ 계절, 시기, 한창[좋은] 때
- seasoning ⓝ 조미료, 양념, 흥미[흥취]를 돋우는 것

Moliere 몰리에르 (1622~1673 본명 Jean-Baptiste Poquelin) 프랑스의 극작가, 배우.
상류사회를 풍자하는 희극을 주로 써서 자주 공연을 중지당했다. 대표작은 〈Le Misanthrope 인간 혐오자〉, 〈Tartuffe 타르튀프〉, 〈Don Juan 돈 주앙〉 등이 있다.

> praise와 commend는 유의어

605. All (commend) patience, but none can endure to (suffer).

모두가 인내를 칭찬하지만, 누구도 고통받는 것을 견딜 수 없다.
- **commend** ⓥ 칭찬하다, 권하다, 추천하다
- **endure** ⓥ 견디다, 인내하다, 지속하다
- endurance ⓝ 인내(력), 지구력

Thomas Fuller 토마스 풀러 (1608~1661) 영국의 성직자, 작가.
대표작은 사후 출판된 〈The History of the Worthies of England 잉글랜드 명사[名士]들의 역사〉 등이 있다.

> 동일어 suffer

606. There are more things to alarm us than to harm us, and we (suffer) more often in (apprehension) than reality.

우리에게 해를 입히는 것보다 우리를 불안하게 하는 것들이 더 많고, 우리는 실재보다 불안으로 더 자주 고통받는다.

alarm	ⓥ	불안하게 하다, (~을) 깜짝 놀라게 하다, 경보하다
	ⓝ	불안, 놀람, 경보(음), 경보기[장치]
alarming	ⓐ	불안하게 하는, 놀라운
harm	ⓥ	해치다, 해[피해, 손해]를 끼치다
	ⓝ	해, 피해, 손해
harmful	ⓐ	해로운, 유해한
apprehension	ⓝ	불안, 염려, 이해, 판단, 체포
apprehend	ⓥ	불안해하다, 염려하다, 이해하다, 체포하다

apprehension보다 두려운 정도가 큰 dread

Lucius Annaeus Seneca 루키우스 안나이우스 세네카 (BC 4?~AD 39) 로마의 철학자.
로마 제국를 대표하는 지성인으로 꼽히며 네로 황제의 스승이기도 하다. 대표작은 〈De Vita Beata 행복론〉, 〈Epistulae Morales ad Lucilium 도덕서한〉 등이 있다.

607. The (dread) of evil is a much more forcible principle of human actions than the prospect of good.

악에 대한 두려움은 선에 대한 전망보다 인간 행동들의 훨씬 더 강력한 원리이다.

dread	ⓝ	두려움, 두려운 것 ⓥ 두려워하다, 몹시 무서워하다
dreadful	ⓐ	두려운, (몹시) 무서운, 끔찍한
forcible	ⓐ	강력한, 강제적인
prospect	ⓝ	전망, 가망, 예상 ⓥ 발굴[시굴]하다
prospective	ⓐ	장래의, 전망[가망] 있는, 유망한

dread와 fear는 유의어

John Locke 존 로크 (1632~1704) 영국의 철학자.
계몽철학 및 경험론철학의 원조로 일컬어진다. 또한, 대표제에 의한 민주주의, 입법권과 집행권의 분립, 법에 따른 통치, 개인의 자유 중시 등 그의 주장들은 서구 민주주의의 근본사상이 되었다.

608. It is not death or (hardship) that is a fearful thing, but the (fear) of death and hardship.

두려운 것은 죽음이나 고난이 아니라, 죽음과 고난에 대한 두려움이다.

not A but B		A가 아니라[고] B이다
hardship	ⓝ	(pl.) 고난, 곤란, 곤경, 어려움
fearful	ⓐ	두려운, 두려워하는, 무서운, 무서워하는, 끔찍한

hardship과 trial은 유의어

Epictetus 에픽테토스 (55~135) 로마의 스토아학파 철학자.
노예의 아들로 태어났고 절름발이였으나, 후에 황제인 마르쿠스 아우렐리우스의 스승이 되었다.

609. A gem cannot be polished without friction, nor a man perfected without (trials).

보석은 마찰이 없으면 윤이 날 수 없고, 사람 또한 시련들 없이는 완벽해질 수 없다.

gem	ⓝ	보석, 보배
polish	ⓥ	(윤이 나도록) 닦다, 윤내다
	ⓝ	윤, 광택(제), 세련(되게 다듬기)
friction	ⓝ	마찰, 알력, 불화
perfect	ⓥ	완성하다
	ⓐ	완전한, 정확한, 최적의
trial	ⓝ	재판, 시험, 시련

trial과 ordeal은 유의어

Chinese Proverb 중국 속담

610. I am prepared to meet my (Maker). Whether my Maker is prepared for the (ordeal) of meeting me is another matter.

나는 내 조물주를 만날 준비가 되어 있다. 내 조물주가 나를 만나는 시련에 준비가 되어 있는지는 별개의 문제다.

maker	ⓝ	제작자, 제조업자, (the[one's] M-) 조물주
whether	ⓒ	(~)인지 (아닌지), (~)이든 (아니든)
ordeal	ⓝ	시련, 고된 체험, 힘든 일

Maker와 God은 유의어

Winston Churchill 윈스턴 처칠 (1874~1965) 영국의 총리, 작가.
제2차 세계대전을 연합군의 승리로 이끈 지도자 중 한 사람이며, 《The Second World War 제2차 세계대전》으로 1953년 노벨문학상을 수상했다.

611. Our prayer and (God's) mercy are like two buckets in a well; while the one ascends the other descends.

우리의 기도와 하나님의 자비는 한 우물 속의 두 양동이와 같다; 하나가 올라가면 다른 하나는 내려온다.

mercy	ⓝ	자비, 연민
bucket	ⓝ	양동이, 물통, 버킷
well	ⓝ	우물, 샘
ascend	ⓥ	오르다, 올라가다
descend	ⓥ	내려가다, 내려오다, (토지, 재산, 성질 등이) 전해지다

God's mercy= mercy of God

Mark Hopkins 마크 홉킨스 (1813~1878) 미국의 교육가, 신학자.
명강의로 이름이 높았으며 강의록을 정리해 출판한 서적들 역시 많은 인기를 끌었다. 대표작 《Evidences of Christianity 기독교의 증거들》 등이 있다.

612. We implore the mercy of God, not that He may leave us at peace in our vices, but that He may deliver us from them.

> 우리는 하나님의 자비를 간청한다, 그가 우리의 죄악들에서 우리를 무사하게 내버려 두도록이 아닌, 그가 그것들로부터 우리를 구해내도록.
>
> implore ⓥ 간청[애원]하다, 탄원하다
> at peace 평화롭게, 무사하게, 사이좋게
> vice ⓝ 악, 죄악, 범죄
> vicious ⓐ 나쁜, 악(덕)의, 악의 있는, 악성의
> deliver ⓥ 배달하다, 전하다, 넘겨주다, (연설, 강연 등을) 하다, (약속을) 지키다, (타격 등을) 가하다, (아이를) 분만[출산]시키다, 구해내다

동일어 deliver

Blaise Pascal 블레즈 파스칼 (1623~1662) 프랑스의 수학자, 철학자.
인류 역사상 최고의 신동 중의 한 명으로 수학 분야에 커다란 기여를 했으며, 만년에는 신앙에 귀의하여 〈The Pensees 팡세〉 등의 작품을 남겼다.

613. You can speak well if your tongue can deliver the message of your heart.

> 만약 당신의 혀가 당신 가슴의 메시지를 전할 수 있다면 당신은 말을 잘할 수 있다.
>
> tongue ⓝ 혀, 말, 언어
> message ⓝ 전갈, 성명, 교훈, 메시지, 메일, 문자
> ⓥ 메시지[문자, 메일]를 보내다

동일어 speak

John Ford 존 포드 (1895~1973) 미국의 영화감독.
명감독으로 아카데미 감독상을 네 번 받았다. 대표작은 〈The Informer 밀고자〉, 〈The Grapes of Wrath 분노의 포도〉 등이 있다.

614. To be outspoken is easy when you do not wait to speak the complete truth.

> 거침없이 말하는 것은 쉽다, 당신이 완전한 진실을 말하는 것을 기다리고만 있지 않을 때에는.
>
> outspoken ⓐ 거침없이 말하는, 노골적으로 말하는

truth의 형용사형인 true

Rabindranath Tagore 라빈드라나트 타고르 (1861~1941) 인도의 철학자, 작가.
초기의 유미적 작품에서 점차 종교적·현실적 색채로 옮겨갔으며, 영어로 출판된 시집 〈Gitanjali 기탄잘리〉로 아시아 최초로 1913년 노벨문학상을 수상했다. 교육 개혁과 인도의 독립운동에도 적극적으로 참여했다.

615. One often makes a (remark) and only later sees how (true) it is.

> 사람은 종종 무엇인가 말하고 나중에서야 그것이 얼마나 진실한지를 보게 된다.
> **remark** ⓝ 발언, 언급, 주목(할 만함)
> ⓥ 발언[언급]하다, 주목하다
> **make a remark** 무엇인가 말하다, 한마디 하다

remark와 comment는 유의어

Ludwig Wittgenstein 루트비히 비트겐슈타인 (1889~1951) 오스트리아 출신의 영국 철학자. 러셀을 비롯한 많은 철학자들로부터 '천재'로 불렸으며 논리학 및 언어 철학의 대가이다. 대표작은 〈Tractatus Logico-Philosophicus 논리철학논고〉, 〈Philosophische Untersuchungen 철학탐구〉 등이 있다.

616. "No (comment)" is a splendid expression. I am using it again and again.

> "노코멘트(드릴 말씀이 없습니다)"는 아주 멋진 표현이다. 나는 그것을 되풀이해서 사용하고 있다.
> **comment** ⓝ 논평, 비평, 언급, 주석, 주해
> ⓥ 논평하다, 주석을 달다
> **splendid** ⓐ 화려한, 눈부신, 아주 멋진
> **again and again** 되풀이해서, 몇 번이고

comment와 utter는 유의어 - 다른 품사

Winston Churchill 윈스턴 처칠 (1874~1965) 영국의 총리, 작가. 제2차 세계대전을 연합군의 승리로 이끈 지도자 중 한 사람이며, 〈The Second World War 제2차 세계 대전〉으로 1953년 노벨문학상을 수상했다.

617. As long as a word remains unspoken, you are its master; once you (utter) it, you are its slave.

> 말이 계속 입 밖에 나지 않은 채 있는 동안, 당신은 그것의 주인이다; 일단 당신이 입 밖에 내면, 당신은 그것의 노예이다.
> **remain** ⓥ 남다, 남아 있다, 여전히[계속] (~)이다
> **unspoken** ⓐ 무언의, 입 밖에 내지 않는
> **utter** ⓥ 입 밖에 내다, 발언하다
> ⓐ 전적인, 완전한
> **slave** ⓝ 노예

utter의 부사형인 utterly

Solomon Ibn Gabirol 솔로몬 이븐 가비롤 (1021~1058) 에스파냐의 철학자, 작가. 세계는 신의 의지의 산물이라는 그의 견해는 후대 신학자들에게 많은 영향을 주었다. 대표작은 〈Fons Vitæ 생명의 샘〉 등이 있다.

618. Because of our social circumstances, male and (female) are really two cultures and their life experiences are (utterly) different.

> 우리의 사회적 상황들로 인해, 남성과 여성은 참으로 두 문화이며 그들의 인생 경험들은 전적으로 다르다.
> circumstance ⓝ 상황, 정황, 형편, 사정
> male ⓝ 남자, 수컷　ⓐ 남자의, 수컷의
> female ⓝ 여성, 암컷　ⓐ 여성의, 암컷의
> utterly ⓐⓓ 전적으로, 완전히

female과 woman은 유의어

Kate Millett 케이트 밀레트 (1934~) 미국의 작가, 여성 인권운동가.
박사 논문을 바탕으로 저술한 〈Sexual Politics 성의 정치학〉으로 페미니즘의 한 획을 그었다.

619. The first time Adam had a chance, he laid the (blame) on a (woman).

> 처음으로 아담이 기회가 있었을 때, 그는 여자에게 죄를 뒤집어 씌었다.
> blame ⓝ 비난, (보통 the b-) 책임
> 　　　　ⓥ 비난하다, 나무라다, (~에게(on / upon)) 책임지게 하다[죄를 뒤집어 씌우다]
> lay a blame on A　A에게 죄를 뒤집어 씌우다

blame과 reproach는 유의어

Nancy Astor 낸시 애스터 (1879~1964) 영국의 정치가.
영국 의회 역사상 첫 여성 하원으로 뛰어난 미모와 유머로 유명했다.

620. The sting of a (reproach) is the truth of it.

reproach와 rebuke는 유의어

> 비난의 찌르는 듯한 아픔이 그것의 진실이다. (아픈 만큼 비난의 진실성이 있다.)
> sting ⓝ 쏨, 찌름, 찔린[찌르는 듯한] 아픔, 사기극
> 　　　ⓥ 쏘다, (바늘, 가시 등으로) 찌르다, 속여 빼앗다
> reproach ⓝ 비난, 질책, 치욕
> 　　　　　ⓥ 비난[질책]하다, (~oneself) 자책하다

Danish Proverb 덴마크 속담

621. Open (rebuke) is better than secret (love).

> 공개적인 꾸짖음은 비밀스런 사랑보다 낫다.
> open ⓐ 열린, 공개된, 공개적인, 공공연한
> 　　　ⓥ 열다, 공개하다, 개시하다, 터놓다
> rebuke ⓝ 꾸짖음, (가벼운) 비난, 힐책, 질책
> 　　　　ⓥ 꾸짖다, 힐책[질책]하다

동일어 love

Proverb 속담

622. Bitterness imprisons life; love releases it.

쓰라림은 삶을 구속한다; 사랑은 그것을 해방한다.
- **bitterness** ⓝ 씀, 쓴 맛, 쓰라림, 괴로움
- bitter ⓐ 쓴, 쓰라린, 지독한, 매서운
- **imprison** ⓥ 구속하다, 가두다, 투옥하다, 수감하다
- imprisonment ⓝ 구속, 구금, 투옥, 수감
- **release** ⓥ 풀어주다, 석방하다, 해방하다
  ⓝ 석방, 해방, 방출

동일어 love

Harry Emerson Fosdick 해리 에머슨 포스딕 (1878~1969) 미국의 성직자.
20세기 전반기에 가장 유명했던 침례교 목사로 성경을 하나님의 의지가 펼쳐진 기록으로 보았다.

623. We pardon to the extent that we love.

우리는 우리가 사랑하는 만큼 용서한다.
- **pardon** ⓥ 용서하다, 사면하다
  ⓝ 용서, 사면
- **extent** ⓝ 정도, 범위, 넓이
- to the extent { of+명사 / that 절 } ~정도만큼[까지]

동일어 love

Françoic de la Rochefoucauld 프랑수아 드 라 로슈프코 (1613~1680) 프랑스의 작가.
많은 잠언들을 남겼고 프랑스 역사상 가장 위대한 잠언 작가로 불린다.

624. Whenever you are confronted with an opponent, conquer him with love.

당신이 반대자와 맞서게 될 때마다, 사랑으로 그를 정복하라.
- **confront** ⓥ 맞서다, 직면하다, 대면[대립, 대결]시키다
- confrontation ⓝ 대면, 대립, 대결
- **opponent** ⓝ 반대자, 대립자, 적수, 상대
  ⓐ 반대의, 대립하는, 상대(방)의
- **conquer** ⓥ 정복하다, 극복하다

conquer와 conquest는 유의어 – 다른 품사

Mahatma Gandhi 마하트마 간디 (1869~1948 본명 Mohandas Karamchand Gandhi)
인도의 철학자, 정치가.
인도 건국의 아버지로 인도의 독립을 위해 비폭력 및 불복종 운동을 전개했다.

625. The only (conquests) which are (permanent) and leave no regrets are our conquests over ourselves.

> permanent의 부사형인 permanently

영구적이며 어떠한 후회들도 남기지 않는 유일한 정복들은 우리 자신에 대한 정복들이다.

conquest	ⓝ	정복, 점령지
permanent	ⓐ	영구[항구, 영속]적인, 상설의, 종신의
regret	ⓝ	후회, 유감, 애석
	ⓥ	후회하다, 유감스럽게[안타깝게] 생각하다
regretful	ⓐ	후회하는, 유감스러워하는, 안타까워하는

Napoleon Bonaparte 나폴레옹 보나파르트 (1769~1821) 프랑스의 군인, 정치가, 황제. 프랑스 혁명의 사회적 격동기에 군인으로 명성을 얻은 후 나폴레옹 1세가 되었다.

626. Physical strength can never (permanently) withstand the (impact) of spiritual force.

> impact와 clash는 유의어

육체적인 힘은 결코 영구히 영적인 힘의 충격을 견디어 낼 수 없다.

physical	ⓐ	물질의, 물질[물리]적인, 물리학의, 육체[신체]의, 육체적인
permanently	ⓐⓓ	영구히
withstand	ⓥ	견디어 내다, 저항하다
impact	ⓝ	충돌, 충격, (강한) 영향(력)
	ⓥ	충돌하다, 충격[강한 영향]을 주다
spiritual	ⓐ	영적인, 정신적인, 종교적인

Franklin D. Roosevelt 프랭클린 D. 루스벨트 (1882~1945) 미국의 제32대 대통령. 뉴딜정책으로 경제공황을 극복하는 데 중요한 역할을 했으며 제2차 세계대전 중에는 연합국의 지도적 역할을 했다. 미국에서 유일한 4선 대통령이다.

627. Some colors reconcile themselves to one another, others just (clash).

> clash와 conflict는 유의어

어떤 색들은 서로가 조화를 이루고, 다른 색들은 단지 충돌한다.

reconcile	ⓥ	조화시키다, (분쟁 등을) 조정하다, 화해시키다
reconciliation	ⓝ	조화, 조정, 화해
clash	ⓥ	충돌하다, 부딪치다, 땡땡소리나다
	ⓝ	충돌, 부조화, (종 등의) 땡땡 울리는 소리

Edvard Munch 에드바르 뭉크 (1863~1944) 노르웨이의 화가. 내면세계에 대한 탐구, 잠재의식에 관한 관심, 자아에 대한 발견 등을 주제로 고통, 죽음 등에 대한 파격적인 작품들을 선보였다. 대표작은 〈Der Schrei 절규〉 등이 있다.

628. Whenever there is a (conflict) between human rights and property rights, (human rights) must prevail.

인권과 재산권 사이에 충돌이 있을 때마다, 인권이 반드시 승리해야 한다.
- **property** ⓝ 재산, 소유물, 동산, 부동산, (사물의) 속성[특성]
- **prevail** ⓥ 승리하다, 이기다, 유행[만연]하다
- prevailing ⓐ 우세한, 유행하는, 널리 행해지는
- prevalent ⓐ 유행하는, 널리 행해지는, 일반적인

동일어구 human rights

Abraham Lincoln 에이브라함 링컨 (1809~1865) 미국의 제16대 대통령.
재임 시 노예 해방을 이루었고 남북전쟁에서 북군을 승리로 이끌었으며 미국 민주주의의 확립에 커다란 기여를 했다.

629. The idea of cultural (relativism) is nothing but an excuse to violate (human rights).

문화 상대주의라는 개념은 인권을 침해하기 위한 핑계에 지나지 않는다.
- **cultural** ⓐ 문화의, 문화적인
- **relativism** ⓝ 상대주의, 상대론, 상대성 이론
- **nothing but** 오직, 그저, 단지 (~)일 뿐
- **violate** ⓥ 위반[위배]하다, 침해[침범]하다, ~의 신성을 모독하다
- violation ⓝ 위반, 위배, 침해, 침범, (신성) 모독

relativism, relativity는 relate에서 나온 파생어

Shirin Ebadi 시린 에바디 (1947~) 이란의 변호사, 인권운동가.
이란 최초의 여성 판사이며 여성과 아동의 권리증진을 위해 투쟁한 공로로 2003년 노벨평화상을 수상했다.

630. (Relativity) applies to physics, not ethics.

상대성은 윤리가 아니라 물리학에 적용되는 것이다. (윤리에 대해 상대적인 기준을 적용하지 마라.)
- **relativity** ⓝ 상대성 (이론), 관련성
- **apply** ⓥ 적용[응용]하다[되다], 신청[지원]하다, (물건을) 대다, 쓰다
- **physics** ⓝ (단수 취급) 물리학
- **ethics** ⓝ (단수 취급) 윤리학

Albert Einstein 알버트 아인슈타인 (1879~1955) 독일 출신의 미국 물리학자, 평화운동가.
상대성이론, 광양자설 등의 이론을 발표하여 현대 과학을 급속도로 발전시켰다는 평가를 받고 있으며, 1921년 노벨물리학상을 수상했다.

UPGrade Check Up
영작 및 말하기 연습

601. 사람들의 마음은 논쟁을 통해서가 아니라 관찰을 통해서 바뀐다.

602. 좋은 발상들은 흔하다 – 흔하지 않은 것은 그것들을 불러오기에 충분할 만큼 열심히 일할 사람들이다.

603. 세상에는 인간의 탐욕을 위하여는 아니지만 인간의 필요에는 충분한 수량이 있다.

604. 사람들은 어떤 것도 삼키도록 유도될 수 있다, 만약 칭찬으로 충분히 간만 맞춰진다면.

605. 모두가 인내를 칭찬하지만, 누구도 고통받는 것을 견딜 수 없다.

606. 우리에게 해를 입히는 것보다는 우리를 불안하게 하는 것들이 더 많고, 우리는 실재보다 불안으로 더 자주 고통받는다.

607. 악에 대한 두려움은 선에 대한 전망보다 인간 행동들의 훨씬 더 강력한 원리이다.

---

601. people, change, observation, argument

602. common, uncommon, people, enough, bring ~ about

603. sufficiency, need, greed

604. induce, swallow, provided, sufficiently, season, praise

605. commend, patience, endure, suffer

606. alarm, harm, suffer, apprehension

607. dread, forcible, prospect

Answer

601. People's minds are changed through observation and not through argument.
602. Good ideas are common – what's uncommon are people who'll work hard enough to bring them about.
603. There is a sufficiency in the world for man's need but not for man's greed.
604. People can be induced to swallow anything, provided it is sufficiently seasoned with praise.
605. All commend patience, but none can endure to suffer.
606. There are more things to alarm us than to harm us, and we suffer more often in apprehension than reality.
607. The dread of evil is a much more forcible principle of human actions than the prospect of good.

먼저 오른쪽 박스 안의 키워드를 참고하여 왼쪽의 한글을 영작해 보세요. 이후 키워드를 가린 채 왼쪽의 한글만 보고 영어로 소리 내어 말해 보세요.

Key Word
UpGrade Check - Up
Important Word

608. 두려운 것은 죽음이나 고난이 아니라, 죽음과 고난에 대한 두려움이다.

609. 보석은 마찰이 없으면 윤이 날 수 없고, 사람 또한 시련들 없이는 완벽해질 수 없다.

610. 나는 내 조물주를 만날 준비가 되어 있다. 내 조물주가 나를 만나는 시련에 준비가 되어 있는지는 별개의 문제다.

611. 우리의 기도와 하나님의 자비는 한 우물 속의 두 양동이와 같다; 하나가 올라가면 다른 하나는 내려온다.

612. 우리는 하나님의 자비를 간청한다, 그가 우리의 죄악들에서 우리를 무사하게 내버려 두도록이 아닌, 그가 그것들로부터 우리를 구해내도록.

613. 만약 당신의 허가 당신 가슴에 메시지를 전할 수 있다면 당신은 말을 잘 할 수 있다.

614. 거침없이 말하는 것은 쉽다, 당신이 완전한 진실을 말하는 것을 기다리고만 있지 않을 때에는.

---

608. not ~ but ~, death, hardship, fearful, fear

609. gem, polish, friction, perfect, trial

610. Maker, whether, prepare, ordeal

611. prayer, God, mercy, bucket, well, ascend, descend

612. implore, mercy, God, at peace, leave, vice, deliver

613. speak, tongue, deliver, message

614. outspoken, speak, complete, truth

Answer

608. It is not death or hardship that is a fearful thing, but the fear of death and hardship.
609. A gem cannot be polished without friction, nor a man perfected without trials.
610. I am prepared to meet my Maker. Whether my Maker is prepared for the ordeal of meeting me is another matter.
611. Our prayer and God's mercy are like two buckets in a well; while the one ascends the other descends.
612. We implore the mercy of God, not that He may leave us at peace in our vices, but that He may deliver us from them.
613. You can speak well if your tongue can deliver the message of your heart.
614. To be outspoken is easy when you do not wait to speak the complete truth.

UPGrade Check Up
영작 및 말하기 연습

615. 사람은 종종 무엇인가 말하고 나중에서야 그것이 얼마나 진실인지를 보게 된다.

_____.

616. "노코멘트"는 아주 멋진 표현이다. 나는 그것을 되풀이해서 사용하고 있다.

_____.

617. 말이 계속 입 밖에 나지 않은 채 있는 동안, 당신은 그것의 주인이다; 일단 당신이 입 밖에 내면, 당신은 그것의 노예이다.

_____.

618. 우리의 사회적 상황들로 인해, 남성과 여성은 참으로 두 문화이며 그들의 인생 경험들은 전적으로 다르다.

_____.

619. 처음으로 아담이 기회가 있었을 때, 그는 여자에게 죄를 뒤집어 씌웠다.

_____.

620. 비난의 찌르는 듯한 아픔이 그것의 진실이다.

_____.

621. 공개적인 꾸짖음은 비밀스런 사랑보다 낫다.

_____.

622. 쓰라림은 삶을 구속한다; 사랑은 그것을 해방한다.

_____.

Key Word
UpGrade Check - Up
Important Word

615. remark, true

616. comment, splendid, again and again

617. as long as, remain, unspoken, utter, slave

618. circumstance, male, female, utterly

619. Adam, chance, blame, woman

620. sting, reproach

621. open, rebuke, love

622. bitterness, imprison, love, release

Answer

615. One often makes a remark and only later sees how true it is.
616. "No comment" is a splendid expression. I am using it again and again.
617. As long as a word remains unspoken, you are its master; once you utter it, you are its slave.
618. Because of our social circumstances, male and female are really two cultures and their life experiences are utterly different.
619. The first time Adam had a chance, he laid the blame on a woman.
620. The sting of a reproach is the truth of it.
621. Open rebuke is better than secret love.
622. Bitterness imprisons life; love releases it.

623. 우리는 우리가 사랑하는 만큼 용서한다.

_____.

624. 당신이 반대자와 맞서게 될 때마다, 사랑으로 그를 정복하라.

_____.

625. 영구적이며 어떠한 후회들도 남기지 않는 유일한 정복들은 우리 자신에 대한 정복들이다.

_____.

626. 육체적인 힘은 결코 영구히 영적인 힘의 충격을 견디어 낼 수 없다.

_____.

627. 어떤 색들은 서로가 조화를 이루고, 다른 색들은 단지 충돌한다.

_____.

628. 인권과 재산권 사이에 충돌이 있을 때마다, 인권이 반드시 승리해야 한다.

_____.

629. 문화 상대주의라는 개념은 인권을 침해하기 위한 핑계에 지나지 않는다.

_____.

630. 상대성은 윤리가 아니라 물리학에 적용되는 것이다.

_____.

Key Word
UpGrade Check - Up
Important Word

623. pardon, to the extent, love
624. confront, opponent, conquer, love
625. conquest, permanent, regret
626. physical, permanently, withstand, impact, spiritual, force
627. reconcile, clash
628. conflict, human rights, property rights, prevail
629. cultural, relativism, excuse, violate, human rights
630. relativity, apply, physics, ethics

Answer

623. We pardon to the extent that we love.
624. Whenever you are confronted with an opponent, conquer him with love.
625. The only conquests which are permanent and leave no regrets are our conquests over ourselves.
626. Physical strength can never permanently withstand the impact of spiritual force.
627. Some colors reconcile themselves to one another, others just clash.
628. Whenever there is a conflict between human rights and property rights, human rights must prevail.
629. The idea of cultural relativism is nothing but an excuse to violate human rights.
630. Relativity applies to physics, not ethics.

Charity isn't a good substitute for justice.

– Jonathan Kozol

Unit 022

631. Poverty is not a disgrace, but it's terribly inconvenient.

가난은 수치가 아니다, 그렇지만 그것은 지독하게 불편하다.
- **disgrace** ⓝ 수치, 망신, 수치[망신]스러운 사람[것]
  ⓥ (체면에) 먹칠하다
- **terribly** ⓐⓓ 지독하게, 몹시, 무섭게
- **terrible** ⓐ 끔찍한, 지독한, 혹독한, 형편없는
- **inconvenient** ⓐ 불편한, 곤란한
- **inconvenience** ⓝ 불편, 불편한 점[애로사항], 불편한 것[사람]

inconvenient와 convenient는 반의어

Milton Berle 밀튼 벌리 (1908~2002) 미국의 코미디언, 배우.
미국 텔레비전 역사 최초의 대형 스타이며 별명 또한 'Mr. Television'이었다.

632. What is right is often forgotten by what is convenient.

옳은 것은 흔히 간편한 것으로 인해 잊혀진다.
- **convenient** ⓐ 간편한, 편리한
- **convenience** ⓝ 편리(함), 편의, 편리한 것[설비, 때]

동일어 forget

Bodie Thoene 보디 테이니 (1951~) 미국의 작가.
주로 역사 및 종교 관련 소설을 아내 Brock Thoene와 함께 쓰고 있다. 대표작은 〈Tenth Stone 열 번째의 비석〉 등이 있다.

633. Never forget that everything Hitler did in Germany was legal.

동일어 everything

히틀러가 독일에서 했던 모든 것이 합법적이었다는 것을 결코 잊지 마라.
legal ⓐ 법률(상)의, 합법의, 합법적인

Martin Luther King, Jr. 마틴 루터 킹, 주니어 (1929~1968) 미국의 종교인, 인권운동가. 비폭력주의에 입각한 인권, 특히 흑인 인권 운동을 이끌다가 1968년 암살당했다.

634. A wise man knows everything; a shrewd one, everybody.

동일어 wise

현명한 자는 모든 것을 안다; 약삭빠른 자는 모든 사람을 안다.
shrewd ⓐ 약삭빠른, 상황 판단이 빠른, 예리한, 빈틈없는

Chinese Proverb 중국 속담

635. At Athens, wise men propose, and fools dispose.

동일어 Athens

아테네에서는 현명한 자들이 제안하면 바보들이 처리한다.
Athens ⓝ 아테네(그리스의 수도)
propose ⓥ 제안[제의, 제청]하다, 청혼하다, (~을 하려고) 작정하다
proposal ⓝ 제안, 제의, 청혼
dispose ⓥ (군대, 물건 등을) 배치하다, 처리하다, (~할) 마음이 내키게 하다
disposal ⓝ 처리, 처분, 폐기, 배치, 배열

Alcuin 앨퀸 (735?~804 라틴명 Flaccus Albinus Alcuinus) 잉글랜드 출신의 프랑크 왕국 신학자, 작가. 샤를마뉴대제의 고문을 지내며 카롤링거 르네상스로 불리는 유럽 대륙의 학예 진흥에 크게 기여했다.

636. Justice will not come to Athens until those who are not injured are as indignant as those who are injured.

동일어 justice

다치지 않은 사람들이 다친 사람들처럼 분개하기 전까지 아테네에 정의는 오지 않을 것이다.
justice ⓝ 공평성, 정당성, 사법, 재판(관)
injured ⓐ 상처 입은, 손상된
indignant ⓐ (악, 비열함, 부정 등으로 인해) 분개한, 분노한
indignation ⓝ 분개, 분노

Thucydides 투키디데스 (BC 460~395) 그리스의 역사가. 장군이었으나 추방당해 망명 생활을 하면서 역사서의 고전으로 평가받는 〈History of the Peloponnesian War 펠로폰네소스 전쟁사〉를 기술했다.

637. Charity isn't a good substitute for justice.

자선은 정의를 대신할 만한 좋은 대용품이 아니다. (정의롭지 않은 사회에서 강자가 불쌍한 마음에 약자를 도와주는 것보다 정의로운 사회가 되는 것이 훨씬 낫다.)
charity ⓝ 자선, 자선[구호] 단체, 자애, 박애
substitute ⓝ 대리인, 대용물[품]
ⓥ 대신[대리]하다, 대용하다
substitute A for B=substitute B by[with] A B 대신 A를 쓰다

> substitute와 replace는 유의어

Jonathan Kozol 조너선 코졸 (1936~) 미국의 교육자, 작가.
도심의 빈민 거주지 아이들을 위한 교육 및 봉사활동을 하면서 교육과 사회 정의 실현을 위해 노력하고 있다. 대표작은 〈Savage Inequalities 야만적 불평등〉, 〈Letters to a Young Teacher 젊은 교사에게 보내는 편지〉 등이 있다.

638. Education's purpose is to replace an empty mind with an open one.

교육의 목적은 비어 있는 머리를 열린 머리로 대체하는 것이다.
replace ⓥ 대신하다, 대체하다, 제자리에 놓다
replace A with[by] B A를 B로 대신[대체]하다
empty ⓐ 빈, 비어 있는, 결여된, 공허한
ⓥ 비우다

> replace의 명사형인 replacement

Malcolm S. Forbes 말콤 S. 포브스 (1919~1990) 미국의 언론인.
미국 최대의 경제잡지 'Forbes'의 발행인이었다.

639. Creative thinking should be viewed as an essential supplement to, though not a replacement for, critical thinking.

창조적 사고는 비판적 사고의, 비록 대체물은 아닐지라도, 필수적인 보충물로 여겨져야 한다.
supplement ⓝ 보충물[제], 추가물
ⓥ 보충[추가]하다
replacement ⓝ 대신, 대체(물), 교체(물), 대신해서 일할 사람, 후임자
critical ⓐ 비판적인, 비평하는, 비난하는, 대단히 중요한, 위태로운

> supplement와 complement는 헷갈리기 쉬운 단어

Anonymous 작자 미상

640. Men and women have strengths that complement each other.

> 남자와 여자는 서로를 보완하는 장점들이 있다.
> **complement** ⓥ 보완[보충]하다
> ⓝ 보완[보충]하는 것, 보완[보충]물, 보어

동일어구
men and women

Edwin Louis Cole 에드윈 루이스 콜 (1922~2002) 미국의 성직자, 작가.
남성들을 위한 신앙 안내서 시리즈로 유명하다. 대표작은 〈Strong Men in Tough Times 위기에 강한 남자〉 등이 있다.

641. After God created the world, He made man and woman. Then, to keep the whole thing from collapsing, He invented humor.

동일어
world

> 하나님은 세상을 창조한 후, 남자와 여자를 만들었다. 그리고 나서 모든 것이 무너지는 것을 막기 위해, 그는 유머를 발명했다.
> **keep A from B(~ing)** A가 B하는 것을 막다[못하게 하다, 삼가다]
> **collapse** ⓥ 무너지다, 붕괴[폭락]하다, (의식을 잃고) 쓰러지다
> ⓝ 무너짐, 붕괴, 와해
> **invent** ⓥ 발명하다, 지어내다

Guillermo Mordillo 기예르모 모르디오 (1932~) 아르헨티나의 만화작가.
그의 카툰은 유머러스하고 대사가 없는 것을 특징으로 하며, 대표작은 〈Crazy Cowboy 미친 카우보이〉 등이 있다.

642. Those who would mend the world must first mend themselves.

> 세상을 고치고자 하는 사람들은 먼저 스스로를 고쳐야 한다.
> **mend** ⓥ 고치다, 수선하다, 개선하다, 호전되다

mend와 repair는 유의어

William Penn 윌리엄 펜 (1644~1718) 영국의 신대륙 개척자.
왕의 허가를 받아 펜실베니아를 퀘이커교도를 중심으로 하는 신앙의 신천지로 만들었다. 이후 필라델피아를 건설했으며 인디언들과도 우호적으로 지냈다고 한다.

643. It is easier to build strong children than to repair broken men.

> 강한 아이들을 만들어 내는 것이 부서진 어른들을 고치는 것보다 더 쉽다.
> **repair** ⓥ 고치다, 수리[수선]하다, (상황을) 바로잡다
> ⓝ 수리, 수선
> **broken** ⓐ 부서진, 깨진, 낙담한, 파산한, 끝장난

Frederick Douglass 프레더릭 더글라스 (1817~1895) 미국의 노예 해방론자, 작가.
흑인 노예 출신인 그는 뛰어난 웅변실력으로 전국을 돌며 노예제 반대 연설을 했다. 대표작은 〈Narrative of the Life of Frederick Douglass〉, 〈An American Slave 미국의 한 노예 프레더릭 더글러스의 인생 이야기〉 등이 있다.

동일어 children

644. There has always been a tendency to classify children almost as a distinct species.

> 아이들을 거의 별개의 종으로 분류하는 경향이 언제나 있어 왔다.
> **classify** ⓥ 분류하다, 구분하다
> **classification** ⓝ 분류(법), 유형, 범주
> **distinct** ⓐ 뚜렷한, 뚜렷이 구별[구분]되는, 별개의
> **distinction** ⓝ (뚜렷한) 차이, 구별, 구분, 우수성, 우수한 성적
> **distinctive** ⓐ 독특한
> **species** ⓝ (분류상의) 종(種)

Hugh Lofting 휴 로프팅 (1886~1947) 영국 출신의 미국 아동문학가.
동물의 말을 알아듣는 돌리틀 박사 이야기 시리즈로 유명하며 대표작은 〈The Voyages of Dr. Dolittle 돌리틀 박사의 항해〉 등이 있다.

동일어 children

645. The pursuit of truth and beauty is a sphere of activity in which we are permitted to remain children all our lives.

> 진리와 아름다움에 대한 추구는 우리가 평생 아이들로 남아 있도록 허용되는 활동 영역이다.
> **pursuit** ⓝ 추구, 추적, (힘써서 하는) 일[활동]
> **sphere** ⓝ 구(球), 구체, (활동, 영향, 관심 등의) 영역[-권]
> **permit** ⓥ 허가[허락, 허용]하다
> ⓝ 허가(증)

Albert Einstein 알버트 아인슈타인 (1879~1955) 독일 출신의 미국 물리학자, 평화운동가.
상대성이론, 광양자설 등의 이론을 발표하여 현대 과학을 급속도로 발전시켰다는 평가를 받고 있으며, 1921년 노벨물리학상을 수상했다.

동일어 children

646. Raising (children) is a creative endeavor, an (art) rather than a science.

아이들을 기르는 것은 창조적인 노력으로, 과학이라기보다는 기술이다.
raise ⓥ 올리다, 들어올리다, 일으키다, 세우다, 승진시키다, 기르다
       ⓝ 올림, 인상, 승진
creative ⓐ 창조적인, 창의력이 있는
endeavor ⓝ 노력, 시도
         ⓥ 노력하다

동일어 art

Bruno Bettelheim 브루노 베텔하임 (1903~1990) 오스트리아 출신의 미국 정신분석학자, 작가.
아이들의 인성 발달에 대한 연구로 당대 최고의 권위자였으며 대표작은 〈The Uses of Enchantment 옛 이야기의 매력〉 등이 있다.

647. The supreme (art) of war is to subdue the (enemy) without fighting.

전쟁의 최고 기술은 싸우지 않고 적을 정복하는 것이다.
supreme ⓐ 최고의, 최상의
        ⓝ 최고의 것[상태]
subdue ⓥ 정복하다, 복종시키다, 억제하다
enemy   ⓝ 적, 적군

동일어 enemy

Sun Tzu 손자(孫子) (BC 544~496 본명 손무(孫武)) 중국의 전략가.
춘추전국시대 오왕 합려를 섬겼으며, 세계 최고의 병법서로 일컬어지는 손자(孫子)를 저술했다.

648. Never (interrupt) your (enemy) when he is making a mistake.

당신의 적이 실수하고 있을 때 절대 그를 방해하지 마라.
interrupt   ⓥ (말·행동을) 방해하다[가로막다], (잠깐) 중단시키다, 차단하다
interruption ⓝ 방해함, 가로막음, 중단

interrupt와 interfere는 유의어

Napoleon Bonaparte 나폴레옹 보나파르트 (1769~1821) 프랑스의 군인, 정치가, 황제.
프랑스 혁명의 사회적 격동기에 군인으로 명성을 얻은 후 나폴레옹 1세가 되었다.

649. Don't let what you cannot do (interfere) with what you can do.

> 당신이 할 수 없는 것이 당신이 할 수 있는 것을 방해하게 하지 마라. (예컨대, 막연한 운(運)을 염두에 두면서 노력을 게을리하지 마라.)
> **interfere** ⓥ 간섭하다, 개입하다, (간섭하여) 방해하다
> **interference** ⓝ 간섭, 개입, 방해

interfere와 meddle은 유의어

John Wooden 존 우든 (1910~2010) 미국의 농구 선수 및 코치.
선수와 코치의 두 부문으로 농구 명예의 전당에 오른 최초의 인물이다.

650. Do not (meddle) in the affairs of wizards, for they are (subtle) and quick to anger.

> 마법사들의 일에 쓸데없이 참견하지 마라, 왜냐하면 그들은 예민하여 즉시 화를 내기 때문이다.
> **meddle** ⓥ 쓸데없이 참견하다, 간섭하다, (남의 것을) 만지작거리다
> **affair** ⓝ (pl.) 일, 사건, 불륜(관계)
> **wizard** ⓝ 마법사
> **subtle** ⓐ 미묘한, 감지하기 힘든, 교묘한, 절묘한, 예민한, 민감한

subtle과 sensitive는 유의어

J.R.R. Tolkien J.R.R. 톨킨 (1892~1973 본명 John Ronald Reuel Tolkien) 영국의 영문학자, 작가.
앵글로색슨어 및 영문학 교수로 재직하면서 정교한 판타지 작품들을 썼다. 대표작은 〈The Lord of the Rings 반지의 제왕〉, 〈The Hobbit 난쟁이 요정 호비트〉 등이 있다.

651. Manners are a (sensitive) awareness of the feelings of others.

> 예의란 다른 사람들의 감정들에 대한 세심한 인식이다.
> **manner** ⓝ (일의) 방식, (사람의) 태도, (pl.) 예의[매너], (특정 집단의) 관습
> **sensitive** ⓐ 예민한, 민감한, 세심한, 감수성이 강한, (감정이) 상하기 쉬운
> **awareness** ⓝ 의식, 관심

sensitive와 sensible은 헷갈리기 쉬운 단어

Emily Post 에밀리 포스트 (1872~1960) 미국의 작가.
에티켓과 매너 연구로 세계적인 명성을 얻었으며 대표작은 〈Etiquette 에티켓〉 등이 있다.

302

652. Get not your friends by bare compliments, but by giving them sensible tokens of your love.

노골적인 칭찬들이 아닌 그들에게 당신의 사랑을 느낄 수 있는 표시들을 줌으로써 친구들을 얻어라.

- bare ⓐ 발가벗은, (~이(of)) 없는, 노골적인, 헐벗은, 극소량의, 가까스로의
  ⓥ 노출하다
- barely ⓐⓓ 가까스로, 간신히, 겨우, 거의 ~아니게[없이]
- compliment ⓝ 칭찬(의 말), 찬사, 경의
  ⓥ 칭찬하다, 찬사를 보내다, 경의를 표하다
- complimentary ⓐ 칭찬의, 찬사의, 무료의
- sensible ⓐ 분별 있는, 느낄 수 있는, 감지[지각]할 수 있는
- token ⓝ 표시, 징표, (화폐 대용의) 토큰[교환권]

동일어
love

Socrates 소크라테스 (BC 469~399) 그리스의 철학자.
서양 철학의 창시자 중의 한 사람으로 문답법을 통해 사람이 자신과 세상에 대해 얼마나 무지한가를 스스로 깨닫도록 이끌었다.

653. He who cannot love must learn to flatter.

사랑할 수 없는 사람은 아첨하는 것을 배워야 한다.
- flatter ⓥ 아첨하다, 알랑거리다, (실제보다) 돋보이게 하다
- flattery ⓝ 아첨, 알랑거림

동일어
love

Johann Wolfgang von Goethe 요한 볼프강 폰 괴테 (1749~1832) 독일의 작가.
독일의 대문호로 독일문학을 세계적 수준으로 올렸다는 평가를 받는다. 대표작은 《Die Leiden des jungen Werthers 젊은 베르테르의 슬픔》, 《Faust 파우스트》 등이 있다.

654. Love ceases to be a demon only when it ceases to be a god.

사랑은 그것이 신이기를 그칠 때에만 악마이기를 그친다.
- cease ⓥ 그치다, 중단하다, 중단시키다
- demon ⓝ 악마, 악령, 귀신

동일어
cease

Denis de Rougemont 드니 드 루즈몽 (1906~1985) 스위스의 작가.
유럽 문화 연구에 커다란 기여를 했으며 대표작은 《Love in the Western World 사랑과 서유럽》 등이 있다.

655. Intellectual growth should commence at birth and ⟨cease⟩ only at death.

> 지적인 성장은 태어나면서 시작하고 죽음에 처해서야 끝나야 한다.
> intellectual ⓐ 지적인, 지성의 ⓝ 지식인, 식자
> growth ⓝ 성장, 발전, 증대, 증가
> commence ⓥ 개시하다, 시작하다[되다]
> commencement ⓝ 개시, 학위 수여식[졸업식]

Albert Einstein 알버트 아인슈타인 (1879~1955) 독일 출신의 미국 물리학자, 평화운동가.
상대성이론, 광양자설 등의 이론을 발표하여 현대 과학을 급속도로 발전시켰다는 평가를 받고 있으며, 1921년 노벨물리학상을 수상했다.

cease와 end는 유의어

656. Every revolution ⟨ends⟩ by becoming either an ⟨oppressor⟩ or a heretic.

> 모든 혁명은 압제자가 되거나 이단자가 되면서 끝난다. (혁명이 성공하는 경우 다른 세력들을 억압하고, 실패하는 경우 기존 세력들로부터 박해를 받는다.)
> revolution ⓝ 혁명, 변혁, 공전, 회전
> oppressor ⓝ 압제자, 억압[탄압]하는 사람[집단]
> oppress ⓥ 억압[압박]하다, 압박감을 주다, 우울하게 만들다
> heretic ⓝ 이단자

Albert Camus 알베르 카뮈(1913~1960) 프랑스의 작가.
'부조리'를 주제로 한 실존주의 작품을 남겼으며 1957년 노벨문학상을 수상했다. 대표작은 《L'tranger 이방인》, 《Le Mythe de Sisyphe 시지푸스의 신화》 등이 있다.

oppressor와 oppression은 oppress에서 나온 파생어

657. Power in defense of freedom is greater than power in behalf of ⟨tyranny⟩ and ⟨oppression⟩.

> 자유를 지키기 위한 힘은 폭정과 억압을 위한 힘보다 더 크다.
> defense ⓝ 방어, 방위, 수비
> freedom ⓝ 자유(로운 상태)
> behalf ⓝ 이익, 원조
> in behalf of A   A를 위하여, A를 대신하여
> on behalf of A = on A's behalf   A를 위하여, A를 대신[대표]하여
> tyranny ⓝ 폭정, 독재[전제] 정치, 포학(한 행위)
> oppression ⓝ 억압, 압제, 압박(감)

Malcolm X 말콤 X (1925~1965) 미국의 성직자, 인권운동가.
급진적인 흑인 해방운동을 펼쳤으며 흑인 인권 운동을 여러 공민권운동과 연계시키고자 했다. 집회에서 연설 도중 암살당했다.

tyranny를 하는 사람이 tyrant

658. Necessity, the (tyrant's) plea.

tyrant와 dictator는 유의어

필요성, (그것은) 독재자의 항변. (독재자는 독재의 필요성을 늘 변호한다.)
necessity ⓝ 필요성, 필수품
tyrant ⓝ 폭군, 독재자
plea ⓝ (~에 대한(for)) 애원, 탄원, 항변, 답변, 구실

John Milton 존 밀턴 (1608~1674) 영국의 시인.
셰익스피어에 버금가는 대시인으로 평가받으며 대표작은 〈Paradise Lost 실낙원〉 등이 있다.

659. I believe in benevolent dictatorship, provided I am the (dictator).

dictator는 strong man

나는 자애로운 독재가 존재한다는 것을 믿는다, 만약 내가 독재자라면.
benevolent ⓐ 자애로운, 자비로운
benevolence ⓝ 박애, 자비(심), 자선
dictatorship ⓝ 독재 정부[정권], 독재 국가
dictator ⓝ 독재자

Richard Branson 리처드 브랜슨 (1950~) 영국의 기업인.
조그만 잡지사를 시작으로 거대 글로벌 기업인 버진그룹을 일구어냈다. 애플의 스티브 잡스와 함께 가장 창조적인 경영자로 손꼽힌다.

660. Africa needs strong institutions, not (strong men).

아프리카는 강력한 제도들이 필요하다, 강력한 사람들이 아니라.
institution ⓝ 제도, 시설, 학회, 기관

Barack Obama 버락 오바마 (1961~) 미국의 제44대 대통령.
인권변호사 출신으로 미국 최초의 흑인 대통령이 되었다. 2009년 노벨평화상을 수상했다.

UPGrade Check Up
영작 및 말하기 연습

631. 가난은 수치가 아니다, 그렇지만 그것은 지독하게 불편하다.

632. 옳은 것은 흔히 간편한 것으로 인해 잊혀진다.

633. 히틀러가 독일에서 했던 모든 것이 합법적이었다는 것을 결코 잊지 마라.

634. 현명한 자는 모든 것을 안다; 약삭빠른 자는 모든 사람을 안다.

635. 아테네에서는 현명한 자들이 제안하면 바보들이 처리한다.

636. 다치지 않은 사람들이 다친 사람들처럼 분개하기 전까지 아테네에 정의는 오지 않을 것이다.

637. 자선은 정의를 대신할 만한 좋은 대용품이 아니다.

638. 교육의 목적은 비어 있는 머리를 열린 머리로 대체하는 것이다.

Key Word
UpGrade Check - Up
Important Word

631. disgrace, terribly, inconvenient

632. forget, convenient

633. forget, everything, Hitler, Germany, legal

634. wise, everything, shrewd, everybody

635. Athens, wise, propose, dispose

636. justice, Athens, injure, indignant

637. charity, substitute, justice

638. purpose, replace, empty, open

Answer

631. Poverty is not a disgrace, but it's terribly inconvenient.
632. What is right is often forgotten by what is convenient.
633. Never forget that everything Hitler did in Germany was legal.
634. A wise man knows everything; a shrewd one, everybody.
635. At Athens, wise men propose, and fools dispose.
636. Justice will not come to Athens until those who are not injured are as indignant as those who are injured.
637. Charity isn't a good substitute for justice.
638. Education's purpose is to replace an empty mind with an open one.

639. 창조적 사고는 비판적 사고의, 비록 대체물은 아닐지라도, 필수적인 보충물로 여겨져야 한다.
_____.

640. 남자와 여자는 서로를 보완하는 장점들이 있다.
_____.

641. 하나님은 세상을 창조한 후, 남자와 여자를 만들었다. 그리고 나서 모든 것이 무너지는 것을 막기 위해, 그는 유머를 발명했다.
_____.

642. 세상을 고치고자 하는 사람들은 먼저 스스로를 고쳐야 한다.
_____.

643. 강한 아이들을 만들어 내는 것이 부서진 어른들을 고치는 것보다 더 쉽다.
_____.

644. 아이들을 거의 별개의 종으로 분류하는 경향이 언제나 있어 왔다.
_____.

645. 진리와 아름다움에 대한 추구는 우리가 평생 아이들로 남아 있도록 허용되는 활동 영역이다.
_____.

Key Word
UpGrade Check - Up
Important Word

639. creative, essential, supplement, replacement, critical

640. strength, complement

641. world, keep, whole, collapse, invent, humor

642. mend, world

643. build, children, repair, broken

644. classify, children, distinct, species

645. pursuit, sphere, activity, permit, children

Answer

639. Creative thinking should be viewed as an essential supplement to, though not a replacement for, critical thinking.
640. Men and women have strengths that complement each other.
641. After God created the world, He made man and woman. Then, to keep the whole thing from collapsing, He invented humor.
642. Those who would mend the world must first mend themselves.
643. It is easier to build strong children than to repair broken men.
644. There has always been a tendency to classify children almost as a distinct species.
645. The pursuit of truth and beauty is a sphere of activity in which we are permitted to remain children all our lives.

UPGrade Check Up
영작 및 말하기 연습

646. 아이들을 기르는 것은 창조적인 노력으로, 과학이라기보다는 기술이다.

_____.

647. 전쟁의 최고 기술은 싸우지 않고 적을 정복하는 것이다.

_____.

648. 당신의 적이 실수하고 있을 때 절대 그를 방해하지 마라.

_____.

649. 당신이 할 수 없는 것이 당신이 할 수 있는 것을 방해하게 하지 마라.

_____.

650. 마법사들의 일에 쓸데없이 참견하지 마라, 왜냐하면 그들은 예민하여 즉시 화를 내기 때문이다.

_____.

651. 예의란 다른 사람들의 감정들에 대한 세심한 인식이다.

_____.

652. 노골적인 칭찬들이 아닌 그들에게 당신의 사랑을 느낄 수 있는 표시들을 줌으로써 친구들을 얻어라.

_____.

653. 사랑할 수 없는 사람은 아첨하는 것을 배워야 한다.

_____.

Key Word
UpGrade Check - Up *Important Word*

646. raise, children, endeavor, art

647. supreme, art, subdue, enemy

648. interrupt, enemy

649. do, interfere

650. meddle, affair, wizard, subtle, anger

651. manner, sensitive, awareness

652. bare, compliment, sensible, token, love

653. love, flatter

Answer
646. Raising children is a creative endeavor, an art rather than a science.
647. The supreme art of war is to subdue the enemy without fighting.
648. Never interrupt your enemy when he is making a mistake.
649. Don't let what you cannot do interfere with what you can do.
650. Do not meddle in the affairs of wizards, for they are subtle and quick to anger.
651. Manners are a sensitive awareness of the feelings of others.
652. Get not your friends by bare compliments, but by giving them sensible tokens of your love.
653. He who cannot love must learn to flatter.

654. 사랑은 그것이 신이기를 그칠 때에만 악마이기를 그친다.

655. 지적인 성장은 태어나면서 시작하고 죽음에 처해서야 끝나야 한다.

656. 모든 혁명은 압제자가 되거나 이단자가 되면서 끝난다.

657. 자유를 지키기 위한 힘은 폭정과 억압을 위한 힘보다 더 크다.

658. 필요성, (그것은) 독재자의 항변.

659. 나는 자애로운 독재가 존재한다는 것을 믿는다, 만일 내가 독재자라면.

660. 아프리카는 강력한 제도들이 필요하다, 강력한 사람들이 아니라.

654. love, cease, demon, god
655. intellectual, growth, commence
656. revolution, end, oppressor, heretic
657. defense, in behalf of, tyranny, oppression
658. tyrant, plea
659. benevolent, dictatorship, provided, dictator
660. Africa, institution, man

Answer

654. Love ceases to be a demon only when it ceases to be a god.
655. Intellectual growth should commence at birth and cease only at death.
656. Every revolution ends by becoming either an oppressor or a heretic.
657. Power in defense of freedom is greater than power in behalf of tyranny and oppression.
658. Necessity, the tyrant's plea.
659. I believe in benevolent dictatorship, provided I am the dictator.
660. Africa needs strong institutions, not strong men.

It is much easier to suppress a first desire than to satisfy those that follow.

– Fransois de la Rochefoucauld

661. Do we not realize that (self-respect) comes with (self-reliance)?

자기 존중은 자립과 함께 온다는 것을 우리는 깨닫지 못하는가?

self-respect	ⓝ	자기 존중, 자존(심)
respect	ⓝ	존경, 경의, 존중, (측)면, 점
	ⓥ	존경하다, 존중하다, (법 등을) 준수하다
self-reliance	ⓝ	자립, 자기 의존
rely	ⓥ	(~에(on / upon)) 의지[의존]하다, (~을(on / upon)) 신뢰하다[믿다]

접두사 self- 공통

Abdul Kalam 압둘 칼람 (1931~) 인도의 항공학자, 제12대 대통령.
가난한 무슬림 출신으로 인도의 항공산업 발달에 큰 기여를 했다. 전 국민의 압도적인 지지로 대통령에 당선되었으며 청빈한 정치가로 이름이 높았다.

662. (Self-love) exaggerates our faults as well as our virtues.

자기애는 우리의 장점들뿐만 아니라 단점들도 과장한다.

self-love	ⓝ	자기애, 자기중심주의
exaggerate	ⓥ	과장하다, 과장해서 말하다, 지나치게 강조하다
fault	ⓝ	잘못, 결함, 결점, 과실
faulty	ⓐ	잘못된, 결함[결점]이 있는, 불완전한
A as well as B		B뿐만 아니라 A도
virtue	ⓝ	선, 선행, 미덕, 장점

동일어 self-love

Johann Wolfgang von Goethe 요한 볼프강 폰 괴테 (1749~1832) 독일의 작가.
독일의 대문호로 독일문학을 세계적 수준으로 올렸다는 평가를 받는다. 대표작은 〈Die Leiden des jungen Werthers 젊은 베르테르의 슬픔〉, 〈Faust 파우스트〉 등이 있다.

663. Self-love depressed becomes self-loathing.

우울해진 자기애는 자기 혐오가 된다.
- depressed ⓐ 우울한, 우울증의, 암울한, 낙담한, 불경기의
- depress ⓥ 우울하게 하다, 낙담시키다, 부진하게 하다
- self-loathing ⓝ 자기 혐오
- loathe ⓥ 혐오하다, 질색하다

Sally Kempton 샐리 켐턴 (?~) 미국의 명상 전문가, 작가.
강연과 저서, 명상을 통해 마음을 다스리는 법을 알리고 있다. 대표작은 〈The Heart of Meditation 명상의 핵심〉 등이 있다.

depressed와 melancholy는 유의어

664. Music is good to the melancholy, bad to those who mourn, and neither good nor bad to the deaf.

음악은 우울한 사람들에게는 좋고, 애도하는 사람들에게는 나쁘며, 귀가 먹은 사람들에게는 좋지도 나쁘지도 않다. (모든 것은 상대적임을 말하기 위해 든 비유)
- melancholy ⓐ 우울한, 우울하게 하는
  ⓝ 우울(감)
- mourn ⓥ 애도하다, (불행 등을) 슬퍼하다, 애석해하다
- deaf ⓐ 귀가 먹은, 청각 장애가 있는, (~에(to)) 귀를 기울이지 않는

Baruch Spinoza 바뤼흐 스피노자 (1632~1677) 네덜란드의 철학자.
'모든 것이 신이다'라는 범신론(汎神論)을 역설했으며 대표작은 〈A Theologico-Political Treatise 신학정치론〉, 〈Ethica 윤리학〉 등이 있다.

melancholy와 gloomy는 유의어

665. Music is moonlight in the gloomy night of life.

음악은 삶의 우울한 밤에서의 달빛이다.
- moonlight ⓝ 달빛, 월광
  ⓥ (밤에) 부업을 하다
- gloomy ⓐ 우울한, 우울하게 하는, 암울한, 어두운

Jean Paul 장 파울 리히터 (1763~1825 본명 Johann Paul Friedrich Richter) 독일의 작가.
낭만주의 작가로 유머러스한 필체를 특징으로 했다. 대표작은 〈Leben des vergnügten Schulmeisterleins Maria Wuz in Auenthal 마리아 부츠 선생의 즐거운 생애〉 등이 있다.

moonlight는 moon의 파생어

666. Language exerts hidden power, like the moon on the tides.

language의
일부인
word

언어는 숨겨진 힘을 발휘한다, 마치 달이 조수들에 그러하듯이.
exert ⓥ (힘, 능력, 영향력, 권력 등을) 발휘하다[가하다]
tide ⓝ 조수, 조류, (the t-) 풍조
ebb[low] tide 썰물
flood[flowing, high] tide 밀물

Rita Mae Brown 리타 매 브라운 (1944~) 미국의 작가.
반전 · 동성애 · 여성인권 운동에도 적극적으로 참여하고 있으며 대표작은 〈Rubyfruit Jungle 루비푸룻 정글〉 등이 있다.

667. The dance is a poem of which each movement is a word.

poem과
verse는
유의어

춤은 각각의 움직임이 하나의 단어인 한 편의 시이다.
poem ⓝ (한 편의) 시, 운문
movement ⓝ 움직임, 운동, 동향, (장소의) 이동

Mata Hari 마타 하리 (1876~1917 본명 Margaretha Geertruida Zelle) 네덜란드 출신의 여성 스파이. 파리 물랭루즈의 무희로 활동하다 제1차 세계대전 당시 독일과 프랑스를 오가며 스파이 활동을 했다. 여성 스파이의 대명사로 불린다.

668. All which is not prose is verse; and all which is not verse is prose.

prose
+verse
=literature

산문이 아닌 모든 것은 운문이다; 그리고 운문이 아닌 모든 것은 산문이다. (모든 것이 문학이다.)
prose ⓝ 산문(체)
verse ⓝ 운문, (한 편의) 시, (시의) 연, (노래의) 절
  ⓥ (~에) 정통[숙달]하다

Moliere 몰리에르 (1622~1673 본명 Jean-Baptiste Poquelin) 프랑스의 극작가, 배우.
상류사회를 풍자하는 희극을 주로 써서 자주 공연을 중지당했다. 대표작은 〈Le Misanthrope 인간 혐오자〉, 〈Tartuffe 타르튀프〉, 〈Don Juan 돈 주앙〉 등이 있다.

669. The decline of (literature) (indicates) the decline of a nation.

문학의 쇠퇴는 국가의 쇠퇴를 나타낸다.
- **decline** ⓝ 감소, 쇠퇴
  ⓥ 감소하다, 기울다, 거절하다
- **literature** ⓝ 문학, 문헌, 인쇄물
- **indicate** ⓥ 나타내다, (간접적으로) 내비치다, 가리키다
- indication ⓝ 지시, 시사, 징조, 표시
- **nation** ⓝ 국민, (국민으로 이루어진) 국가
- national ⓐ 국민의, 국가의, 국립의

동일어 indicate

Johann Wolfgang von Goethe 요한 볼프강 폰 괴테 (1749~1832) 독일의 작가.
독일의 대문호로 독일문학을 세계적 수준으로 올렸다는 평가를 받는다. 대표작은 〈Die Leiden des jungen Werthers 젊은 베르테르의 슬픔〉, 〈Faust 파우스트〉 등이 있다.

670. A sound discretion is not so much (indicated) by never making a (mistake) as by never repeating it.

건전한 분별은 잘못을 결코 하지 않는 것에 의해서라기보다는 그것을 결코 반복하지 않는 것에 의해서 나타내어진다.
- **discretion** ⓝ 분별, 신중(함), (자유) 재량(권), 행동[판단, 선택]의 자유
- **not so much A as B** A라기보다는 오히려 B

mistake와 fault는 유의어

Christian Nevell Bovee 신원 미상

671. A (fault) is (fostered) by concealment.

잘못은 은폐로 키워진다.
- **foster** ⓥ (수양 자식을) 키우다[기르다], 양육[육성]하다, 촉진하다
  ⓐ 수양(收養)-, 양(養)-, 위탁-
- foster child 수양 자녀
- **concealment** ⓝ 숨김, 은폐
- conceal ⓥ 숨기다, 감추다

foster와 cultivate는 유의어

Virgil 버질 (BC 70~19 본명 Publius Vergilius Maro) 로마의 시인.
로마의 시성(詩聖)으로 추앙받으며 대표작은 로마 건국 신화가 담긴 서사시 〈the Aeneid 아이네이드〉 등이 있다.

672. Happiness is a habit – cultivate it.

동일어
happiness

행복은 하나의 습관이다 – 그것을 키워라.
cultivate ⓥ 키우다, 재배하다, 경작하다, 기르다, 교화하다, (인간관계를) 구축하다
cultivated ⓐ 재배[경작]된, 교화된, 교양 있는

Elbert Hubbard 앨버트 허버드 (1856~1915) 미국의 작가.
대표작으로 출간 후 지금까지 1억부 이상이 팔린 〈A Message to Garcia 가르시아 장군에게 보내는 편지〉 등이 있다.

673. Drunkenness is temporary suicide; the happiness that it brings is merely negative, a momentary cessation of unhappiness.

동일어
temporary

취하는 것은 일시적인 자살이다; 그것이 가져오는 행복은 단지 소극적인, 불행의 순간적인 중지일 뿐이다.
temporary   ⓐ 일시적인, 임시의
suicide   ⓝ 자살, 자살 행위(나 다름없는 것)
merely   ⓐd 단지, 한낱, 그저
momentary   ⓐ 순간적인, 순식간의, 찰나의
momentous   ⓐ 중요한, 중대한
cessation   ⓝ 중지, 중단

Bertrand Russell 버트런드 러셀 (1872~1970) 영국의 수학자, 논리학자, 철학자, 평화운동가.
다양한 분야의 명저들을 저술했으며 1950년 노벨문학상을 수상했다. 대표작은 〈History of Western Philosophy 서양철학사〉, 〈The Conquest of Happiness 행복의 정복〉 등이 있다.

674. They who can give up essential liberty to purchase a little temporary safety, deserve neither liberty nor safety.

조금의 일시적인 안전을 획득하기 위해 본질적인 자유를 포기할 수 있는 사람들은 자유도 안전도 누릴 자격이 없다.
purchase   ⓥ 구입하다, (노력·희생을 치르고) 획득하다   ⓝ 구입(물), 구매
safety   ⓝ 안전, 안전 장치
deserve   ⓥ (~을) 받을 만하다, (~을) 누릴 자격이 있다, (~을) (당)해야 마땅하다
neither A nor B   A도 B도 아닌

liberty와 free는 유의어 – 다른 품사

Benjamin Franklin 벤자민 프랭클린 (1706~1790) 미국의 정치가, 외교관, 과학자.
미국 독립전쟁 중 프랑스의 지원을 얻어내는 등 미국 독립에 중요한 기여를 했으며 피뢰침의 발명가이기도 하다.

675. The English think they are free. They are (free) only during the (election) of members of parliament.

> 잉글랜드 사람들은 그들이 자유롭다고 생각한다. 그들은 단지 의회 의원들의 선거 동안에만 자유롭다.
>
> English ⓐ 영어의, 잉글랜드의 ⓝ 영어, (the E-) 잉글랜드 사람들
> British ⓐ 영국의, 영국인의 ⓝ (the B-) 영국 사람들
> election ⓝ 선거, (선거에서의) 당선

election할 권리가 suffrage

Jean-Jacques Rousseau 장 자크 루소 (1712~1778) 스위스 출신의 프랑스 철학자.
여러 저작들 중 특히 〈The Social Contract 사회계약론〉에 보인 자유민권 사상은 프랑스·미국 혁명에 직접적인 영향을 미쳤고, 〈Emile 에밀〉에 나타난 교육론은 근대 교육에 상당한 영향을 주었다.

676. Universal (suffrage) is the (government) of a house by its nursery.

> 보통 선거권은 아기방에 의한 가정의 통치이다. (국민 모두에게 선거권을 주는 것은 아기에게 집안을 맡기는 것과 같다.)
>
> universal ⓐ 보편적인, 모든 사람에 공통인, 만국의, 우주의
> suffrage ⓝ 선거, 선거권, 투표, 투표권, 참정권
> universal suffrage 보통 선거권
> nursery ⓝ (가정집의) 아기방, 탁아소, 놀이방

government의 동사형인 govern

Otto von Bismarck 오토 비스마르크 (1815~1898) 프러시아의 정치가.
독일 제1대 수상. 비스마르크는 민주주의를 비난하면서 사회민주주의자들의 공세를 막고자 독일 최초로 사회복지제도를 도입했다.

677. Those who are too smart to engage in politics are punished by being (governed) by those who are (dumber).

> 너무 똑똑하여 정치에 참가하지 않는 사람들은 보다 바보인 사람들에 의해 통치되는 벌을 받는다.
>
> engage ⓥ 약속하다, 약혼시키다, 종사하다[시키다], 참가하다, (적과) 교전하다
> punish ⓥ 벌하다, 처벌[징벌]하다
> govern ⓥ 통치하다, 지배[통제]하다, 다스리다
> dumb ⓐ 말을 못 하는, 벙어리의, 말문이 막힌, 말을 하지 않는, 바보의, 멍청한

동일어 dumb

Plato 플라톤 (BC 429~347) 그리스의 철학자.
형이상학의 수립자이며 이데아(idea) 개념을 통해 존재의 근원을 밝히고자 했다. 대표작은 〈The Apology of Socrates 소크라테스의 변명〉, 〈The Republic 국가론〉 등이 있다.

678. If the freedom of speech is taken away then dumb and silent we may be led, like sheep to the slaughter.

동일어 slaughter

만약 언론의 자유가 빼앗긴다면 그러면 말 못하고 침묵하면서 우리는 도살되는 양처럼 끌려가게 될지 모른다.

slaughter ⓝ (대량)학살, 살육, 도살
ⓥ (대량)학살하다, 살육하다, 도살하다

George Washington 조지 워싱턴 (1732~1799) 미국의 초대 대통령.
독립혁명군의 총사령관으로서 독립전쟁을 성공적으로 이끌었으며 이후 미국의 초대 대통령이 되었다.

679. To plunder, to slaughter, to steal, these things they misname empire; and where they make a wilderness, they call it peace.

plunder와 robbery는 유의어 – 다른 품사

약탈하는 것, 학살하는 것, 도둑질하는 것, 이러한 것들을 그들은 제국으로 이름을 잘못 붙인다; 그리고 그들이 황무지를 만드는 곳에서, 그들은 그것을 평화라고 부른다.

plunder ⓥ 약탈[강탈]하다
ⓝ 약탈(품), 강탈(품)
misname ⓥ 이름을 잘못 부르다[붙이다]
empire ⓝ 제국, 기업 왕국, 거대 기업
wilderness ⓝ 황무지, 황야, 버려진 땅

Publius Cornelius Tacitus 푸블리우스 코르넬리우스 타키투스 (56~117) 로마의 역사가, 정치가. 호민관, 집정관 등 요직을 두루 거쳤으며 역사서를 통해 제정(帝政)을 비판했다. 대표작은 〈The Histories 역사〉, 〈The Annals 연대기〉 등이 있다.

680. In the absence of justice, what is sovereignty but organized robbery?

sovereignty의 형용사형인 sovereign

정의가 부재할 때, 조직된 강탈 외에 무엇이 통치권이란 말인가?

sovereignty ⓝ 주권, 통치권, 자주권, (국가의) 자주[독립]
organize ⓥ 조직하다, 구조화[체계화]하다, 구성하다
robbery ⓝ 강탈, 약탈, 빼앗음

Saint Augustine 성 오거스틴 (354~430 본명 Aurelius Augustinus Hipponensis)
로마의 철학자, 성직자.
로마제국의 붕괴는 기독교의 위기가 아닌 '하나님의 나라'의 도래를 알리는 것이라고 하여 중세 기독교 문화에 정당성을 부여했다. 대표작은 〈De Civitate Dei 신국론〉, 〈Confessiones 고백록〉 등이 있다.

681. The best way of learning to be an (independent) (sovereign) state is to be an independent sovereign state.

독립적인 주권 국가가 되는 것을 배우는 가장 좋은 방법은 독립적인 주권 국가가 되는 것이다.
independent ⓐ 독립된, 독립[독자]적인, 별개인, 자립심이 강한
sovereign ⓐ 주권[통치권]을 가진, 최고(권력)의, 독립된
ⓝ 주, 국왕, 주권자, 주권국

동일어 independent

Kwame Nkrumah 크와메 은크루마 (1909~1972) 가나공화국의 초대 대통령.
교사를 하다 영국 유학 시기부터 독립운동에 헌신했다. 가나공화국 설립에 지대한 역할을 한 후 초대 대통령이 되었으나 쿠데타로 실각했다.

682. First secure an (independent) income, then practice (virtue).

먼저 독립적인 수입을 확보하고, 그 다음에 덕을 실행하라.
secure ⓥ 확보하다, 안전하게 지키다, 담보를 제공하다
income ⓝ 수입, 소득

동일어 virtue

Greek Proverb 그리스 속담

683. I prefer an accommodating (vice) to an obstinate (virtue).

나는 완고한 덕보다 수용하는 악을 선호한다.
accommodate ⓥ (사상, 환자 등을) 수용하다, 숙박시키다, 편의를 도모하다
vice ⓝ 악덕, 부덕, 비행
obstinate ⓐ 고집 센, 완강한, 없애기 힘든

vice와 evil은 유의어

Moliere 몰리에르 (1622~1673 본명 Jean-Baptiste Poquelin) 프랑스의 극작가, 배우.
상류사회를 풍자하는 희극을 주로 써서 자주 공연을 중지 당했다. 대표작은 〈Le Misanthrope 인간 혐오자〉, 〈Tartuffe 타르튀프〉, 〈Don Juan 돈 주앙〉 등이 있다.

684. There is no greater (evil) for men than the (constraint) of fortune.

운명의 제약보다 인간에게 더 큰 악은 없다.
constraint ⓝ 제약, 강제, 억제, 억압, 구속
constrain ⓥ 제약[강제]하다, 억제[억압]하다, 구속하다

constraint와 stifle은 유의어 – 다른 품사

Sophocles 소포클레스 (BC 496~406) 그리스의 작가.
고대 그리스의 3대 비극시인 중의 한 사람으로 대표작은 〈Antigone 안티고네〉, 〈Aias 아이아스〉 등이 있다.

:: 317

685. War is so unjust and ugly that all who wage it must try to (stifle) the voice of conscience within themselves.

stifle과 suppress는 유의어

전쟁은 매우 옳지 못하며 추악하기 때문에 그것을 벌이는 모든 사람들은 자신들 안의 양심의 목소리를 억제하고자 노력해야만 한다.
- **unjust** ⓐ 옳지 못한, 불공정한, 부당한, 불공평한
- **ugly** ⓐ 추한, 못생긴, 추악한, 불쾌한
- **wage** ⓥ (전쟁, 캠페인 등을) 벌이다[수행하다] ⓝ (pl.) 임금
- **stifle** ⓥ 억누르다, 억제[억압]하다, 숨막히게 하다, 숨막히다
- **conscience** ⓝ 양심, (양심의) 가책

Leo Tolstoy 레오 톨스토이 (1828~1910) 러시아의 작가, 사상가.
러시아 문학사에서 가장 거대한 인물로 꼽히며 생전에 당대의 어떤 작가보다 더 영향력 있고 존경받는 인물이었다. 대표작은 〈War and Peace 전쟁과 평화〉, 〈Anna Karenina 안나 카레니나〉 등이 있다.

686. It is much easier to (suppress) a first desire than to satisfy those that follow.

suppress와 repress는 유의어

처음의 욕구를 억누르는 것이 뒤따르는 것들을 만족시키는 것보다 훨씬 쉽다.
- **suppress** ⓥ 억누르다, 억제[억압]하다, 진압하다
- **suppression** ⓝ 억누름, 억제, 억압, 진압
- **desire** ⓝ 욕구, 욕망, 바라는 것[사람]
  ⓥ 몹시 바라다, 욕구하다, 요구하다

François de la Rochefoucauld 프랑소와 드 라 로슈프코 (1613~1680) 프랑스의 작가.
많은 잠언들을 남겼고 프랑스 역사상 가장 위대한 잠언 작가로 불린다.

687. Anger (repressed) can (poison) a relationship as surely as the cruelest words.

동일어 poison

억눌린 화는 가장 잔인한 말들만큼이나 확실히 관계를 해칠 수 있다.
- **repress** ⓥ 억누르다, 억제[억압]하다, 진압하다
- **repression** ⓝ 억누름, 억제, 억압, 진압
- **poison** ⓥ 독을 넣다, 독살하다, 오염시키다, 해치다
  ⓝ 독, 독극물
- **poisonous** ⓐ 유독한, 유해한
- **relationship** ⓝ 관계, 관련(성), 연인 관계
- **cruel** ⓐ 잔인한, 잔혹한, 고통스러운

Joyce Brothers 조이스 브러더스 (1927~) 미국의 인간관계 전문가.
최초로 TV를 통해 미디어 심리상담을 했으며 대표작은 〈What Every Woman Ought to Know About Love and Marriage 모든 여성이 사랑과 결혼에 대해 알아야 할 것〉 등이 있다.

688. Men become accustomed to (poison) (by degrees).

사람은 독에 조금씩 익숙해진다.
accustomed	ⓐ (~에(to)) 익숙한, 평상시의
accustom	ⓥ 익숙하게 하다, 길들게 하다, (~oneself) 익숙해지다
degree	ⓝ 정도, 등급, (각도의) 도, 학위
by degrees	조금씩, 점차
in a degree	조금은, 어느 정도
to a degree	크게, 매우, 얼마간

by degrees와 little by little은 같은 의미

Victor Hugo 빅토르 위고 (1802~1885) 프랑스의 작가.
'프랑스의 대문호'로 불리며 적극적인 사회참여 및 인권운동을 펼쳤다. 대표작은 〈Les Misérables 장발장〉, 〈Notre-Dame de Paris 노트르담의 꼽추〉 등이 있다.

689. (Enlightenment) must come (little by little) – otherwise it would overwhelm.

깨우침은 조금씩 와야 한다 – 그렇지 않으면 그것은 압도해 버릴 것이다.
enlightenment	ⓝ 깨우침, 교화, 계몽, (the E-) 계몽주의 시대
little by little	조금씩, 서서히, 점점
otherwise	ⓐⓓ 그렇지 않으면, (…와는) 다르게
overwhelm	ⓥ 압도하다, (과함으로 인해) 당황하게[어쩔 줄 모르게] 하다

enlightenment의 동사형인 enlighten

Idries Shah 이드리에스 샤 (1924~1996) 인도 출신의 이슬람 철학자, 작가.
이슬람 신비주의인 수피즘을 전 세계적으로 알리는 데 기여했으며, 대표작은 〈The Sufis 수피들〉, 〈Commanding Self 명령하는 자아〉 등이 있다.

690. Do not be too severe upon the errors of the people, but reclaim them by (enlightening) them.

사람들의 잘못들에 대해 너무 엄격하지 말며, 다만 그들을 교화함으로써 그들을 교정하라.
severe	ⓐ 극심한, 가혹한, 엄한, 아주 힘든
reclaim	ⓥ 되찾다, 교정하다, 재생[갱생]시키다, 재활용하다, (황무지 등을) 개간하다, (늪지 등을) 매립하다
enlighten	ⓥ (설명하여) 깨우치다, 깨닫게 하다, 교화하다, 계몽하다

Thomas Jefferson 토머스 제퍼슨 (1743~1826) 미국의 제3대 대통령.
미국 독립선언문의 기초위원이며, 연방주의에 반대하고 공화주의를 주장했다.

UPGrade Check Up
영작 및 말하기 연습

661. 자기 존중은 자립과 함께 온다는 것을 우리는 깨닫지 못하는가?

_____.

662. 자기애는 우리의 장점들뿐만 아니라 단점들도 과장한다.

_____.

663. 우울해진 자기애는 자기 혐오가 된다.

_____.

664. 음악은 우울한 사람들에게는 좋고, 애도하는 사람들에게는 나쁘며, 귀가 먹은 사람들에게는 좋지도 나쁘지도 않다.

_____.

665. 음악은 삶의 우울한 밤에서의 달빛이다.

_____.

666. 언어는 숨겨진 힘을 발휘한다, 마치 달이 조수들에 그러하듯이.

_____.

667. 춤은 각각의 움직임이 하나의 단어인 한 편의 시이다.

_____.

668. 산문이 아닌 모든 것은 운문이다; 그리고 운문이 아닌 모든 것은 산문이다.

_____.

669. 문학의 쇠퇴는 국가의 쇠퇴를 나타낸다.

_____.

Key Word
UpGrade Check - Up
Important Word

661. self-respect, self-reliance

662. self-love, exaggerate, fault, as well as, virtue

663. self-love, depressed, self-loathing

664. melancholy, mourn, neither ~ nor, deaf

665. moonlight, gloomy

666. language, exert, moon, tide

667. dance, poem, movement, word

668. prose, verse

669. decline, literature, indicate, nation

Answer
661. Do we not realize that self-respect comes with self-reliance?
662. Self-love exaggerates our faults as well as our virtues.
663. Self-love depressed becomes self-loathing.
664. Music is good to the melancholy, bad to those who mourn, and neither good nor bad to the deaf.
665. Music is moonlight in the gloomy night of life.
666. Language exerts hidden power, like the moon on the tides.
667. The dance is a poem of which each movement is a word.
668. All which is not prose is verse; and all which is not verse is prose.
669. The decline of literature indicates the decline of a nation.

먼저 오른쪽 박스 안의 키워드를 참고하여 왼쪽의 한글을 영작해 보세요. 이후 키워드를 가린 채 왼쪽의 한글만 보고 영어로 소리 내어 말해 보세요.

670. 건전한 분별은 잘못을 결코 하지 않는 것에 의해서라기보다는 그것을 결코 반복하지 않는 것에 의해서 나타내어진다.

671. 잘못은 은폐로 키워진다.

672. 행복은 하나의 습관이다 – 그것을 키워라.

673. 취하는 것은 일시적인 자살이다; 그것이 가져오는 행복은 단지 소극적인, 불행의 순간적인 중지일 뿐이다.

674. 조금의 일시적인 안전을 획득하기 위해 본질적인 자유를 포기할 수 있는 사람들은 자유도 안전도 누릴 자격이 없다.

675. 잉글랜드 사람들은 그들이 자유롭다고 생각한다. 그들은 단지 의회 의원들의 선거 동안에만 자유롭다.

676. 보통 선거권은 아기방에 의한 가정의 통치이다.

677. 너무 똑똑하여 정치에 참가하지 않는 사람들은 보다 바보인 사람들에 의해 통치되는 벌을 받는다.

Key Word
UpGrade Check - Up
Important Word

670. sound, discretion, not so much ~ as, indicate, mistake

671. fault, foster, concealment

672. happiness, cultivate

673. drunkenness, temporary, suicide, merely, momentary, cessation, unhappiness

674. liberty, purchase, temporary, safety, deserve

675. English, free, election, member

676. universal, suffrage, government, nursery

677. engage, punish, govern, dumb

Answer

670. A sound discretion is not so much indicated by never making a mistake as by never repeating it.
671. A fault is fostered by concealment.
672. Happiness is a habit – cultivate it.
673. Drunkenness is temporary suicide; the happiness that it brings is merely negative, a momentary cessation of unhappiness.
674. They who can give up essential liberty to purchase a little temporary safety, deserve neither liberty nor safety.
675. The English think they are free. They are free only during the election of members of parliament.
676. Universal suffrage is the government of a house by its nursery.
677. Those who are too smart to engage in politics are punished by being governed by those who are dumber.

UPGrade Check Up
영작 및 말하기 연습

678. 만약 언론의 자유가 빼앗긴다면 그러면 말 못하고 침묵하면서 우리는 도살되는 양처럼 끌려가게 될 지 모른다.

_____.

679. 약탈하는 것, 학살하는 것, 도둑질하는 것, 이러한 것들을 그들은 제국으로 이름을 잘못 붙인다; 그리고 그들이 황무지를 만드는 곳에서, 그들은 그것을 평화라고 부른다.

_____.

680. 정의가 부재할 때, 조직된 강탈 외에 무엇이 통치권이란 말인가?

_____.

681. 독립적인 주권 국가가 되는 것을 배우는 가장 좋은 방법은 독립적인 주권 국가가 되는 것이다.

_____.

682. 먼저 독립적인 수입을 확보하고, 그 다음에 덕을 실행하라.

_____.

683. 나는 완고한 덕보다 수용하는 악을 선호한다.

_____.

684. 운명의 제약보다 인간에게 더 큰 악은 없다.

_____.

Key Word
UpGrade Check · Up
Important Word

678. dumb, lead, sheep, slaughter

679. plunder, slaughter, steal, misname, empire, wilderness

680. absence, sovereignty, organize, robbery

681. independent, sovereign, state

682. secure, independent, income, virtue

683. prefer, accommodate, vice, obstinate, virtue

684. evil, constraint, fortune

Answer

678. If the freedom of speech is taken away then dumb and silent we may be led, like sheep to the slaughter.
679. To plunder, to slaughter, to steal, these things they misname empire; and where they make a wilderness, they call it peace.
680. In the absence of justice, what is sovereignty but organized robbery?
681. The best way of learning to be an independent sovereign state is to be an independent sovereign state.
682. First secure an independent income, then practice virtue.
683. I prefer an accommodating vice to an obstinate virtue.
684. There is no greater evil for men than the constraint of fortune.

685. 전쟁은 매우 옳지 못하며 추악하기 때문에 그것을 벌이는 모든 사람들은 자신들 안의 양심의 목소리를 억제하고자 노력해야만 한다.

_____.

686. 처음의 욕구를 억누르는 것이 뒤따르는 것들을 만족시키는 것보다 훨씬 쉽다.

_____.

687. 억눌린 화는 가장 잔인한 말들만큼이나 확실히 관계를 해칠 수 있다.

_____.

688. 사람은 독에 조금씩 익숙해진다.

_____.

689. 깨우침은 조금씩 와야 한다 – 그렇지 않으면 그것은 압도해 버릴 것이다.

_____.

690. 사람들의 잘못들에 대해 너무 엄격하지 말며, 다만 그들을 교화함으로써 그들을 교정하라.

_____.

685. unjust, ugly, wage, stifle, conscience

686. suppress, desire, follow

687. repress, poison, relationship, surely, cruel

688. accustomed, poison, by degrees

689. enlightenment, little by little, otherwise, overwhelm

690. severe, error, reclaim, enlighten

Answer

685. War is so unjust and ugly that all who wage it must try to stifle the voice of conscience within themselves.
686. It is much easier to suppress a first desire than to satisfy those that follow.
687. Anger repressed can poison a relationship as surely as the cruelest words.
688. Men become accustomed to poison by degrees.
689. Enlightenment must come little by little – otherwise it would overwhelm.
690. Do not be too severe upon the errors of the people, but reclaim them by enlightening them.

Unit 024

You **c**an **d**elegate **a**uthority, **b**ut **n**ot **r**esponsibility.

— Stephen W. Comiskey

691. With audacity one can (undertake) anything, but not do everything.

대담함으로 사람은 어떤 것이든지 떠맡을 수 있지만, 모든 것을 할 수는 없다.
audacity ⓝ 대담함, 대담무쌍함, 뻔뻔스러움
audacious ⓐ 대담한, 대담무쌍한, 뻔뻔스러운
undertake ⓥ (일, 책임 등을) (떠)맡다, (일, 책임 등을 맡아서) 착수하다, 약속하다

undertake의 명사형인 undertaking

Napoleon Bonaparte 나폴레옹 보나파르트 (1769~1821) 프랑스의 군인, 정치가, 황제. 프랑스 혁명의 사회적 격동기에 군인으로 명성을 얻은 후 나폴레옹 1세가 되었다.

692. The (love) of life is necessary to the vigorous prosecution of any (undertaking).

동일어 love

생에 대한 사랑은 어떤 일의 정력적인 수행에 필수적이다.
vigorous ⓐ 정력적인, 박력있는, 활기찬, 원기왕성한
vigor ⓝ 정력, 박력, 활기, 원기
prosecution ⓝ 기소, 고발 (the p-) 기소자 측[검찰 당국], 수행
prosecute ⓥ 기소[고발]하다, 수행하다
undertaking ⓝ (중요한) 일, 사업, 약속, 동의

Samuel Johnson 새뮤엘 존슨 (1709~1784) 영국의 작가, 평론가. 자력으로 영어 사전을 만들었고, 영국 시인 52명의 전기와 작품을 정리한 《Lives of the Most Eminent English Poets 영국시인전 10권》을 출간했다.

693. It is impossible to repent of (love). The (sin) of love does not exist.

사랑을 뉘우치는 것은 불가능하다. 사랑의 죄는 존재하지 않는다.
repent ⓥ 뉘우치다, 회개[후회]하다
sin ⓝ 죄, 죄악, 잘못

동일어
sin

Muriel Spark 뮤리엘 스파크 (1918~2006) 영국의 작가.
유머와 풍자를 곁들인 작품들을 썼으며 대표작은 〈The Prime of Miss Jean Brodie 진 브로디양의 전성기〉 등이 있다.

694. There is often a (sin) of omission as well as of (commission).

위임의 잘못뿐만 아니라 빠뜨리는 잘못도 자주 있다. (적합하지 않은 자에게 임무를 주는 잘못도 있고, 적합한 자에게 임무를 주지 않는 잘못도 있다.)
omission ⓝ 빠뜨림, 뺌, 생략, 누락, 태만
omit ⓥ 빠뜨리다, 빼다, 생략하다, 누락하다
commission ⓝ (직권·임무의) 위임, (위임된) 임무, 위원회, 수수료
 ⓥ 위임하다, 위임장[권한]을 주다, 임관하다

commission과 delegate는 유의어

Marcus Aurelius 마르쿠스 아우렐리우스 (121~180) 로마의 황제, 철학자.
로마의 최고 전성기를 이끈 5현제(五賢帝)의 마지막 황제였으며, 스토아 철학의 정수를 담은 〈Meditations 명상록〉을 남겼다.

695. You can (delegate) (authority), but not responsibility.

권한을 위임할 수는 있지만, 책임을 위임할 수는 없다.
delegate ⓥ 대리로 보내다, (권한 등을) 위임하다
 ⓝ 대리인, 대표자, 대의원
authority ⓝ 권한, 권위(자), (pl.) 당국, 관헌
authorize ⓥ 권한을 주다, 정당하다고 인정하다, 인가하다
authoritative ⓐ 권위 있는, 당국의, 관헌의, 위압적인

동일어
authority

Stephen W. Comiskey 스티븐 W. 코미스키 (1947~) 미국의 변호사, 작가.
워싱턴 DC에서 변호사 생활을 하고 있으며, 대표작은 〈A Good Lawyer 좋은 변호사〉 등이 있다.

696. Great men in (judicial) places will never want (authority).

법관의 자리에 있는 위대한 인물들은 결코 권위를 원하지 않을 것이다.
judicial ⓐ 사법의, 재판(관)의, 법관의

judicial과 legal은 유의어

Proverb 속담

:: 325

697. It is easier to make certain things (legal) than to make them legitimate.

> 어떤 것들을 정당하도록 만드는 것보다는 합법적이도록 만드는 것이 더 쉽다.
> legal ⓐ 합법적인, 법률과 관련된
> legitimate ⓐ 정당한, 타당한, 적법한, (아이가) 적출인
> legitimacy ⓝ 정당성, 적법, 정통, 적출

Nicolas Chamfort 니콜라 샹포르 (1741~1794) 프랑스의 작가.
그의 작품은 위트있는 대사 및 경구로 유명하며 대표작은 〈The Fountain of Praise 칭찬의 샘〉 등이 있다.

legal의 동사형인 legalize

---

698. Dancing: The vertical expression of a horizontal desire (legalized) by (music).

> 춤: 음악에 의해 합법화된 수평적 욕구의 수직적인 표현. (사람 사이의 관계에 대한 욕구를 음악에 맞춰 주로 서서 표현하기 때문에.)
> vertical ⓐ 수직의, 세로의, 종적(縱的)인
> horizontal ⓐ 수평의, 가로의, 횡적(橫的)인
> legalize ⓥ 합법화하다

George Bernard Shaw 조지 버나드 쇼 (1856~1950) 아일랜드의 작가, 비평가.
작품을 통해 영국 사회를 신랄하게 비판했으며 당시의 예술적·지적 발전에 커다란 기여를 했다. 대표작은 〈Man and Superman 인간과 초인〉, 〈Pygmalion 피그말리온〉 등이 있다.

동일어 music

---

699. Napster (works) because people who love (music) share and participate.

> 냅스터는 음악을 사랑하는 사람들이 공유하고 참여하기 때문에 작동한다.
> work ⓥ 일하다, 작동하다[시키다], (약이) 작용하다
> ⓝ 일, 직장, 작품, 성과
> share ⓥ 분배하다, 함께 나누다[공유하다]
> ⓝ 몫, 주식
> participate ⓥ 참여[참가]하다, 관여하다
> participation ⓝ 참여, 참가, 관여

Shawn Fanning 숀 패닝 (1980~) 미국의 프로그래머, 기업인.
대학생 시절 P2P(Peer-to-Peer) 시스템의 대중화를 이끈 냅스터(Napster)를 개발했다. 한국판 냅스터로 '소리바다'가 있다.

동일어 work

700. Communism doesn't (work) because people like to (own) stuff.

공산주의는 사람들이 물건을 소유하기를 좋아하기 때문에 작동하지 않는다. (공산주의는 소유를 원하는 인간의 본성을 간과한다.)
communism ⓝ 공산주의, (종종 C-) 공산주의 체제
stuff ⓝ 물건, 것[것들], 재료
ⓥ (빽빽히) 채워 넣다, 속을 채우다, 쑤셔 넣다

동일어
own

Frank Zappa 프랭크 자파 (1940~1993) 미국의 음악인.
정규 앨범만 60장이 넘는 작품들을 발표했으며 다양한 장르의 음악들을 독자적으로 해석하여 록음악계의 '괴짜'로 불린다. 사회비판적인 가사를 많이 썼다.

701. Every man is his (own) ancestor, and every man is his own heir. He devises his own future, and he (inherits) his own past.

모든 사람이 그 자신의 조상이고, 모든 사람이 그 자신의 상속인이다. 사람은 그 자신의 미래를 유증하며, 그 자신의 과거를 상속받는다.
ancestor ⓝ 조상, 선조, (기계의) 원형
heir ⓝ 상속인, 후계자, 계승자
devise ⓥ 고안하다, 궁리하다, 유증하다[유산으로 증여하다]
inherit ⓥ 상속받다, 물려받다
inheritance ⓝ 상속, 상속 재산, 유산

inherit의 대상이 되는 heritage

Frederick Henry Hedge 프레드릭 헨리 헤지 (1805~1890) 미국의 성직자, 작가.
이상주의적 관념론에 의한 사상개혁 운동인 초월주의(Transcendentalism)를 주창했으며, 대표작은 《Reason in Religion 종교에서의 이성》 등이 있다.

702. Sport must be the (heritage) of all men and of all social classes.

스포츠는 모든 사람들과 모든 사회 계급들의 유산이 되어야 한다.
heritage ⓝ 유산, 세습[상속] 재산, 전통
social ⓐ 사회의, 사회적인, 사교상의
class ⓝ 계급, 등급, 수업, 학급

heritage의 형용사형인 hereditary

Pierre de Coubertin 피에르 드 쿠베르탱 (1863~1937) 프랑스의 교육자.
스포츠와 교육의 연관성을 주장하며 올림픽의 부흥과 발전에 일생을 바쳤다. 근대 올림픽의 창시자로 불린다.

703. Wrinkles are (hereditary). Parents get them from their (children).

주름들은 유전적이다. 부모는 그들의 아이들로부터 그것들을 얻는다.
- **wrinkle** ⓝ 주름, 구김살
  ⓥ 주름을 잡다, 주름[구김살]이 생기다
- **hereditary** ⓐ 유전적인, 세습의

동일어
children

Doris Day 도리스 데이 (1924~) 미국의 영화배우, 가수.
밝은 이미지와 정확한 창법으로 배우와 가수로서 많은 인기를 끌었다. 영화 〈The Man Who Knew Too Much 너무 많은 것을 안 남자〉에 출연하여 부른 Que sers sers (케 세라 세라)로 유명하다.

---

704. (Children) require guidance and sympathy far more than (instruction).

instruction의
동사형인
instruct

아이들은 지시보다 안내와 공감을 훨씬 더 필요로 한다.
- **guidance** ⓝ 안내, 인도
- **sympathy** ⓝ 공감, 연민, 동정(심), 동조
- sympathetic ⓐ 동정적인, 동정심 있는, 마음에 드는
- **instruction** ⓝ 가르침, 지시, (pl.) 사용 설명(서)

Anne Sullivan 앤 설리번 (1866~1936) 미국의 교사.
헬렌 켈러의 스승이자 평생의 동반자로 미국뿐만 아니라 전세계적으로 좋은 스승의 귀감으로 여겨진다.

---

705. (Amuse) the reader at the same time that you (instruct) him.

amuse와
entertain은
유의어

가르치는 것과 동시에 독자를 재미있게 하라.
- **amuse** ⓥ 재미있게 하다, 즐겁게 하다
- amusement ⓝ 재미, 즐거움, 오락
- **instruct** ⓥ 가르치다, 지시하다, 알려 주다

Horace 호라티우스 (BC 65~8) 로마의 시인.
고대 로마의 가장 유명한 시인 중의 한 명으로 특히 Carpe diem, quam minimum credula postero (오늘을 즐겨라, 내일은 가능한 한 믿지 말고)의 시를 남겼다.

706. Don't just read the easy stuff. You may be entertained by it, but you will never grow from it.

> 단지 쉬운 것만을 읽지 마라. 당신은 그것에 의해 즐거워질 수 있을 것이지만, 당신은 결코 그것으로부터는 성장할 수 없다.
> entertain ⓥ 즐겁게 하다, 대접[환대]하다
> entertainment ⓝ 오락, 연예, 대접, 환대

read의 명사형인 reading

Jim Rohn 짐 론 (1930~2009) 미국의 기업인, 강연가.
자수성가하여 백만장자가 되었고 자신의 경험을 소재로 많은 강연활동을 펼쳤다.

707. Reading furnishes the mind only with materials of knowledge; it is thinking that makes what we read ours.

> 독서는 사람에게 단지 지식의 재료만을 제공할 뿐이다; 우리가 읽는 것을 우리 것으로 만들어 주는 것은 생각하는 것이다.
> furnish ⓥ 제공[공급]하다, (가구 등의 필요한 물건을) 비치하다
> furnish A with B A에 B를 제공하다[비치하다]
> material ⓝ 물질, 재료, 자료, 소재, 직물 ⓐ 물질의, 물질적인, 중요한

동일어 material

John Locke 존 로크 (1632~1704) 영국의 철학자.
계몽 철학 및 경험론 철학의 원조로 일컬어진다. 또한, 대표제에 의한 민주주의, 입법권과 집행권의 분립, 법에 따른 통치, 개인의 자유 중시 등 그의 주장들은 서구 민주주의의 근본사상이 되었다

708. Obviously, the highest type of efficiency is that which can utilize existing material to the best advantage.

> 명백히, 효율성의 가장 높은 유형은 기존 재료를 최대한 활용할 수 있게 하는 것이다.
> obviously ⓐⓓ 명백히, 분명히, 확실히
> efficiency ⓝ 효율(성), 능률, 유효성
> utilize ⓥ 활용하다, 이용하다
> existing ⓐ 기존의, 현존하는, 현재 사용되는
> advantage ⓝ 이점, 장점, 유리한 점
> ⓥ (~에게) 유리하게 하다
> disadvantage ⓝ 약점, 단점, 불리한 점

utilize의 명사형인 utility

Jawaharlal Nehru 자와할랄 네루 (1889~1964) 인도의 초대 총리.
간디의 영향을 받아 인도의 독립운동에 헌신했으며 민주적이고 합리적인 태도로 종파를 초월하여 국민들로부터 많은 사랑을 받았다. 총리로 재직 시 비동맹 중립 노선을 펼쳐 국제사회에 인도의 위상을 높였다.

709. Anything that won't sell, I don't want to invent. Its sale is proof of utility, and utility is success.

> 팔리지 않을 어떤 것도, 나는 발명하고 싶지 않다. 그것의 판매는 유용성의 증거이며, 유용성은 성공이다.
> **sale** ⓝ 판매, 할인 판매, (pl.) 매출(량), 영업(부)
> **proof** ⓝ 증명, 증거, 시험
> **utility** ⓝ 유용(성), 효용, (수도, 전기, 가스 등의) 공익 사업
> ⓐ 다용도의, 다목적의

proof의 동사형인 prove

Thomas A. Edison 토마스 A. 에디슨 (1847~1931) 미국의 발명가, 기업인.
세계에서 가장 많은 발명을 남긴 사람으로 축음기, 탄소 전화기, 영사기, 전구 등을 발명했으며 GE(제너럴 일렉트로닉사)를 설립했다.

710. The best theology would need no advocates; it would prove itself.

> 최고의 신학은 어떠한 옹호자들도 필요하지 않을 것이다; 그것은 스스로를 입증할 것이다.
> **theology** ⓝ 신학
> **theologian** ⓝ 신학자
> **advocate** ⓝ 옹호[지지]자, 주창자, 대변자, 변호사
> ⓥ 옹호[변호, 지지]하다, 주장하다
> **prove** ⓥ 입증[증명]하다, (성질 등을) 시험하다, (~임이) 판명되다

theology를 배워서 priesthood를 얻는다

Karl Barth 칼 바르트 (1886~1968) 스위스의 신학자.
20세기 최고의 신학자로 일컬어지며, 신학을 인간 중심이 아닌 오직 성경 안의 그리스도의 모습을 통해 확립하려 했다. 대표작은 〈The Epistle to the Romans 로마서 주해(註解)〉 등이 있다.

711. Art is not a pastime but a priesthood.

> 예술은 심심풀이가 아닌 성직이다.
> **pastime** ⓝ 심심풀이, 기분 전환, 오락
> **priesthood** ⓝ 성직, 사제직
> **priest** ⓝ 성직자, (가톨릭의) 사제[신부]

priesthood의 예가 minister

Jean Cocteau 장 꼭또 (1889~1963) 프랑스의 예술가.
시, 소설, 희곡, 시나리오, 그림, 디자인, 영화 등의 다양한 분야에 뛰어난 작품들을 선보였다. "나는 글을 쓸 때는 그림을 그리며 쉬고, 그림을 그릴 때는 글을 쓰며 쉰다."라고 했다.

712. The best sermon is (preached) by the (minister) who has a sermon to preach and not by the man who has to preach a sermon.

> 최고의 설교는 설교할 설교가 있는 성직자에 의해서이지 설교를 설교해야 하는 자에 의해서는 아니다.
> sermon ⓝ 설교, 설교조의 잔소리
> preach ⓥ 설교하다, 전도하다
> minister ⓝ 성직자, 목사, 장관[각료], 〈외교〉 공사

William Feather 윌리엄 페더 (1889~1981) 미국의 언론인, 작가.
"The William Feather Magazine"誌를 창간했으며, 대표작은 〈The Ideals and Follies of Business 사업의 바람직한 모습들과 어리석은 행동들〉 등이 있다.

preach하는 사람이 preacher

713. The best of all the (preachers) are the folks who live their (creeds).

> 모든 설교자들 중의 최고는 그들의 신조에 따라 사는 사람들이다.
> preacher ⓝ 설교자, 전도자, 목사
> folk ⓝ 사람들, (비격식) 여러분, 가족, (특히) 부모
> ⓐ 민속의, 전통적인, 민간의, 민중의
> creed ⓝ 신조, 신념, 신경(信經), 교의

Proverb 속담

creed와 decree는 헷갈리기 쉬운 단어

714. Cease to think that the (decrees) of the gods can be changed by (prayers).

> 신들의 명령들이 기도들에 의해 바뀔 수 있다고 생각하는 것을 중단하라.
> cease ⓥ 중단되다, 그치다, 중단시키다
> decree ⓝ 법령, (법원의) 명령[판결], (신·운명의) 명령
> ⓥ (법령·판결 등에 따라) 명하다[결정하다], (신·운명이) 명하다[정하다]

Virgil 버질 (BC 70~19 본명 Publius Vergilius Maro) 로마의 시인.
로마의 시성(詩聖)으로 추앙받으며 대표작은 로마 건국 신화가 담긴 서사시 〈the Aeneid 아이네아드〉 등이 있다.

prayer의 동사형인 pray

:: 331

715. Don't **pray** for rain if you are going to **complain** about the mud.

> 만약 당신이 진흙에 대해 불평할 것이라면 비를 내려 달라고 기도하지 마라.
> **pray** ⓥ 기도하다, 빌다, 기원하다, 간청하다
> **complain** ⓥ 불평하다, 항의하다
> **complaint** ⓝ 불평, 항의, 호소
> **mud** ⓝ 진흙, 진창

complain과 grumble은 유의어

Proverb 속담

716. Offer **hospitality** to one another without **grumbling**.

> 투덜거리지 말고 서로에게 환대를 제공하라.
> **hospitality** ⓝ 환대, 후대, (새로운 사상 등에 대한) 수용력
> **grumble** ⓥ 투덜[툴툴]거리다, 불평하다
> ⓝ 투덜댐, 불평

hospitality와 kindness는 유의어

Bible 성경

717. He who distributes the milk of human **kindness** cannot help but spill a little on himself.

> 인정 어린 친절의 우유를 나누어 주는 사람은 스스로에게 조금 흘릴 수밖에 없다.
> **distribute** ⓥ 나누어 주다, 분배[배급]하다, 분포시키다, (상품을) 유통시키다
> **cannot help but A(동사원형)** A하지 않을 수 없다, A할 수밖에 없다
> **spill** ⓥ (실수로) 흘리다[흐르다], 엎지르다[엎질러지다], (비밀을) 누설하다

같은 주제

James M. Barrie 제임스 M. 배리 (1860~1937) 영국의 작가.
40년 이상의 극작가 생활을 했으며, 특히 〈Peter Pan 피터팬〉으로 세계적인 명성을 누렸다. 그 외 대표작은 〈Dear Brutus 친애하는 브루터스〉 등이 있다.

718. **Flowers** leave some of their fragrance in the hand that bestows them.

> 꽃들은 그것들을 주는 손에 그들 향기의 일부를 남긴다.
> **fragrance** ⓝ 향기, 향, 향수
> **fragrant** ⓐ 향기로운, 향긋한

동일어 flower

Chinese Proverb 중국 속담

719. Pleasure is the (flower) that passes; remembrance, the lasting perfume.

> 즐거움은 지나가는 꽃이다; 추억은 지속하는 향기이다.
> remembrance ⓝ 추억, 기억, 기념(품)
> lasting ⓐ 지속하는, 영속적인
> perfume ⓝ 향기, 향수
>
> Stanislas de Boufflers 스타니슬라스 드 브풀레 (1738~1815) 프랑스의 정치가, 작가.
> 장군 및 세네갈의 총독을 역임했다. 위트가 넘치는 글들로 파리 사교계의 우상이었다고 한다.

flower의 종류인 daisy

720. Tread lightly, she is near under the snow. Speak gently, she can hear. The (daisies) grow.

> 가벼이 밟아라, 그녀는 눈 아래 가까이 있다. 부드럽게 말하라, 그녀는 들을 수 있다. 데이지 꽃들이 자란다.
> tread ⓥ 밟다, 걷다, 밟아 뭉개다[으깨다]
> ⓝ 밟음, 발걸음
> gently ⓐⅾ 다정하게, 부드럽게
> daisy ⓝ 데이지 꽃
>
> Oscar Wilde 오스카 와일드 (1854~1900) 아일랜드의 작가.
> '예술을 위한 예술'이란 표어로 탐미주의를 주창했으며 대표작은 〈The Importance of Being Earnest 진지함의 중요성〉, 〈The Picture of Dorian Gray 도리언 그레이의 초상〉 등이 있다.

UPGrade Check Up
영작 및 말하기 연습

691. 대담함으로 사람은 어떤 것이든지 떠맡을 수 있지만, 모든 것을 할 수는 없다.

_____.

692. 생에 대한 사랑은 어떤 일의 정력적인 수행에 필수적이다.

_____.

693. 사랑을 뉘우치는 것은 불가능하다. 사랑의 죄는 존재하지 않는다.

_____.

694. 위임의 잘못뿐만 아니라 빠뜨리는 잘못도 자주 있다.

_____.

695. 권한을 위임할 수는 있지만, 책임을 위임할 수는 없다.

_____.

696. 법관의 자리에 있는 위대한 인물들은 결코 권위를 원하지 않을 것이다.

_____.

697. 어떤 것들을 정당하도록 만드는 것보다는 합법적이도록 만드는 것이 더 쉽다.

_____.

698. 춤: 음악에 의해 합법화된 수평적 욕구의 수직적인 표현.

_____.

Key Word
UpGrade Check - Up
Important Word

691. audacity, undertake

692. necessary, vigorous, prosecution, undertaking

693. repent, sin, exist

694. sin, omission, commission

695. delegate, authority, responsibility

696. judicial, authority

697. legal, legitimate

698. vertical, horizontal, legalize

Answer
691. With audacity one can undertake anything, but not do everything.
692. The love of life is necessary to the vigorous prosecution of any undertaking.
693. It is impossible to repent of love. The sin of love does not exist.
694. There is often a sin of omission as well as of commission.
695. You can delegate authority, but not responsibility.
696. Great men in judicial places will never want authority.
697. It is easier to make certain things legal than to make them legitimate.
698. Dancing: The vertical expression of a horizontal desire legalized by music.

먼저 오른쪽 박스 안의 키워드를 참고하여 왼쪽의 한글을 영작해 보세요. 이후 키워드를 가린 채 왼쪽의 한글만 보고 영어로 소리 내어 말해 보세요.

699. 냅스터는 음악을 사랑하는 사람들이 공유하고 참여하기 때문에 작동한다.

700. 공산주의는 사람들이 물건을 소유하기를 좋아하기 때문에 작동하지 않는다.

701. 모든 사람이 그 자신의 조상이고, 모든 사람이 그 자신의 상속인이다. 사람은 그 자신의 미래를 유증하며, 그 자신의 과거를 상속받는다.

702. 스포츠는 모든 사람들과 모든 사회 계급들의 유산이 되어야 한다.

703. 주름들은 유전적이다. 부모는 그들의 아이들로부터 그것들을 얻는다.

704. 아이들은 지시보다 안내와 공감을 훨씬 더 필요로 한다.

705. 가르치는 것과 동시에 독자를 재미있게 하라.

Key Word

699. Napster, work, share, participate

700. communism, work, own, stuff

701. own, ancestor, heir, devise, inherit

702. sport, heritage, social, class

703. wrinkle, hereditary, parent, children

704. children, require, guidance, sympathy, instruction

705. amuse, reader, instruct

Answer

699. Napster works because people who love music share and participate.
700. Communism doesn't work because people like to own stuff.
701. Every man is his own ancestor, and every man is his own heir. He devises his own future, and he inherits his own past.
702. Sport must be the heritage of all men and of all social classes.
703. Wrinkles are hereditary. Parents get them from their children.
704. Children require guidance and sympathy far more than instruction.
705. Amuse the reader at the same time that you instruct him.

:: 335

UPGrade Check Up
영작 및 말하기 연습

706. 단지 쉬운 것만을 읽지 마라. 당신은 그것에 의해 즐거워질 수 있을 것이지만, 당신은 결코 그것으로부터는 성장할 수 없다.
_____.

707. 독서는 사람에게 단지 지식의 재료만을 제공할 뿐이다; 우리가 읽는 것을 우리 것으로 만들어 주는 것은 생각하는 것이다.
_____.

708. 명백히, 효율성의 가장 높은 유형은 기존 재료를 최대한 활용할 수 있게 하는 것이다.
_____.

709. 팔리지 않을 어떤 것도, 나는 발명하고 싶지 않다. 그것의 판매는 유용성의 증거이며, 유용성은 성공이다.
_____.

710. 최고의 신학은 어떠한 옹호자들도 필요하지 않을 것이다; 그것은 스스로를 입증할 것이다.
_____.

711. 예술은 심심풀이가 아닌 성직이다.
_____.

712. 최고의 설교는 설교할 설교가 있는 성직자에 의해서이지 설교를 설교해야 하는 자에 의해서는 아니다.
_____.

Key Word
UpGrade Check - Up
Important Word

706. read, stuff, entertain, grow
707. reading, furnish, material
708. obviously, efficiency, utilize, existing, material, advantage
709. sell, proof, utility
710. theology, advocate, prove
711. pastime, priesthood
712. sermon, preach, minister

Answer
706. Don't just read the easy stuff. You may be entertained by it, but you will never grow from it.
707. Reading furnishes the mind only with materials of knowledge; it is thinking that makes what we read ours.
708. Obviously, the highest type of efficiency is that which can utilize existing material to the best advantage.
709. Anything that won't sell, I don't want to invent. Its sale is proof of utility, and utility is success.
710. The best theology would need no advocates; it would prove itself.
711. Art is not a pastime but a priesthood.
712. The best sermon is preached by the minister who has a sermon to preach and not by the man who has to preach a sermon.

713. 모든 설교자들 중의 최고는 그들의 신조에 따라 사는 사람들이다.

714. 신들의 명령들이 기도들에 의해 바뀔 수 있다고 생각하는 것을 중단하라.

715. 만약 당신이 진흙에 대해 불평할 것이라면 비를 내려 달라고 기도하지 마라.

716. 투덜거리지 말고 서로에게 환대를 제공하라.

717. 인정 어린 친절의 우유를 나누어 주는 사람은 스스로에게 조금 흘릴 수밖에 없다.

718. 꽃들은 그것들을 주는 손에 그들 향기의 일부를 남긴다.

719. 즐거움은 지나가는 꽃이다; 추억은 지속하는 향기이다.

720. 가벼이 밟아라, 그녀는 눈 아래 가까이 있다. 부드럽게 말하라, 그녀는 들을 수 있다. 데이지 꽃들이 자란다.

713. preacher, folk, live, creed
714. cease, decree, prayer
715. pray, complain, mud
716. offer, hospitality, grumble
717. distribute, human, cannot help but, spill
718. flower, fragrance, bestow
719. flower, pass, remembrance, lasting, perfume
720. tread, near, gently, daisy

Answer

713. The best of all the preachers are the folks who live their creeds.
714. Cease to think that the decrees of the gods can be changed by prayers.
715. Don't pray for rain if you are going to complain about the mud.
716. Offer hospitality to one another without grumbling.
717. He who distributes the milk of human kindness cannot help but spill a little on himself.
718. Flowers leave some of their fragrance in the hand that bestows them.
719. Pleasure is the flower that passes; remembrance, the lasting perfume.
720. Tread lightly, she is near under the snow. Speak gently, she can hear. The daisies grow.

Unit 025

It is beauty that captures your attention; personality which captures your heart.

– Anonymous

721. If the stars should appear but one night every thousand years, how man would marvel and (stare).

> 만약 별들이 천년에 한 번 하루 밤에만 나타난다면, 사람은 얼마나 경이로워하면서 유심히 쳐다볼까.

stare와 gaze는 유의어

marvel ⓥ 경이로워하다, 경탄하다
　　　　 ⓝ 경이, 경이로운 사람[것, 결과, 업적]
marvelous ⓐ 놀라운, 믿기 어려운
stare ⓥ 응시하다, 유심히[빤히] 쳐다보다
　　　 ⓝ 응시, 유심히[빤히] 쳐다보기

Ralph Waldo Emerson 랄프 왈도 에머슨 (1803~1882) 미국의 철학자, 작가. 초월주의 운동을 주도했으며 대표작은 〈Nature 자연론〉, 〈Essays 에세이집〉 등이 있다.

722. If one had but a single glance to give the (world), one should (gaze) on Istanbul.

> 만약 사람이 세상에 줄 단 하나의 눈길만이 있다면, 사람은 이스탄불을 응시해야 한다. (터키의 수도인 이스탄불은 동양문명과 서양문명이 맞닿는 곳)

glance ⓝ 흘깃[휙] 봄, 눈길
　　　　 ⓥ 흘깃[휙] 보다, 휙휙[대충] 훑어보다
at a (single) glance 한눈에, 즉시
at first glance 첫눈에는, 처음에는
give a glance 눈길을 주다
gaze ⓥ (~을(on / upon)) 응시하다, (흥미·기쁨 등의 이유로) 뚫어지게 보다
　　　 ⓝ 응시, 주시

동일어 world

Alphonse de Lamartine 알퐁스 드 라마르틴 (1790~1869) 프랑스의 작가, 정치가. 대표작은 〈Méditations poétiques 명상시집〉 등이 있다.

723. The most pathetic person in the world is someone who has sight, but has no vision.

세상에서 가장 딱한 사람은 시력은 있지만 통찰력은 없는 사람이다.
- **pathetic** ⓐ 딱한, (딱할 정도로) 형편없는, 감상적인, 연민의 정을 자아내는
- **sight** ⓝ 시각, 시력, 보기, 시계(視界), (눈에 보이는) 광경, (pl.) 명소
  ⓥ 찾아내다
- **vision** ⓝ 통찰력, 상상력, 선견지명, 비전, 시력, 시야
- **visionary** ⓐ 통찰력[선견지명]이 있는, 환영의

sight는 eye의 능력

Helen Keller 헬렌 켈러 (1880~1968) 미국의 작가, 교육가.
19개월 때부터 병으로 시각·청각 장애인이 되었으나 하버드대학을 우등으로 졸업했다. 장애인 복지 사업 뿐만 아니라 전반적인 인권문제에 커다란 기여를 했다.

724. Eyes are so transparent that through them the soul is seen.

눈은 너무나 투명해서 그것을 통해 영혼이 보여진다.
- **transparent** ⓐ 투명한, 속이 뻔히 들여다보이는, 명백한
- **so A(형용사 / 부사) that B** 너무 A해서 B하다

동일어 soul

Theophile Gautier 테오필 고티에 (1811~1872) 프랑스의 비평가, 작가.
로맨티시즘의 옹호자로 특히 언론매체를 통한 예술 비평의 선구자이다. 대표작은 〈Mademoiselle de Maupin 모팽 양〉 등이 있다.

725. Love: Two souls with but a single thought, two hearts that throb as one.

사랑: 단지 하나의 생각인 두 영혼, 하나처럼 고동치는 두 심장.
- **throb** ⓥ (심장이) 고동치다[두근거리다], (몸의 일부가) 욱신거리다

동일어 heart

E.F.J. von Munch Bellinghausen E.F.J. 폰 뭉크 벨링하우젠 (1806~1871) 독일의 작가.
대표작은 〈The Son of the Wilderness 황야의 아들〉, 〈The Gladiator of Ravenna 라베나의 검투사〉 등이 있다.

726. To open your (heart) to someone means exposing the scars of the past.

누군가에게 당신의 마음을 여는 것은 과거의 마음의 상처들을 드러내는 것을 의미한다.
- **expose** ⓥ 드러내다, (팔 물건을) 내놓다, 폭로하다, 노출하다
- **exposure** ⓝ 드러내 놓음, 드러남, 탄로, 폭로, 노출
- **scar** ⓝ 흉터, 상흔, 마음의 상처
  ⓥ (상처 등이) 흉터를 남기다, 마음의 상처를 남기다

동일어 heart

Anonymous 작자 미상

727. It is beauty that captures your attention; (personality) which captures your (heart).

당신의 관심을 사로잡는 것은 미(美)이다; 당신의 마음을 사로잡는 것은 인격이다.
- **capture** ⓥ 붙잡다, 사로잡다, 손아귀에 넣다, 포로로 잡다
  ⓝ 포획
- **attention** ⓝ 주의(집중), 관심, 차려 (자세)
- **personality** ⓝ 성격, 인격, 개성

personality와 individuality는 유의어

Anonymous 작자 미상

728. Our emotional symptoms are precious sources of life and (individuality).

우리의 정서적 증상들은 삶과 개성의 귀중한 원천들이다. (웃음, 울음 등은 개인의 삶과 개성을 풍요롭게 한다.)
- **emotional** ⓐ 정서적인, 감정적인, 감동적인
- **symptom** ⓝ 증상, 징후, 징조
- **precious** ⓐ 귀중한, 귀한, 소중한, 값비싼
- **source** ⓝ 원천, 근원, 출처
- **individuality** ⓝ 개성, 특성, 개인, 개체

individuality와 character는 유의어

Thomas More 토머스 모어 (1477~1535) 영국의 정치가, 작가. 인문주의자이며 탁월한 명문가(名文家) · 논쟁가(論爭家)였다고 한다. 헨리8세의 신임을 얻어 대법관에 임명되었으나 왕의 이혼에 동의하지 않아 처형되었다. 대표작은 〈Utopia 유토피아〉 등이 있다.

729. Character is not made in a crisis, it is only exhibited.

> 성격은 위기에서 만들어지는 것이 아니라 단지 드러내질 뿐이다.
> character ⓝ 성격, 인격, 특징, 특성, 등장인물, 문자(letter)
> crisis   ⓝ 위기, 고비, 중대한 기로
> exhibit   ⓥ 드러내다, 보이다, 전시[전람]하다
>   ⓝ 전시, 전람, 전시품
> exhibition ⓝ 전시(회), 전람(회)

character의 파생어인 characteristic

Robert Freeman 신원 미상

730. It is characteristic of wisdom not to do desperate things.

> 극단적인 일들을 하지 않는 것이 현명함의 특징이다.
> characteristic ⓐ (~에(of)) 특유의, 특징적인
>   ⓝ 특징, 특색, 특성
> desperate   ⓐ 극단적인, 필사적인, 막가는, 자포자기한, 절망적인

wisdom의 형용사형인 wise

Henry David Thoreau 헨리 데이비드 소로 (1817~1862) 미국의 철학자, 작가.
자연주의자이면서 사회문제에도 적극적인 관심을 보였다. 대표작은 〈Walden 월든〉, 〈Civil Disobedience 시민 불복종〉 등이 있다.

731. There is no such thing as an omen. Destiny does not send us heralds. She is too wise or too cruel for that.

> 전조 같은 것은 없다. 운명은 우리에게 사자(使者)들을 보내지 않는다. 그녀는 그러기에는 너무 현명하거나 혹은 너무 잔인하다.
> omen   ⓝ (길흉을 나타내 보이는) 전조, 징조, 조짐
> destiny ⓝ 운명, 하늘의 뜻
> herald ⓝ 전령관, 사자(使者)
>   ⓥ 고지[보도, 포고]하다, (~의) 도래를 알리다

동일어 destiny

Oscar Wilde 오스카 와일드 (1854~1900) 아일랜드의 작가.
'예술을 위한 예술'이란 표어로 탐미주의를 주창했으며 대표작은 〈The Importance of Being Earnest 진지함의 중요성〉, 〈The Picture of Dorian Gray 도리언 그레이의 초상〉 등이 있다.

732. A ⟨consistent⟩ soul believes in ⟨destiny⟩, a capricious one in chance.

> 시종일관된 사람은 운명의 존재를 믿으며, 변덕스러운 사람은 우연의 존재를 믿는다.
> **consistent** ⓐ (사람이) 시종일관된, (의견, 언행 등이) 일치하는, 모순이 없는
> **destiny** ⓝ 운명
> **capricious** ⓐ 변덕스러운, 잘 변하는
> **chance** ⓝ 가능성, 기회, 우연

consistent와 coherent는 유의어

Benjamin Disrael 벤저민 디즈레일리 (1804~1881) 영국의 정치가, 작가.
영국의 총리를 지냈으며 근대 보수당의 성립에 커다란 기여를 했다.

733. There is a ⟨coherent⟩ plan in the ⟨universe⟩, though I don't know what it's a plan for.

> 우주에는 하나의 일관된 계획이 있다, 비록 계획이 무엇을 위한 것인지는 알지 못하지만.
> **coherent** ⓐ (논리적으로) 일관된, 조리 있는, 명석한

universe와 cosmic은 유의어 - 다른 품사

Fred Hoyle 프레드 호일 (1915~2001) 영국의 천문학자, 작가.
우주는 시작과 끝이 없고, 시간과 공간에 관계없이 우주의 모습은 항상 같다는 '정상우주론'을 주장했다. 대표작은 〈A for Andromeda 안드로메다 성운의 A〉 등이 있다.

734. The destruction of this planet would have no ⟨significance⟩ on a ⟨cosmic⟩ scale.

> 이 행성의 파괴는 우주적인 규모에서는 어떠한 중요성도 지니지 않을 것이다.
> **destruction** ⓝ 파괴, 파멸
> **planet** ⓝ 행성, (the p-) 세상
> **significance, -cancy** ⓝ 중요성, 의의, 의미, 의미 있음
> **cosmic** ⓐ 우주의, 어마어마한
> **cosmos** ⓝ (the c-) 우주, 질서 있는 체계, [식물] 코스모스
> **scale** ⓝ 저울, (측정기의) 눈금, (지도 등의) 축척, 규모, 등급, 음계, (생선의) 비늘
> ⓥ 크기를 변경[조정]하다, 비늘을 벗기다, 치석을 제거하다

significance의 형용사형인 significant

Stanley Kubrick 스탠리 큐브릭 (1928~1999) 미국의 영화감독.
뛰어난 상상력과 새로운 촬영 기법 및 논쟁적인 주제로 그의 영화가 발표될 때마다 찬사와 비난이 동시에 쏟아졌다. 대표작은 〈Dr. Strangelove 닥터 스트레인지러브〉, 〈2001: A Space Odyssey 2001년 스페이스 오디세이〉 등이 있다.

735. NGOs have a significant role to play, alongside governments, in improving the status of women.

NGO에서 organization이 동일어

비정부기구들은, 정부들과 함께, 여성의 지위를 개선하는 데에 중요한 역할을 맡고 있다.
NGO　　　Non-Governmental Organization(비정부기구)의 약자
significant　ⓐ 중요한, 의미 있는, 의미심장한
role　　　ⓝ 배역, 역할, 임무
alongside　㉮ ~옆에, 나란히, ~와 함께, ~와 동시에
status　　ⓝ (사회적) 지위, 높은 지위, (법적) 신분, (진행 과정상의) 상황

Jenny Shipley 제니 쉬플리 (1952~) 뉴질랜드의 36대 총리.
35세의 젊은 나이에 의원직에 선출되었고 1997년 뉴질랜드 최초의 여성 총리가 되었다.

736. Once an organization loses its spirit of pioneering and rests on its early work, its progress stops.

동일어 progress

일단 한 조직이 그것의 개척하는 정신을 잃고 그것의 초기 성과에 의존하면, 그것의 진보는 멈춘다.
organization　ⓝ 조직(체), 단체, 기구, 구조, 구성
spirit　　　ⓝ 영혼, 정신, 기운, 기백, 활기, 기분
pioneer　　ⓥ 개척하다
　　　　　　ⓝ 개척자, 선구자
progress　　ⓝ 진보, 전진, 진행, 경과
　　　　　　ⓥ 진보하다, 전진하다
progressive　ⓐ 진보하는, 전진하는, 점진적인, (세금 등이) 누진적인

Thomas J. Watson 토마스 J. 왓슨 (1874~1956) 미국의 기업인.
1914년부터 1956년까지 IBM의 사장으로 근무하면서 기업 조직의 혁신을 통해 IBM을 세계적인 기업으로 키워냈다.

737. Yearning for the seemingly impossible is the path to human progress.

겉보기에는 불가능한 것을 갈망하는 것이 인류 진보로 가는 길이다.
seemingly　㉠ 외견상으로, 겉보기에는

seemingly의 형용사형인 seeming

Bryant H. McGill 브라이언트 H. 맥길 (1969~) 미국의 작가.
그가 편찬하고 저술한 〈McGill English Dictionary of Rhyme 맥길 라임 영어사전〉은 특히 많은 작가, 시인, 작사가들로부터 사랑받고 있다.

:: 343

738. A miser grows rich by (seeming) poor; an extravagant man grows poor by seeming (rich).

구두쇠는 외견상 가난함으로써 부유하게 된다; 사치스러운 사람은 외견상 부유함으로써 가난하게 된다.
miser ⓝ 구두쇠, 수전노
seeming ⓐ 외견상의, 겉보기의
extravagant ⓐ 사치스러운, 낭비하는

William Shenstone 윌리엄 셴스턴 (1714~1763) 영국의 작가.
글을 쓰지 않을 때는 정원을 가꾸는 데 많은 시간을 할애했다고 하며, 대표작은 〈The Schoolmistress 여교사〉, 〈The Judgment of Hercules 헤라클레스의 심판〉 등이 있다.

동일어 rich

739. Do not be fooled into believing that because a man is (rich) he is necessarily smart. There is ample proof to the (contrary).

어떤 사람이 부자라고 해서 그가 필연적으로 똑똑하다고 믿도록 기만되지 마라. 그 반대인 충분한 증거가 있다.
necessarily ⓐⓓ 필연적으로, 반드시
ample ⓐ 충분한, 넓은, 풍만한
contrary ⓐ (정)반대의, 불리한 ⓝ (the c-) 정반대
on the contrary 그(와) 반대로, 이에 반해서
to the contrary 그 반대를 보여주는

Julius Rosenwald 줄리우스 로젠왈드 (1862~1932) 미국의 기업인.
사장으로 재직하면서 시어스백화점을 세계적인 기업으로 키우는 데 중요한 역할을 했다. 교육 및 아동 복지에 관한 많은 자선 활동을 했다.

contrary와 contrast는 헷갈리기 쉬운 단어

740. I try to (contrast); life today is full of contrast.

나는 대조하고자 한다; 오늘날의 삶은 차이로 가득하다.
contrast ⓥ 대조하다, 대조를 보이다
　　　　　ⓝ 대조, 대비, (현저한) 차이
in contrast 대조적으로
contrast to[with] A A와는 대조적으로, A와는 달리
be full of A A로 가득 차다, A 투성이다

Gianni Versace 지아니 베르사체 (1946~1997) 이탈리아의 패션 디자이너.
조각을 연상케 하는 드라마틱한 분위기와 이를 통해 신체의 아름다움을 일깨워주고 삶에 대한 열정을 심어준 디자이너로 평가받았다.

contrast와 comparison은 유의어

741. Comparisons are odious.

odious와 horrible은 유의어

비교들은 끔찍하다.
comparison ⓝ 비교, 대조, 비유
odious ⓐ 끔찍한, 혐오스러운, 밉살스러운

Proverb 속담

742. The secret to happiness is to face the fact that the world is horrible.

행복의 비밀은 세상이 끔찍하다는 사실을 직시하는 것이다.
horrible ⓐ 끔찍한, 소름끼치는, 무시무시한, 불쾌한

동일어 face

Bertrand Russell 버트런드 러셀 (1872~1970) 영국의 수학자, 논리학자, 철학자, 평화운동가. 다양한 분야의 명저들을 저술했으며 1950년 노벨문학상을 수상했다. 대표작은 〈History of Western Philosophy 서양철학사〉, 〈The Conquest of Happiness 행복의 정복〉 등이 있다.

743. Minds differ still more than faces.

마음들은 얼굴들보다 훨씬 더 다르다.
differ ⓥ 다르다, 의견을 달리하다 (~ with 사람, ~ from 대상)
* still, much, a lot, far, even 비교급을 강조하며 '훨씬, 더욱'의 의미이다.

differ의 명사형인 difference

Voltaire 볼테르 (1694~1778 본명 François-Marie Arouet) 프랑스의 작가, 철학자. 계몽사상가로 백과전서파의 한 사람이며 대표작으로 〈Zadig 자디그〉 등이 있다.

744. Do not destroy a child's dignity. There is a vast difference between being harsh and being firm.

아이의 존엄성을 파괴하지 마라. 가혹한 것과 단호한 것 사이에는 어마어마한 차이가 있다.
dignity ⓝ 존엄성, 자존감, 품위, 위엄
vast ⓐ 어마어마한, 광대한, 막대한
harsh ⓐ 가혹한, 냉혹한, 혹독한, 거친, (눈, 귀 등에) 거슬리는
firm ⓐ 단호한, 확고한, 견고한, 굳은
ⓝ 상회, 회사

동일어 firm

Anonymous 작자 미상

:: 345

745. Be (firm) or mild as the occasion may require.

firm에 접두사 con-이 붙은 confirm

경우가 필요로 하는 바에 따라 단호하거나 또는 관대하라. (단호할 필요가 있을 때는 단호하고, 관대할 필요가 있을 때는 관대하라.)
mild ⓐ 관대한, 온후한, (기후가) 온화한, (음식 등이) 순한
occasion ⓝ 경우, 특별한 일[행사], 위기, 기회, 계기

Cato the Elder 카토 (BC 234~149 본명 Marcus Porcius Cato) 로마의 정치가, 작가. 로마 초기의 소박한 강건성의 회복을 역설하고 카르타고에 대한 경계를 촉구했다. 라틴 산문학의 시조로 대표작은 〈Origines 기원론〉, 〈De agri cultura 농업론〉 등이 있다.

746. (Faith) is (confirmed) by the heart, confessed by the tongue, and acted upon by the body.

동일어 faith

믿음은 마음으로 확인되고, 혀로 고백되며, 몸으로 행해진다.
confirm ⓥ (진술, 증거, 소문 등을) 확인[확증]하다, (법률, 조약 등을) 승인하다, (결심 등을) 굳게 하다
confess ⓥ 자백하다, 고백하다, 고해[고백 성사]를 하다
confession ⓝ 자백, 고백, 고해, 고백 성사

Anonymous 작자 미상

747. (Faith) embraces many truths which seem to (contradict) each other.

contradict의 명사형인 contradiction

믿음은 서로 모순되는 것처럼 보이는 많은 진실들을 기꺼이 받아들인다.
contradict ⓥ 모순되다, 부정[부인]하다, 반박하다

Blaise Pascal 블레즈 파스칼 (1623~1662) 프랑스의 수학자, 철학자. 인류 역사상 최고의 신동 중의 한 명으로 수학 분야에 커다란 기여를 했으며, 만년에는 신앙에 귀의하여 〈The Pensees 팡세〉 등의 작품을 남겼다.

748. Life is a (contradiction) (at times) - as are we.

at times =sometimes

삶은 때때로 하나의 모순이다 - 우리가 그런 것과 마찬가지로.
contradiction ⓝ 모순(된 것), 부정, 반박

Anonymous 작자 미상

749. Life is like an onion; you peel it off one layer at a time, and sometimes you weep.

삶은 하나의 양파와 같다; 한 번에 한 겹을 벗겨내며, 그리고 당신은 때때로 눈물을 흘린다.

onion	ⓝ	양파
peel	ⓥ	껍질을 벗기다[깍다], 껍질[표면]이 벗겨지다
	ⓝ	(과일, 채소 등의 두꺼운) 껍질
peel off		껍질을 벗기다[벗겨지다], 옷을 벗다
layer	ⓝ	(표면을 덮는) 겹[층, 막], (시스템을 이루는) 층[단계]
	ⓥ	층층이[겹겹이] 놓다[쌓다]
weep	ⓥ	눈물을 흘리다, 울다

weep보다 울음의 정도가 큰 wail

Carl Sandburg 칼 샌드버그 (1878~1967) 미국의 작가.
링컨 연구자로 유명하며, 속어나 비어를 시에 도입해 충격을 주었다. 대표작은 〈Chicago 시카고〉, 〈Cornhuskers 옥수수 껍질을 벗기는 사람〉 등이 있다.

750. The drama of life begins with a wail and ends with a sigh.

삶의 드라마는 울부짖음과 함께 시작하여 한숨과 함께 끝난다.

drama	ⓝ	드라마[극], 연극, 극적인 사건, 극적임
wail	ⓝ	울부짖음, 통곡
	ⓥ	울부짖다, 통곡하다, (큰소리로) 투덜거리다[불평하다]
sigh	ⓝ	한숨, 한숨 소리
	ⓥ	한숨을 쉬다, 한숨을 쉬며[탄식하듯] 말하다

Minna Antrim 미나 앤트림 (1861~1950) 미국의 작가.
대표작은 〈Don'ts for Girls: A Manual of Mistakes 여성이 해서는 안 되는 것들: 실수 매뉴얼〉 등이 있다.

UPGrade Check Up
영작 및 말하기 연습

721. 만약 별들이 천 년에 한 번 하루 밤에만 나타난다면, 사람은 얼마나 경이로워하면서 유심히 쳐다볼까.

722. 만약 사람이 세상에 줄 단 하나의 눈길만이 있다면, 사람은 이스탄불을 응시해야 한다.

723. 세상에서 가장 딱한 사람은 시력은 있지만 통찰력은 없는 사람이다.

724. 눈은 너무나 투명해서 그것을 통해 영혼이 보여진다.

725. 사랑: 단지 하나의 생각인 두 영혼, 하나처럼 고동치는 두 심장.

726. 누군가에게 당신의 마음을 여는 것은 과거의 마음의 상처들을 드러내는 것을 의미한다.

727. 당신의 관심을 사로잡는 것은 미(美)이다; 당신의 마음을 사로잡는 것은 인격이다.

728. 우리의 정서적 증상들은 삶과 개성의 귀중한 원천들이다.

Key Word
UpGrade Check - Up — Important Word

- 721. appear, marvel, stare
- 722. glance, give, gaze, Istanbul
- 723. pathetic, sight, vision
- 724. eye, so ~ that, transparent, soul
- 725. soul, heart, throb
- 726. heart, expose, scar
- 727. capture, attention, personality, heart
- 728. emotional, symptom, precious, source, individuality

Answer

721. If the stars should appear but one night every thousand years, how man would marvel and stare.
722. If one had but a single glance to give the world, one should gaze on Istanbul.
723. The most pathetic person in the world is someone who has sight, but has no vision.
724. Eyes are so transparent that through them the soul is seen.
725. Love: Two souls with but a single thought, two hearts that throb as one.
726. To open your heart to someone means exposing the scars of the past.
727. It is beauty that captures your attention; personality which captures your heart.
728. Our emotional symptoms are precious sources of life and individuality.

먼저 오른쪽 박스 안의 키워드를 참고하여 왼쪽의 한글을 영작해 보세요. 이후 키워드를 가린 채 왼쪽의 한글만 보고 영어로 소리 내어 말해 보세요.

729. 성격은 위기에서 만들어 지는 것이 아니라 단지 드러내질 뿐이다.

730. 극단적인 일들을 하지 않는 것이 현명함의 특징이다.

731. 전조 같은 것은 없다. 운명은 우리에게 사자(使者)들을 보내지 않는다. 그녀는 그러기에는 너무 현명하거나 혹은 너무 잔인하다.

732. 시종일관된 사람은 운명의 존재를 믿으며, 변덕스러운 사람은 우연의 존재를 믿는다.

733. 우주에는 하나의 일관된 계획이 있다, 비록 계획이 무엇을 위한 것인지는 알지 못하지만.

734. 이 행성의 파괴는 우주적인 규모에서는 어떠한 중요성도 지니지 않을 것이다.

735. 비정부기구들은, 정부들과 함께, 여성의 지위를 개선하는 데에 중요한 역할을 맡고 있다.

---

729. character, crisis, exhibit

730. characteristic, wisdom, desperate

731. omen, destiny, herald, wise, cruel

732. consistent, destiny, capricious, chance

733. coherent, plan, universe

734. destruction, planet, significance, cosmic, scale

735. NGO, significant, role, play, alongside, status

Answer

729. Character is not made in a crisis it is only exhibited.
730. It is characteristic of wisdom not to do desperate things.
731. There is no such thing as an omen. Destiny does not send us heralds. She is too wise or too cruel for that.
732. A consistent soul believes in destiny, a capricious one in chance.
733. There is a coherent plan in the universe, though I don't know what it's a plan for.
734. The destruction of this planet would have no significance on a cosmic scale.
735. NGOs have a significant role to play, alongside governments, in improving the status of women.

UPGrade Check Up
영작 및 말하기 연습

736. 일단 한 조직이 그것의 개척하는 정신을 잃고 그것의 초기 성과에 의존하면, 그것의 진보는 멈춘다.

_____.

737. 겉보기에는 불가능한 것을 갈망하는 것이 인류 진보로 가는 길이다.

_____.

738. 구두쇠는 외견상 가난함으로써 부유하게 된다; 사치스러운 사람은 외견상 부유함으로써 가난하게 된다.

_____.

739. 어떤 사람이 부자라고 해서 그가 필연적으로 똑똑하다고 믿도록 기만되지 마라. 그 반대인 충분한 증거가 있다.

_____.

740. 나는 대조하고자 한다; 오늘날의 삶은 차이로 가득하다.

_____.

741. 비교들은 끔찍하다.

_____.

742. 행복의 비밀은 세상이 끔찍하다는 사실을 직시하는 것이다.

_____.

743. 마음들은 얼굴들보다 훨씬 더 다르다.

_____.

Key Word
UpGrade Check - Up
Important Word

736. organization, spirit, pioneer, progress

737. yearn, seemingly, path, progress

738. miser, seeming, extravagant

739. fool, necessarily, ample, to the contrary

740. contrast, full of

741. comparison, odious

742. face, horrible

743. differ, still, face

Answer
736. Once an organization loses its spirit of pioneering and rests on its early work, its progress stops.
737. Yearning for the seemingly impossible is the path to human progress.
738. A miser grows rich by seeming poor; an extravagant man grows poor by seeming rich.
739. Do not be fooled into believing that because a man is rich he is necessarily smart. There is ample proof to the contrary.
740. I try to contrast; life today is full of contrast.
741. Comparisons are odious.
742. The secret to happiness is to face the fact that the world is horrible.
743. Minds differ still more than faces.

744. 아이의 존엄성을 파괴하지 마라. 가혹한 것과 단호한 것 사이에는 어마어마한 차이가 있다.

―――――――――――――――――――――.

745. 경우가 필요로 하는 바에 따라 단호하거나 또는 관대하라.

―――――――――――――――――――――.

746. 믿음은 마음으로 확인되고, 혀로 고백되며, 몸으로 행해진다.

―――――――――――――――――――――.

747. 믿음은 서로 모순되는 것처럼 보이는 많은 진실들을 기꺼이 받아들인다.

―――――――――――――――――――――.

748. 삶은 때때로 하나의 모순이다 – 우리가 그런 것과 마찬가지로.

―――――――――――――――――――――.

749. 삶은 하나의 양파와 같다; 한 번에 한 겹을 벗겨내며, 그리고 당신은 때때로 눈물을 흘린다.

―――――――――――――――――――――.

750. 삶의 드라마는 울부짖음과 함께 시작하여 한숨과 함께 끝난다.

―――――――――――――――――――――.

Key Word
UpGrade Check - Up
Important Word

744. dignity, vast, difference, harsh, firm

745. firm, mild, occasion, require

746. faith, confirm, confess, act upon

747. faith, embrace, contradict

748. contradiction, at times

749. onion, peel, layer, sometimes, weep

750. drama, wail, sigh

Answer

744. Do not destroy a child's dignity. There is a vast difference between being harsh and being firm.
745. Be firm or mild as the occasion may require.
746. Faith is confirmed by the heart, confessed by the tongue, and acted upon by the body.
747. Faith embraces many truths which seem to contradict each other.
748. Life is a contradiction at times – as are we.
749. Life is like an onion; you peel it off one layer at a time, and sometimes you weep.
750. The drama of life begins with a wail and ends with a sigh.

Growth itself contains the germ of happiness.

– Pearl S. Buck

Unit 026

751. Saints fly only in the eyes of their disciples.

성인들은 단지 그들 제자들의 눈으로 볼 때에만 하늘을 난다. (성인이라고 해도 그를 따르는 사람들에게만 최고이다.)
saint   ⓝ 성인, 성자
disciple   ⓝ (종교적·정치적 가르침을 따르는) 제자, 신봉자, (성서에 나오는) 예수의 제자

disciple과 discipline은 헷갈리기 쉬운 단어

Indian Proverb 인도 속담

752. Discipline is the bridge between goals and accomplishment.

규율은 목표들과 성취 사이의 가교이다.
discipline   ⓝ 규율, 훈육, 훈련, 단련, 수양, 징계, 학문의 분야
                            ⓥ 단련하다, 훈련[훈육]하다, 징계하다
self-discipline   ⓝ 자기 수양, 자제
bridge   ⓝ 다리, (서로 떨어진 것을 이어주는) 가교
accomplishment ⓝ 성취, 성과, 업적, 달성(함), 재주

동일어 discipline

Jim Rohn 짐 론 (1930~2009) 미국의 기업인, 강연가.
자수성가하여 백만장자가 되었고 자신의 경험을 소재로 많은 강연활동을 펼쳤다.

753. No life ever grows great until it is focused, dedicated and disciplined.

집중되고, 헌신되며, 단련되기 전까지 어떠한 삶도 결코 위대하게 되지 않는다.
ever	(부정어와 함께 쓰일 때) 결코 (~않다)
grow	(+형용사) ~하게 되다
focus	ⓥ 초점을 맞추다, 집중하다[시키다] ⓝ 초점, 집중
dedicate	ⓥ 헌신[전념]하다, 헌정[봉헌]하다, 바치다
dedication	ⓝ 헌신, 전념, 헌정(식), 봉헌(식)

동일어 grow

Harry Emerson Fosdick 해리 에머슨 포스딕 (1878~1969) 미국의 성직자.
20세기 전반기에 가장 유명했던 침례교 목사로 성경을 하나님의 의지가 펼쳐진 기록으로 보았다.

754. Love grows by giving. The love we give away is the only love we keep. The only way to retain love is to give it away.

사랑은 줌으로써 커진다. 우리가 나누어 주는 사랑이 우리가 간직하는 유일한 사랑이다. 사랑을 보유하는 유일한 길은 그것을 나누어 주는 것이다.
give away	나누어 주다, 내주다, 기부하다
retain	ⓥ 보유하다, 계속 유지하다

retain과 contain은 -tain이 공통

Elbert Hubbard 앨버트 허버드 (1856~1915) 미국의 작가.
대표작으로 출간 후 지금까지 1억부 이상이 팔린 〈A Message to Garcia 가르시아 장군에게 보내는 편지〉 등이 있다.

755. Growth itself contains the germ of happiness.

성장 자체가 행복의 근원을 담고 있다.
contain	ⓥ 담고 있다, 포함[함유]하다, (감정을) 억누르다, 방지하다
container	ⓝ 그릇, 용기
germ	ⓝ 세균, 병원균, (보통 the g-) 근원[기원]

contain과 maintain은 -tain이 공통

Pearl S. Buck 펄 S. 벅 (1892~1973) 미국의 작가.
중국에서 겪은 체험이 계기가 되어 창작활동을 시작했고 〈The Good Earth 대지〉로 1938년 노벨문학상을 수상했다. 평화와 인권운동에 관심이 많았고, 한국 등 아시아 국가의 전쟁 고아에 대한 입양 알선에 헌신하기도 했다.

:: 353

756. Maintaining cordial relationship with friends helps us improve our own capabilities.

friend에 -ship이 붙은 friendship

> 친구들과 다정한 관계를 유지하는 것은 우리가 우리 스스로의 능력을 향상시키는 것을 돕는다.
> **maintain** ⓥ 유지하다, 지키다, 주장하다, 부양하다
> **cordial** ⓐ 마음에서 우러난, 다정한, 화기애애한
> **capability** ⓝ 능력, 역량, 힘

Atharva Veda 아타르바 베다 고대 인도 브라만교의 경전 중 네 번째 문헌.

757. He who sows courtesy reaps friendship, and he who plants kindness gathers love.

동일어 plant

> 예의를 뿌리는 사람은 우정을 거둬들이고, 친절을 심는 사람은 사랑을 모은다.
> **sow** ⓥ (씨를) 뿌리다
> **courtesy** ⓝ 예의, 예의상 하는 말[행동], 공손함, 호의
> **plant** ⓥ (나무, 씨앗 등을) 심다, 이식하다, 건설하다
> ⓝ 식물, (작은) 나무, 공장
> **gather** ⓥ 모으다, 채취하다, 수확하다

Proverb 속담

758. Private victories precede public victories. You can't invert that process any more than you can harvest a crop before you plant it.

동일어 process

> 사적인 승리들이 공적인 승리들에 선행한다. 당신이 농작물을 심기 전에 수확할 수 없는 것과 같이 그 과정도 거꾸로 할 수 없다.
> **private** ⓐ 사적인, 개인적인, 사유(私有)의, 사생활의, 은밀한, 사설의, 민간[민영]의
> **precede** ⓥ 선행하다, 앞서다, 앞에 가다
> **precedent** ⓐ 선행하는, 앞[이전]의   ⓝ 전례, 선례
> **invert** ⓥ (위치, 방향, 순서 등을) 거꾸로 하다, 반대로 하다, 뒤집다
> **process** ⓝ 과정, 절차
> **not A any more than B** } A가 아닌 것은 B가 아닌 것과 같다,
> **=no more A than B**   } B가 아닌 것과 같이 A도 아니다
> **harvest** ⓥ 수확하다, 거둬들이다   ⓝ 수확(량), 추수
> **crop** ⓝ (농)작물, 수확량, 수확고

Stephen R. Covey 스티븐 코비 (1932~) 미국의 기업인, 컨설턴트.
세계적인 명성을 얻고 있는 리더십 분야 전문가로, 대표작은 〈The 7 Habits of Highly Effective People 성공하는 사람들의 7가지 습관〉 등이 있다.

759. God created man in His own image, says the Bible; philosophers reverse the (process): they create God in theirs.

하나님은 인간을 그 자신의 상(像)으로 창조했다고 성경은 말한다; 철학자들은 그 과정을 거꾸로 한다: 그들은 하나님을 그들의 상(像)으로 창조한다.
image ⓝ 상(像), 인상, 영상, 형상, 이미지
philosopher ⓝ 철학자, 현자
philosophy ⓝ 철학
reverse ⓥ (위치, 방향, 순서 등을) 거꾸로 하다, 반대로 하다, 뒤집다
ⓐ 역(逆), 뒤, 거꾸로의, 상반되는

process는 proceed의 파생어

Georg C. Lichtenberg 게오르크 C. 리히텐베르크 (1742~1799) 독일의 물리학자, 철학자.
'리히텐베르크도형'을 발견했으며 예술비평을 통해 당시의 독일 사회의 병폐에 일침을 가했다. 대표작은 〈Ausführliche Erklärung der Hogarthischen Kupferstiche 호가등의 동판화 설명〉 등이 있다.

760. First (ask) yourself: What is the worst that can happen? Then prepare to accept it. Then (proceed) to improve on the worst.

동일어 ask

먼저 스스로에게 물어라: 무엇이 일어날 수 있는 최악의 것인가? 그 다음 그것을 받아들일 각오를 하라. 그리고 나서 그 최악의 것을 계속 개선해 나가라.
proceed ⓥ 계속해서[이어서] ~을 하다, (계속) 진행하다[되다], 나아가다
procedure ⓝ (진행) 순서, (진행되는) 과정, (운영상의) 절차
improve on (~을) 개선[개량]하다, (~을) 더 낫게 하다

Dale Carnegie 데일 카네기 (1888~1955) 미국의 작가, 컨설턴트.
인간관계, 자기관리, 리더십 등의 분야에 있어 미국뿐만 아니라 세계적으로 가장 많은 영향력을 끼친 전문가로 평가받는다. 대표작은 〈How to Win Friends and Influence People 카네기 인간관계론〉 등이 있다.

761. The essence of science: (ask) an impertinent (question), and you are on the way to a pertinent answer.

과학의 본질: 관련 없는 질문을 해보라, 그러면 당신은 적절한 정답으로 가는 도중에 있게 될 것이다.
impertinent ⓐ 부적절한, 관련 없는, 무례한, 버릇없는
on the way (to A) (A로 가는) 도중에
pertinent ⓐ 적절한, 관련된, 관계 있는

동일어 question

Jacob Bronowski 제이콥 브로노우스키 (1908~1974) 영국의 수학자, 생물학자, 작가.
대표작은 〈The Ascent of Man 인간등정의 발자취〉와 〈The Identity of Man 인간을 묻는다〉 등이 있다.

762. An approximate answer to the right question is worth far more than a precise answer to the wrong one.

> 올바른 질문에 대한 대략적인 대답이 잘못된 질문에 대한 정확한 대답보다 훨씬 더 큰 가치가 있다.
> approximate ⓐ (목표, 표준 등에) 가까운, 대략적인
> ⓥ (~에) 가깝다, (~에) 접근하다
> precise ⓐ 정확한, 정밀한, 꼼꼼한

question의 명사형인 questioning

John Tuley 신원 미상

763. Effective questioning brings insight, which fuels curiosity, which cultivates wisdom.

> 효과적인 질의는 통찰을 가져오며, 그것은 호기심에 연료를 공급하고, 그것은 현명함을 키운다.
> questioning ⓝ 질의, 심문 ⓐ 미심쩍어하는, 수상해하는
> insight ⓝ 통찰(력), 간파, 이해
> fuel ⓥ 연료를 공급하다 ⓝ 연료
> curiosity ⓝ 호기심, 진기한 것
> curious ⓐ 호기심이 많은, 궁금한, 별난, 특이한

동일어 fuel

Chip Bell 칩 벨 (?~) 미국의 작가, 컨설턴트.
컨설팅 회사인 'The Chip Bell Group'의 창립자이며, 대표작은 《Customers As Partners 고객을 파트너로》 등이 있다.

764. Restore human legs as a means of travel. Pedestrians rely on food for fuel and need no special parking facilities.

> 사람의 다리를 이동의 수단으로 복구하라. 보행자들은 연료로써 음식에 의지하며 특별한 주차 시설을 필요로 하지 않는다.
> restore ⓥ 복구하다, 회복시키다, 복직[복위]시키다, 반환하다
> restoration ⓝ 복구, 회복, 복직, 복위, 반환
> pedestrian ⓝ 보행자 ⓐ 도보의, 보행의, 평범한
> parking ⓝ 주차, 주차지역[공간] ⓐ 주차의
> facility ⓝ 편의, 쉬움, (pl.) 시설[설비]
> facilitate ⓥ 쉽게[용이하게] 하다, 촉진[조장]하다

rely의 파생어인 reliable

Lewis Mumford 루이스 멈포드 (1895~1990) 미국의 철학자, 역사학자.
'문명'의 발전을 총괄적인 시각으로 규명하고자 했으며, 대표작은 《The City in History 역사에서의 도시》, 《Technics and Civilization 기술과 문명》 등이 있다.

765. The most (reliable) way to (forecast) the future is to try to understand the present.

미래를 예측하는 가장 믿을 수 있는 길은 현재를 이해하려 노력하는 것이다.
reliable ⓐ 믿을[신뢰할] 수 있는, (옳은 것으로) 믿을 만한
forecast ⓥ 예측[예보]하다
　　　　　ⓝ 예측, 예보
a weather forecast 일기 예보

John Naisbitt 존 네이스비츠 (1929~) 미국의 미래학자.
앨빈 토플러와 함께 미래학의 쌍벽을 이루는 인물이다. 대표작은 전 세계적으로 1400만부 이상 판매된 〈Megatrend 메가트랜드〉 등이 있다.

forecast와 foresee는 유의어

766. As for the future, your task is not to (foresee) it, but to enable it.

미래에 대해서 말하자면, 당신의 과업은 예견하는 것이 아니라, 그것을 가능하게 하는 것이다.
as for A A에 대해서 말하자면, A(이)라면, A에 관해서는
task ⓝ 과업, 과제, (고된) 일
　　　　ⓥ (~에게(with)) 과업[과제]를 맡기다[주다]
foresee ⓥ 예견하다, 예감[예지]하다
enable ⓥ 가능하게 하다, 할 수 있게 하다

Antoine de Saint-Exupery 앙투안 드 생텍쥐페리 (1900~1944) 프랑스의 작가.
삶의 의미를 행동을 통해 역경을 극복하는 과정에서 찾고자 했으며, 사람과 사람을 맺어주는 정신적 유대를 강조했다. 대표작은 〈Le Petit Prince 어린 왕자〉, 〈Vol de nuit 야간 비행〉 등이 있다.

foresee와 predict는 유의어

767. The only way to (predict) the future is to have power to shape the future.

미래를 예측하는 유일한 길은 미래를 형성할 힘을 갖는 것이다.
predict ⓥ 예언하다, 예측하다, 예보하다
prediction ⓝ 예언, 예측, 예보
shape ⓥ 형성하다, (어떤) 형태[모양]로 만들다, 구체화하다
　　　　ⓝ 형(形), 형태, 모양, 형체, 체형

Eric Hoffer 에릭 호퍼 (1902~1983) 미국의 철학자, 작가.
대중 운동에서 나타난 집단 동일시에 관한 심리를 집중적으로 파헤친 〈The True Believer 대중 운동의 실상〉으로 커다란 명성을 얻었다.

predict하는 사람이 prophet

768. It does not pay a (prophet) to be too (specific).

너무 구체적인 것은 예언자에게 이익을 주지 않는다.
prophet ⓝ 예언자, 예언서
prophecy ⓝ 예언, 예언 능력
specific ⓐ 명확한, 구체적인, 특정한, 특유의

specific과 exact는 유의어

L. Sprague de Camp L. 스프레이크 드 캠프 (1907~2000) 미국의 작가.
공상 과학 및 판타지 분야의 소설을 주로 썼으며, 대표작은 〈Lest Darkness Fall 어둠이 덮지 않도록〉 등이 있다.

769. (Woman's) discontent increases in (exact) proportion to her development.

여성의 불만은 그녀의 성장에 정확하게 비례하여 증가한다.
discontent ⓝ 불만, 불만스러운 것, 불평
increase ⓥ 증가하다, 인상되다, 늘다, 증개[인상]시키다
　　　　　 ⓝ 증가, 인상
exact ⓐ 정확한, 정밀한, 꼼꼼한, 빈틈없는, 엄격한
　　　 ⓥ 강요하다, (무리하게) 요구하다[받아 내다]
development ⓝ 발달, 성장, 발전, 개발, 진전
develop ⓥ 발달[성장]시키다, 개발하다, 전개하다, (사진을) 현상하다

동일어 woman

Elizabeth C. Stanton 엘리자베스 C. 스탠턴 (1815~1902) 미국의 여성운동가.
기혼여성에게 재산권을 부여하는 법령을 통과시키는 데 큰 역할을 했다. 또한 미국 최초의 여권 집회를 주도했으며, 여권 신문인 'Revolution'을 펴냈다.

770. The strength of (women) comes from the fact that psychology cannot explain us. Men can be analyzed, women merely adored.

여성의 힘은 심리학이 우리에게 설명할 수 없는 사실로부터 유래한다. 남성은 분석될 수 있으나, 여성은 단지 흠모될 수 있을 뿐이다.
psychology ⓝ 심리 (상태), 심리학
analyze, -lyse ⓥ 분석하다
analysis ⓝ 분석
adore ⓥ 숭배하다, 흠모[사모]하다

동일어 woman

Oscar Wilde 오스카 와일드 (1854~1900) 아일랜드의 작가.
'예술을 위한 예술'이란 표어로 탐미주의를 주창했으며 대표작은 〈The Importance of Being Earnest 진지함의 중요성〉, 〈The Picture of Dorian Gray 도리언 그레이의 초상〉 등이 있다.

771. To generalize on women is dangerous. To specialize on them is infinitely worse.

여성을 일반화하는 것은 위험하다. 여성을 특수화하는 것은 한없이 더욱 나쁘다.
- generalize ⓥ 일반화하다, 개괄하다
- generalization ⓝ 일반화, 일반론
- specialize ⓥ 특수화하다, 전공하다, 전문적으로 다루다
- specialization ⓝ 특수화, 전문화, 전문 분야[과목]
- infinitely ⓐⓓ 무한히, 한없이, 대단히

infinitely의 형용사형인 infinite

Rudolph Valentino 루돌프 발렌티노 (1895~1926) 이탈리아 출신의 미국 영화배우.
세계 최초의 아이돌 스타 또는 무성 영화 시절 스크린의 제왕으로 불렸다. 31세의 나이로 갑작스럽게 사망했는데 그 후 일주일 동안 10여 명의 여성 팬이 자살했다고 한다.

772. Limited in his nature, infinite in his desire, man is a fallen god who remembers heaven.

본성에 제한되고, 욕구에 무한한, 인간은 천국을 기억하는 타락한 신이다.
- limited ⓐ 제한된, 한정된, 부족한
- infinite ⓐ 무한한, 한없는
- fallen ⓐ 떨어진, 쓰러진, 타락한

limited의 명사형인 limitation

Alphonse de Lamartine 알퐁스 드 라마르틴 (1790~1869) 프랑스의 작가, 정치가.
대표작은 《Méditations poétiques 명상시집》 등이 있다.

773. There are no limitations to the mind except those we acknowledge.

우리가 인정하는 것을 제외하고 지성에 한계는 없다.
- limitation ⓝ 제한, 한정, (pl.) (능력 등의) 한계
- acknowledge ⓥ 인정[승인]하다, 사례[감사]하다
- acknowledgement ⓝ 인정, 승인, 사례, 감사의 말[표시]

limitation과 limit은 유의어

Napoleon Hill 나폴레옹 힐 (1883~1970) 미국의 작가.
세계적인 성공학 연구자로 특히 개인의 성취와 동기부여 분야에서 뛰어난 업적을 남겼다. 대표작은 《Law of Success 성공의 법칙》, 《Think and Grow Rich 부의 비밀》 등이 있다.

774. I would never speculate on the limit. Every time you speculate, you're way too conservative.

동일어
conservative

나는 한계에 대해 결코 추측하지 않겠다. 당신이 추측할 때마다 당신은 실제보다 너무 적게 추산한다.
- **speculate** ⓥ 추측하다, (깊이) 사색하다, 투기하다
- **speculation** ⓝ 추측, 사색, 심사숙고, 투기
- **limit** ⓝ 제한, 한정, 한계(선), 경계 ⓥ 제한하다, 한정하다
- **way too** 너무
- **conservative** ⓐ 조심스러운, 추산을 (실제보다) 적게 잡은, 보수적인, (영국) 보수당의
  ⓝ 보수당원, 보수주의자

John Warnock 존 워녹 (1940~) 미국의 컴퓨터 과학자, 기업인. 어도비사(Adobe)의 공동 설립자이며 아크로벳(Acrobat) PDF를 만들었다.

775. Be conservative in what you do, be liberal in what you accept from others.

동일어
liberal

당신이 하는 것에 있어서는 조심스러우며, 당신이 다른 사람들로부터 받는 것에 있어서는 관대하라.
- **liberal** ⓐ 후한, 관대한, 자유로운, 자유주의의, 진보적인, 자유당의
  ⓝ 자유주의자, 자유당의, 진보주의자

Jon Postel 존 포스텔 (1943~1998) 미국의 컴퓨터 과학자. 인터넷 개발 역사의 중심인물로 특히 인터넷 표준을 확립하는 데 크게 기여했다.

776. When poor, liberal; when rich, stingy.

동일어
poor

가난할 때에는, 후하다; 부유할 때에는, 인색하다.
- **stingy** ⓐ 인색한, 쩨쩨한, 너무 아끼는

Spanish Proverb 스페인 속담

777. The poor man's budget is full of schemes.

budget의
재원이 되는
revenue

가난한 자의 예산은 실행 불가능한 계획으로 가득 차 있다.
- **budget** ⓝ 예산, 예산안[액]
- **scheme** ⓝ (종종 실행 불가능한) 계획, 안(案), 제도, 책략
  ⓥ 계획하다, 책략을 꾸미다

Proverb 속담

778. Thrift is a great revenue.

절약은 커다란 수입이다.
thrift ⓝ 절약, 검소
thrifty ⓐ 절약하는, 검소한
revenue ⓝ 수입, 수익, 세입

thrift와 economical은 유의어 – 다른 품사

Marcus Tullius Cicero 마르쿠스 툴리우스 키케로 (BC 106~43) 로마의 정치가, 웅변가, 철학자. 로마 제1의 웅변가로 불리었으며 그의 문체는 고전 라틴어의 표본이 되었다.

779. I hope you love birds too. It is economical. It saves going to heaven.

나는 당신 또한 새들을 사랑하기를 바란다. 그것은 경제적이다. 그것은 천국으로 가지 않아도 되게 한다.
economical ⓐ 경제적인, 절약하는, (말·글 등이) 간결한, 알뜰한
save ⓥ 아끼다, 저축하다, 저장하다, (곤란, 노고 등을) 면하게 하다

동일어 save

Emily Dickinson 에밀리 디킨슨 (1830~1886) 미국의 여류시인. 사랑, 죽음, 이별, 영혼, 천국 등을 주제로 1,775편에 달하는 시를 썼지만 사후에야 그녀의 천재성이 널리 인정받았다.

780. Spend not, where you may save; spare not, where you must spend.

아낄 수 있는 것에서 쓰지 말라; 써야만 하는 것에서 아끼지 말라.
spend ⓥ 쓰다, 소비하다, (시간을) 보내다
spare ⓥ (시간, 돈 등을) 할애하다[내다], (불쾌한 일을) 모면하게 하다, (노력, 경비 등을) 아끼다
ⓐ (현재 쓰지 않아서) 남는, 여분의, 예비용의, 여가의

Proverb 속담

UPGrade Check Up
영작 및 말하기 연습

751. 성인들은 단지 그들 제자들의 눈으로 볼 때에만 하늘을 난다.

752. 규율은 목표들과 성취 사이의 가교이다.

753. 집중되고, 헌신되며, 단련되기 전까지 어떠한 삶도 결코 위대하게 되지 않는다.

754. 사랑은 줌으로써 커진다. 우리가 나누어 주는 사랑이 우리가 간직하는 유일한 사랑이다. 사랑을 보유하는 유일한 길은 그것을 나누어 주는 것이다.

755. 성장 자체가 행복의 근원을 담고 있다.

756. 친구들과 다정한 관계를 유지하는 것은 우리가 우리 스스로의 능력을 향상시키는 것을 돕는다.

757. 예의를 뿌리는 사람은 우정을 거둬들이고, 친절을 심는 사람은 사랑을 모은다.

Key Word
UpGrade Check - Up
Important Word

751. saint, only, disciple
752. discipline, bridge, accomplishment
753. ever, grow, focus, dedicate, discipline
754. grow, give away, keep, retain
755. growth, contain, germ
756. maintain, cordial, friend, capability
757. sow, courtesy, reap, friendship, plant, gather

Answer

751. Saints fly only in the eyes of their disciples.
752. Discipline is the bridge between goals and accomplishment.
753. No life ever grows great until it is focused, dedicated and disciplined.
754. Love grows by giving. The love we give away is the only love we keep. The only way to retain love is to give it away.
755. Growth itself contains the germ of happiness.
756. Maintaining cordial relationship with friends helps us improve our own capabilities.
757. He who sows courtesy reaps friendship, and he who plants kindness gathers love.

758. 사적인 승리들이 공적인 승리들에 선행한다. 당신이 농작물을 심기 전에 수확할 수 없는 것과 같이 그 과정도 거꾸로 할 수 없다.

_____.

759. 하나님은 인간을 그 자신의 상(像)으로 창조했다고 성경은 말한다; 철학자들은 그 과정을 거꾸로 한다: 그들은 하나님을 그들의 상(像)으로 창조한다.

_____.

760. 먼저 스스로에게 물어라: 무엇이 일어날 수 있는 최악의 것인가? 그 다음 그것을 받아들일 각오를 하라. 그리고 나서 그 최악의 것을 계속 개선해 나가라.

_____.

761. 과학의 본질: 관련 없는 질문을 해보라, 그러면 당신은 적절한 정답으로 가는 도중에 있게 될 것이다.

_____.

762. 올바른 질문에 대한 대략적인 대답이 잘못된 질문에 대한 정확한 대답보다 훨씬 더 큰 가치가 있다.

_____.

763. 효과적인 질의는 통찰을 가져오며, 그것은 호기심에 연료를 공급하고, 그것은 현명함을 키운다.

_____.

Key Word
UpGrade Check-Up
Important Word

758. precede, invert, not ~ any more than, process, harvest, crop, plant

759. image, Bible, philosopher, reverse, process

760. ask, worst, proceed, improve on

761. essence, ask, impertinent, question, on the way to, pertinent

762. approximate, question, precise

763. effective, questioning, insight, fuel, cultivate

Answer

758. Private victories precede public victories. You can't invert that process any more than you can harvest a crop before you plant it.
759. God created man in His own image, says the Bible; philosophers reverse the process: they create God in theirs.
760. First ask yourself: What is the worst that can happen? Then prepare to accept it. Then proceed to improve on the worst.
761. The essence of science: ask an impertinent question, and you are on the way to a pertinent answer.
762. An approximate answer to the right question is worth far more than a precise answer to the wrong one.
763. Effective questioning brings insight, which fuels curiosity, which cultivates wisdom.

UPGrade Check Up
영작 및 말하기 연습

764. 사람의 다리를 이동의 수단으로 복구하라. 보행자들은 연료로써 음식에 의지하며 특별한 주차 시설을 필요로 하지 않는다.
_____.

765. 미래를 예측하는 가장 믿을 수 있는 길은 현재를 이해하려 노력하는 것이다.
_____.

766. 미래에 대해서 말하자면, 당신의 과업은 예견하는 것이 아니라, 그것을 가능하게 하는 것이다.
_____.

767. 미래를 예측하는 유일한 길은 미래를 형성할 힘을 갖는 것이다.
_____.

768. 너무 구체적인 것은 예언자에게 이익을 주지 않는다.
_____.

769. 여성의 불만은 그녀의 성장에 정확하게 비례하여 증가한다.
_____.

770. 여성의 힘은 심리학이 우리에게 설명할 수 없는 사실로부터 유래한다. 남성은 분석될 수 있으나, 여성은 단지 흠모될 수 있을 뿐이다.
_____.

771. 여성을 일반화하는 것은 위험하다. 여성을 특수화하는 것은 한없이 더욱 나쁘다.
_____.

Key Word
UpGrade Check + Up Important Word

764. restore, pedestrian, rely on, fuel, parking, facility

765. reliable, forecast

766. as for, task, foresee, enable

767. predict, shape

768. pay, prophet, specific

769. women, discontent, increase, exact, proportion, development

770. woman, psychology, analyze, adore

771. generalize, woman, specialize, infinitely

Answer

764. Restore human legs as a means of travel. Pedestrians rely on food for fuel and need no special parking facilities.
765. The most reliable way to forecast the future is to try to understand the present.
766. As for the future, your task is not to foresee it, but to enable it.
767. The only way to predict the future is to have power to shape the future.
768. It does not pay a prophet to be too specific.
769. Woman's discontent increases in exact proportion to her development.
770. The strength of women comes from the fact that psychology cannot explain us. Men can be analyzed, women merely adored.
771. To generalize on women is dangerous. To specialize on them is infinitely worse.

772. 본성에 제한되고, 욕구에 무한한, 인간은 천국을 기억하는 타락한 신이다.

773. 우리가 인정하는 것을 제외하고 지성에 한계는 없다.

774. 나는 한계에 대해 결코 추측하지 않겠다. 당신이 추측할 때마다 당신은 실제보다 너무 적게 추산한다.

775. 당신이 하는 것에 있어서는 조심스러우며, 당신이 다른 사람들로부터 받아들이는 것에 있어서는 관대하라.

776. 가난할 때에는, 후하다; 부유할 때에는, 인색하다.

777. 가난한 자의 예산은 실행 불가능한 계획으로 가득 차 있다.

778. 절약은 커다란 수입이다.

779. 나는 당신 또한 새들을 사랑하기를 바란다. 그것은 경제적이다. 그것은 천국으로 가지 않아도 되게 한다.

780. 아낄 수 있는 것에서 쓰지 말라; 써야만 하는 것에서 아끼지 말라.

Key Word
UpGrade Check - Up
Important Word

772. limited, infinite, fallen
773. limitation, acknowledge
774. speculate, limit, way too, conservative
775. conservative, liberal
776. poor, liberal, stingy
777. poor, budget, scheme
778. thrift, revenue
779. economical, save
780. spend, save, spare

Answer

772. Limited in his nature, infinite in his desire, man is a fallen god who remembers heaven.
773. There are no limitations to the mind except those we acknowledge.
774. I would never speculate on the limit. Every time you speculate, you're way too conservative.
775. Be conservative in what you do, be liberal in what you accept from others.
776. When poor, liberal; when rich, stingy.
777. The poor man's budget is full of schemes.
778. Thrift is a great revenue.
779. I hope you love birds too. It is economical. It saves going to heaven.
780. Spend not, where you may save; spare not, where you must spend.

Contentment is natural wealth, luxury is artificial poverty.

– Socrates

Unit 027

781. Not all those who wander are (lost).

헤매는 모든 사람들이 길을 잃은 것은 아니다.
wander ⓥ 헤매다, 방랑하다, 정처없이 돌아다니다, (옆으로) 빗나가다, 산만해지다
lost ⓐ 길을 잃은, 잃어버린[분실된], 손실이 난, 놓쳐 버린, 어떻게 할 줄 모르는

lost의 동사형인 lose

J.R.R. Tolkien J.R.R. 톨킨 (1892~1973 본명 John Ronald Reuel Tolkien) 영국의 영문학자, 작가. 앵글로색슨어 및 영문학 교수로 재직하면서 정교한 판타지 작품들을 썼다. 대표작은 〈The Lord of the Rings 반지의 제왕〉, 〈The Hobbit 난쟁이 요정 호비트〉 등이 있다.

782. You only (lose) what you (cling) to.

당신은 당신이 집착하는 것만을 잃는다.
cling ⓥ (~에(to)) 달라붙다[매달리다], 집착하다

cling과 stick은 유의어

Buddha 붓다 (BC 563?~483? 본명 Gautama Siddhārtha) 인도의 성자. 왕자로 태어났으나 삶은 고통으로 이루어져 있음을 알고 이를 벗어나기 위해 출가했다. 후에 깨달음을 얻고 불교를 창시했다.

783. We can do anything we want to do if we (stick) to it long enough.

만약 우리가 그것에 충분히 오랫동안 매달린다면 우리는 우리가 하기를 원하는 무엇이든 할 수 있다.
stick ⓥ 찌르다, (몸의 일부를) 내밀다, (풀로) 붙이다, (~에(to)) 달라붙다[매달리다]
　　　ⓝ 막대기, 지팡이, 방망이

stick과 adhere는 유의어

Helen Keller 헬렌 켈러 (1880~1968) 미국의 작가, 교육가.
19개월 때부터 병으로 시각·청각 장애인이 되었으나 하버드대학을 우등으로 졸업했다. 장애인 복지 사업뿐만 아니라 전반적인 인권문제에 커다란 기여를 했다.

784. A great statesman is he who knows when to depart from traditions, (as well as) when to (adhere) to them.

동일어
as well as

위대한 정치가는 언제 전통들을 고수할지 뿐만 아니라 언제 전통들로부터 이탈할지를 아는 사람이다.
- statesman ⓝ (특히 지도적인) 정치가
- depart ⓥ 떠나다, 출발하다, 이탈하다, 벗어나다
- tradition ⓝ 전통, 관습
- traditional ⓐ 전통의, 전통적인, 관습적인
- adhere ⓥ (~에(to)) 들러붙다[부착하다], (~에(to)) 집착[고수]하다

John Stuart Mill 존 스튜어트 밀 (1806~1873) 영국의 철학자, 경제학자.
벤담의 양적 공리주의와 구분되는 질적 공리주의 사상을 발전시켰고, 자유주의 및 사회민주주의 정치사상의 발전에도 큰 기여를 했다. 대표작은 《On Liberty 자유론》 등이 있다.

785. Enemies, (as well as) (lovers), come to resemble each other over a period of time.

애인들과 마찬가지로 적들 또한 일정 기간의 시간이 지나면 서로 닮게 된다.
- resemble ⓥ 닮다, 유사[비슷]하다
- resemblance ⓝ 닮음, 유사, 비슷함
- period ⓝ 기간, 시기, (역사상 특색을 가진) 시대, 주기, (pl.) 월경(기), 끝

lover는
love하는
사람

Sydney J. Harris 시드니 J. 해리스 (1917~1986) 영국 출신의 미국 언론인.
그의 칼럼인 《Strictly Personal 전적으로 사적인》은 미국과 캐나다의 여러 매체에서 연재되었다.

786. To fall in (love) is awfully (simple), but to fall out of love is simply awful.

사랑에 빠지는 것은 몹시 간단하지만, 사랑이 식는 것은 그야말로 끔찍하다.
- awfully ⓐⓓ 몹시, 대단히, 무섭게
- simply ⓐⓓ 간단히, 그냥, 그저, 그야말로, 간소하게, (간단히) 요약하면
- awful ⓐ 끔찍한, 지독한, 대단한, 무서운
  ⓐⓓ 몹시, 대단히

simple의
동사형인
simplify

Bess Myerson 베스 마이어슨 (1924~) 미국의 방송인.
유태인으로는 최초로 Miss America에 당선되었으며 이후 다방면의 텔레비전 프로그램에서 활약했다.

787. While intelligent people can often (simplify) the complex, a fool is more likely to complicate the simple.

지적인 사람들은 자주 복잡한 것을 간단하게 할 수 있는 반면, 바보는 간단한 것을 복잡하게 할 공산이 더 크다.

simplify ⓥ 간단[평이]하게 하다, 단순화[간소화]하다
complex ⓐ 복잡한, 복합의, 합성의
ⓝ 복합체, 합성물, 집합체, (건물) 단지, 콤플렉스[강박 관념]
likely ⓐ (~)할 공산이 큰, (~)할 것 같은[것으로 예상되는], 그럴듯한
complicate ⓥ (더) 복잡하게 만들다, (병을) 악화시키다

simplify의 명사형인 simplicity

Gerald W. Grumet 제럴드 W. 그루밋 (? ~) 미국의 정신과 의사, 작가.
대표작으로 관료주의 문제점을 심리학적 측면에서 조망한 〈Taming the Bureaucrat 관료 길들이기〉 등이 있다.

788. Eloquence is vehement (simplicity).

웅변이란 격렬한 간결함이다.

eloquence ⓝ 웅변, 능변, 유창한 화술
eloquent ⓐ 웅변의, 능변의, 뚜렷이 표현하는
vehement ⓐ 격렬한, 열렬한, 맹렬한
simplicity ⓝ 간단, 간결(함), 단순함, 순진

simplify의 형용사형인 simple

William Henry Burleigh 윌리엄 헨리 벌리 (1812~1871) 미국의 언론인, 작가.
여러 언론매체에 노예제 철폐 등의 인권 문제에 관한 글을 쓰는 등 인권운동에 적극적으로 참여했다.
대표작은 〈Thoughts on the Death Penalty 사형제에 대한 생각〉 등이 있다.

789. It is much (simpler) to buy books than to read them and easier to read them than to absorb their (contents).

책들을 사는 것이 그것들을 읽는 것보다 훨씬 간단하며 책들을 읽는 것이 그것들의 내용을 흡수하는 것보다 더 쉽다.

absorb ⓥ 흡수하다, 빨아들이다, 열중시키다
content ⓝ 만족, 용량, (pl.) 내용, (내용의) 목차
ⓐ 만족하는, 불평 없는

동일어 content

William Osler 윌리엄 오슬러 (1849~1919) 캐나다의 의학자.
영국과 독일 양국 의학의 장점을 도입하고자 했으며 대표작은 〈The Principles and Practice of Medicine 의학의 원리와 실제〉, 〈The Evolution of Medicine 근대의학의 개혁〉 등이 있다.

790. When you are (content) to be simply yourself and don't compare or compete, everybody will respect you.

당신이 그저 당신 자신에 만족하며 비교하거나 경쟁하지 않을 때, 모두가 당신을 존중할 것이다.

- compare ⓥ 비교하다, 비유하다
- compare A with B A를 B와 비교하다
- compare A to B A를 B에 비유하다
- compete ⓥ 경쟁하다, 겨루다
- competition ⓝ 경쟁, 경기
- competitive ⓐ 경쟁의, 경쟁력 있는

content의 명사형인 contentment

Lao Tzu 노자 (BC 600?~470?) 중국의 철학자. 도교를 창시했으며 도덕경(道德經)을 남겼다.

791. (Contentment) is (natural) wealth, luxury is artificial poverty.

만족은 타고난 부유함이며, 사치는 인위적인 빈곤이다.

- contentment ⓝ 만족, 만족하기
- natural ⓐ 자연[천연]의, 타고난, 천부적인, 당연한, 자연 그대로의, 꾸밈없는
- luxury ⓝ 호화로움, 사치(품)
- artificial ⓐ 인조의, 인공적인, 인위적인, 부자연스러운, 꾸민
- poverty ⓝ 가난, 빈곤

동일어 natural

Socrates 소크라테스 (BC 469~399) 그리스의 철학자. 서양 철학의 창시자 중의 한 사람으로 문답법을 통해 사람이 자신과 세상에 대해 얼마나 무지한가를 스스로 깨닫도록 이끌었다.

792. The foundation on which all our constitutions are built is the (natural) (equality) of man.

모든 우리의 헌법이 지어진 토대는 인간의 천부적인 평등이다.

- foundation ⓝ 토대, 기반, 기초
- constitution ⓝ 헌법, 구성, 체질
- constitutional ⓐ 헌법(상)의, 구성상의, 체질상의
- equality ⓝ 같음, 평등, 균등

동일어 equality

Thomas Jefferson 토머스 제퍼슨 (1743~1826) 미국의 제3대 대통령. 미국 독립선언문의 기초위원이며, 연방주의에 반대하고 공화주의를 주장했다.

:: 369

793. The wisdom of man never yet contrived a system of taxation that would operate with perfect (equality).

인간의 지혜는 아직 완전히 균등하게 작동하는 과세 체계를 고안해 내지 못했다.

contrive	ⓥ	고안하다, 궁리하다, 그럭저럭[용케] (~)해내다
taxation	ⓝ	과세, 징세
tax	ⓝ	세금, 무거운 부담 ⓥ 과세하다, 무거운 부담을 지우다
operate	ⓥ	작동[가동]하다[되다], 작업[영업]하다, 수술하다, 작전[활동]을 벌이다

equality의 부정형용사인 unequal

Andrew Jackson 앤드류 잭슨 (1767~1845) 미국의 제7대 대통령.
미국 독립전쟁 당시 전쟁영웅이었으며, 대통령 재임 시에는 미국 민주주의 제도의 개선을 이끄는 데 이바지했다.

794. What has destroyed every previous civilization has been the tendency to the (unequal) distribution of wealth and power.

이전의 모든 문명을 파괴했던 것은 부와 권력에 대한 불공평한 분배의 경향이었다.

previous	ⓐ	(시간·순서적으로) 앞의, 이전의
unequal	ⓐ	불공평한, 동등하지 않은, (~을to) 감당할 수 없는
distribution	ⓝ	분배, 배급, 분포, 유통

unequal의 반의어인 equal

Henry George 헨리 조지 (1839~1897) 미국의 경제학자.
단일토지세를 주장한 〈Progress and Poverty 진보와 빈곤〉를 저술하여 미국과 영국 사회에 커다란 영향을 끼쳤다.

795. Inferiors revolt in order that they may be (equal), and equals that they may be superior.

지위가 낮은 사람들은 동등해지기 위해 반란을 일으키고, 동등한 사람들은 지위가 높아지기 위해 그리한다.

inferior	ⓝ	하급자, 아랫사람, 열등한 사람[것] ⓐ 하위의, 하급의, 열등한
inferiority	ⓝ	하위, 열등(함)
in order that A		A할 목적으로, A하기 위하여
equal	ⓐ	평등한, 동등한, 동일한, (~을to) 감당할 수 있는
	ⓝ	동등한 사람[것]
	ⓥ	~와 같다, 필적하다
superior	ⓐ	상위의, 지위가 높은, 상급의, 우수한, 뛰어난
	ⓝ	상급자, 우수한 사람[것]
superiority	ⓝ	우위, 우수, 우월

동일어 equal

Aristotle 아리스토텔레스 (BC 384~322) 그리스의 철학자.
물리학, 생물학, 시학, 수사학, 논리학, 윤리학, 정치학 등의 다양한 분야에 명저를 남겨 서양 철학의 발전에 커다란 기여를 했다.

796. Animals, whom we have made our slaves, we do not like to consider our equal.

consider의
파생어인
considerable

우리의 노예로 만든 동물들을, 우리는 우리와 동등한 것으로 여기고 싶어하지 않는다.
- **slave** ⓝ 노예
- **consider** ⓥ 숙고하다, 고려하다, ~으로(as / to be) 여기다[간주하다]
- **consideration** ⓝ 숙고, 사려, 배려, 고려 사항, (서비스에 대한) 보답

Charles Darwin 찰스 다윈(1809~1882) 영국의 생물학자.
〈On the Origin of Species 종의 기원〉을 저술하여 생물진화론의 정립에 크게 공헌했다. 그의 진화론은 일대 사상의 혁신을 가져와 이후의 자연관·세계관의 형성에 큰 영향을 끼쳤다.

797. To be able to concentrate for a considerable time is essential to difficult achievement.

상당한 시간 동안 집중할 수 있는 것이 어려운 성취에 있어 필수적이다.
- **concentrate** ⓥ 한 곳에 모으다, 전념[몰두]하다, (액체를) 농축하다
- **concentration** ⓝ 집중, 집결, 전념, 몰두, 농축
- **considerable** ⓐ 상당한, 적지 않은, 중요한
- **considerate** ⓐ 사려 깊은, (남을) 배려하는
- **achievement** ⓝ 성취, 달성, 성취[달성]한 것, 업적

동일어
time

Bertrand Russell 버트런드 러셀 (1872~1970) 영국의 수학자, 논리학자, 철학자, 평화운동가.
다양한 분야의 명저들을 저술했으며 1950년 노벨문학상을 수상했다. 대표작은 〈History of Western Philosophy 서양철학사〉, 〈The Conquest of Happiness 행복의 정복〉 등이 있다.

798. Only Homo sapiens knows that its allotted time is short, worries about the future and wonders about the past.

Homo sapiens와
mankind는
같은 의미

단지 인류만이 그 할당된 시간이 짧음을 알고, 미래에 대해 걱정하며 과거에 대해 궁금해 한다.
- **Homo sapiens** ⓝ 인류 (지적인 인간을 의미)
- **allot** ⓥ 할당하다, 배당하다

John Noble Wilford 존 노블 윌포 (1933~) 미국의 언론인, 작가.
의학 및 과학 분야의 심층 기사로 명성이 높았으며 두 번의 퓰리처상을 수상했다. 대표작은 〈The Mapmakers 지도 만드는 사람들〉 등이 있다.

799. Humor is mankind's greatest blessing.

humor가 특징인 comedy

유머는 인류의 가장 큰 축복이다.
mankind ⓝ 인류, 인간, 사람들
blessing ⓝ 축복, 은총, 행운
bless ⓥ 축복하다, (신이 사람에게) 은혜[은총]를 베풀다

Mark Twain 마크 트웨인 (1835~1910 본명 Samuel Langhorne Clemens) 미국의 작가. 소설을 통해 미국 사회를 풍자하고 반전 활동에도 적극 참여했다. 대표작은 〈The Adventures of Huckleberry Finn 허클베리 핀의 모험〉, 〈The Prince and the Pauper 왕자와 거지〉 등이 있다.

800. Comedy is a socially acceptable form of hostility and aggression. That is what comics do, stand the world upside down.

comedy와 tragedy는 반의어

코미디는 적의와 공격성의 사회적으로 용인되는 형태이다. 그것이 코미디언들이 하는 것이다, 세상을 거꾸로 세우는 것.
acceptable ⓐ 용인되는, 받아들여지는, 받아들일 수 있는, 그런대로 괜찮은
hostility ⓝ 적의, 적대감, 적개심, 강한 반감, (전쟁에서의) 전투
hostile ⓐ 적의, 적대적인, (강력히) 반대하는, 불리한
aggression ⓝ 공격성, 공격, 침략
aggressive ⓐ 공격적인, 호전적인, 대단히 적극적인
comic ⓝ 코미디언, 만화(책) ⓐ 웃기는(=comical), 코미디[희극]의
upside down (위아래가) 거꾸로[뒤집혀]

George Carlin 조지 칼린 (1937~2008) 미국의 코미디언. 정치, 문화, 종교 등에 대한 광범위한 주제로 미국 사회의 문제를 지적하는 사회비판적인 코미디를 했다.

801. The great tragedy of Science: the slaying of a beautiful hypothesis by an ugly fact.

동일어 science

과학의 커다란 비극: 아름다운 가설 하나를 추한 사실 하나로 죽여 버리는 것.
tragedy ⓝ 비극, 참사
tragic ⓐ 비극의, 비극적인, 비참한
slay ⓥ 죽이다, 살인[살해]하다
hypothesis ⓝ 가설, 가정, 추정

Thomas Henry Huxley 토마스 헉슬리 (1825~1895) 영국의 동물학자. 해파리 등 강장동물의 해부학적 생태와 고등동물을 비교하여 발생학적 측면에서 유사점이 있음을 지적하고, 네안데르탈인의 화석연구를 기초로 인간이 진화과정에서 생긴 것임을 주장했다.

802. There can be no (truce) between (science) and religion.

과학과 종교 사이에 휴전이란 있을 수 없다.
truce ⓝ 휴전(협정), 정전(停戰)
religion ⓝ 종교

truce는 war를 잠시 멈추는 것

John B. S. Haldane 존 B. S. 홀데인 (1892~1964) 영국의 유전학자.
최초 생물이 출현할 당시 지구 대기와 오늘날의 대기가 다르다는 것을 처음으로 주장하는 등 진화 연구에 새로운 경지를 개척했다.

803. All the (war) propaganda, all the screaming and lies and hatred, comes invariably from people who are not fighting.

모든 전쟁 선전, 모든 소리 지르기 및 거짓말들과 증오는 예외없이 싸우지 않고 있는 사람들로부터 나온다.
propaganda ⓝ 선전
scream ⓥ (날카롭게) 소리지르다[치다], 비명을 지르다
ⓝ 비명, 날카로운 소리
hatred ⓝ 증오, 혐오
invariably ⓐⓓ 변함없이, 예외없이
invariable ⓐ 변함없는, 변치 않는

동일어 war

George Orwell 조지 오웰 (1903~1950 본명 Eric Arthur Blair) 영국의 작가.
독재와 전체주의이 문제점들을 간파하고 이를 작품으로 승화시켰다. 대표작은 〈Animal Farm 동물농장〉, 〈Nineteen Eighty Four 1984년〉 등이 있다.

804. (War) against a foreign country only happens when the moneyed classes think they are going to (profit) from it.

외국에 대한 전쟁은 오직 부유한 계급이 그들이 그것으로부터 이익을 얻을 것이라고 생각할 때에만 일어난다.
moneyed ⓐ 부유한, 부자의, 금전의
profit ⓥ 이익[이득]을 얻다[주다]
ⓝ 이익, 수익, 이윤, 이득
profitable ⓐ 이익[이득]이 되는, 수익성이 있는

profit과 benefit은 유의어

George Orwell 조지 오웰 (1903~1950 본명 Eric Arthur Blair) 영국의 작가.
독재와 전체주의의 문제점들을 간파하고 이를 작품으로 승화시켰다. 대표작은 〈Animal Farm 동물농장〉, 〈Nineteen Eighty Four 1984년〉 등이 있다.

805. He who lives only to (benefit) himself (confers) on the world a benefit when he dies.

자신에게만 이익을 주며 사는 사람은 그가 죽었을 때 세상에 이익을 부여한다.
benefit ⓥ 이익[이득, 혜택]을 주다[얻다]
ⓝ 이익, 이득, 혜택, (급여 외의) 수당[보조금]
beneficial ⓐ 유익한, 이로운
confer ⓥ (상, 학위, 명예, 자격 등을) 부여[수여]하다, 협의[상의]하다

Tertullian 터툴리안 (160~220) 카르타고 출신의 로마 신학자.
삼위일체 교리를 발전시켜 라틴 신학의 아버지로 불린다.

confer의 파생어인 conference

806. No grand (idea) was ever born in a (conference), but a lot of foolish ideas have died there.

이제까지 어떤 원대한 발상도 회의에서 생겨난 적이 없지만, 많은 어리석은 발상들이 거기서 없어졌다.
grand ⓐ 원대한, 웅장한, 위대한, 위엄 있는
conference ⓝ 회의, 협의(회), 상의

F. Scott Fitzgerald F. 스콧 피츠제럴드 (1896~1940) 미국의 작가.
20세기 초반의 미국 문학을 대표하는 작가로 특히 그의 〈The Great Gatsby 위대한 개츠비〉는 20세기 최고의 미국 소설 중의 하나라는 평가를 받고 있다.

동일어 idea

807. Men are mortal, but (ideas) are immortal.

사람은 죽지만, 사상은 불멸이다.
mortal ⓐ 죽는, 죽어야 할 운명의, 치명적인, 인간의, 이 세상의
ⓝ (pl.) 죽어야 할 운명의 것, 인간
mortality ⓝ 죽음을 피할 수 없음, 사망자 수[사망률]
immortal ⓐ 불사의, 불멸의
ⓝ 불사[불멸]의 것[사람]
immortality ⓝ 불멸

Walter Lippmann 월터 리프만 (1889~1974) 미국의 언론인, 작가.
논설기자로 명성을 떨쳤고 퓰리처상을 수상했다. 또한 "Cold War"(냉전)라는 용어를 처음 사용했으며 대표작은 〈Public Opinion 여론〉 등이 있다.

동일어 idea

808. A thought is an idea in transit.

하나의 생각이란 (머리 속을) 통과하고 있는 하나의 착상이다.
transit ⓝ 통과, 운송, 통행, 통로, 변화

동일어
thought

Pythagoras 피타고라스 (BC 570~495) 그리스의 철학자.
만물의 근원을 '수(數)'로 보았으며 수학의 발전에 지대한 공헌을 했다. 또한 지구가 구형(球形)이며 태양을 중심으로 지구가 공전함을 밝힌 최초의 인물이다.

809. Thought is an infection. In the case of certain thoughts, it becomes an epidemic.

생각은 전염병이다. 어떤 생각들의 경우에, 그것은 유행병이 된다.
infection ⓝ 감염, 전염병
infect ⓥ 감염[오염, 전염]시키다
case ⓝ (특정 상황의) 경우, 실상, 사례, (법적인) 사건, (토론에서의) 주장, 상자
in the case of A   A의 경우에, A에 관하여는
epidemic ⓝ 유행병, (나쁜 것의) 급속한 확산
         ⓐ 유행성의

동일어
thought

Wallace Stevens 월리스 스티븐스 (1879~1955) 미국의 작가.
풍부한 이미지와 난해한 은유를 특징으로 하며 대표작인 〈Collected Poems〉 시집으로 퓰리처상을 수상했다.

810. Language is not only the vehicle of thought; it is a great and efficient instrument in thinking.

언어는 단지 생각의 전달 수단이 아니다; 그것은 생각하는 데에 있어 하나의 훌륭하고 효율적인 도구이다.
vehicle   ⓝ 차량, 탈것, 운송 수단, 전달 수단, 매개체
efficient   ⓐ 효율적인, 능률적인, 유능한
instrument   ⓝ 도구, 기구, (기계의) 계기(計器), 악기, 수단, 매개체

Humphrey Davy 험프리 데이비 (1778~1829) 영국의 과학자.
알칼리, 요드, 염소 등을 발견하여 근대 화학의 발전에 커다란 공헌을 했다. 전기 용접 기법을 처음으로 실증하기도 했다.

UPGrade Check Up
영작 및 말하기 연습

781. 헤매는 모든 사람들이 길을 잃은 것은 아니다.

.

782. 당신은 당신이 집착하는 것만을 잃는다.

.

783. 만약 우리가 그것에 충분히 오랫동안 매달린다면 우리는 우리가 하기를 원하는 무엇이든 할 수 있다.

.

784. 위대한 정치가는 언제 전통들을 고수할지 뿐만 아니라 언제 전통들로부터 이탈할지를 아는 사람이다.

.

785. 애인들과 마찬가지로 적들 또한 일정 기간의 시간이 지나면 서로 닮게 된다.

.

786. 사랑에 빠지는 것은 몹시 간단하지만, 사랑이 식는 것은 그야말로 끔찍하다.

.

787. 지적인 사람들은 자주 복잡한 것을 간단하게 할 수 있는 반면, 바보는 간단한 것을 복잡하게 할 공산이 더 크다.

.

788. 웅변이란 격렬한 간결함이다.

Key Word
UpGrade Check - Up Important Word

781. wander, lost
782. lose, cling to
783. stick to, enough
784. statesman, depart, tradition, as well as, adhere to
785. as well as, lover, resemble, period
786. fall, love, awfully, simple, simply, awful
787. intelligent, simplify, complex, likely, complicate, simple
788. eloquence, vehement, simplicity

Answer

781. Not all those who wander are lost.
782. You only lose what you cling to.
783. We can do anything we want to do if we stick to it long enough.
784. A great statesman is he who knows when to depart from traditions, as well as when to adhere to them.
785. Enemies, as well as lovers, come to resemble each other over a period of time.
786. To fall in love is awfully simple, but to fall out of love is simply awful.
787. While intelligent people can often simplify the complex, a fool is more likely to complicate the simple.
788. Eloquence is vehement simplicity.

먼저 오른쪽 박스 안의 키워드를 참고하여 왼쪽의 한글을 영작해 보세요. 이후 키워드를 가린 채 왼쪽의 한글만 보고 영어로 소리 내어 말해 보세요.

789. 책들을 사는 것이 그것들을 읽는 것보다 훨씬 간단하며 책들을 읽는 것이 그것들의 내용을 흡수하는 것보다 더 쉽다.

790. 당신이 그저 당신 자신에 만족하며 비교하거나 경쟁하지 않을 때, 모두가 당신을 존중할 것이다.

791. 만족은 타고난 부유함이며, 사치는 인위적인 빈곤이다.

792. 모든 우리의 헌법이 지어진 토대는 인간의 천부적인 평등이다.

793. 인간의 지혜는 아직 완전히 균등하게 작동하는 과세 체계를 고안해 내지 못했다.

794. 이전의 모든 문명을 파괴했던 것은 부와 권력에 대한 불공평한 분배의 경향이었다.

795. 지위가 낮은 사람들은 동등해지기 위해 반란을 일으키고, 동등한 사람들은 지위가 높아지기 위해 그리한다.

796. 우리의 노예로 만든 동물들을, 우리는 우리와 동등한 것으로 여기고 싶어하지 않는다.

Key Word
UpGrade Check - Up
Important Word

789. simple, absorb, content

790. content, compare, compete

791. contentment, natural, luxury, artificial

792. foundation, constitution, natural, equality

793. yet, contrive, system, taxation, operate, equality

794. destroy, previous, unequal, distribution

795. inferior, revolt, in order that, equal, superior

796. slave, consider, equal

Answer

789. It is much simpler to buy books than to read them and easier to read them than to absorb their contents.
790. When you are content to be simply yourself and don't compare or compete, everybody will respect you.
791. Contentment is natural wealth, luxury is artificial poverty.
792. The foundation on which all our constitutions are built is the natural equality of man.
793. The wisdom of man never yet contrived a system of taxation that would operate with perfect equality.
794. What has destroyed every previous civilization has been the tendency to the unequal distribution of wealth and power.
795. Inferiors revolt in order that they may be equal, and equals that they may be superior.
796. Animals, whom we have made our slaves, we do not like to consider our equal.

UPGrade Check Up
영작 및 말하기 연습

797. 상당한 시간 동안 집중할 수 있는 것이 어려운 성취에 있어 필수적이다.

_____ .

798. 단지 인류만이 그 할당된 시간이 짧음을 알고, 미래에 대해 걱정하며 과거에 대해 궁금해 한다.

_____ .

799. 유머는 인류의 가장 큰 축복이다.

_____ .

800. 코미디는 적의와 공격성의 사회적으로 용인되는 형태이다. 그것이 코미디언들이 하는 것이다, 세상을 거꾸로 세우는 것.

_____ .

801. 과학의 커다란 비극: 아름다운 가설 하나를 추한 사실 하나로 죽여 버리는 것.

_____ .

802. 과학과 종교 사이에 휴전이란 있을 수 없다.

_____ .

803. 모든 전쟁 선전, 모든 소리 지르기 및 거짓말들과 증오는 예외 없이 싸우지 않고 있는 사람들로부터 나온다.

_____ .

804. 외국에 대한 전쟁은 오직 부유한 계급이 그들이 그것으로부터 이익을 얻을 것이라고 생각할 때에만 일어난다.

_____ .

Key Word
UpGrade Check - Up
Important Word

797. concentrate, considerable, time, achievement

798. Homo sapiens, allot, time, worry, wonder

799. mankind, blessing

800. comedy, acceptable, hostility, aggression, comics, stand, upside down

801. tragedy, Science, slay, hypothesis, ugly

802. truce, science

803. war, propaganda, screaming, invariably

804. war, moneyed, profit

Answer

797. To be able to concentrate for a considerable time is essential to difficult achievement.
798. Only Homo sapiens knows that its allotted time is short, worries about the future and wonders about the past.
799. Humor is mankind's greatest blessing.
800. Comedy is a socially acceptable form of hostility and aggression. That is what comics do, stand the world upside down.
801. The great tragedy of Science: the slaying of a beautiful hypothesis by an ugly fact.
802. There can be no truce between science and religion.
803. All the war propaganda, all the screaming and lies and hatred, comes invariably from people who are not fighting.
804. War against a foreign country only happens when the moneyed classes think they are going to profit from it.

805. 자신에게만 이익을 주며 사는 사람은 그가 죽었을 때 세상에 이익을 부여한다.

_____.

806. 이제까지 어떤 원대한 발상도 회의에서 생겨난 적이 없지만, 많은 어리석은 발상들이 거기서 없어졌다.

_____.

807. 사람은 죽지만, 사상은 불멸이다.

_____.

808. 하나의 생각이란 (머리 속을) 통과하고 있는 하나의 착상이다.

_____.

809. 생각은 전염병이다. 어떤 생각들의 경우에, 그것은 유행병이 된다.

_____.

810. 언어는 단지 생각의 전달 수단이 아니다; 그것은 생각하는 데에 있어 하나의 훌륭하고 효율적인 도구이다.

_____.

Key Word
UpGrade Check - Up
Important Word

805. benefit, confer, die

806. grand, idea, conference, die

807. mortal, idea, immortal

808. thought, idea, transit

809. thought, infection, in the case of, epidemic

810. vehicle, thought, efficient, instrument

Answer

805. He who lives only to benefit himself confers on the world a benefit when he dies.
806. No grand idea was ever born in a conference, but a lot of foolish ideas have died there.
807. Men are mortal, but ideas are immortal.
808. A thought is an idea in transit.
809. Thought is an infection. In the case of certain thoughts, it becomes an epidemic.
810. Language is not only the vehicle of thought; it is a great and efficient instrument in thinking.

God **p**laces
the **h**eaviest **b**urden
on **t**hose **w**ho **c**an
carry **i**ts **w**eight.

– Reggie White

811. Don't tell your friends about your indigestion. "How are you" is a (greeting), not a question.

greeting과 salute는 유의어

당신의 친구들에게 당신의 소화불량에 대해 말하지 마라. "안녕하세요"는 인사이지, 질문이 아니다.
indigestion ⓝ 소화불량(증)
greeting ⓝ 인사, 안부의 말[인사]
greet ⓥ (~에게) 인사하다, 맞이하다, 환영하다

Arthur Guiterman 아서 기터맨 (1871~1943) 미국의 작가.
유머러스한 시로 유명하여 대표작은 시집 (Ballads of Old New York 옛 뉴욕의 발라드) 등이 있다.

812. Always give a word or sign of (salute) when meeting or passing a friend, or even a stranger, if in a lonely place.

왜냐하면

만약 외로운 곳에 있다면, 친구나 모르는 사람을 만나거나 지나칠 때 언제나 인사의 말이나 표시를 주어라.
sign ⓝ 신호, 기호, 부호, 표지, 표시, 기미
ⓥ 서명하다
signature ⓝ 서명
salute ⓝ (거수)경례, 경의의 표시, 인사
ⓥ 경례[거수경례]를 하다, 경의를 표하다, 인사하다
stranger ⓝ 낯선[모르는] 사람, (어떤 곳에) 처음 온 사람

Tecumseh 테쿰세 (1768~1813) 아메리칸 인디언의 지도자.
아메리칸 인디언과 백인들이 맺은 조약의 무효를 주장하며, 인디언들을 결집하고 캐나다의 영국인들과 연합하여 미국의 백인들과 전쟁을 벌였으나 패하였고 전투 중에 사망했다.

813. The more people you're connected with, the easier it is to assimilate to a new (environment) instead of missing home.

보다 많은 사람들과 당신이 관계될수록, 집을 그리워하는 대신에 새로운 환경에 동화되는 것이 보다 쉽다.

connect	ⓥ	잇다, 연결[접속]하다, 관련짓다, ~와(with) 관계[관련, 연고]가 있다
connection	ⓝ	연결, 접속, 관련, 관계, 연고
assimilate	ⓥ	동화되다[시키다], 소화하다, 자기 것으로 흡수하다
assimilation	ⓝ	동화, 소화, 흡수
environment	ⓝ	환경, (the e-) 자연 환경
instead	ⓐⓓ	대신에, 그 대신에
instead of		~대신에, ~하지 않고
miss	ⓥ	놓치다, 빗나가다, 빠뜨리다, 그리워[아쉬워]하다
	ⓝ	놓침, 실책, (M-) ~양, 미스~, 아가씨

동일어
environment

Drake Martin 드레이크 마틴 (?~) 미국의 컨설턴트.
1983년 이래 워크샵과 컨설팅 서비스를 통해 리더십, 자기 관리 등의 향상을 돕고 있다.

814. It is inevitable your (environment) will (influence) what you do.

당신의 환경이 당신이 하는 것에 영향을 끼칠 것이라는 것은 필연적이다.

inevitable	ⓐ	필연적인, 불가피한
environment	ⓝ	환경, (the e-) 자연 환경
influence	ⓥ	영향을 주다[끼치다]
	ⓝ	영향, 영향력, 세력
influential	ⓐ	영향력 있는, 영향력이 큰

influence와
affect는
유의어

Duncan Sheik 던컨 셰이크 (1969~) 미국의 가수, 작곡가.
대중음악의 가수 및 작곡가로 인기를 끌었고 최근에는 브로드웨이 뮤지컬의 작곡가로도 활동 영역을 넓혀 가고 있다. 대표곡은 〈Barely Breathing〉 등이 있다.

815. Little things affect little minds.

affect의 명사형인 effect

작은 것들은 작은 마음에 영향을 미친다.
affect ⓥ 영향을 미치다, 감동시키다, (~인) 체하다

Benjamin Disraeli 벤저민 디즈레일리 (1804~1881) 영국의 정치가, 작가.
영국의 총리를 지냈으며 근대 보수당의 성립에 커다란 기여를 했다.

816. The natural effect of sorrow over the dead is to refine and elevate the mind.

동일어 sorrow

죽은 사람들에 대해 슬퍼하는 것의 자연스러운 효과는 마음을 정련하고 고양하는 것이다.
sorrow ⓝ 슬픔, 비애
refine ⓥ 정련[제련]하다, 정제[정유]하다, (말, 태도, 문제 등을) 세련되게 하다
elevate ⓥ 높이다, (정신 등을) 고양하다, 승진시키다

Washington Irving 워싱턴 어빙 (1783~1859) 미국의 작가.
미국인으로서는 처음으로 국제적 명성을 얻은 작가로 미국 문학의 아버지로 불린다. 대표작은 단편집 〈The Sketch Book 스케치북〉에 수록된 〈Rip Van Winkle 립 반 윙클〉 등이 있다.

817. The keenest sorrow is to recognize ourselves as the sole cause of all our adversities.

동일어 adversity

가장 살을 에는 듯한 슬픔은 우리 자신을 우리의 모든 불운들의 유일한 원인으로 인지하는 것이다.
keen ⓐ 날카로운, 살을 에는 듯한, 예리한, 예민한, 열렬한
sole ⓐ 유일한, 단 하나의, 단독의
　　　 ⓝ 발바닥, (구두 등의) 바닥[밑창]
adversity ⓝ 역경, 불운
adverse ⓐ 부정적인, 불리한

Sophocles 소포클레스 (BC 496~406) 그리스의 작가.
고대 그리스의 3대 비극시인 중의 한 사람으로 대표작은 〈Antigone 안티고네〉, 〈Aias 아이아스〉 등이 있다.

818. Education is an ornament in (prosperity) and a refuge in (adversity).

교육은 번영의 시기에는 장식품이며 역경의 시기에는 피난처이다.
ornament ⓝ 꾸밈, 장식(품), 훈장
           ⓥ 꾸미다, 장식하다
prosperity ⓝ 번영, 번창, 성공
refuge   ⓝ 피난, 도피, 피난처, 도피처

Aristotle 아리스토텔레스 (BC 384~322) 그리스의 철학자.
물리학, 생물학, 시학, 수사학, 논리학, 윤리학, 정치학 등의 다양한 분야에 명저를 남겨 서양 철학의 발전에 커다란 기여를 했다.

prosperity의 동사형인 prosper

819. That business does not (prosper) which you transact with the eyes of others.

다른 사람들의 판단으로 거래하는 장사는 번창하지 않는다.
business   ⓝ 장사, 사업(체), 업무, 용무, 일, 사건
prosper   ⓥ 번영[번창]하다, 성공하다
transact   ⓥ 거래하다, (사무, 교섭 등을) 처리[집행]하다
transaction ⓝ 거래, 취급

Titus Livius 티투스 리비우스 (BC 59~AD 17) 로마의 역사가.
40년에 걸쳐 저술한 〈Ab Urbe Condita 로마건국사〉에는 로마의 건국 시기에서부터 그가 살았던 시기까지의 역사가 들어있다. 명문장가로 유명하며 그의 저서는 '로마사 연구의 바이블'이다.

prosper와 thrive는 유의어

820. By (union) the smallest states (thrive). By discord the greatest are destroyed.

통합으로 가장 작은 국가들도 번영한다. 내분으로 가장 큰 국가들도 파괴된다.
union   ⓝ 통합, 결합, 연합 (조직), 동맹, 조합
thrive ⓥ 번영[번성, 번창]하다, (사람·동식물 등이) 잘 자라다, 무성해지다
discord ⓝ 불화, 다툼, 불협화음

Sallust 살루스티우스 (BC 86~34) 로마의 역사가.
민중의 편에 선 글들을 남겼으며 대표작은 〈The Conspiracy of Catiline 카틸리나의 음모〉 등이 있다.

union의 동사형인 unite

::383

821. Ancient lovers believed a (kiss) would literally (unite) their souls, because the spirit was said to be carried in one's breath.

고대의 연인들은 키스는 글자 그대로 그들의 영혼을 결합하는 것으로 믿었다, 왜냐하면 영혼은 사람의 숨 속에 실려진다고 전해졌기 때문이다.

ancient	ⓐ	고대의, 아주 오래된
literally	ⓐⓓ	글자[문자, 말] 그대로, 그야말로
literal	ⓐ	문자 그대로의, (번역이) 직역인, 문자의
unite	ⓥ	연합하다, 결합하다, 일체가 되다 하다
soul	ⓝ	(영)혼, 정신
spirit	ⓝ	영혼, 정신, 기분, 마음
breath	ⓝ	숨, 호흡

동일어 kiss

Eve Glicksman 신원 미상

822. More than (kisses), letters (mingle) souls.

키스들보다 더, 편지들이 영혼을 섞는다.

mingle ⓥ 섞다, 혼합하다, 섞이다

mingle과 mixture는 유의어 – 다른 품사

John Donne 존 던 (1572~1631) 영국의 작가, 성직자.
상투적인 내용이 아닌 정열과 논리, 지식이 조화롭게 어우러진 연애시 및 종교시를 썼다. 대표작은 〈For Whom The Bell Tolls 누구를 위하여 종은 울리나〉 등이 있다.

823. A (mixture) of (admiration) and pity is one of the surest recipes for affection.

존경과 연민의 혼합은 애정의 가장 확실한 조리법들 중 하나이다.

mixture	ⓝ	혼합, 혼합물[체]
mix	ⓥ	섞다, 혼합하다, (섞어서) 만들다, 섞이다, 사이좋게 어울리다
admiration	ⓝ	존경, 흠모, 감탄
admire	ⓥ	존경[흠모]하다, 감탄하다
recipe	ⓝ	조리[요리]법, 비결, 방안
affection	ⓝ	애정, 보살핌, 감동
affectionate	ⓐ	애정 어린, 다정한

admiration과 respect는 유의어

Arthur Helps 아서 헬프스 (1813~1875) 영국의 작가.
정치, 사회, 문학 등 다양한 주제의 글을 썼으며 뛰어난 필력으로 빅토리아 여왕으로부터 총애를 받았다. 대표작은 〈Friends in Council 평의회의 친구들〉 등이 있다.

824. I hate victims who (respect) their executioners.

나는 그들의 사형 집행인들을 존경하는 피해자들을 싫어한다. (나는 자신을 죽음으로 내모는 사람들을 여전히 존경하는 사람들을 싫어한다.)
victim ⓝ 피해자, 희생(자)
executioner ⓝ 실행자, 사형 집행인

Jean-Paul Sartre 장 폴 사르트르 (1905~1980) 프랑스의 철학자, 작가.
실존주의를 제창했으며, 제2차 세계대전 후 문학 분야에서 지도적 역할을 했다. 1964년에는 최초로 노벨 문학상을 거부했다. 대표작은 〈LL'tre et le neant 존재와 무〉, 〈La nausée 구토〉 등이 있다.

respect와 despise는 반의어

825. We often (despise) what is most useful to us.

우리는 흔히 우리에게 가장 도움이 되는 것을 경멸한다.
despise ⓥ 경멸하다, 멸시하다

Aesop 이솝 (BC 620?~560?) 그리스의 우화 작가.
소아시아에서 태어나 노예로 팔려 그리스로 왔고, 뛰어난 이야기꾼으로 명성을 날렸다.

despise와 scorn은 유의어

826. Only a stomach that rarely feels hungry (scorns) (common) things.

좀처럼 배고픔을 느끼지 않는 위만이 흔한 것들을 경멸한다.
stomach ⓝ 위(胃), 복부, 배, 속
rarely ⓐⓓ 드물게, 좀처럼 (~)하지 않는
scorn ⓥ 경멸[멸시]하다
　　　 ⓝ 경멸, 멸시, 경멸받는 사람[것]

Horace 호라티우스 (BC 65~8) 로마의 시인.
고대 로마의 가장 유명한 시인 중의 한 명으로 특히 Carpe diem, quam minimum credula postero (오늘을 즐겨라, 내일은 가능한 한 믿지 말고)의 시를 남겼다.

common과 ordinary는 유의어

:: 385

827. The typical mass (murderer) is extraordinarily (ordinary).

전형적인 대량 살해범은 유별나게 평범하다.

typical	ⓐ	전형적인, 대표적인, 표상하는, 보통의
mass	ⓐ	대량의, 대규모의, 대중적인
	ⓝ	큰 덩어리, 모임, (천주교의) 미사, 일반 대중
murderer	ⓝ	살인자[범], 살해범
extraordinarily	ⓐⓓ	유별나게, 이례적으로, 비상하게
ordinary	ⓐ	평범한, 보통의, 일상적인, 통상적인

James Alan Fox 제임스 알란 폭스 (?~) 미국의 범죄학자.
미국 최고의 범죄학 분야의 전문가로 꼽힌다. 대표작은 〈Extreme Killing: Understanding Serial and Mass Murder 극한의 살인: 연쇄 살인과 대량 학살의 이해〉 등이 있다.

murderer는 murder하는 사람

828. (Police) are reluctant to label a (murder) as a possible serial homicide.

경찰은 살인을 하나의 가능성 있는 연쇄 살인으로 부르기를 꺼린다.

police	ⓝ	(집합명사, 복수 취급) (흔히 the p-) 경찰
	ⓥ	치안을 유지하다, (규칙 준수를) 감시하다
reluctant	ⓐ	꺼리는, 마지못한
reluctance	ⓝ	꺼림, 마음 내키지 않음, 마지못해 함
label	ⓥ	라벨을 붙이다, 딱지[꼬리표]를 붙이다, (~라고) 부르다
	ⓝ	라벨표, 상표, 딱지[꼬리표], 음반사[레이블]
murder	ⓝ	살인(죄), 살해
	ⓥ	살인[살해]하다
serial	ⓐ	연쇄적인, 상습적인, 순차적인, 연속 방송되는, 연재되는
	ⓝ	연속극, 연재물
homicide	ⓝ	살인(죄), 살인 행위

Pat Brown 팻 브라운 (1955~) 미국의 범죄심리학자, 작가.
범죄심리학 분야의 전문가이며, 그녀의 대표작은 〈The Profiler: My Life Hunting Serial Killers and Psychopath 프로파일러: 연쇄 살인범들과 사이코패스를 쫓는 나의 인생〉 등이 있다.

police는 용의자를 chase한다

829. I flee who (chases) me, and chase who flees me.

나는 나를 뒤쫓는 사람을 피해 달아나고, 나를 피해 달아나는 사람을 뒤쫓는다.
flee ⓥ (피해) 달아나다, (~로 부터(from)) 도망치다
chase ⓥ 뒤쫓다, 쫓아다니다, 추적하다, 추구하다
        ⓝ 쫓음, 추적, 추구

> chase와 haunt는 유의어

Ovid 오비디우스 (BC 43~AD 17 본명 Publius Ovidius Naso) 로마의 시인.
세련된 감각과 풍부한 수사(修辭)를 특징으로 하는 그의 작품은 특히 르네상스 작가들에게 큰 영향을 끼쳤다. 대표작은 〈Metamorphoses 변신이야기〉 등이 있다.

830. (Suspicion) always (haunts) the guilty mind.

의심은 언제나 떳떳하지 못한 마음에 늘 따라다닌다.
suspicion   ⓝ 의심, 혐의, 눈치챔
suspicious   ⓐ 의심하는, 의심 많은, 의심스러운
haunt   ⓥ (유령 등이) 출몰하다, (생각 등이) 늘 따라다니다
             ⓝ 자주 드나드는 곳, 출몰하는 곳
haunted   ⓐ (장소 등이) 유령이 출몰하는, 고뇌에 시달린
guilty   ⓐ 유죄의, 죄를 범한, 떳떳하지 못한, 가책을 느끼는

> suspicion의 동사형인 suspect

William Shakespeare 윌리엄 셰익스피어 (1564~1616) 영국의 작가.
역사상 최고의 작가 중 한 명으로 꼽히며 대표작은 〈Hamlet 햄릿〉, 〈Romeo and Juliet 로미오와 줄리엣〉, 〈The Merchant of Venice 베니스의 상인〉 등이 있다.

831. The profound thinker always (suspects) that he is superficial.

심오한 사상가는 언제나 그가 피상적인 것이 아닌가 하고 생각한다.
profound   ⓐ 깊은, 심오한, 의미심장한
suspect   ⓥ 의심을 두다, (~이) 아닌가 하고 생각하다, 짐작하다
             ⓝ 용의자
superficial ⓐ 피상[표면]적인, 표면의, 깊이 없는

> 동일어 suspect

Benjamin Disraeli 벤저민 디즈레일리 (1804~1881) 영국의 정치가, 작가.
영국의 총리를 지냈으며 근대 보수당의 성립에 커다란 기여를 했다.

:: 387

832. I suspect that no community will become humane and caring by restricting what its members can say.

> 어떤 공동체도 그 구성원들이 말할 수 있는 것을 제한함으로써는 인도적이며 보살피게끔 되지 않을 것으로 짐작한다.
> **community** ⓝ 공동체[사회], 지역 사회, (공통의 특징을 지닌 사람들의) 일반 사회
> **humane** ⓐ 인도적인, 인정 있는
> **caring** ⓐ 보살피는, 돌보는, 배려하는
> **restrict** ⓥ 제한하다, 한정하다, 규제[구속]하다
> **restriction** ⓝ 제한, 한정, 규제, 구속

동일어
community

Derek Bok 데릭 복 (1930~) 미국의 법률가, 교육자.
하버드대의 법학 교수를 지낸 후 1971년부터 1991년까지 20여 년간 하버드대의 총장으로 재직했다. 대표작은 〈Beyond the Ivory Tower 상아탑을 넘어〉 등이 있다.

833. What people say behind your back is your standing in the community.

> 당신의 등 뒤에서 사람들이 말하는 것이 그 공동체 안에서의 당신의 지위이다.
> **standing** ⓝ 지위, 지속 (기간)
> ⓐ 고정[지속]적인, 상설[상임]의, 서서 하는

동일구
behind
one's back

Edgar Watson Howe 에드가 왓슨 하우 (1853~1937) 미국의 작가, 언론인.
대표작은 〈The Story of a Country Town 한 시골 도시의 이야기〉 등이 있다.

834. The only really decent thing to do behind a person's back is pat it.

> 사람의 등 뒤에서 할 유일하게 진짜 품위 있는 행위는 등을 톡톡 가볍게 두드리는 것이다.
> **decent** ⓐ 품위 있는, 예의 바른, (수준, 질 등이) 괜찮은
> **decency** ⓝ 품위, 예의 바름, (수준, 질 등이) 괜찮음
> **pat** ⓥ 톡톡 가볍게 두드리다[치다], 쓰다듬다
> ⓝ 톡톡[가볍게] 두드림[침], 쓰다듬기

동일어
back

Anonymous 작자 미상

835. I do not pray for a lighter (load), but for a stronger (back).

나는 보다 가벼운 짐을 갖고자가 아닌, 보다 강한 등을 갖고자 기도한다.
- pray ⓥ 기도하다, 빌다, 기원하다, 간청하다
- load ⓝ 짐, 적재물, 화물
  ⓥ (짐을) 싣다, (탄알을) 장전하다
- back ⓝ 등, 등뼈, 척추, 뒤쪽, 뒷부분, 등받이
  ⓥ 뒤로 물러서다, 뒷받침하다, 지지[지원]하다
  ⓐⓓ 뒤로, 돌아와[가]서, 과거로, (예)전에

load와 burden은 유의어

Phillips Brooks 필립스 브룩스 (1835~1893) 미국의 성직자, 작가.
노예제도를 반대했으며 링컨의 죽음을 두고 행한 연설로 미국 국민에게 감동을 주었다. 대표작은 설교집 〈The Consolations of God 하나님의 위안〉 등이 있다.

836. God places the heaviest (burden) on those who can carry its weight.

하나님은 그 무게를 지탱할 수 있는 자들에게 가장 무거운 짐을 지운다.
- heavy ⓐ 무거운, 힘겨운, 대량의, 격렬한, (음식이) 소화가 잘 안 되는
- burden ⓝ 짐, 부담 ⓥ 짐[부담]을 지우다
- carry ⓥ 나르다, (소식, 소리 등을) 전하다[전달되다], 휴대하다, 지니다
- weight ⓝ 무게, 부담, 중요성
- weighty ⓐ 무거운, 중요한

Reggie White 레지 화이트 (1961~2004) 미국의 미식축구 선수.
프로 미식축구팀인 Green Bay Packers의 전설적인 수비수이며, 신앙 및 자선활동에도 적극 참여하여 활발한 활동을 벌였다.

UPGrade Check Up
영작 및 말하기 연습

811. 당신의 친구들에게 당신의 소화불량에 대해 말하지 마라. "안녕하세요"는 인사이지, 질문이 아니다.

812. 만약 외로운 곳에 있다면, 친구나 모르는 사람에게까지도 만나거나 지나칠 때 언제나 인사의 말이나 표시를 주어라.

813. 보다 많은 사람들과 당신이 관계될수록, 집을 그리워하는 대신에 새로운 환경에 동화되는 것이 보다 쉽다.

814. 당신의 환경이 당신이 하는 것에 영향을 끼칠 것이라는 것은 필연적이다.

815. 작은 것들은 작은 마음들에 영향을 미친다.

816. 죽은 사람들에 대해 슬퍼하는 것의 자연스러운 효과는 마음을 정련하고 고양하는 것이다.

817. 가장 살을 에는 듯한 슬픔은 우리 자신을 우리의 모든 불운들의 유일한 원인으로 인지하는 것이다.

818. 교육은 번영의 시기에는 장식품이며 역경의 시기에는 피난처이다.

Key Word
UpGrade Check - Up
Important Word

811. indigestion, greeting
812. sign, salute, pass, stranger, lonely
813. connect, assimilate, environment, miss
814. inevitable, environment, influence
815. affect, mind
816. effect, sorrow, refine, elevate
817. keen, sorrow, recognize, sole, adversity
818. ornament, prosperity, refuge, adversity

Answer

811. Don't tell your friends about your indigestion. "How are you" is a greeting, not a question.
812. Always give a word or sign of salute when meeting or passing a friend, or even a stranger, if in a lonely place.
813. The more people you're connected with, the easier it is to assimilate to a new environment instead of missing home.
814. It is inevitable your environment will influence what you do.
815. Little things affect little minds.
816. The natural effect of sorrow over the dead is to refine and elevate the mind.
817. The keenest sorrow is to recognize ourselves as the sole cause of all our adversities.
818. Education is an ornament in prosperity and a refuge in adversity.

먼저 오른쪽 박스 안의 키워드를 참고하여 왼쪽의 한글을 영작해 보세요. 이후 키워드를 가린 채 왼쪽의 한글만 보고 영어로 소리 내어 말해 보세요.

Key Word
UpGrade Check - Up
Important Word

819. 다른 사람들의 판단으로 거래하는 장사는 번창하지 않는다.

_____ .

820. 통합으로 가장 작은 국가들도 번영한다. 내분으로 가장 큰 국가들도 파괴된다.

_____ .

821. 고대의 연인들은 키스는 글자 그대로 그들의 영혼을 결합하는 것으로 믿었다, 왜냐하면 영혼은 사람의 숨 속에 실려진다고 전해졌기 때문이다.

_____ .

822. 키스들보다 더, 편지들이 영혼을 섞는다.

_____ .

823. 존경과 연민의 혼합은 애정의 가장 확실한 조리법들 중 하나이다.

_____ .

824. 나는 그들의 사형 집행인들을 존경하는 피해자들을 싫어한다.

_____ .

825. 우리는 흔히 우리에게 가장 도움이 되는 것을 경멸한다.

_____ .

826. 좀처럼 배고픔을 느끼지 않는 위만이 흔한 것들을 경멸한다.

_____ .

- 819. business, prosper, transact, eye
- 820. union, state, thrive, discord
- 821. ancient, kiss, literally, unite, carry, breath
- 822. kiss, mingle
- 823. mixture, admiration, pity, recipe, affection
- 824. victim, respect, executioner
- 825. despise, useful
- 826. stomach, rarely, scorn, common

Answer

819. That business does not prosper which you transact with the eyes of others.
820. By union the smallest states thrive. By discord the greatest are destroyed.
821. Ancient lovers believed a kiss would literally unite their souls, because the spirit was said to be carried in one's breath.
822. More than kisses, letters mingle souls.
823. A mixture of admiration and pity is one of the surest recipes for affection.
824. I hate victims who respect their executioners.
825. We often despise what is most useful to us.
826. Only a stomach that rarely feels hungry scorns common things.

UPGrade Check Up
영작 및 말하기 연습

827. 전형적인 대량 살해범은 유별나게 평범하다.
_____.

828. 경찰은 살인을 하나의 가능성 있는 연쇄 살인으로 부르기를 꺼린다.
_____.

829. 나는 나를 뒤쫓는 사람을 피해 달아나고, 나를 피해 달아나는 사람을 뒤쫓는다.
_____.

830. 의심은 언제나 떳떳하지 못한 마음에 늘 따라다닌다.
_____.

831. 심오한 사상가는 언제나 그가 피상적인 것이 아닌가 하고 생각한다.
_____.

832. 어떤 공동체도 그 구성원들이 말할 수 있는 것을 제한함으로써 인도적이며 보살피게끔 되지 않을 것으로 짐작한다.
_____.

833. 당신의 등 뒤에서 사람들이 말하는 것이 그 공동체 안에서의 당신의 지위이다.
_____.

827. typical, mass, murderer, extraordinarily, ordinary

828. police, reluctant, label, murder, serial, homicide

829. flee, chase

830. suspicion, haunt, guilty

831. profound, suspect, superficial

832. suspect, community, humane, caring, restrict

833. back, standing, community

Answer

827. The typical mass murderer is extraordinarily ordinary.
828. Police are reluctant to label a murder as a possible serial homicide.
829. I flee who chases me, and chase who flees me.
830. Suspicion always haunts the guilty mind.
831. The profound thinker always suspects that he is superficial.
832. I suspect that no community will become humane and caring by restricting what its members can say.
833. What people say behind your back is your standing in the community.

834. 사람의 등 뒤에서 할 유일하게 진짜 품위 있는 행위는 등을 톡톡 가볍게 두드리는 것이다.

    _____.

835. 나는 보다 가벼운 짐을 갖고자가 아닌, 보다 강한 등을 갖고자 기도한다.

    _____.

836. 하나님은 그 무게를 지탱할 수 있는 자들에게 가장 무거운 짐을 지운다.

    _____.

834. decent, back, pat

835. load, back

836. place, heavy, burden, carry, weight

Answer

834. The only really decent thing to do behind a person's back is pat it.
835. I do not pray for a lighter load, but for a stronger back.
836. God places the heaviest burden on those who can carry its weight.

There are very few monsters who warrant the fear we have of them.

– André Gide

Unit 029

837. Man usually avoids (attributing) cleverness to somebody else unless it is an enemy.

> 사람은 대개 그가 적이 아닌 한 다른 누군가를 영리하다고 여기는 것을 기피한다.
> avoid ⓥ 피하다, 기피[회피]하다, 방지[모면]하다
> avoidance ⓝ 기피, 회피
> attribute ⓥ (결과를) ~의(to) 탓[덕분]으로 돌리다, (말, 글, 작품, 행동 등을) ~의 (to) 것으로 여기다, (성질, 특징 등이) ~에게(to) 있다고 여기다
> ⓝ 속성, 자질

attribute와 ascribe는 유의어

Albert Einstein 알버트 아인슈타인 (1879~1955) 독일 출신의 미국 물리학자, 평화운동가. 상대성이론, 광양자설 등의 이론을 발표하여 현대 과학을 급속도로 발전시켰다는 평가를 받고 있으며, 1921년 노벨물리학상을 수상했다.

838. Common and vulgar people (ascribe) all (ills) that they feel to others; people of little wisdom ascribe to themselves; people of much wisdom, to no one.

> 통속적이고 저속한 사람들은 그들이 느끼는 모든 악들을 다른 사람들의 탓으로 돌린다; 조금 현명한 사람들은 스스로의 탓으로 돌린다; 많이 현명한 사람들은 누구의 탓으로도 돌리지 않는다.
> ascribe ⓥ (원인, 기원 등을) ~에(to) 돌리다, (결과를) ~의(to) 탓[덕분]으로 돌리다, (말, 글, 작품, 행동 등을) ~의(to) 것으로 여기다, (성질, 특징 등이) ~에게 (to) 있다고 여기다
> ill ⓝ 악, 해악, 병, 병폐
> ⓐ 병든, 아픈, 나쁜
> ⓓ 나쁘게

동일어 ill

Epictetus 에픽테토스 (55~135) 로마의 스토아학파 철학자. 노예의 아들로 태어났고 절름발이였으나, 후에 황제인 마르쿠스 아우렐리우스의 스승이 되었다.

839. Minds that are (ill) at ease are agitated by both hope and fear.

불안해서 안절부절못하는 마음들은 희망과 두려움 둘 모두로부터 동요된다.
ill at ease 불안한, 거북한, (불안해서) 안절부절못하는
agitate ⓥ (액체를) 흔들다, 동요시키다, 선동하다
agitation ⓝ 뒤흔들기, (마음·인심의) 동요, 소요, 선동

ill의 파생어인 illness

Ovid 오비디우스 (BC 43~AD 17 본명 Publius Ovidius Naso) 로마의 시인.
세련된 감각과 풍부한 수사(修辭)를 특징으로 하는 그의 작품은 특히 르네상스 작가들에게 큰 영향을 끼쳤다. 대표작은 《Metamorphoses 변신이야기》 등이 있다.

840. People who cannot find time for recreation are obliged sooner or later to find time for (illness).

기분 전환을 위한 시간을 낼 수 없는 사람들은 부득이 조만간 병을 위한 시간을 내야 한다.

illness와 sound health는 반대 의미

recreation ⓝ 기분 전환, 휴양, 오락, 레크리에이션
obliged ⓐ (부득이[의무적으로]) (~)해야 하는, 고마운[감사하는]
oblige ⓥ 부득이[의무적으로] (~)하게 하다, (은혜 등을) 베풀다
sooner or later 조만간, 머지않아
illness ⓝ 병, 아픔, (특정) 질환

John Wanamaker 존 워너메이커 (1838~1922) 미국의 기업인.
미국 워너메이커 백화점의 설립자로 신문광고를 활용한 판매 및 정찰판매제를 개척했다.

841. One should eat (nutritious) food and exercise regularly to have (sound health).

사람은 온전한 건강을 가지기 위해 영양가 높은 음식을 먹고 규칙적으로 운동해야 한다.

nutritious ⓐ 영양가 높은, 영양분이 많은
nutrition ⓝ 영양, 영양물 (섭취)
exercise ⓥ 운동하다[시키다], 연습하다[시키다], 발휘하다, 행사하다
ⓝ 운동, 연습 (문제), (능력 등의) 발휘, (권력 등의) 행사
regularly ⓐⓓ 규칙적으로, 정기적으로
regular ⓐ 규칙적인, 정기적인, 정규[정식]의, 통상의

nutritious와 nourish는 유의어 – 다른 품사

Rig Veda 리그 베다 고대 인도 브라만교의 경전 중 첫째 문헌.

∷ 395

842. Criticism, like rain, should be gentle enough to (nourish) a man's growth without (destroying) his roots.

비판은, 비와 같이, 그의 뿌리들을 파괴하지 않으면서 사람의 성장에 영양분을 줄 수 있을 만큼 충분히 부드러워야 한다.

criticism	ⓝ 비판, 비평, 비난, 평론
gentle	ⓐ 온화한, 순한, 조용한
nourish	ⓥ 자양분[영양분]을 주다, (감정, 생각 등을) 키우다[조장하다]
nourishment	ⓝ 자양분, 영양분, (정신적) 양식
growth	ⓝ 성장, 발전, 증대, 증가
destroy	ⓥ 파괴하다, 말살하다, 망치다
root	ⓝ 뿌리, 근본, 근원, 〈언어〉 어근
	ⓥ 뿌리박게 하다, 뿌리를 내리다

destroy의 형용사형인 destructive

Frank A. Clark 프랭크 A. 클라크 (1911~1991) 미국의 기업인, 작가.
글쓰기와 사업을 병행하면서 신앙 봉사활동에도 적극적이었다. 대표작은 〈Odd, Isn't It? 유별나, 그렇지 않나요?〉 등이 있다.

843. Like hatred, jealousy is (forbidden) by the laws of life because it is essentially (destructive).

증오와 같이, 질투는 근본적으로 파괴적이기 때문에 삶의 법칙들에 의해 금지된다.

hatred	ⓝ 반감, 증오
jealousy	ⓝ 질투, 시기, 시샘
jealous	ⓐ (~을(에)) 질투하는, 시기[시샘]하는
forbid	ⓥ 금(지)하다, 허락하지 않다
forbid A (from) B(~ing)	A가 B하는 것을 금(지)하다
essentially	ⓐⓓ 근본적으로, 본질적으로
destructive	ⓐ 파괴적인, 몹시 해로운

forbid와 ban은 유의어

Alexis Carrel 알렉시 카렐 (1873~1944) 프랑스의 생물학자, 철학자.
1912년 혈관봉합과 장기이식에 대한 연구로 노벨생리·의학상을 수상했다. 철학서인 〈Man, the Unknown 인간, 그 미지의 존재〉 또한 호평을 받았다.

844. Books won't stay banned... Ideas won't go to jail... The only sure weapon against bad ideas is better ideas.

> 책들은 계속 금지되지 않을 것이다... 생각들은 감옥으로 가지 않을 것이다... 나쁜 생각들에 대한 유일하게 확실한 무기는 보다 나은 생각들이다.
> ban ⓥ 금(지)하다
> ⓝ 금지, 금지법(령)
> ban A from B(~ing) A가 B하는 것을 금(지)하다
> jail ⓝ 감옥, 교도소
> ⓥ 투옥[수감]하다
> weapon ⓝ 무기, 병기

동일어
book

Alfred Whitney Griswold 알프레드 휘트니 그리스워드 (1906~1963) 미국의 역사가, 교육자. 예일 대학의 총장을 지냈으며, 대표작은 〈Farming and Democracy 농업과 민주주의〉, 〈Essays on Education 교육에 관한 에세이〉 등이 있다.

845. Books are men of higher stature; the only men that speak aloud for future.

> 책들은 보다 높은 신장의 사람들이다; 미래를 위해 소리 내어 말하는 유일한 사람들이다.
> stature ⓝ 신장, 키, 위상, (정신적) 성장도
> aloud ⓐⓓ 소리 내어, 들을 수 있을 정도로

동일어
future

Garson Kanin 가슨 캐닌 (1912~1999) 미국의 작가, 뮤지컬 및 영화감독. 아내 Ruth Gordon과 함께 〈Adam's Rib 아담의 갈빗대〉 등의 시나리오를 써서 유명해졌으며, 뮤지컬 감독으로 〈Funny Girl 화니 걸〉을 성공시키기도 했다.

846. There's no present. There's only the immediate future and the recent past.

> 현재라는 것은 없다. 단지 즉시 오는 미래와 최근의 과거가 있을 뿐이다.
> immediate ⓐ 즉시의, 즉각적인, 목전의, 당면한, (시간적·공간적으로) 아주[가장] 가까운, 직속[직계]의
> recent ⓐ 최근의, 근래의

동일어
future

George Carlin 조지 칼린 (1937~2008) 미국의 코미디언. 정치, 문화, 종교 등에 대한 광범위한 주제로 미국 사회의 문제를 지적하는 사회비판적인 코미디를 했다.

847. We (drive) into the (future) using only our rear view mirror.

> 우리는 단지 우리의 백미러만을 사용하면서 미래로 운전해 간다. (과거를 거울삼아 미래를 대비할 수 있을 뿐이다.)
> **rear** ⓐ 뒤쪽의, 후방의　ⓝ 뒤, 뒷부분　ⓥ 기르다, 부양하다
> **rear(-)view mirror** 백미러
> **mirror** ⓝ 거울, 거울 같은 것　ⓥ (거울처럼) 잘 보여주다, 반영하다

drive 속도 경쟁이 race

Marshall McLuhan 마샬 맥루한 (1911~1980) 캐나다의 미디어 이론가.
미디어 팝 문화의 대부로 불리며, 현재까지도 미디어 분야의 가장 영향력 있는 학자로 여겨진다. "미디어는 메시지다", "지구촌(global village)" 등의 말을 만들어 냈다. 대표작은 〈Understanding Media 미디어의 이해〉 등이 있다.

848. (Human) history becomes more and more a (race) between education and catastrophe.

> 인간의 역사는 점점 더 교육과 대재앙 사이의 경주가 되어가고 있다. (세계대전 같은 대재앙을 통해 배우지만 또 다른 대재앙이 나타나는 상황)
> **race**　　　ⓝ 경주, 경쟁, 레이스, 달리기 (시합), 인종, 종족, 민족
> 　　　　　　ⓥ 경주[경쟁]하다, 질주하다
> **catastrophe** ⓝ 재앙, 참사

동일어 human

H. G. Wells H. G. 웰즈 (1866~1946) 영국의 작가.
대표작은 〈The Time Machine 타임머신〉, 〈The War of the Worlds 우주전쟁〉, 〈The Invisible Man 투명인간〉 등이 있다.

849. (Human) kindness is like a defective tap, the first gush may be (impressive) but the stream soon dries up.

> 사람의 친절이란 고장 난 수도꼭지와 같아서, 처음 세차게 쏟아져 나오는 것은 인상적일지라도 그 물줄기는 이내 곧 말라 버린다.
> **defective** ⓐ 결함이 있는, 불완전한
> **tap**　　　ⓝ 수도꼭지, 잠금장치, (관·통 등의) 꼭지, 도청
> 　　　　　　ⓥ (가볍게) 톡톡 두드리다, (기존의 에너지, 지식 등을) 이용하다,
> 　　　　　　　(전화를) 도청하다
> **gush**　　 ⓝ 분출, 솟아나옴, 감정의 격발
> 　　　　　　ⓥ (액체, 말, 소리 등이) 세차게 쏟아져 나오다, 분출하다
> **impressive** ⓐ 인상적인, 인상[감명] 깊은
> **dry up** 바싹 마르다, 말라붙다

impressive의 동사형인 impress

P. D. James P. D. 제임스 (1920~) 영국의 작가.
특히 추리 소설로 유명하며 대표작은 〈Original Sin 원죄〉, 〈The Black Tower 검은 탑〉 등이 있다.

850. I have been impressed with the urgency of doing. Knowing is not enough; we must apply. Being willing is not enough; we must do.

> 나는 행하는 것의 긴급함에 깊은 인상을 받았다. 아는 것은 충분하지 않다; 우리는 반드시 적용해야 한다. 할 의지가 있는 것은 충분하지 않다; 우리는 반드시 행해야 한다.
>
> **impress** ⓥ (깊은) 인상을 주다, 감명을 주다
> **impression** ⓝ 인상, 느낌, 감명
> **urgency** ⓝ 긴급(함), 시급(함), (pl.) 긴급한 일
> **urgent** ⓐ 긴급한, 시급한
> **apply** ⓥ 적용[응용]하다[되다], 신청[지원]하다, (물건을) 대다, 쓰다

urgency와 emergency는 유의어

Leonardo da Vinci 레오나르도 다빈치 (1452~1519) 이탈리아의 예술가, 과학자, 철학자. 다양한 방면에 천재적 재능을 발휘했으며 15세기 르네상스 미술은 그에 의해 완성에 이르렀다는 평가를 받는다. 대표작은 〈Mona Lisa 모나리자〉, 〈The Last Supper 최후의 만찬〉 등이 있다.

851. Coward: One who, in a perilous emergency, thinks with his legs.

> 겁쟁이: 위태로운 비상 사태에, 그의 다리로 생각하는 사람. (겁이 나 다리가 후들거리는 것을 비유적으로 표현)
>
> **perilous** ⓐ 위험한, 위태로운
> **emergency** ⓝ 비상[긴급] 사태 ⓐ 비상(용)의, 긴급한

동일어 coward

Ambrose Bierce 앰브로스 비어스 (1842~1914) 미국의 작가, 언론인. 대표작은 〈The Devil's Dictionary 악마의 사전〉 등이 있다.

852. Cowards die many times before their deaths; the valiant never taste of death but once.

> 겁쟁이들은 그들의 죽음 전에 여러 번 죽지만, 용맹스런 사람들은 단지 한 번 죽음의 맛을 볼 뿐이다.
>
> **valiant** ⓐ 용맹스런, 영웅적인, 장한
> **taste** ⓥ 맛보다, (~한) 맛이 나다 ⓝ 미각, 소량, 취향

동일어 taste

William Shakespeare 윌리엄 셰익스피어 (1564~1616) 영국의 작가. 역사상 최고의 작가 중 한 명으로 꼽히며 대표작은 〈Hamlet 햄릿〉, 〈Romeo and Juliet 로미오와 줄리엣〉, 〈The Merchant of Venice 베니스의 상인〉 등이 있다.

853. The true barbarian is he who thinks everything barbarous but his own tastes and prejudices.

> 진정한 야만인은 자기 자신의 취향들과 편견들을 제외한 모든 것을 야만스럽다고 생각하는 사람이다.
> **barbarian** ⓝ 야만인, 미개인, 이방인
> **barbarous** ⓐ 야만스러운, 미개한
> **prejudice** ⓝ 편견

barbarian과 savage는 유의어

William Hazlitt 윌리엄 헤즐릿 (1778~1830) 영국의 작가.
대표작은 〈Table Talk 원탁〉, 〈The Spirit of the Age 시대정신〉 등이 있다.

854. The savage bows down to idols of wood and stone, the civilized man to idols of flesh and blood.

> 야만인은 나무와 돌로 만든 우상들에 절하고, 문명화된 인간은 살아 있는 인간 우상들에 절한다.
> **bow** ⓥ (허리를 굽혀) 절하다, (고개를) 숙이다
>   ⓝ 절, (고개 숙여 하는) 인사
> **bow down to** A A에 절하다
> **vow** ⓝ 맹세, 서약 ⓥ (엄숙히) 맹세하다, 서약하다
> **idol** ⓝ 우상
> **idolize** ⓥ 우상화하다, 숭배하다
> **flesh** ⓝ 살, 살집, 육체, 과육, 고기
> **flesh and blood** 육체, 살아 있는 인간

동일어 savage

George Bernard Shaw 조지 버나드 쇼 (1856~1950) 아일랜드의 작가, 비평가.
작품을 통해 영국 사회를 신랄하게 비판했으며 당시의 예술적·지적 발전에 커다란 기여를 했다. 대표작은 〈Man and Superman 인간과 초인〉, 〈Pygmalion 피그말리온〉 등이 있다.

855. The most (savage) controversies are those about matters as to which there is no good evidence either way. Persecution is used in theology, not in (arithmetic).

가장 야만적인 논쟁들은 어느 쪽이든 좋은 증거가 없는 것에 관한 문제들에 대한 것들이다. 박해는 신학에서 사용되었다, 산수에서가 아니라.

savage	ⓐ	야만적인, 사나운
controversy	ⓝ	논쟁, 논란
controversial	ⓐ	논쟁적인, 논란이 많은
as to A=as for A		A에 관한[대한]
evidence	ⓝ	증거, 증언
	ⓥ	증거가 되다, 증언하다
persecution	ⓝ	박해, 괴롭힘
persecute	ⓥ	(특히 인종·종교·정치적 이유로) 박해하다, 괴롭히다
theology	ⓝ	신학
arithmetic	ⓝ	산수, 셈

arithmetic은 mathematics의 기초

Bertrand Russell 버트런드 러셀 (1872~1970) 영국의 수학자, 논리학자, 철학자, 평화운동가. 다양한 분야의 명저들을 저술했으며 1950년 노벨문학상을 수상했다. 대표작은⟨History of Western Philosophy 서양철학사⟩, ⟨The Conquest of Happiness 행복의 정복⟩ 등이 있다.

856. Do not worry about your difficulties in (Mathematics). I can (assure) you mine are still greater.

수학에서의 당신의 어려움들에 대해 걱정하지 마라. 나는 나의 어려움이 훨씬 더 크다는 것을 장담할 수 있다.

mathematics	ⓝ	수학, 계산
assure	ⓥ	보장[보증, 장담]하다, 확인[확신, 확언, 확약]하다
assurance	ⓝ	보장, 보증, 장담, 확인, 확신

assure와 warrant는 유의어

Albert Einstein 알버트 아인슈타인 (1879~1955) 독일 출신의 미국 물리학자, 평화운동가. 상대성이론, 광양자설 등의 이론을 발표하여 현대 과학을 급속도로 발전시켰다는 평가를 받고 있으며, 1921년 노벨물리학상을 수상했다.

857. The pupil will eclipse his tutor, I warrant.

> 내가 보장하건대, 제자는 그의 선생을 능가하는 법이다. (청출어람)
> pupil ⓝ 학생, (개인 지도를 받는) 제자, 문하생, 눈동자, 동공
> eclipse ⓥ (천체가) 가리다, 빛을 잃게 만들다, 능가하다
> ⓝ (해·달의) 식, 빛을 잃음
> tutor ⓝ 가정교사, 개별 지도 교수, 선생
> ⓥ 개인 지도하다
> warrant ⓥ 정당화하다, 보증[보장]하다
> ⓝ 영장, 보증서, 근거
> warranty ⓝ 보증, 품질 보증서

동일어 warrant

Juvenal 유베날리스 (1세기 본명 Decimus Junius Juvenal) 로마의 시인.
황제의 노여움을 사서 추방당했고 그로 인해 불행한 만년을 보냈다. 대표작은 당시의 로마 사회를 극렬하게 풍자한 〈Saturae 풍자시집〉이 있다.

858. There are very few monsters who warrant the fear we have of them.

> 우리가 그들에 대해 가지는 두려움을 정당화할 만한 괴물들은 거의 없다.
> monster ⓝ 괴물, 괴물 같은 것, 극악무도한 사람
> ⓐ 기이하게 큰, 거대한

동일어 fear

André Gide 앙드레 지드 (1869~1951) 프랑스의 작가.
상징주의적인 작품을 쓰다가 아프리카 여행을 다녀오면서 강한 생명력을 드러내는 작품을 썼다. 1947년 노벨문학상을 수상했고, 대표작은 〈La Porte étroite 좁은 문〉, 〈La Symphonie pastorale 전원교향곡〉 등이 있다.

859. Fear is the main source of superstition, and one of the main sources of cruelty. To conquer fear is the beginning of wisdom.

> 두려움은 미신의 주요 원천이며, 잔인함의 주요 원천들 중 하나이다. 두려움을 극복하는 것이 현명함의 시작이다.
> superstition ⓝ 미신
> cruelty ⓝ 잔인함, 잔학 행위, 학대

동일어 superstition

Bertrand Russell 버트런드 러셀 (1872~1970) 영국의 수학자, 논리학자, 철학자, 평화운동가.
다양한 분야의 명저들을 저술했으며 1950년 노벨문학상을 수상했다. 대표작은 〈History of Western Philosophy 서양철학사〉, 〈The Conquest of Happiness 행복의 정복〉 등이 있다.

860. Superstition is to religion what astrology is to astronomy: the mad daughter of a wise mother.

> 미신이 종교에 대한 관계는 점성술이 천문학에 대한 관계와 같다: 현명한 어머니의 미친 딸.
> **A is to B what C is to D** A가 B에 대한 관계는 C가 D에 대한 관계와 같다
> **astrology** ⓝ 점성술[학]
> **astronomy** ⓝ 천문학

Voltaire 볼테르 (1694~1778 본명 François-Marie Arouet) 프랑스의 작가, 철학자. 계몽사상가로 백과전서파의 한 사람이며 대표작으로 〈Zadig 자디그〉 등이 있다.

mother는 parent의 한 쪽

861. Juvenile delinquency would disappear if kids followed their parent's advice instead of their example.

> 만약 아이들이 그들 부모의 본보기 대신 부모의 충고를 따른다면 청소년 범죄는 사라질 것이다.
> **juvenile** ⓐ 청소년의, 미성년의, 어린애 같은 ⓝ 청소년
> **delinquency** ⓝ (특히 청소년의) 비행[범죄]
> **juvenile delinquency** 청소년 비행, 미성년 범죄

Anonymous 작자 미상

juvenile이 겪는 시기가 adolescence

862. Adolescence is when girls experience social pressure to put aside their authentic selves and to display only a small portion of their gifts.

> 사춘기는 소녀들이 그들의 진정한 본모습들을 제쳐놓고 그들 재능들의 단지 조그마한 일부만을 드러내도록 하는 사회적 압력을 경험하는 때이다.
> **adolescence** ⓝ 사춘기, 청소년기
> **adolescent** ⓝ 청소년
> **put aside** 옆에 두다, 제쳐놓다, 모아 두다, 배제하다
> **authentic** ⓐ 진정한, 진짜의, 진본[진품]인
> **self** ⓝ 본모습, 자아, 자신
> **display** ⓥ 전시[진열]하다, 드러내다, 내보이다
>   ⓝ 전시, 진열, 과시

Mary Pipher 메리 파이퍼 (1947~) 미국의 임상심리학자. 미국 문화가 사람들의 정신 건강에 어떤 영향을 미치고 있는지에 대한 지속적인 관심과 연구를 하고 있다. 대표작은 〈Reviving Ophelia 오필리어 되살리기〉 등이 있다.

UPGrade Check Up
영작 및 말하기 연습

837. 사람은 대개 그가 적이 아닌 한 다른 누군가를 영리하다고 여기는 것을 기피한다.

_____.

838. 통속적이고 저속한 사람들은 그들이 느끼는 모든 악들을 다른 사람들의 탓으로 돌린다; 조금 현명한 사람들은 스스로의 탓으로 돌린다; 많이 현명한 사람들은 누구의 탓으로도 돌리지 않는다.

_____.

839. 불안해서 안절부절못하는 마음들은 희망과 두려움 둘 모두로부터 동요된다.

_____.

840. 기분 전환을 위한 시간을 낼 수 없는 사람들은 부득이 조만간 병을 위한 시간을 내야 한다.

_____.

841. 사람은 온전한 건강을 가지기 위해 영양가 높은 음식을 먹고 규칙적으로 운동해야 한다.

_____.

842. 비판은, 비와 같이, 그의 뿌리들을 파괴하지 않으면서 사람의 성장에 영양분을 줄 수 있을 만큼 충분히 부드러워야 한다.

_____.

843. 증오와 같이, 질투는 근본적으로 파괴적이기 때문에 삶의 법칙들에 의해 금지된다.

_____.

Key Word
UpGrade Check - Up
Important Word

837. avoid, attribute, cleverness, unless

838. common, vulgar, ascribe, ill

839. ill at ease, agitate, both

840. recreation, obliged, sooner or later, illness

841. nutritious, exercise, regularly, sound, health

842. gentle, nourish, destroy, root

843. jealousy, forbid, destructive

Answer

837. Man usually avoids attributing cleverness to somebody else unless it is an enemy.
838. Common and vulgar people ascribe all ills that they feel to others; people of little wisdom ascribe to themselves; people of much wisdom, to no one.
839. Minds that are ill at ease are agitated by both hope and fear.
840. People who cannot find time for recreation are obliged sooner or later to find time for illness.
841. One should eat nutritious food and exercise regularly to have sound health.
842. Criticism, like rain, should be gentle enough to nourish a man's growth without destroying his roots.
843. Like hatred, jealousy is forbidden by the laws of life because it is essentially destructive.

먼저 오른쪽 박스 안의 키워드를 참고하여 왼쪽의 한글을 영작해 보세요. 이후 키워드를 가린 채 왼쪽의 한글만 보고 영어로 소리 내어 말해 보세요.

Key Word
UpGrade Check - Up
Important Word

844. 책은 계속 금지되지 않을 것이다... 생각들은 감옥으로 가지 않을 것이다... 나쁜 생각들에 대한 유일하게 확실한 무기는 보다 나은 생각들이다.

　.

845. 책들은 보다 높은 신장의 사람들이다; 미래를 위해 소리 내어 말하는 유일한 사람들이다.

　.

846. 현재라는 것은 없다. 단지 즉시 오는 미래와 최근의 과거가 있을 뿐이다.

　.

847. 우리는 단지 우리의 백미러만을 사용하면서 미래로 운전해 간다.

　.

848. 인간의 역사는 점점 더 교육과 대재앙 사이의 경주가 되어가고 있다.

　.

849. 사람의 친절이란 고장 난 수도꼭지와 같아서, 처음 세차게 쏟아져 나오는 것은 인상적일지라도 그 물줄기는 이내 곧 말라 버린다.

　.

850. 나는 행하는 것의 긴급함에 깊은 인상을 받았다. 아는 것은 충분하지 않다; 우리는 반드시 적용해야 한다. 할 의지가 있는 것은 충분하지 않다; 우리는 반드시 행해야 한다.

　.

- 844. book, ban, jail, sure, weapon
- 845. book, stature, aloud, future
- 846. present, immediate, future, recent
- 847. drive, future, rear view mirror
- 848. human, race, catastrophe
- 849. human, defective, tap, gush, impressive, stream, dry up
- 850. impress, urgency, apply, willing

Answer

844. Books won't stay banned... Ideas won't go to jail... The only sure weapon against bad ideas is better ideas.
845. Books are men of higher stature; the only men that speak aloud for future.
846. There's no present. There's only the immediate future and the recent past.
847. We drive into the future using only our rear view mirror.
848. Human history becomes more and more a race between education and catastrophe.
849. Human kindness is like a defective tap, the first gush may be impressive but the stream soon dries up.
850. I have been impressed with the urgency of doing. Knowing is not enough; we must apply. Being willing is not enough; we must do.

UPGrade Check Up
영작 및 말하기 연습

851. 겁쟁이: 위태로운 비상 사태에, 그의 다리로 생각하는 사람.

852. 겁쟁이들은 그들의 죽음 전에 여러 번 죽지만, 용맹스런 사람들은 단지 한 번 죽음의 맛을 볼 뿐이다.

853. 진정한 야만인은 자기 자신의 취향들과 편견들을 제외한 모든 것을 야만스럽다고 생각하는 사람이다.

854. 야만인은 나무와 돌로 만든 우상들에 절하고, 문명화된 인간은 살아 있는 인간 우상들에 절한다.

855. 가장 야만적인 논쟁들은 어느 쪽이든 좋은 증거가 없는 것에 관한 문제들에 대한 것이다. 박해는 신학에서 사용되었고, 산수에서가 아니라.

856. 수학에서의 당신의 어려움들에 대해 걱정하지 마라. 나는 나의 어려움이 훨씬 더 크다는 것을 장담할 수 있다.

857. 내가 보장하건대, 제자는 그의 선생을 능가하는 법이다.

Key Word
UpGrade Check - Up
Important Word

851. coward, perilous, emergency, leg

852. coward, valiant, taste

853. barbarian, barbarous, taste, prejudice

854. savage, bow down to, idol, civilized, flesh and blood

855. savage, controversy, as to, evidence, persecution, theology, arithmetic

856. Mathematics, assure

857. pupil, eclipse, tutor, warrant

Answer

851. Coward: One who, in a perilous emergency, thinks with his legs.
852. Cowards die many times before their deaths; the valiant never taste of death but once.
853. The true barbarian is he who thinks everything barbarous but his own tastes and prejudices.
854. The savage bows down to idols of wood and stone, the civilized man to idols of flesh and blood.
855. The most savage controversies are those about matters as to which there is no good evidence either way. Persecution is used in theology, not in arithmetic.
856. Do not worry about your difficulties in Mathematics. I can assure you mine are still greater.
857. The pupil will eclipse his tutor, I warrant.

858. 우리가 그들에 대해 가지는 두려움을 정당화할 만한 괴물들은 거의 없다.

_____.

859. 두려움은 미신의 주요 원천이며, 잔인함의 주요 원천들 중 하나이다. 두려움을 극복하는 것이 현명함의 시작이다.

_____.

860. 미신이 종교에 대한 관계는 점성술이 천문학에 대한 관계와 같다: 현명한 어머니의 미친 딸.

_____.

861. 만약 아이들이 그들 부모의 본보기 대신 부모의 충고를 따른다면 청소년 범죄는 사라질 것이다.

_____.

862. 사춘기는 소녀들이 그들의 진정한 본 모습들을 제쳐놓고 그들 재능들의 단지 조그마한 일부만을 드러내도록 하는 사회적 압력을 경험하는 때이다.

_____.

858. monster, warrant, fear

859. fear, superstition, cruelty, conquer

860. superstition, A is to B what C is to D, astrology, astronomy

861. juvenile, delinquency, kid, instead, example

862. adolescence, pressure, put aside, authentic, self, display, portion

Answer

858. There are very few monsters who warrant the fear we have of them.
859. Fear is the main source of superstition, and one of the main sources of cruelty. To conquer fear is the beginning of wisdom.
860. Superstition is to religion what astrology is to astronomy: the mad daughter of a wise mother.
861. Juvenile delinquency would disappear if kids followed their parent's advice instead of their example.
862. Adolescence is when girls experience social pressure to put aside their authentic selves and to display only a small portion of their gifts.

Happiness doesn't depend on any external conditions; it is governed by our mental attitude.

– Dale Carnegie

Unit 030

863. To disregard money, on (suitable) occasions, is often a great profit.

suitable과 appropriate는 유의어

돈을 무시하는 것이, 적절한 경우들에는, 종종 커다란 이익이다.
disregard ⓥ 무시하다, 소홀히 하다
suitable ⓐ 적절한, 적합한, 적당한
occasion ⓝ 경우, 특별한 일, 기회

Terence 테렌스 (BC 195 / 185~159 본명 Publius Terentius Afer) 로마의 작가. 노예였으나 재능을 인정받아 자유인이 되었다. ⟨Andria 안드리아⟩, ⟨Adelphoe 형제들⟩ 등 6개의 희극 작품들을 남겼다.

864. When a (friend) is in trouble, don't annoy him by asking if there is anything you can do. Think up something (appropriate) and do it.

동일어 friend

친구가 곤란한 처지에 있을 때, 당신이 할 수 있는 무언가가 있는지 물음으로써 그를 성가시게 하지 마라. 적절한 어떤 것을 생각해 내고 그것을 행하라.
in trouble 곤란한 처지에 있는, 고장 난, 불운의
annoy ⓥ 성가시게[짜증나게] 하다, 귀찮게 하다
annoyance ⓝ 성가심, 짜증, 골칫거리
think up (새로운 어떤 것을) 생각해 내다, 고안하다
appropriate ⓐ 적절한, 적당한
　　　　　　 ⓥ 도용[전용, 횡령]하다, (특수한 목적에 돈 등을) 충당[책정]하다

Edgar Watson Howe 에드가 왓슨 하우 (1853~1937) 미국의 작가, 언론인. 대표작은 ⟨The Story of a Country Town 한 시골 도시의 이야기⟩ 등이 있다.

865. A malicious enemy is better than a (clumsy) (friend).

> 악의적인 적이 서투른 친구보다 더 낫다.
> **malicious** ⓐ 악의적인, 적의가 있는
> **clumsy** ⓐ (~에(at)) 서투른, (~에게(of)) 어색한

clumsy와 awkward는 유의어

Anne Sophie Swetchine 앤 소피 스웨친 (1782~1857) 러시아 출신의 프랑스 작가. 카톨릭으로 개종하면서 파리로 갔고 그곳에서 살롱을 운영했다. 지성과 교양으로 사망하기 전까지 파리의 살롱계에 상당한 영향을 끼쳤다고 한다.

866. Move out of your comfort zone. You can only (grow) if you are willing to feel (awkward) and uncomfortable when you try something new.

> 당신의 편안한 지역으로부터 벗어나라. 당신은 오직 당신이 무언가 새로운 것을 시도하면서 기꺼이 어색함과 불편함을 느끼고자 한다면 성장할 수 있다.
> **zone** ⓝ 지역, 구역, 지대
>   ⓥ 구획하다
> **awkward** ⓐ 어색한, (다루기) 곤란한, 불편한, 서투른
> **uncomfortable** ⓐ 불편한, 거북한

동일어 grow

Brian Tracy 브라이언 트레이시 (1944~) 캐나다의 컨설턴트. 회장으로 있는 'Brian Tracy International'을 통해 리더십, 판매, 경영 효율성, 기업 전략 등의 분야에서 컨설팅 서비스를 제공하고 있나. 내표삭은 《Million Dollar Habits 백만불찌리 습관》 등이 있다.

867. (Scientific) apparatus offers a window to knowledge, but as they (grow) more elaborate, scientists spend ever more time washing the windows.

scientific의 명사형인 science

> 과학적 장치는 지식의 창을 제공하지만, 그것들이 보다 정교해짐에 따라 과학자들은 창들을 씻는 데에 훨씬 더 많은 시간을 들인다.
> **apparatus** ⓝ 장치, 기구, 기기, 기관
> **elaborate** ⓐ 정성 들인, 정교한
>   ⓥ 정성 들여 만들다, 정성 들여 다듬다, 상세히 설명하다

Isaac Asimov 아이작 아시모프 (1920~1992) 미국의 작가. 세계 3대 SF 작가 중 하나로 특히 로봇 및 우주와 관련된 미래사회의 모습을 묘사하는 데에 탁월했다. 대표작은 영화화된 《I, ROBOT 아이, 로봇》, 《The Bicentennial Man 바이센테니얼 맨》 등이 있다.

868. Science is a self-correcting process. To be accepted, new ideas must survive the most rigorous standards of evidence and scrutiny.

> 과학은 자기 수정적인 과정이다. 받아들여지기 위해서, 새로운 아이디어들은 반드시 증거 및 철저한 조사의 가장 엄격한 기준들을 견뎌 내야 한다.
> self-correcting ⓐ 자기 수정적인, 자기 조절능력이 있는
> process ⓝ (진행되는) 과정, 진행, 절차
> ⓥ (원자재, 식품 등을) 가공[처리]하다, (공식적으로) 처리하다
> survive ⓥ 살아남다, 생존[존속]하다, (위기 등을) 견뎌 내다, (~보다) 더 오래 살다
> rigorous ⓐ 엄격한, 철저한
> standard ⓝ 표준, 기준, 잣대, 규격, (pl.) 규범
> ⓐ 표준의, 일반적인
> scrutiny ⓝ 철저한 조사[검토], 정밀 조사

evidence와 testimony는 유의어

Carl Sagan 칼 세이건 (1934~1996) 미국의 천문학자, 작가.
'과학의 전도사'로 평가받으며, 우주에 관한 연구 특히 외계생명의 존재 관련 연구로는 독보적이었다. 대표작은 《Cosmos 코스모스》, 영화화된 《Contact 콘택트》 등이 있다.

869. Confidence in others' honesty is no light testimony of one's own integrity.

> 다른 사람들의 정직에 대한 확신은 결코 자기 자신의 진실성에 대한 가벼운 증거가 아니다.
> confidence ⓝ 신뢰, 확신, 자신(감), 비밀, (비밀을) 털어놓음
> honesty ⓝ 정직(성), 솔직함
> testimony ⓝ 증거, (특히 법정에서 하는) 증언, 공식 고백[선언]
> integrity ⓝ 진실성, 청렴, (나뉘지 않고) 완전(한 상태)

honesty와 hypocrisy는 반의어

Michel de Montaigne 미셸 드 몽테뉴 (1533~1592) 프랑스의 철학자, 작가.
자연에 몸을 맡기는 인생의 지혜를 추구했으며, 그의 인간에 대한 성찰을 담은 작품들은 이후의 프랑스 작가들에게 많은 영향을 끼쳤다. 대표작은 《Les Essais 수상록》 등이 있다.

870. I hope you have not been leading a double life, pretending to be wicked and being good all the time. That would be hypocrisy.

> 나는 당신이 못된 체하면서도 줄곧 선량한, 이중적인 삶을 살아가고 있지 않기를 바란다. 그것은 위선일 것이다.
> double ⓐ 두 배의, 두 개[부분]로 된, 2인용의, 이중의
> ⓝ 두 배, 갑절, 복식 시합
> ⓥ 두 배로 되다[만들다]
> pretend ⓥ (~인) 체[척]하다, 가식적으로 행동하다, (~라고) 가장하다
> wicked ⓐ 사악한, 나쁜, 악의에 찬
> hypocrisy ⓝ 위선, 위선 행위
> hypocrite ⓝ 위선자

동일어 pretend

Oscar Wilde 오스카 와일드 (1854~1900) 아일랜드의 작가.
'예술을 위한 예술'이란 표어로 탐미주의를 주창했으며 대표작은 〈The Importance of Being Earnest 진지함의 중요성〉, 〈The Picture of Dorian Gray 도리언 그레이의 초상〉 등이 있다.

871. You want to make him interested in you? Then pretend to be embarrassed in his presence.

> 당신은 그가 당신에게 관심을 가지기를 원하는가? 그렇다면 그의 면전에서 당황한 척하라.
> embarrass ⓥ 당황하게[어색하게, 쑥스럽게] 만들다, 곤란[난처]하게 만들다
> embarrassment ⓝ 당황스러움, 어색함, 쑥스러움, 곤란한[난처한] 상황
> presence ⓝ 존재, 있음, 출석, 참석, 주둔(군)
> in the presence of A=in A's presence A의 면전에서

동일어 presence

Friedrich Nietzsche 프리드리히 니체 (1844~1900) 독일의 철학자, 작가.
'생의 철학'의 기수이며 실존주의와 포스트모더니즘의 발전에 커다란 영향을 끼쳤다. 대표작은 〈Also sprach Zarathustra 차라투스트라는 이렇게 말했다〉 등이 있다.

872. Absence sharpens (love), (presence) strengthens it.

부재는 사랑을 격심하게 하고, 존재는 그것을 강력하게 한다.
- **absence** ⓝ 결석, 결여, 부재, 없음
- **sharpen** ⓥ 날카롭게 하다, 격심하게 하다, 선명하게 하다, 날카로워지다
- **strengthen** ⓥ 강력하게[튼튼하게] 하다, 강화하다, 강력해지다

동일어 love

Benjamin Franklin 벤자민 프랭클린 (1706~1790) 미국의 정치가, 외교관, 과학자.
미국 독립전쟁 중 프랑스의 지원을 얻어내는 등 미국 독립에 중요한 기여를 했으며 피뢰침의 발명가이기도 하다.

873. In order to (create) there must be a dynamic force, and what force is more potent than (love)?

create의 명사형인 creation

창조하기 위해서는 반드시 어떤 역동적인 힘이 있어야 하며, 그러면 어떤 힘이 사랑보다 더 강력한가?
- **dynamic** ⓐ 동력의, 동적인, 역동적인, 역학의, 활력이 넘치는, 활동적인
- **dynamics** ⓝ 역학, 동역학, 역학 관계, 활력, 원동력
- **potent** ⓐ 강한, 강력한

Igor Stravinsky 이고르 스트라빈스키 (1882~1971) 러시아 출신의 미국 작곡가.
초기에는 강렬한 리듬과 원시적인 음을 중요시했고 이후 신고전주의의 영향을 많이 받은 작품들을 남겼다. 대표작은 〈The Rite of Spring 봄의 제전〉, 〈The Firebird 불새〉 등이 있다.

874. One (man) is equivalent to all (Creation). One man is a World in miniature.

동일어 man

한 사람은 모든 창조물과 동등하다. 한 사람은 축소된 하나의 세계이다.
- **equivalent** ⓐ (가치, 의미, 중요도 등이) 동등한, 상당하는
  ⓝ 동등물, 상당하는 것
- **creation** ⓝ 창조, 창작, 창조물, [the C-] 천지창조
- **miniature** ⓝ 세밀화, 축소물[모형]
  ⓐ 소형의, 축소된

Albert Pike 알버트 파이크 (1809~1891) 미국의 군인, 변호사, 작가.
변호사 일과 더불어 논문, 시 등의 글을 썼고, 남북전쟁 때는 남부연합의 군인이었으나 상사와의 불화로 사임했다. 대표작은 〈Morals and Dogma 도덕과 교의〉 등이 있다.

875. Love a (man), even in his sin, for that love is a likeness of the divine love, and is the summit of love on earth.

> 사람을 사랑하라, 그가 죄를 진 상태에서조차도, 왜냐하면 그 사랑은 하느님의 사랑과 유사한 것이며 이 세상 사랑의 정점이기 때문이다.
>
> for that   왜냐하면(because)
> likeness   ⓝ 유사(함), 닮음, 비슷함
> divine   ⓐ 신의, 하나님의, 신성한
> summit   ⓝ 정상, 정점, 꼭대기, 절정, 정상 회담
> on earth   이 세상의, 지상의

같은 주제

Fyodor Dostoyevsky 표도르 도스토옙스키 (1821~1881) 러시아의 작가.
러시아의 대문호로 사회적인 혼란 속에서 고뇌하는 인간의 내면을 투영하는 작품으로 현대 소설의 발전에 큰 영향을 끼쳤다. 대표작은 〈Brat'ya Karamazovy 카라마조프의 형제들〉, 〈Prestuplenie i nakazanie 죄와 벌〉 등이 있다.

876. God is everywhere but He is most (manifest) in man. So serve man as God. That is as good as worshipping God.

> 하나님은 어디에도 있지만 사람 안에서 가장 명백하게 나타난다. 그렇기에 사람을 하나님과 같이 섬겨라. 그것은 하나님을 예배하는 것이나 다름없다.
>
> manifest   ⓐ 명백한, 분명한, 명백하게[분명하게] 나타난
>   ⓥ 명백[분명]하게 보여주다[하다], 명시하다
> serve   ⓥ 섬기다, 시중들다, 봉사하다, 근무[복무, 복역]하다
> as good as A   A나 다름없는[마찬가지인]
> worship   ⓥ 예배하다, 숭배하다
>   ⓝ 예배, 숭배

manifest의 명사형인 manifestation

Ramakrishna 라마크리슈나 (1836~1886) 인도의 종교인.
모든 종교에 똑같은 진실성이 있고, 인간 자신이 신의 화신이라고 역설했다.

877. Tenderness and (kindness) are not signs of weakness and despair but (manifestations) of strength and resolution.

다정함과 친절은 약함과 절망의 표시들이 아니라 강함과 결단력의 발현들이다.

tenderness	ⓝ	다정(함), 부드러움, (유)연함
tender	ⓐ	다정한, 부드러운, (유)연한
weakness	ⓝ	약함, 약점 (↔ strength 강점, 장점)
despair	ⓝ	절망, 자포자기
	ⓥ	절망하다, 체념하다
manifestation	ⓝ	명백[분명]하게 보여줌, 발현, 표명, 명시
resolution	ⓝ	결단력, 굳은 결의[결심], 결의안, (문제의) 해결
resolute	ⓐ	단호한, 확고한, 굳게 결의한[결심한]

kindness의 형용사형인 kind

Kahlil Gibran 칼릴 지브란 (1883~1931) 레바논 출신의 미국 작가.
'영혼의 순례자'로 일컬어지며 대표작은 〈The Prophet 예언자〉 등이 있다.

878. A (kind) (heart) is a fountain of gladness, making everything in its vicinity freshen into smiles.

친절한 마음은 기쁨의 샘으로, 그 주변의 모든 것을 상쾌하게 하여 미소 짓게 한다.

fountain	ⓝ	분수, 샘, (무엇의) 원천
vicinity	ⓝ	근처, 주변, 부근, 근접
freshen	ⓥ	상쾌하게[신선하게, 새롭게] 하다, 상쾌해지다

heart의 파생어인 hearten

Washington Irving 워싱턴 어빙 (1783~1859) 미국의 작가.
미국인으로서는 처음으로 국제적 명성을 얻은 작가로 미국 문학의 아버지로 불린다. 대표작은 단편집 〈The Sketch Book 스케치북〉에 수록된 〈Rip Van Winkle 립 반 윙클〉 등이 있다.

879. Surmounted obstacles not only teach, but (hearten) us in our future struggles.

극복된 장애물들은 가르칠 뿐만 아니라, 우리 미래의 투쟁들에서 우리에게 용기를 북돋는다.

surmount	ⓥ	(산을) 오르다, (곤란, 장애 등을) 극복하다, 타파하다
not only A but (also) B		A뿐만 아니라 B도
hearten	ⓥ	용기를 북돋우다, 고무하다, 격려하다

hearten과 encourage는 유의어

James Sharp 제임스 샤프 (1613~1679) 영국의 성직자.
스코틀랜드 세인트 앤드류스의 대주교를 지냈으며, 교회에서 국왕의 절대적 권위를 인정해야 한다고 주장했다.

880. People have a way of becoming what you (encourage) them to be, not what you nag them to be.

> 사람들은, 당신이 그들에게 잔소리하는 대로가 아닌, 당신이 그들에게 격려하는 대로 되는 습성이 있다.
> **have a way of A(~ing)** A 하는 습성[버릇]이 있다
> **encourage** ⓥ 격려하다, 장려하다, 용기를 북돋우다
> encouragement ⓝ 격려, 장려
> **nag** ⓥ (성가시게) 잔소리하다, 들볶다, 바가지 긁다

Scudder Parker 스커더 파커 (1943~) 미국의 정치가.
민주당 소속이며, 미국 버몬트주의 상원 의원을 지냈다.

encourage와 discourage는 반의어

881. Many of the great (achievements) of the world were accomplished by tired and (discouraged) men who kept on working.

> 세상의 위대한 성취들 중 많은 것들은 지치고 낙담되었지만 계속해서 일을 해나간 사람들에 의해 완수되었다.
> **achievement** ⓝ 성취, 달성, 업적
> **accomplish** ⓥ 완수하다, 성취[달성]하다, 해내다
> **discourage** ⓥ 낙담[단념]시키다, 의욕[열의]을 꺾다, 막다, 말리다
> discouragement ⓝ 낙담, 단념시킴, 저지
> **keep on A(~ing)** 계속해서 A하다

Anonymous 작자 미상

achievement의 동사형인 achieve

882. To understand the heart and mind of a person, look not at what he has already (achieved), but at what he (aspires) to.

> 어떤 사람의 마음과 정신을 이해하기 위해서는, 그가 이미 이룩한 것이 아닌, 그가 이룩하고자 열망하는 것을 보라.
> **aspire** ⓥ (~을(to / after)) 열망[염원]하다, 포부를 가지다
> aspiration ⓝ 열망, 염원, 포부

Kahlil Gibran 칼릴 지브란 (1883~1931) 레바논 출신의 미국 작가.
'영혼의 순례자'로 일컬어지며 대표작은 〈The Prophet 예언자〉 등이 있다.

aspire와 inspire는 헷갈리기 쉬운 단어

883. A good teacher can (inspire) hope, ignite the imagination, and instill a love of learning.

좋은 교사는 희망을 고취시키고, 상상력에 불을 붙이며, 배움에 대한 사랑을 심어줄 수 있다.

inspire	ⓥ	감화하다, 영감을 주다, 고무하다, 고취시키다
ignite	ⓥ	불을 붙이다, 발화시키다, 연소시키다
instil, ~still	ⓥ	심어주다, 서서히 스며들게 하다, 한 방울씩 떨어뜨리다

inspire의 명사형인 inspiration

Brad Henry 브래드 헨리 (1963~) 미국의 정치가.
민주당 소속이며, 변호사 및 상원의원을 거쳐 현재 오클라호마주의 주지사로 재직 중이다.

884. The (glow) of (inspiration) warms us; it is a holy rapture.

감화의 불빛은 우리를 따뜻하게 한다; 그것은 성스러운 환희이다.

glow	ⓝ	(불꽃이 나지 않는 은은한) 불빛, 홍조, 달아오름
	ⓥ	(은은히) 빛을 내다[빛나다], (얼굴, 신체가) 발개지다
inspiration	ⓝ	감화, 영감, 고무, 고취
rapture	ⓝ	환희, 큰 기쁨, 황홀(경)

glow와 light는 유의어

Ovid 오비디우스 (BC 43~AD 17 본명 Publius Ovidius Naso) 로마의 시인.
세련된 감각과 풍부한 수사(修辭)를 특징으로 하는 그의 작품은 특히 르네상스 작가들에게 큰 영향을 끼쳤다. 대표작은 〈Metamorphoses 변신이야기〉 등이 있다.

885. Men are like the stars; some (generate) their own (light) while others reflect the brilliance they receive.

사람들은 별들과 같다; 어떤 사람들은 그들 자신의 빛을 발생시키는 반면 다른 사람들은 그들이 받은 광채를 반사한다.

generate	ⓥ	발생시키다, 만들어 내다, 초래하다
reflect	ⓥ	비추다, 반사하다, 반영하다, (심사)숙고하다, 곰곰이 생각하다
brilliance	ⓝ	광채, 광휘, 뛰어남
brilliant	ⓐ	빛나는, (머리가) 명석한, 뛰어난

generate의 파생어인 generation

Jose Marti 호세 마르티 (1853~1895) 쿠바의 작가, 정치가.
쿠바 독립의 아버지라 불린다. 문학 작품과 여러 저서를 통해 제국주의에 대항해야 한다는 주장을 폈으며, 1895년 무장독립군을 이끌고 쿠바에 상륙했으나 스페인군과의 전투에서 전사했다.

886. The greatest discovery of any (generation) is that a human being can alter his life by altering his (attitude).

> 어떤 세대든 최대의 발견은 한 인간이 그의 태도를 바꿈으로써 그의 인생을 바꿀 수 있다는 것이다.
> alter ⓥ 바꾸다, 변경하다, 개조하다, 변하다, 달라지다
> alteration ⓝ 변경, 개조
> attitude ⓝ 태도, 자세, 사고방식

동일어 attitude

William James 윌리엄 제임스 (1842~1910) 미국의 심리학자, 철학자.
근대 심리학의 창시자 중의 한 명이며, 대표작은 〈The Principles of Psychology 심리학 원리〉, 〈Pragmatism 프래그머티즘〉 등이 있다.

887. (Happiness) doesn't depend on any external conditions; it is governed by our mental (attitude).

> 행복은 어떤 외부적인 조건들에 달려 있지 않다; 그것은 우리의 정신적인 태도에 의해 다스려진다.
> external ⓐ 외부의, 외부적인, 겉의, (국가) 대외의
> condition ⓝ 조건, 상태, 건강 상태, 상황, 사정
> ⓥ (~을) 조건으로 하다
> mental ⓐ 정신의, 마음의, 정신적인, 정신병의

동일어 happiness

Dale Carnegie 데일 카네기 (1888~1955) 미국의 작가, 컨설턴트.
인간관계, 자기관리, 리더십 등의 분야에 있어 미국뿐만 아니라 세계적으로 가장 많은 영향력을 끼친 전문가로 평가받는다. 대표작은 〈How to Win Friends and Influence People 카네기 인간관계론〉 등이 있다.

888. Morality is not the doctrine of how we may make ourselves happy, but how we may make ourselves worthy of (happiness).

> 도덕은 어떻게 우리 스스로를 행복하게 만들 수 있을지에 대한 교의가 아니라, 어떻게 우리 스스로를 행복할 만한 가치가 있도록 만들 수 있을지에 대한 교의이다.
> doctrine ⓝ 교의, 교리, (정치·학문상의) 주의, (외교) 원칙
> worthy ⓐ (~의[할 만한](of)) 가치[자격]가 있는, 훌륭한

Immanuel Kant 임마누엘 칸트 (1724~1804) 독일의 철학자.
서유럽 근세철학의 전통인 합리론과 경험론을 종합하면서 인간의 이성 및 인식능력의 한계와 가능성을 근대 자연과학을 기반으로 명백히 밝혔다. 대표작은 〈Kritik der reinen Vernunft 순수이성 비판〉 등이 있다.

UPGrade Check Up
영작 및 말하기 연습

863. 돈을 무시하는 것이, 적절한 경우들에는, 종종 커다란 이익이다.

864. 친구가 곤란한 처지에 있을 때, 당신이 할 수 있는 무언가가 있는지 물음으로써 그를 성가시게 하지 마라. 적절한 어떤 것을 생각해 내고 그것을 행하라.

865. 악의적인 적이 서투른 친구보다 더 낫다.

866. 당신의 편안한 지역으로부터 벗어나라. 당신은 오직 당신이 무언가 새로운 것을 시도하면서 기꺼이 어색함과 불편함을 느끼고자 한다면 성장할 수 있다.

867. 과학적 장치는 지식의 창을 제공하지만, 그것들이 보다 정교해짐에 따라 과학자들은 창들을 씻는 데에 훨씬 더 많은 시간을 들인다.

868. 과학은 자기 수정적인 과정이다. 받아들여지기 위해서, 새로운 아이디어들은 반드시 증거 및 철저한 조사의 가장 엄격한 기준들을 견뎌 내야 한다.

Key Word
UpGrade Check - Up Important Word

863. disregard, suitable, occasion

864. friend, in trouble, annoy, think up, appropriate

865. malicious, clumsy, friend

866. move, comfort, zone, grow, willing, awkward, uncomfortable

867. scientific, apparatus, offer, window, grow, elaborate, wash

868. self-correcting, survive, rigorous, evidence, scrutiny

Answer

863. To disregard money, on suitable occasions, is often a great profit.
864. When a friend is in trouble, don't annoy him by asking if there is anything you can do. Think up something appropriate and do it.
865. A malicious enemy is better than a clumsy friend.
866. Move out of your comfort zone. You can only grow if you are willing to feel awkward and uncomfortable when you try something new.
867. Scientific apparatus offers a window to knowledge, but as they grow more elaborate, scientists spend ever more time washing the windows.
868. Science is a self-correcting process. To be accepted, new ideas must survive the most rigorous standards of evidence and scrutiny.

먼저 오른쪽 박스 안의 키워드를 참고하여 왼쪽의 한글을 영작해 보세요. 이후 키워드를 가린 채 왼쪽의 한글만 보고 영어로 소리 내어 말해 보세요.

869. 다른 사람들의 정직에 대한 확신은 결코 자기 자신의 진실성에 대한 가벼운 증거가 아니다.

870. 나는 당신이 못된 체하면서도 줄곧 선량한, 이중적인 삶을 살아가고 있지 않기를 바란다. 그것은 위선일 것이다.

871. 당신은 그가 당신에게 관심을 가지기를 원하는가? 그렇다면 그의 면전에서 당황한 척하라.

872. 부재는 사랑을 격심하게 하고, 존재는 그것을 강력하게 한다.

873. 창조하기 위해서는 반드시 어떤 역동적인 힘이 있어야 하며, 그러면 어떤 힘이 사랑보다 더 강력한가?

874. 한 사람은 모든 창조물과 동등하다. 한 사람은 축소된 하나의 세계이다.

875. 사람을 사랑하라, 그가 죄를 진 상태에서조차도, 왜냐하면 그 사랑은 하느님의 사랑과 유사한 것이며 이 세상 사랑의 정점이기 때문이다.

Key Word
UpGrade Check - Up
Important Word

- **869.** confidence, honesty, testimony, integrity
- **870.** lead, double, pretend, wicked, hypocrisy
- **871.** pretend, embarrass, presence
- **872.** absence, sharpen, presence
- **873.** create, dynamic, force
- **874.** equivalent, Creation, miniature
- **875.** sin, for that, likeness, divine, summit

Answer

869. Confidence in others' honesty is no light testimony of one's own integrity.
870. I hope you have not been leading a double life, pretending to be wicked and being good all the time. That would be hypocrisy.
871. You want to make him interested in you? Then pretend to be embarrassed in his presence.
872. Absence sharpens love, presence strengthens it.
873. In order to create there must be a dynamic force, and what force is more potent than love?
874. One man is equivalent to all Creation. One man is a World in miniature.
875. Love a man, even in his sin, for that love is a likeness of the divine love, and is the summit of love on earth.

UPGrade Check Up
영작 및 말하기 연습

876. 하나님은 어디에도 있지만 사람 안에서 가장 명백하게 나타난다. 그렇기에 사람을 하나님과 같이 섬겨라. 그것은 하나님을 예배하는 것이나 다름없다.

877. 다정함과 친절은 약함과 절망의 표시들이 아니라 강함과 결단력의 발현들이다.

878. 친절한 마음은 기쁨의 샘으로, 그 주변의 모든 것을 상쾌하게 하여 미소 짓게 한다.

879. 극복된 장애물들은 가르칠 뿐만 아니라, 우리 미래의 투쟁들에서 우리에게 용기를 북돋는다.

880. 사람들은, 당신이 그들에게 잔소리하는 대로가 아닌, 당신이 그들에게 격려하는 대로 되는 습성이 있다.

881. 세상의 위대한 성취들 중 많은 것들은 지치고 낙담되었지만 계속해서 일을 해나간 사람들에 의해 완수되었다.

882. 어떤 사람의 마음과 정신을 이해하기 위해서는, 그가 이미 이룩한 것이 아닌, 그가 이룩하고자 열망하는 것을 보라.

Key Word
UpGrade Check - Up
Important Word

876. manifest, serve, as good as, worship

877. tenderness, weakness, despair, manifestation, resolution

878. kind, heart, fountain, gladness, vicinity, freshen

879. surmount, obstacle, not only ~ but also, hearten, struggle

880. have a way of ~ing, encourage, nag

881. achievement, accomplish, discourage, keep on ~ing

882. achieve, aspire

Answer

876. God is everywhere but He is most manifest in man. So serve man as God. That is as good as worshipping God.
877. Tenderness and kindness are not signs of weakness and despair but manifestations of strength and resolution.
878. A kind heart is a fountain of gladness, making everything in its vicinity freshen into smiles.
879. Surmounted obstacles not only teach, but hearten us in our future struggles.
880. People have a way of becoming what you encourage them to be, not what you nag them to be.
881. Many of the great achievements of the world were accomplished by tired and discouraged men who kept on working.
882. To understand the heart and mind of a person, look not at what he has already achieved, but at what he aspires to.

883. 좋은 교사는 희망을 고취시키고, 상상력에 불을 붙이며, 배움에 대한 사랑을 심어줄 수 있다.

884. 감화의 불빛은 우리를 따뜻하게 한다; 그것은 성스러운 환희이다.

885. 사람들은 별들과 같다; 어떤 사람들은 그들 자신의 빛을 발생시키는 반면 다른 사람들은 그들이 받은 광채를 반사한다.

886. 어떤 세대든 최대의 발견은 한 인간이 그의 태도를 바꿈으로써 그의 인생을 바꿀 수 있다는 것이다.

887. 행복은 어떤 외부적인 조건들에 달려 있지 않다; 그것은 우리의 정신적인 태도에 의해 다스려진다.

888. 도덕은 어떻게 우리 스스로를 행복하게 만들 수 있을지에 대한 교의가 아니라, 이떻게 우리 스스로를 행복할 만한 가치가 있도록 만들 수 있을지에 대한 교의이다.

883. inspire, ignite, instill

884. glow, inspiration, holy, rapture

885. generate, light, reflect, brilliance

886. discovery, generation, alter, attitude

887. external, condition, govern, mental, attitude

888. morality, doctrine, worthy

Answer

883. A good teacher can inspire hope, ignite the imagination, and instill a love of learning.
884. The glow of inspiration warms us; it is a holy rapture.
885. Men are like the stars; some generate their own light while others reflect the brilliance they receive.
886. The greatest discovery of any generation is that a human being can alter his life by altering his attitude.
887. Happiness doesn't depend on any external conditions; it is governed by our mental attitude.
888. Morality is not the doctrine of how we may make ourselves happy, but how we may make ourselves worthy of happiness.